古代歷史文化研究輯刊

七 編

王明蓀 主編

第20冊

《左傳》之敘事與歷史解釋

陳致宏 著

國家圖書館出版品預行編目資料

《左傳》之敘事與歷史解釋／陳致宏 著 — 初版 — 新北市：花
木蘭文化出版社，2012〔民101〕
目 4+338 面；19×26 公分
（古代歷史文化研究輯刊 七編；第 20 冊）
ISBN：978-986-254-830-1（精裝）
1. 左傳　2. 注釋　3. 研究考訂
618　　　　　　　　　　　　　　　　　101002895

ISBN-978-986-254-830-1

古代歷史文化研究輯刊

七　編　第二十冊　　　　　　　ISBN：978-986-254-830-1

《左傳》之敘事與歷史解釋

作　　　者　陳致宏
主　　　編　王明蓀
總 編 輯　杜潔祥
出　　　版　花木蘭文化出版社
發 行 所　花木蘭文化出版社
發 行 人　高小娟
聯絡地址　新北市永和區中正路五九五號七樓
　　　　　　電話：02-2923-1455／傳眞：02-2923-1452
網　　　址　http://www.huamulan.tw 信箱 sut81518@gmail.com
印　　　刷　普羅文化出版廣告事業
初　　　版　2012 年 3 月
定　　　價　七編 24 冊（精裝）新台幣 38,000 元

《左傳》之敘事與歷史解釋

陳致宏　著

作者簡介

【學經歷】

　　陳致宏，1974 年生於臺灣屏東。屏東中學畢業，國立中山大學中國文學系畢業，國立成功大學中國文學系碩士班、博士班畢業。曾擔任國立臺南護理專科學校兼任講師、國立成功大學中文系兼任講師、陸軍步兵少尉排長（預官 56-1），2008 年 2 月任教於國立臺北藝術大學通識教育委員會共同學科。

【學術研究】

　　以《左傳》及先秦文化為主要興趣與研究範圍，秉持賦古典以新意之理念，嘗試由現代角度詮解先秦典籍。通識教學上則關注生命教育議題，並探討 PBL 於文史通識課程之有效運用。著有《語用學與左傳外交賦詩》、《語用學與左傳外交辭令》等書，曾發表〈蘇洵六經論次第與經學思想探析〉、〈《左傳》「何」字運用探析〉、〈《左傳》晉楚弭兵及其「隱含作者」〉、〈論《左傳》敘事結構〉、〈《左傳》歷史想像析論〉、〈《左傳》敘「諫」析論〉、〈敘事態度與《左傳》微言之旨〉、〈《左傳》外交辭令之說服藝術〉、〈實用語用學——語用與寫作〉、〈PBL於文史通識課程之運用：以「史傳文學與生命圖像」課程為例〉、〈生命教育融入文史通識課程規劃之觀念與方法——以「寓言文學與生命反思」課程為例〉等論文。

提　　要

　　本論文以《左傳》敘事文本為主要探討對象，由敘事、閱讀、歷史解釋等角度，嘗試建構具中國特色之經典閱讀方法與歷史解釋體系。敘事態度、敘事結構、歷史想像與文化語境，是解讀《左傳》敘事之關鍵。本文提出「因果結構」、「屬辭結構」、「比事結構」以建構《左傳》之敘事結構；並由歷史想像角度切入，探討史家態度如何藉由敘事表達而呈現。同時就敘事結構與「以人統事」等角度，指出《左傳》突破編年體史書限制之設計。

　　在敘事藝術方面，除討論《左傳》人物敘寫藝術外，更以被學界所忽略之「初」字敘事法為對象。探討其來源、特色與歷史解釋功能。整體而言，因果揭示、補充說明與錄異保存是「初」字敘事法之功能，而奇聞異事與歷史想像為其主要內容。史家運用「初」字敘事法，區別史書敘事與神異題材，透過此字法之標示，一則能達成資鑑勸懲之功能，另則能保持史書敘事之可信度與真實性。

　　敘事是解釋之一類，亦是文化理解。剪裁取捨間，已寓史家褒貶。探討中國敘事作品，除借鏡西方敘事理論操作外，建構屬於中國文化之敘事審美理論，是今後敘事研究之重心。秉此理念，試以晉國諸氏興廢、晉楚弭兵、禍福敘事等為論述對象，冀能釐清《左傳》敘事與歷史解釋之相關問題。如此，除對探討中國歷代敘事觀念之發展與變化，有源頭探討之貢獻外，更能修正西方史家誤認中國無史學之偏見。此外，以《史記》為首之中國一系列正史，其敘事與歷史解釋或受《左傳》影響，本文以「《左傳》之敘事與歷史解釋」為題，期能對文史學界有所貢獻。

第一章　緒　論

第一節　論題提出與研究現況

　　歷代學者盛贊《左傳》長於敘事，或贊其直書曲筆之巧，或嘆其形神寫人之妙。則其所敘何事、內容主題與取捨剪裁之標準爲何〔註1〕、敘事表達形式如何、敘事之動機與目的爲何，又其所欲表達之敘事意圖與深層含義爲何，及讀者如何由《左傳》敘事中解讀隱含於文字背後之深層意義等，皆是討論《左傳》敘事值得深究之問題。〔註2〕

　　《左傳》爲中國早期敘事作品之代表，無論是表達形式或內容觀念，《左傳》敘事對中國文學產生深遠影響。〔註3〕若能釐清其敘事手法與觀念，對探

〔註1〕　取捨就是一種態度的反映。面對大量已然發生之史事，選擇何事加以記載，何事略而不記。哪些事詳細敘述，哪些事點到爲止，其中都反映撰史者態度與史觀。

〔註2〕　西方敘事學，有將敘事研究限於敘事表達形式者，此觀點實則畫地自限。討論敘事不應僅止於形式上的討論，敘事主要爲解釋，爲表達態度、溝通觀念，因此，敘事研究重點不在於表達形式之煩瑣計較，重要的是，如何解讀作者敘事形式後之意義，及理解此意義對接受者與當代社會文化之作用。此亦中國經學相關研究之重點。經學研究不應僅停留於經傳義理之討論，更重要的是，要能使經書典籍中之觀念與智慧對當代社會有所貢獻。本文秉持此理念，不由單純之敘事藝術技巧角度切入，而另由閱讀與歷史解釋角度切入。

〔註3〕　如史傳文學、史書敘事、志人志怪小説、唐傳奇、話本小説、明清古典小説乃至戲曲，在形式與內容甚制觀念上，都產生直接或接間之影響。相關討論，前輩學者成果豐碩，近代學者如張師高評、王靖宇、高葆光、洪順隆、張素卿、孫綠怡、楊義、吳禮權等人皆有相關論述。

討中國敘事文學，除有追本溯源之意義外，同時也能更了解中國敘事觀念之發展與變化。此外，若能釐清《左傳》歷史敘事與歷史解釋之相關問題，則能修正西方史家認為中國無歷史解釋與歷史哲學之偏見，進而建構屬於中國本身之歷史敘事與歷史解釋系統。又閱讀是解讀的基礎，如何閱讀中國經典成為解讀、詮釋傳統典籍的入門功夫。本論文由閱讀角度入手，一方面探討作者如何表達，同時也嘗試建構屬於中國經典閱讀之觀點與方法。並探討讀者如何在閱讀《左傳》敘事過程中，解讀與理解撰史者之歷史解釋，進而體會其資鑑勸懲之用心。因此，本論文題為「《左傳》之敘事與歷史解釋」。

關於《左傳》目前之研究現況，〔註4〕張師高評撰有〈臺灣五十年來《春秋》經傳研究綜述〉，其中對臺灣目前之研究現況已有詳盡之討論。〔註5〕此外，

〔註4〕 以下簡要說明《左傳》研究之幾個角度：經學角度之研究者視《左傳》為《春秋》之傳，研究集中在《左傳》與《春秋》相關之討論。《左傳》是否解經、如何解經等問題，始終是學者關注焦點。其他或以事為本、或以人為主、或探經傳之同異、或論人事之經義。此外，三傳間之比較研究亦有學者探討。史學的角度，主要視《左傳》為歷史資料，運用歷史的眼光對《左傳》進行研究。史學角度又可分為傳統史學角度與現代社會科學角度兩方向。傳統史學角度以《左傳》為編年體之祖，研究《左傳》在中國歷史學上之意義，如研究其中之官制、禮制等。現代社會科學角度則視《左傳》為保存春秋時期社會經濟之珍貴史料，結合現代社會科學如經濟學、社會學、人類學、天文學及二重證據等，研究《左傳》資料中所反映出春秋當時之社會各層面的歷史現象與意義。而文學角度則視《左傳》為繼《尚書》之後中國散文之初祖，針對《左傳》之文學價值與成就意義進行探討，如張師高評《左傳文章義法撢微》、《左傳之文學價值》（臺北：文史哲出版社，民國71年10月初版）等。其進一步又可別為文章義法之探究、文學修辭之討論、人物語言與形象之討論等不同角度，隨西學東漸亦有運用西方文學理論、解釋學、現象學、敘事學、接受學等理論觀點進行研究者，如蔡妙真《追尋與傳釋——左繡對左傳的接受》（臺北：萬卷樓，2003年8月初版）。而語言學角度，是指視《左傳》為先秦語料保存之書，以其文字記載為基礎，進行語言學上之研究，如對上古漢語語法、語言風格、辭彙運用等之討論。運用情況之資料，對其進行語法、句法、詞彙等之語言學分析，如管燮初《左傳句法研究》，（合肥：安徽教育出版社，1994年12月第一版）、張文國《左傳名詞研究》，（北京：中國社會科學出版社，1998年12月第一版）、何樂士《古代漢語語法研究論文集》（北京：商務印書館，2000年5月）、張猛《左傳謂語動詞研究》（北京：語文出版社，2003年2月第1版）等，其中何樂士對《左傳》詞彙與句法之研究深入，其論述與研究方法頗有參考價值。此外，亦有由文化語言學角度進行探討者，如申小龍《中國句型文化》（長春：東北師範大學出版社，1988年11月第一版）。

〔註5〕 張師高評由研究之師承與流派、學位論文選題，與研究取向及學報期刊論文

林慶彰主編之《經學研究論著目錄》對於《左傳》研究之現況亦提供充分資料。以下針對與本文論述相關之《左傳》敘事研究成果，評述並說明如下：

一、張師高評《左傳之文學價值》書中〈爲敘事文字之軌範〉一章，對於《左傳》敘事法列舉正敘法、原敘法、逆敘法、對敘法、類敘法等近四十餘種敘事法，由中國傳統文章義法角度，對《左傳》敘事藝術進行探討。而《春秋書法與左傳學史》一書，除針對《左傳》據事直書、預言基型、書法筆法與詩學等問題進行討論外，更由學術史角度探討黃澤《春秋師說》之書法、高攀龍《春秋孔義》之解經與取義方式，及方苞義法與《春秋》書法等問題。此外，近年由敘事與記言角度對錢鍾書《左傳》學之探討，對春秋書法即文章之修辭、春秋五例與歷史敘事與《左傳》記言乃是擬言、代言及歷史想像等問題有深入論述。整體而言，由傳統文章義法角度探討《左傳》敘事之研究，張師高評成果已然豐碩，故本論文不再由類似角度切入探討。

二、王靖宇《中國早期敘事文研究》主要借鏡西方敘事學觀點，對《左傳》、《國語》、《史記》等早期敘事文進行探討。其提出「圖畫式」與「音樂式」兩種閱讀方法，〔註6〕結合西方敘事學與接受學進行論述。其研究方法主要採用文獻比較對照法，經由比較《左傳》、《國語》、《史記》三書對同一事

研究等角度切入，討論臺灣五十年來《春秋》經傳之研究成果。全文近三十頁，數萬字，將《春秋》與《左傳》目前之研究成果進行全面之討論。本文略人所詳，不再摘錄贅述。詳請參考《漢學研究通訊》，23：3，民國93年8月與23：4，民國93年11月中所刊之文，或於網路上亦可下載。此外，梁濤〈二十世紀以來《左傳》《國語》成書、作者及性質的討論〉，（收錄於《經學論叢・第二輯》，臺北：洪葉文化公司，2006年3月，頁363至371。）對於大陸地區春秋經傳之研究現況亦有論述。而關於美國地區之《左傳》相關研究情況，王靖宇《中國早期敘事文研究》之附錄：〈美國的《左傳》研究〉一文，對美國地區在《左傳》史學、文學方面之探討，列舉介紹：Burton Watson、Ronald Egan 等人之研究主要論點。其中 Ronald Egan 在〈左傳中的敘事文〉（"Narratives in Tso-chuan"）一文中提出「無個性的敘述」（impersonal narration）的論點，認爲《左傳》敘事中作者很少主動出面幫助讀者去理解敘事的涵義和目的，讀者必需由敘述本身來揣摩作者的用意。其觀點正是顧炎武所云「寓議論於敘事之中」。

〔註6〕　所謂「圖畫式」的閱讀方法，所注意的是一部作品中的煉字、造句和總體結構，就像欣賞畫作的線條、色彩組合，關注的是全幅圖畫所展示的情調和意境，感覺上是平面的、靜止的。而「音樂式」的閱讀方法，所注意的是讀者在閱讀過程中的種種感受和反應，像聽音樂時會隨旋律變化而興奮或哀傷，感覺上是立體的、流動的。（王靖宇《中國早期敘事文研究》，上海：上海古籍出版社，2003年3月，頁2至3。）

件材料的不同取捨、不同解釋角度、不同敘事視點運用等，探討中國早期敘事文學之相關問題。整體而言，王靖宇嘗試運用西方敘事觀念，討論中國敘事文學之用心與成果，有其一定的價值。但筆者以爲，中國敘事性文學作品，尤其是早期之敘事性作品，勉強以西方敘事理論架構進行討論，仍待商榷。故本文不由此角度討論《左傳》敘事。惟王靖宇文獻比較對照之方法，有其意義，本論文於事例分析時，亦有參考運用此法。

三、楊義《中國敘事學》一書，對於中國傳統敘事學觀念之建構有所成就，其由結構、時間、視角、意象與評點等角度，由西方敘事觀念出發，而能回歸中國文化語境，對中國的敘事文相關理論有建構之功。所提出之敘事結構雙構性思維與勢能觀念，對敘事結構之解讀有其開創性。而對意象與評點之相關論述，能由中國文化語境出發，筆者認爲楊義之研究角度與方法，較能釐清中國敘事相關問題，亦是本文所希望採取之研究態度。

四、傅修延《先秦敘事研究——關於中國敘事傳統的形成》其重點在於討論中國敘事傳統之形成，而《左傳》是中國敘事傳統形成過程中，重要的一環。對於《左傳》敘事之討論，其提出《左傳》在敘事史上的三大貢獻：（1）記言與記事的均衡合宜。（2）文本與故事的基本對稱。（3）事實與虛構的交融互滲。頗具參考價值。〔註7〕

五、張素卿《敘事與解釋——《左傳》經解研究》，主要由「經解」〔註8〕角度切入，結合經傳注疏傳統與敘事、詮釋角度，對《左傳》其文、其事、其義進行討論。其重點在於「屬辭比事」之經解釐清，與《左傳》「正名」敘事釋義指向之強調。整體而言，是討論經學史、學術史層面之問題，其研究方法主要採取觀念辯證方式，針對歷代學者對《左傳》解經之問題進行討論，

〔註7〕傅修延《先秦敘事研究——關於中國敘事傳統的形成》，北京：東方出版社，1999年12月第1版，頁190至215。

〔註8〕其定義「經解」爲：「泛指訓釋『經』以及就經訓進行辨釋疏解的種種經學著作。」（《敘事與解釋——《左傳》經解研究》，臺北：書林出版社，頁2。）其書論述對象以歷代相關經學注疏與經學家論點辨釋爲主。其先論述《左傳》在解《春秋》上之意義與方法，進而以杜預〈春秋經傳集解序〉所示解經法進行討論，並針對「屬辭比事」歷代相關說法進行釐清，最終以「正名」爲《左傳》敘事釋義的指向。整體而言，其書由經學與詮釋角度，討論《左傳》解釋《春秋》之問題。本文主要以《左傳》文本爲主，由文本出法進行討論，嘗試釐清《左傳》本身的敘事表達形式與歷史解釋內含，有關經學與學術史上相關問題，張素卿其書論述已詳，本文不再重複。

在春秋學史與經學方面有其貢獻。此書論題或與本文論題有相似處，皆以敘事與解釋爲論述焦點，然張素卿主要針對《左傳》敘事與解經相關問題進行論述，本文則另由《左傳》敘事本身入手，透過對《左傳》文本的直觀閱讀與體會，嘗試釐清《左傳》敘事表達形式與歷史解釋之問題，進而建構中國典籍閱讀理解與解釋之觀點與方法。

六、潘萬木《左傳敘述模式論》，主要討論《左傳》敘述模式，由徵引、評論、預言、人物、戰爭等角度切入。其他如高葆光《左傳文藝新論》、洪順隆《左傳論評選析新編》等主要爲選文方式，針對《左傳》文章義法、敘事技巧等進行分析，在論述中亦有兼及敘事相關問題。除上述論著成果外，其他單篇論文集中在敘事藝術技巧之討論，如五大戰爭之敘事藝術，人物形象之塑造技巧等。

此外，如趙毅衡《當說者被說的時候——比較敘述學導論》、譚君強《敘事理論與審美文化》、高小康《中國古代敘事觀念與意識形態》等書，雖不以《左傳》敘事爲討論重點，然其書觀點對於建構具有中國特色之敘事觀念與理論，有精僻之論述。關於《左傳》歷史解釋相關研究：周光慶《中國古典解釋學導論》書中〈中國古典解釋學的歷史解釋〉一章，指出《左傳》「以事解經」法與孟子「知人論世」說，是先秦較具影響力之歷史解釋〔註9〕方法。其歸納：以史事說明《春秋》法則，與以史事昭示《春秋》義法，是《左傳》以史事昭示《春秋》法則之具體方法。並指出《左傳》以事解經是一種創造

〔註9〕 杜維運定義歷史解釋如下：「是闡明歷史發展的軌跡及其意義所在。」此說是屬於史學角度之觀照。(《史學方法論》，臺北：三民書局，2003 年 2 月，頁 226。) 其他如〔英〕帕特里克・加登納《歷史解釋的性質》(北京：北京出版社，2005 年 1 月第 1 版)、〔美〕雷克斯・馬丁《歷史解釋：重演和實踐推斷》(北京：北京出版社，2005 年 5 月第 1 版。) 等書亦由史學角度探討歷史解釋。周光慶定義歷史解釋如下：「就是多方搜集材料，深入考察歷史，努力重建創作者創作文化典籍的特定社會文化環境，以及創作者處於這一環境中的特有文化心態，從而爲設身處地進行心理解釋創造必要的條件。」(《中國古典解釋學導論》，北京：中華書局，2002 年 9 月第 1 版，頁 304。) 筆者以爲，歷史解釋其義有二：一是撰史者所欲表達傳遞之史觀史義，另是讀者閱讀過程中透過設身處地的同情理解而體會之意義及對歷史事件與人物所提出之評論與見解。本論文在論述過程中，兼取二者，一則盡量還原撰史者本義，探究《左傳》敘事所欲傳達之史義，另亦由讀者角度，嘗試由敘事結構、敘事模式、人物敘寫、語言字法等角度提出閱讀與解讀之方法。

性解釋，具有開放性之多重意義。〔註10〕

　　敘事本身就是一種文化理解方式，「敘事學是對於文化的透視。……敘事學應該在理解文化研究這一行動中顯示出本文與閱讀、主體與對象、作品與分析之間的相互關係。」〔註11〕要言之，敘事相關研究除關注在敘事結構、敘事語法、敘事模式、話語分析等層面外，更應進一步思考由文化角度出發的全面敘事審美理論。尤其是關於中國敘事文學的探討，筆者認爲更應由文化審美角度進行討論。本文以此觀點爲基礎，強調文化語境在閱讀與理解《左傳》敘事表達與深層意義之重要性。

　　本論文所謂閱讀角度，主要指讀者由接觸《左傳》文本，到客觀認知文本內容，進而與之產生交流、對話，而後由其中獲得主觀理解之過程。文學作品之閱讀有其主觀性、開放性，不同閱讀者因其文化程度、主觀思維、意識形態或所處主客觀語境之不同，而對作品產生不同的對話、交流與「周旋」，最終獲得不同角度的認知與理解。《左傳》、《史記》等敘事性史傳文學，除史事敘述外，更帶有懲惡勸善之使命。因此，史書之歷史敘事一方面有其閱讀上之開放性，但另方面撰史者爲表達其史觀與史義，在敘事表達過程中有所設計，〔註12〕一則能寄託資鑑勸懲，另則發揮引導讀者，使之於敘事中領會撰史者「敘事寓議論」之功能。

　　所謂「明理之文，大要有二，曰：闡前人所已發，擴前人所未發。」〔註13〕學術論文當有所創發，資料整理或理論辯證雖有其意義，但非筆者所冀。本文以略人所詳，詳人所略之態度，以今日所見《左傳》敘事文字爲討論對象，由敘事、閱讀、理解等角度，嘗試討論《左傳》之敘事與歷史解釋。關於本論文研究對象與取材範圍方面：本文主要以《左傳》原典爲研究對象。以清阮元所

〔註10〕其提出多重意義如下：1、爲《春秋》注入活力。2、爲中國古典解釋學創立一種重要的解釋方法。3、使《左傳》成爲獨立的民族文化經典。詳請見《中國古典解釋學導論》，同上註，頁304至344。

〔註11〕譚君強《敘事理論與審美文化》（北京：中國社會科學出版社，2002年9月第1版，頁236。）譚君強在米克・巴爾的説法上，進一步強調全面性文化審美敘事觀念，是今後敘事文學研究的新課題。確實如此，敘事研究若僅停留在單純文本與敘事技巧探討上，則將流於形式、僵化、瑣碎，文學研究不僅是技巧之討論，更重要的當在於精神與意義之揭示，道與技之間，當取其平衡，如此才是文學研究正確之態度。

〔註12〕此設計，如敘事結構之經營、敘事模式之安排、人物敘寫之設計等。此亦是本論文章節設計之本。

〔註13〕〔清〕劉熙載《藝概・文概》，臺北：華正書局，民國77年9月版，頁37。

編《十三經注疏‧左傳》爲基礎，輔以杜預《春秋經傳集解》、楊伯峻《春秋左傳注》、竹添光鴻《左傳會箋》。其他相關典籍如〔宋〕呂祖謙《東萊博議》、〔清〕高士奇《左傳紀事本末》、〔清〕顧棟高《春秋大事表》、韓席籌《左傳分國集注》亦有參考。又評點學相關著作如王昆繩《左傳評》、馮李驊《左繡》、姜炳璋《讀左補義》、吳闓生《左傳微》等亦有所參考。

　　此外，論文中事例之選取，以不影響代表性前提下盡可能選擇較少學者引用之例，爲避免片斷瑣碎，相關事例之盡可能以主題爲中心。一則實踐本文所提屬辭、比事結構操作之法，一則使論文前後事例有所呼應與聯繫。

第二節　問題意識與研究角度

　　敘事即解釋。徐復觀先生指出，先秦至兩漢思想家表達思想的方式主要有二：其一「屬於論語、老子的系統。把自己的思想，主要用自己的語言表達出來，賦予以概念性的說明。這是最常見的諸子百家所用的方式。」其以此爲哲學家的語言。其二「屬於《春秋》的系統。把自己的思想，主要用古人的言行表達出來；通過古人的言行，作自己思想得以成立的根據。這是諸子百家用作表達的一種特殊方式。」〔註14〕此則爲歷史家的語言。

　　歷史是人所建構，撰史者在眾多已發生的歷史事件中，經過取捨、判斷，透過文字書寫成歷史。可以說，撰史過程本身就是一個價值判斷與理解詮釋的過程。「無論歷史敘事還是文學敘事，進行這種話語活動的目的都不僅僅是傳達一個事件，而是要通過對一個或一系列事件的敘述和闡述而表達某種意義。」〔註15〕而這某種意義正是撰史者所欲傳達的中心觀念。《孟子》所謂「其事則齊桓、晉文，其文則史。孔子曰：『其義則丘竊取之矣。』」〔註16〕其中所謂「義」正是敘事所欲表達之意義，即敘事意旨。然則，敘事意旨如何探求，由敘事表達形式入手或許是較客觀、較可效的切入點。

〔註14〕以上兩引文皆見於：徐復觀《兩漢思想史‧卷三‧韓詩外傳的研究》，臺北：臺灣學生書局，1993年9月初版刷，頁1。若由經學角度探討，則所謂哲學家之語言即「以義解經」之法，如《公羊》、《穀梁》；而歷史家之語言則是「以事解經」之法，《左傳》正爲代表。因此，由敘事角度討論《左傳》之歷史解釋，是合理可行且值得探討之問題。

〔註15〕高小康《中國古代敘事觀念與意識形態》，北京：北京大學出版社，2005年9月第1版，頁17。

〔註16〕《十三經注疏‧孟子‧離婁下》，臺北：藝文印書館，民國82年9月，頁145。

本文以《左傳》敘事本身為切入點，先探討《左傳》敘事表達形式，進而討論敘事結構設計與閱讀理解問題，並論述歷史敘事之中心——人物。關於《左傳》敘事方法，主要針對「初」敘事法進行全面討論。最後以事件、主題為主軸，分析晉國諸氏興廢、晉楚弭兵與禍福敘事等例證。嘗試經由此論述，能釐清《左傳》敘事與歷史解釋之問題。又本文基本問題意識如下：一、就表達角度而言，《左傳》如何敘事，如何寓議論於敘事之中，如何透過敘事而能寄託史義，達到撰史者資鑑勸懲之目的。其表達之方法與反映之態度觀念是討論重點。二、就閱讀角度而言，讀者如何由《左傳》敘事文字表達中解讀出左氏之史觀，體會史義，進而能理解《左傳》隱含於敘事文字背後之深層意義。

進一步說明如下：清代章學誠云：「夫史所載者事也，事必藉文而傳。故良史莫不工文……」〔註17〕劉大櫆亦云：「理不可以直指也，故即物以明理；情不可以顯出也，故即事以寓情。」〔註18〕敘事是表達觀念思想最清晰有效之方式。所謂載諸空言不如見諸行事，無論是說理、寫情、敘史、為文，敘事較能精確表達作者觀念，有效完成作者預期之閱讀效果。《左傳》內容性質為史，史以事為主，事以人為本。記事、記言與寫人是《左傳》敘事主要內容。歷史敘事須以文字為媒介，因此，表達者是影響史書優劣的關鍵，「為史者雖徵文考獻，方策雜陳，而執筆操簡，發凡起例者，亦不過良史一人而已。」〔註19〕史書之作，直出於撰史者胸臆，而史書筆法、歷史想像等皆是撰史者所以明史義、寓寄託之法。因此，本文討論《左傳》敘事第一個重點：在於表達者如何表達。

「論事敘事，皆以窮盡事理為先。事理盡後，斯可再講筆法。不然，離有物以求有章，曾足以適用而不朽乎。」〔註20〕敘事意圖與主旨，是決定敘事表達形式之關鍵，表達者對於敘事形式之選擇，往往以其敘事意旨為依據。欲說理論事，則不能以詩賦為之；欲抒情言志，則應以詞賦為佳。要言之，敘事意旨是討論《左傳》敘事必須釐清之重點，而欲探究敘事意旨，則應對敘事文字中所體現之敘事態度有所認識。故本文討論之第二重點在於：如何

〔註17〕〔清〕章學誠《文史通義‧史德》，臺北：里仁書局，民國73年9月，頁220。
〔註18〕〔清〕劉大櫆《論文偶記》，北京：人民文學出版社，1998年5月，頁12。
〔註19〕〔清〕戴名世《戴名世集‧史論》，北京：中華書局，1986年2月第1版，頁405。
〔註20〕〔清〕劉熙載《藝概‧文概》，臺北：華正書局，民國77年9月版，頁37。

由敘事文字中解析文字背後所蘊含之敘事態度。

　　敘事之目的在於觀念之表達與溝通。無論何種形式之敘事表現，必然有其敘事之動機與意圖。就語用角度而言，敘事本身就是一種言語行為，以溝通說服為目的之語言文字表現形式。敘事廣義而言，是指表達者以符號系統為媒介，對某事進行重新表述之過程。可以說，敘事即是態度之表現，「是一種寓理解於表現的撰述方式。」〔註 21〕既然敘事有其溝通企圖，自然有其所欲傳達之觀念。尤其如《左傳》這類史書性質之敘事，資鑑勸懲之目的性更為強烈。因此，如何由敘事文字表達中解讀出撰史者隱含寄託之史義，成為《左傳》閱讀之重點，亦是本文討論之第三重點：即讀者如何解讀深層含義之問題。本文嘗試提出一閱讀與解讀之角度，以利讀者能更深刻的理解《左傳》敘事之言外之旨。

　　《左傳》其書史學界相關論述多以之為史料文獻，是今日探討先秦社會文化制度等之重要材料。《左傳》為中國早期之史書，其歷史敘事方法與蘊含之史學觀念及撰史態度等，對於中國史學傳統產生深遠影響。當西方自十九世紀於歷史哲學討論興盛猛進之際，中國似乎缺少一套屬於中國本身，用以解釋中國歷史敘事藝術的理論與實踐方法。西方史家由西方史學角度觀察中國歷史敘事，以為中國歷史僅是資料編排，並無史學。對此問題之相關論辯，杜維運《與西方史家論中國史學》中已有討論。〔註 22〕中國解釋歷史的方式，正在於敘事。透過對事件內容的取捨、情節始末之安排、人物形象之塑造與人物對話之設計等，寓議論於敘事之中，寄史觀於文字之間，而《左傳》正是以敘事為解釋的重要代表作品。本文由敘事、閱讀、理解角度切入，嘗試討論《左傳》敘事、歷史想像與歷史解釋三者之關係。

　　敘事理論是二十世紀至二十一世紀新興之學科，〔註 23〕西方關於敘事學

〔註 21〕張素卿《敘事與解釋——左傳經解研究》，臺北：書林出版有限公司，1998年 4 月一版，頁 175。

〔註 22〕其書主要針對西方主流與非主流史家對中國史學的誤解進行辯駁釐清，由中國對歷史的態度與觀念、官修正史的傳統、求真紀實的撰史要求、長於歷史敘事之優點、寄意於事文之外等角度，論述中國史學之特色與優點，並駁斥西方史家對中國史學之誤解。其中多處論及《左傳》敘事在中國歷史敘事上之重要性與意義，及「春秋書法」在中國史學解釋傳上之功能。

〔註 23〕關於敘事學興起之背景與原因，羅鋼《敘事學導論》、胡亞敏《敘事學》等書之導論中有所論述。此外，譚君強於所譯《敘述學——敘事理論導論》之前言中亦有詳細論述，其指出敘事研究主要集中在「敘事結構」與「敘事話語」

理論之探討，成果豐碩。對西方敍事理論，本文主要借鏡其觀念與角度，無意套用西方敍事理論體系以解讀文本，〔註 24〕文中論述涉及之敍事相關術語或觀念，採取隨文說明方式，請見後文各章節中說明。

第三節　《左傳》敍事解讀之角度與方法

敍事可定義爲作者爲表達其敍事意旨，以語言文字爲媒介，透過結構之安排、情節之設計、人物言行及形象塑造、場景情境之描繪等不同表現層面，而講述某些人、事、物之發展、變化、結果、影響之言語行爲與表述過程。〔註 25〕敍事主要目的，在於意旨之表達、觀念之溝通。就是對某事件進行敍述與說明，簡言之，就是「講故事」。〔註 26〕所謂敍事文，就是記載敍事的文字，而這一文字必須具備先後順序與前後連貫的特色。〔註 27〕「敍事是一種沿著時間箭頭單

兩層面。前者主要關注敍述之性質、形式、功能等問題；後者則探討「敍事文中話語表現模式中的時序狀況與事件，集中於故事與敍述本文、敍事過程與敍事本文，以及故事與敍述過程之間可能的關係。」本文並非討論西方敍事理論，詳細論述請參考各書。

〔註 24〕本文以《左傳》敍事爲基礎，討論其敍事與解釋相關問題。筆者雖亦學習西方敍事理論，但以爲討論中國典籍不應套用西方理論體系。在此堅持下，本文呈現體系略爲薄弱之感，學力不足所致，尚請指教。

〔註 25〕關於敍事之定義，各家說法因側重不同而有異，擇要評述如下：荷蘭・米克・巴爾《敍述學——敍事理論導論》定義：「敍事學是關於敍述、敍述文本、形象、事象、事件以及“講述故事”的文化產品的理論。」（頁 1）；羅鋼《敍事學導論》暫時定義爲：「敍事學是研究敍事的本質、形式、功能的學科，它研究的對象包括故事、敍事話語、敍述行爲等，它的基本範圍是敍事文學作品。」（頁 3）；董小英《敍述學》定義爲：「敍述學就是研究表述形式的一門學問。」（頁 1）；胡亞敏《敍事學》整理索緒爾、俄國形式主義、結構主義敍事學、後結構主義、接受美學等各家說法，定義如下：「敍事學是研究敍事文的科學。……敍事文的特徵是敍事者按一定敍述方式結構起來傳達給讀者的一系列事件，……敍事學研究的是敍事文的共時狀態，……重視的是敍事文本身的結構和關係。」其進一步指出：敍事學「不研究敍事文的創作過程，它竭力避免用作家的因素來理解或解釋敍事文，從而使敍事文從它的創作者那裏獨立出來。」（頁 11 至 12）以上所論，筆者以爲不適於中國敍事文討論，文與人緊密的關係是探討中國文學重要的觀念，西方將文本獨立研究之觀點，實不適於中國文學研究。更何況，由歷史角度觀之，《左傳》敍事有其意旨，若將之獨立，則史義、史觀由何可知？雖然《左傳》作者之眞實情況無法明確說明，但其書內容與觀點有某種程度的統一性，欲解讀《左傳》不可不考量作者（或隱含作者）之問題。

〔註 26〕見浦安迪《中國敍事學》，北京大學出版社，1996 年 3 月第一版，頁 4。

〔註 27〕詳見王靖宇《中國早期敍事文論集》，臺北：中研院中國文哲研究所，民國 88

向延展的連續性活動，由於一般在同一時間內只能敘述一個事件，事件的敘述
次序成了至關重要的問題，敘事謀略、智慧和技巧往往具體體現在這個次序上。」
〔註28〕敘事文首重順序，不同的順序安排往往反映不同的意義。此外，記述一
事件不可能斷章取義，必有其前因後果，因此，前後連貫對於事件始末發展，
是相當重要的，這也是敘事文不可缺少的要素。

　　敘事亦是解釋之一類。歷史敘事是撰史者對歷史的理解與詮釋。《左傳》
透過歷史敘事的方式，透過內容的取捨、情節的安排、人物的設計、言行對
話等敘寫，來所呈現其「敘事態度」與建構其「隱含作者」，藉以反映敘事者
的觀念、想法與深層思維角度。〔註29〕因著敘事文字強大的傳播力與感染力，
對閱讀接受者進行資鑑勸懲之作用。《左傳》所載之歷史：「在內容方面是豐
富的，組織方面是嚴密的，修辭方面是考究的。……《左傳》不僅以文學擅
長，文學也不限於修辭一端，它還有一個更重要的目的，修辭只是爲要達到
這個目的所採取的最有效的手段。」〔註30〕其目的就在於敘事意旨之傳達、
歷史敘事功能之發揮，與對春秋至戰國文化發展、轉型盡其力量。因此，如
何解讀《左傳》敘事之深義，成爲討論《左傳》敘事重要之問題。以下說明
本文解讀《左傳》敘事之切入角度與方法。

一、語境與《左傳》敘事解讀

　　語境〔註31〕對於敘事表達與敘事解讀有其關鍵性之影響與作用。表達方

　　　　年 4 月，頁 94 至 97。
〔註28〕傅修延《先秦敘事研究──關於中國敘事傳統的形成》，北京：東方出版社，
　　　　1999 年 12 月第 1 版，頁 12。
〔註29〕張素卿指出《左傳》之敘事，可別稱爲「解釋的敘事」（張素卿《敘事與解釋
　　　　──左傳經解研究》，臺北：書林出版有限公司，1998 年 4 月一版，頁 30）
　　　　確能掌握《左傳》敘事之特點與重心。
〔註30〕徐中舒《徐中舒歷史論文選輯·下》，北京：中華書局，1998 年 9 月第 1 版，
　　　　頁 1157。
〔註31〕語境可別爲語言的和非語言的兩類。前者包括語言環境（主要指語言的上下
　　　　文，即言語交際過程中語言本身的上下文語境）與副語言環境（包括有聲的：
　　　　語調、語氣、停頓等。無聲的：表情、神態、手勢等），後者則包括社會文化
　　　　環境、客觀物質環境及語體風格環境等。「社會環境，泛指人們社會生活的各
　　　　種場合。具體說包括時間、地點、氣氛、事件背景、交際對象等客觀因素和
　　　　使用語言者的身份、思想、感情、性格、氣質、職業、修養、處境、心理等
　　　　主觀因素。」文化環境，主要指在社會發展過程中，所形成的一種獨特的文
　　　　化傳統、思維特色與風俗習慣。（常敬宇〈語境與語義〉，收錄於《語境研究

面：表達者所處之主客觀語境，直接、間接影響敘事表達內容取捨與形式選擇。接受方面：語境是理解與解讀《左傳》敘事深層含義之基礎。無論是上下文的語意語境或是整體客觀的外在語境，唯有在對語境認識的基礎上，讀者才能正確理解與解讀。〔註32〕

「意合法」〔註33〕是漢語語法組成的基礎。在此意合特徵基礎上，語境對於意義理解有關鍵性作用。語境影響意義之理解，使表達與接受雙方在進行交際或傳遞信息的過程中，能「排除歧義、確定所指，補充省略意義」，〔註34〕進而完成得體成功的言語交際與信息傳遞。語境是交際溝通的基礎也是解釋的基礎，語境的解釋功能：〔註35〕「在語言使用過程中，言語環境對語言形式有

〔註32〕論文集》，北京：北京語言學院出版社，1992年11月第1版，頁252。

〔註32〕當然，若由詮釋角度而言，則詮釋者以典籍文字爲基礎，進行屬於自身價值體系之詮釋與解讀，當然有其時代意義與哲學思想上價值。如經學方面之公羊學與穀梁學即是以《春秋》爲本所進行之歷史哲學詮釋，代表了漢代學術的某個面象，對於理解漢代學術有其重要之意義。

〔註33〕詳請參考魯川《漢語語法的意合網絡》，北京：商務印書館，2001年10月第1版。

〔註34〕常敬宇〈語境與語義〉，收錄於《語境研究論文集》，北京：北京語言學院出版社，1992年11月第1版，頁250至251。

〔註35〕語境解釋功能之運作，可分爲：確定語義、選擇命題與言語行爲三階段。當言語交際進行時，語義的確定是交際雙方必須先完成的工作，表達者透過話語符號承載意義，接受一方依所處語言環境確定話語所欲傳達之正確意義，此爲確定語義階段。「如果句子進入某個特定的語境……意義便會起相應的變化。……在規定的情景中，語言形式與相應的客觀對象一但建立起聯繫，詞語便從反映概念的內涵轉換爲表現該概念的某個特定的外延，從語言系統抽象的規約意義轉換爲言語系統具體的所指語義。……交際情景提供的對象不同，詞語的所指語義便不一樣。」簡言之，語義的理解與確定，是在特定語境中完成的。又話語的意義不可能獨立存在某個字詞中，而是依靠上下文語境來承載意義的。話語表達有其命題內容，無論是表達一方或接受一方，都必須依賴話語的上下文語境來建構話語的整體內容與意義，而「上下文層次以提供已知信息對語言形式的蘊含命題進行選擇」，此爲選擇命題階段。上下文提供信息結構有兩方式：一是提供信息結構的上下文語境與語言形式前後緊連。另一是上下文語境與語言形式中插有其他話語，而不緊連一起。「語境根據什麼從一組蘊涵命題中選擇出一個命題內容來呢？就語言使用而言，話語一般包含兩方面的內容：一是說話人認定聽話人已知的內容，叫已知信息。另一個是說話人傳遞給聽話人的新的內容，叫新信息。……說話人往往要借助已知信息的幫助才能把新信息有效地傳遞給聽話人。」而「言語行爲是命題內容處於一定心理狀態下的表現。一個命題內容在不同情況下可以與幾個不同的說話目的建立聯繫，但在一個特定的語境心理層次上，它只能與一個特定的說話目的聯繫起來，這種聯繫一經建立，一個特定言語行

一種解釋的作用，……一個規定的語境能使語言形式與某個特定的意義聯繫起來。」〔註36〕換言之，語言形式之所以能正確傳達表達者所欲傳達之意義，是透過某些特定語境來完成。

《左傳》敘事就宏觀角度而言，能提供讀者完整而詳密之語境。〔註37〕無論是客觀記事或是言事相兼之敘述，《左傳》完整建構出先秦政治外交社會生活文化思潮等各層面之語境，使讀者於閱讀過程中，經由前後尋索，必能解讀敘事文字背後之深義。就閱讀角度而言，讀者能由閱讀《左傳》過程中，累積建構出對先秦當時文化語境之認知，以此爲基礎可進一步解讀《左傳》敘事。

二、屬辭比事與《左傳》解讀

屬辭與比事角度是本文討論敘事結構時主要的切入觀點。整體而言，「屬辭比事」是《左傳》敘事之技巧亦敘事結構之法，更進一步而言，也是歷史解釋之法則。龔鵬程指出：「注重歷史的書寫活動，注重史文的敘事功能，認爲史學的核心即是屬辭比事，正是中國史學的特徵。……這種屬辭比事而又不僅落在文辭層面的理論特性，大概源於中國『文字──文學──文化』一體性的結構關係。」〔註 38〕屬辭比事可說是中國史書敘事與歷史解釋之重要

爲也就得到了體現。……說話人的說話目的和意圖是實現語境言語行爲解釋的決定條件。」換言之，言語交際的最後階段，是由表達者與接受者雙方主觀心理來完成。接受在透過客觀語境確定表達者語義，並聯繫出話語命題內容後，依本身的心理狀況與理解來決定話語意義。而影響語義的語境因素，除交際雙方主觀心理外，客觀的語境如時間、地點、環境氛圍、相關的各種人、事、物等都會影響言語交際。此外，「社會文化傳統、各種社會現象以及語言社團對這些傳統和現象的理解和認識也可以作爲一種對象爲語言形式提供解釋。」（以上參考張紹滔〈試論語境的解釋功能〉，收錄於《語境研究論文集》，北京：北京語言學院出版社，1992 年 11 月第 1 版，頁 214 至 222。）

〔註36〕 張紹滔〈試論語境的解釋功能〉，收錄於《語境研究論文集》，北京：北京語言學院出版社，1992 年 11 月第 1 版，頁 214。

〔註37〕 《左傳》敘事是連接不斷，有前後因果關係。雖是以編年爲主，一年一年的記載，某事於某年可能只是單純的客觀記事，但可能十年後會成爲某事件的遠因。這正是編年體記事在完整語境提供上之優點，就《左傳》敘事而言，當發生某事時，若不明白其前因後果，依編年往前往後查閱，則往往能於敘事中尋得線索。無論是「以事爲主」之客觀記事，或是「言事相兼」之歷史敘事皆有此完整語境提供之功能。

〔註38〕 龔鵬程《文化符號學》，臺北：學生書局，2001 年 2 月再版，頁 279。

特色，又屬辭比事之觀念與中國比興思維有關。漢儒提出「屬辭比事」之角度，可謂切中《左傳》敘事之要。關於屬辭比事相關論述，請見第三章「《左傳》敘事結構與深層解讀」。

三、敘事角度之切入解讀

敘事角度之解讀，主要可由內容與形式兩層面討論：內容方面之解讀切入，可由內容取捨標準、歷史想像與細節描寫、情節安排始末設計等角度來討論《左傳》敘事所反映之敘事態度。而形式方面：敘事結構、敘事模式、敘事法、敘事頻率等，亦是本文切入討論《左傳》敘事之角度。

整體而言，敘事結構可別為表層與深層：敘事的表層結構，是指文字語言表現形式，一般所謂文章章法、篇章修辭等即為表層結構。深層結構，即敘事脈絡結構，是敘事進行的內在規律結構，用以將敘事組織成有系統有脈絡的整體。又就敘事角度而言，策略是整體宏觀的大方向謀劃；結構是針對實際敘事表達過程之事先規劃，其範圍小於策略，大於模式。以《左傳》敘事為例，因果結構、屬辭結構與比事結構即為此類。而反覆性與規格性則是模式的特徵，不斷反覆出現且有類似固定規格之敘事表現形式，可稱為敘事模式。

第四節　先秦文化語境與《左傳》敘事

敘事主要目的在於傳意。為達到意義傳達目的，所運用種種表達方法之整體設計，則稱為敘事策略。〔註39〕而影響敘事策略之主要因素，正在於文化語境。所謂「文化語境」，是指表達接受雙方所處之文化環境。主要可由物質與精神兩層面來說明。前者是指表達與接受雙方所處之客觀物質環境，〔註40〕如工

〔註39〕所謂策略是指為達成某目標而設定與規劃之指導原則或步驟。整體而言，是指宏觀角度的整體謀劃與設計。

〔註40〕物質環境對人類文明與文化發展，始終有其關鍵性之影響。以今日為例，在電腦發明之前，人類文明文化知識之傳遞與記錄，主要以筆墨紙為主。電腦問世後，電子化已成為趨勢，網際網路大大改變人類信息之傳遞，VCD 與 DVD 成為資料儲存的重要工具。這些科技文明，已影響人類的思維方式與觀念，在不覺間已改變人類的生活模式與價值觀。返觀春秋戰國時期，當時的客觀物質環境對於當時人們的生活與觀念亦有重大之影響。春秋至戰國鐵器生產技術的進步，鐵器的廣泛運用改善農業生產技術，提升生產力，對當時之社會文化與思維方式亦有某程度之影響。

藝技術、生產、文明科技等,而影響敘事之物質層面因素,主要在於書寫環境,如書寫工具、材料等。精神層面,主要是指當時的社會思潮、思維特徵、價值觀等。

　　整體而言,影響《左傳》敘事之主客觀語境主要如下:其一,客觀書寫環境影響史書體例與《左傳》敘事表達形式。其二,先秦思維特徵影響敘事內容取捨與表達形式選擇。其三,先秦史學觀念影響《左傳》之敘事意旨。而先秦當時對史書的功能期待亦影響敘事內容取捨與表達形式。分別說明如下:

一、書寫限制與《左傳》敘事

　　劉知幾嘗云:「夫國史之美者,以敘事爲工,而敘事之工者,以簡要爲主。簡要之時義大矣哉。歷觀自古,尚書發蹤,所載務於寡事;春秋變體,其言貴於省文。斯蓋澆淳殊致,前後異跡。然則文約而事豐,此述作之尤美者也。」〔註41〕其盛贊史書敘事簡要之美。並指出能「文約而事豐」者,正是史書敘事之美妙者。

　　先秦敘事風格以簡要爲尚,然此由其客觀語境之限制,即先秦書寫之不便也。章學誠《乙卯箚記》云:「古人作書,漆文竹簡,或著縑帛,或以刀削,繁重不勝。是以文詞簡嚴,章無贅句,良由文字艱難,故不得已而作書取足達意而止,非第不屑爲冗長,且亦無暇爲冗長也。」〔註42〕錢鍾書先生亦云:「春秋著作,其事煩劇,下較漢晉,殆力倍而功半焉。文不得不省,辭不得不約,勢使然爾。」〔註43〕其引上幾人所言,「雖皆不爲《春秋》而發,而《春秋》固不能外此。」〔註44〕《左傳》成書雖晚於《春秋》,但兩者之書寫環境仍有某程度之相似。〔註45〕

〔註41〕〔唐〕劉知幾撰、〔清〕浦起龍釋《史通通釋・敘事》,臺北:里仁書局,民國82年6月30日,頁168。

〔註42〕〔清〕章學誠《章氏遺書・中冊・乙卯箚記》,臺北:漢聲出版社,民國62年1月初版,頁857。

〔註43〕錢鍾書《管錐編・第一冊・春秋正義・一杜預序》,臺北:書林書店,民國79年8月出版,頁163。

〔註44〕同上註,頁164。

〔註45〕今日所見戰國古文字之資料,主要有會盟載書、竹簡木牘、帛書、銅器銘文、璽印文字等。盟誓載書是春秋戰國時期國與國、族與族、人與人之間用來徵信起誓的重要儀式。盟書就是會盟時,用以書寫盟議內容之載書。會盟之過程,據學者考證大體如下:盟誓之前,參加盟會各方先在已協定內容之載書

先秦主要書寫工具爲筆與削。〔註46〕前者指毛筆，後者指削刀。「毛筆的應用是在商周時代之前，因爲商周金文的款識很顯然是使用毛筆的結果。從商代的卜辭中可以看得出是先用毛筆寫好，再加刀刻在甲骨上。有幾片早期的牛骨上，更有以毛筆和墨汁書寫而未契刻的文字。」〔註47〕以毛筆寫在竹或帛上，是春秋戰國的書寫情況。例如侯馬盟書相關材料中有春秋晚期以朱墨書於玉石上的盟誓之詞。「根據近年的發現和研究，毛筆早在商代就已使用。而公元前 5 世紀至前 4 世紀的戰國繪書出土，以及文獻中的記錄更使我們相信，縑帛用於書寫至遲當在公元前 5 世紀至 4 世紀，其後繼續使用將近千年。」〔註48〕

先秦書寫材料，〔註49〕主要爲竹簡與木牘。〔註50〕「竹簡和木牘是中國最早的書寫材料，在中國傳統文化上，簡牘制度有其及爲重要和深遠的影響。

上簽名。在盟會時，先由主盟者執牛耳，待專人割下牛耳後，以器盛血。接著由盟主先口含牛血即所謂歃血，之後由各與盟者依次歃血，然後宣讀誓詞內容，其目的在於將誓詞內容宣告於天，以天爲證。《左傳》、《孟子》中保留有當時之盟書之誓詞。

〔註46〕湖北雲夢睡虎地秦墓出土整套的書寫工具，包括毛筆、墨、硯、研石與銅削。十一號墓出土一批竹簡，「竹簡長一般爲 23.1～27.8 厘米，相當於秦尺一尺左右。寬 0.5～0.8 厘米。文字是用墨寫於篾黃一面，也有兩面均寫字的。如《日書》甲種。字跡大多清晰，字體爲秦隸。編繩有上中下三道，出土時已朽壞，僅殘存繩痕。」（錢存訓《書於竹帛——中國古代的文字記錄》，上海：上海書店出版社，2004 年 1 月第 1 版，頁 138。）又如 1987 年湖北荊門包山戰國墓出土竹簡 275 支，約 2 萬餘字，墨書字跡清晰，內容有記事、遺策、占筮等。

〔註47〕錢存訓《書於竹帛——中國古代的文字記錄》，上海：上海書店出版社，2004 年 1 月第 1 版，頁 139。

〔註48〕同上註，頁 96。

〔註49〕「在紙發明以前，竹、木不僅是最普遍的書寫材料，且在中國歷史上被采用的時間，亦較諸其他材料更爲長久，甚至在紙發明以後數百年間，簡牘仍繼續用作書寫。其被廣泛使用的原因，無疑是竹、木盛產於中國，就地取材，價廉而易得，……因此被普遍采用作爲書寫的材料。」（錢存訓《書於竹帛——中國古代的文字記錄》，上海：上海書店出版社，2004 年 1 月第 1 版，頁 71 至 72。）

〔註50〕據考古研究成果，秦漢的竹簡一般而言長約 23.5 厘米上下，寬約 1 厘米左右，厚約 0.2 厘米。一般而言，一根竹簡可寫八至十幾個字，有單行書寫者也有加寬的竹簡作雙行書寫的情況。一般多爲單面書寫，亦有雙面書寫者。在繩編成冊方面，有先編後書者，也有先書後編者。而編聯的道數有二道、三道、四道或五道者。竹書的第一支竹簡，通常書有篇名或題名，編連時將其卷於外側，以便察知竹簡篇題。王國維著有《簡牘檢署考校注》（上海：上海古籍出版社，2004 年 11 月第 1 版）正是此方面相關討論。

不僅中國文字的直行書寫和自右至左的排列順序淵源於此，即使在紙張和印刷術發明以後，中國書籍的單位、術語，以及版面上的所謂"行格"的形式，也是根源於簡牘制度而來。」〔註51〕此外，關於帛書之使用情況，春秋時期帛書已用於書寫，但縑帛普遍應用於書寫，約在秦漢時期。「先秦文籍中雖曾述及帛書，但其用途僅限於重要的文獻或與卜筮有關的紀錄。大概到了秦漢，縑帛方始普遍應用於書寫。」〔註52〕

　　總結而言，先秦時之書寫主要是以毛筆書寫於竹簡或木牘上，一根竹簡或寫八至十幾字，在此情況下，史書敘事勢必無法以大量文字來敘寫事件發展，僅能取其精要者、取其達意者來記錄。無論戰國撰史者是否願意，尙簡成爲當時書寫環境下必然產生的敘事風格。以《左傳》爲例，其書年代時間跨越二百五十五年，在當時不便的書寫環境下，撰史者所筆所削，以達意爲主要目的，以正確傳達敘事意旨爲主要目的。因此，在此書寫限制下，撰史者仍願意花費大量精神工夫進行記載敘述之內容，其正是撰史者關注與強調之人、事、物。進一步討論，這當中又涉及另一重要問題，即筆削之標準爲何？〔註53〕左氏敘史是以何種標準來取捨剪裁內容？以何種角度來進行敘事？其敘事又欲表達什麼？這與文化思維有所關聯。

二、先秦思維特徵與《左傳》敘事

　　思維能力是人類文明與文化進步的因素之一。「人因爲具有思維能力，因而可以認識客觀事物的規律，從而能改造世界；人因爲具有思維能力，因而可以認識我與非我，從而認識人我關係和物我關係，從而能在社會生活中正確定向。人依靠了思維這個主觀條件，才有可能創造出人類特有的燦爛文化和高度文明。」〔註54〕狹義的思維，主要指抽象思維。即透過符號、概念進

〔註51〕錢存訓《書於竹帛——中國古代的文字記錄》，上海：上海書店出版社，2004年1月第1版，頁71。

〔註52〕同上註，頁97。

〔註53〕而史書之優劣，史官之良否，正在於取捨之眼光，而這取捨之眼光又與撰史者史識密切相關。《史通》《文史通義》都特重史識。因爲撰史者見識之長短，正決定歷史敘事內容之優劣，亦決定一部史書整體之價值。進一步思考，撰史者史識受何者影響？章學誠提出史德的重要性。章氏所論是承續中國史學傳統中「良史傳統」而發。所謂「良史」，秉筆直書、據事直書，在《左傳》中即大力提倡。

〔註54〕朱智賢、林崇德《思維發展心理學》，北京：北京師範大學出版社，2002年

行事物內在本質與關係討論之思維運作。「是力圖把握事物的一般屬性及其內在聯繫的精神活動，其基本形式為概念、判斷和推理。」〔註55〕「廣義的思維則泛指各種精神活動過程，聯繫著人類掌握世界的基本方式。」〔註56〕而思維過程就是對觀念中各種符號元素及其相互間關係的處理。〔註57〕

先秦思維特徵對《左傳》敘事在內容及形式上之影響如下：其一，人文思維。人文思維主要影響《左傳》內容之取捨，及其取以德為主之取捨標準。此外，人文思維與人文精神之漸興，亦更加提升史書之功能與地位。陳來指出：「在人文取向為主的文化中，經典的成立不能依賴神性的因素，人們必然從歷史理性中尋求真理和實踐的指導。中國文化的實踐理性不是採取唯一神教的形態。所謂歷史經驗當然是基於歷史上發生的經驗事件，但所謂訴諸歷史經驗，是指已經由理性對歷史現像的個別事例進行總結、抽象而得出的規律性的法則。因此，即使是一句格言，也已經是理性對經驗提升的結果。實踐的理性分為兩種，一方面是道德價值的信念，另一方面是存亡成敗的智慧。人們不斷地努力謀求把握實踐的步驟和方向，在中國古代，這種努力，以前是靠各種占卜，現在則更多訴諸史志。這也是理性進步的表現。」〔註58〕

其二，是倫理意識。其對《左傳》內容與價值判斷有所影響。周文之內容可約於「德」，周文之形式則以「禮」為依歸。整體而言《左傳》受周代倫理意識影響，其敘事意旨與敘事原則皆以「禮」為準則。倫理意識與道德觀念是周代文化的深層結構。「中國傳統思維方式是一種以倫理意識為核心、以現世性和實用性為基本取向的思維方式。」〔註59〕《左傳》在此思維影響下，其敘事以德、禮為主要依據。

其三，是形象思維與比興思維。此二者主要影響《左傳》在人物形象敘寫與對細節描寫之重視。「漢語的編碼機制是『援物、取象、比類、盡意』。」

10月第2版，頁1。
〔註55〕胡家祥《文藝的心理闡釋》，武昌：武漢大學出版社，2005年4月第1版，頁121。
〔註56〕同上註，頁121。
〔註57〕楊文虎《藝術思維和創作的發生》，上海：學林出版社，1998年9月第1版，頁79。
〔註58〕陳來《古代思想文化的世界——春秋時期的宗教、倫理與社會思想》，臺北：允晨文化，2006年1月初版，頁184。
〔註59〕趙林《協調與超越——中國思維方式探討》，武昌：武漢大學出版社，2005年5月第1版，頁16。

對客觀物質世界之觀察是漢語編碼的基礎。「漢語語序的理據就是對客觀有序世界的臨摹性。」從具體情境出發，以物象進行思考活動，即所謂「形象思維」、「具體性思維方式」，是中國文化諸多思維方式之中，最具有中國特色的思維方式。此思維體現在史書敘事上，「最常見的就是將抽象命題置於具體而特殊的時空脈絡中，引用古聖先賢、歷史人物，或往事陳跡加以證明，以提升論證的說服力。」〔註60〕此外，《左傳》敘事結構之設計亦與比興思維有關。比興思維是《左傳》屬辭比事結構設計之基礎，是左氏設計使讀者於敘事中見出意義的重要設計。為完成建構在比興思維上之屬辭比事結構，以形象思維為基礎的細節描寫成為《左傳》敘事的一大特點。透過大量細緻的細節描寫，才能使屬辭比事結構成立。進而能完成其意義傳達之敘事目的。

其四，是崇古意識。〔註61〕崇古意識表現在《左傳》敘事上，主要在於「徵引模式」之大量運用。中國傳統思維方式具有現世性和實用性的特點。「而這些特點始終是以倫理意識為核心和準則的。倫理意識注重的是調整現實中的人與人之間的倫理關係，……它的立足點始終是"此時此地"。為了論證現實的合理性，它常常到往昔中去尋找依據，這就導致了現實意識緊密聯繫的崇古意識。」〔註62〕

其五，因果思維。《左傳》之「因果結構」，正出於此思維特徵。因果邏輯是人類基本思維模式之一。人類的思維是以觀察為基礎，對自然的觀察，對人事物的觀察，都成為人類思維的基礎材料。變化是觀察的首要焦點，自然的變化，人事的變化等，成為人類思維關注的焦點，成為引發思考的起點。而因與果的關係探討，是對變化思考的重心。變化過程就是一因果關係的構成。怎樣的因，產生怎樣的果，有一變因，產生一連串變化過程，最終獲得一（暫時穩定的）結果。在因果之間，對於因果關係的敘述，反映作者對人

〔註60〕楊儒賓、黃俊傑編《中國古代思維方式探索·中國古代儒家歷史思維的方法及其運用》，臺北：正中書局，民國85年11月臺初版，頁1。

〔註61〕「正名和溯源是中國古代王位繼承和更替的兩個不可動搖的原則。要想正名，就必須溯源，溯源的目的是正名，現實的合理性是建立在祖先的神聖性之上的。因此，長期以來，古代中國人把歷史的發展理解為一種無跳躍、無質變的子繼父業的過程。在這一歷史遺傳的過程中，失去的東西遠遠多於獲得的東西，從而就蘊涵著一種今不如昔的歷史退化論觀點，這種觀點構成了中國傳統思維崇古意識的心理基礎。」趙林《協調與超越——中國思維方式探討》，同註59，頁17。

〔註62〕同上註，頁31。

事物變化關係的理解，亦是作者思想觀念的體現。整體而言，《左傳》敘事是以因果結構爲基礎之敘事。史書敘事以史義揭示與資鑑勸懲爲主要目的，而因果結構正是完成史書功能之重要關鍵。

　　整體而言，先秦的思維方式與價值觀念影響《左傳》對歷史的看法及其敘事表達形式，而《左傳》之敘事亦在無形間影響先秦思維之發展與轉型。

三、史書功能與《左傳》敘事意旨

　　關於史字之意義、史之性質、史官之職責等相關討論，文史學界學者討論成果豐碩，其中徐復觀先生〈原史〉〔註63〕一文，由字形正誤切入討論，斷言「史，記事者也。從又持中，中，正也。」所謂右手所持之「中」，「並非與射有關的盛筭之中，凡由盛筭之中所聯想出的簿書簡策等，殆皆不能成立。」〔註64〕

　　其進一步由史之原始職務是與「祝」同一性質，參與宗教活動之人的角度，探討史字的原形與原義。並以《左傳》爲據，歸納史之職務如下：一爲祭神時與祝向神禱告。二爲專管筮之事務。三爲主官天文星曆。四爲災異現象之解說者。〔註65〕五爲錫命或策命。六爲掌管氏族之譜系。由史職務之擴大與轉變，徐復觀先生進而論述史職由宗教轉向人文之演進過程。承其所論，《左傳》敘事與歷史解釋，亦表現此種由宗教精神過渡到人文思維之特色。其他如杜維運、陳其泰、徐中舒、趙光賢、何兆武等人亦多有論述。本文不再贅述。以下主要討論先秦對史書之功能期待，及對《左傳》敘事意旨之影響。

　　關於先秦史書之編纂，劉知幾云：「觀夫丘明受經立傳，廣包諸國，蓋當時有周志、晉乘、鄭書、楚杌等篇，遂乃聚而編之，混成一錄。向使專憑魯策，獨詢孔氏，何以能殫見洽聞，若斯之博也。」〔註66〕其指出史官撰史，應是先廣泛蒐集各種史料文獻，並進行價值判斷而後敘述表達。其又云：：「昔尼父裁經，義在褒貶，明如日月，持用不刊。而史傳所書，貴乎博錄而已。至於本事之外，時寄抑揚，此乃得失稟於片言，是非由於一句，談何容易，可不愼歟。」

〔註63〕《兩漢思想史‧卷三》，〈原史——由宗教通向人文的史學的成立〉，臺北：臺灣學生書局，民國82年9月初版四刷，頁217至304。

〔註64〕同上註，頁220。

〔註65〕此點與本文論述相關，詳請見第六章第三節論述。

〔註66〕〔唐〕劉知幾撰、〔清〕浦起龍釋《史通通釋‧採撰》，臺北：里仁書局，民國82年6月，頁115。

〔註67〕由上所論，知史官撰史非無為而作，乃是為片言得失之判，為本事之外的褒貶而作。如前所論，敘事有其意旨，而資鑑褒貶正是歷史敘事之重心。

　　語言文字之表達，主要為思想觀念之傳遞與溝通。敘事之目的，正為表達作者之敘事意旨。進一步分析，敘事表達又包含兩個層面，一是敘事行為過程本身，另是敘事文本。就語用學角度而言，敘事這一行為本身亦可廣義的視為言語表達行為之一種形式。作者何以要費心講述故事，精心設計情節塑造人物，無非是為表達觀念，傳遞訊息，進而達到溝通說服之效果。

　　就《左傳》而言，其敘事目的與其書性質密切相關。西周至東周前期，是史官文化興盛時期，在先秦諸子大興以前，史官幾乎是文化傳播的主要壟斷者。有幾個先秦史書相關問題值得討論：其一，史書編纂之目的為何？史書編纂者，之所以嘔心瀝血設計安排，主要欲透過歷史敘事之形式，表達某些想法觀念，進行某些價值判斷與歷史解釋。其或出於主觀之情志抒發、褒貶臧否；或是（盡可能）客觀對歷史進行評價與解釋。無論何者，撰史者試圖透過史書，傳遞觀念，說服讀者，正是其撰史之主要目的。其二，其主要閱讀者是誰？史書在先秦時期，主要是作為貴族教育之用。「中國的重視歷史教育，是世界任何其他國家所難以比擬的。西方一直到近代，才將歷史當成一門嚴肅的教育科目。中國則自上古以來，歷史始終居於教育科目的中心。『古之儒者，博學乎六藝之文。六藝者，王教之典籍。』中國古代的教本，是所謂詩書易禮樂春秋的六藝。……尚書、春秋是標準的史書，易、詩、禮、樂都有史料的意味在其中。……中國的經學教育，實際上就是歷史教育。」〔註68〕

　　如《國語・楚語》載楚莊王問太子之教育於申叔時，申叔時指出應以：春秋、世、詩、禮、樂、令、語、故志、訓典來教育太子。其中春秋、世、故志、訓典，其性質多近於史書，而令與語亦與史有關，可見在先秦時人觀念中，歷史教育是為政之基礎教育，亦是貴族教育相當重視之主要內容。〔註69〕申叔時云：「教之春秋，而為之聳善而抑惡焉，以戒勸其心；教之以世，而為之昭明德而廢幽昏，以休懼其動；……教之以語，使明其德，而知先王之務，用明德於民也；教之故志，使知廢興者而戒懼焉；教之訓典，使知族類，行比義焉。」

〔註67〕〔唐〕劉知幾撰、〔清〕浦起龍釋《史通通釋・浮詞》，同上註，頁158。
〔註68〕杜維運《與西方史家論中國史學》，臺北：東大圖書公司，民國82年10月三版，頁60。
〔註69〕相關佐證，不只《國語・楚語》一處，因申叔時所論最為詳備，故舉之以為代表。學者相關研究成果豐碩，詳請參考先秦教育相關著作。

〔註70〕要言之，史書應具有以下之功能：1、資鑑勸懲。2、教育功能。3、保存文獻。4、文化傳播。而先秦對史書的功能期待，對《左傳》敘事意旨產生影響，資鑑勸懲成為歷史敘事的重要目的，間接的對《左傳》內容取捨標準與敘事表達形式有所影響。

總而言之，先秦文化語境影響《左傳》敘事表達與內容觀念，是探討《左傳》敘事與歷史解釋相關論題時，須先釐清之背景問題。

〔註70〕三國·吳·韋昭注云：「以天時紀人事，謂之春秋。世，謂先王之世繫也。令，謂先王之官法、時令也。語，謂治國之善語。故世，謂所記前世成敗之書。訓典，五帝之書。」上海師範大學古籍整理組《國語》，臺北：里仁書局，民國70年12月初版，頁528至529。

第二章 《左傳》敘事形式與敘事解讀

　　清代章學誠云：「史所貴者義也，而所具者事也，所憑者文也。」〔註 1〕其又云：「史之義出於天，而史之文，不能不藉人力以成之。」〔註2〕文、事、義三者正是史學的基本要素，其中又以義為最重要。史書敘寫若無史義貫穿，則其史無可觀者。所謂史義，主要是指史書中呈現的價值思想系統。然則史義如何呈顯？章氏之言已明白指出：史義需藉具體史事來呈現，空言義理，其理難明；史事又需以文字符號為媒介載體，透過文字符號才能將史事具體內容與發展始末，加以載記、敘述、呈現，所謂「所憑者文也」。

　　因此，討論敘事的基礎，正在於語言文字符號系統的掌握。能精確深刻理解中國語言文字符號系統的表達方式、思維方式、語法結構、語用態度、修辭觀念等等，都有助於對中國敘事性作品更深入的討論。敘事可定義為作者為表達其敘事意旨，以語言文字為媒介，透過結構之安排、情節之設計、人物言行及形象塑造、場景情境之描繪等不同表現層面，而講述某些人、事、物之發展、變化、結果、影響之言語行為與表述過程。

　　敘事主要目的，在於意旨之表達與觀念之溝通。而語言文字系統是人類進行敘事時最常使用，也是最有表達力的表達工具。就語言文字系統而言，意義是透過一字一句之詞彙與語言結構而成的，簡言之，意義存在於表達形式與話語結構之中。因此，若欲理解敘事內容及進一步解讀敘事深層意旨，則首先必須先掌握敘事表達形式。《左傳》敘事之意旨與含義，主要是透過其

〔註 1〕 見《文史通義・內篇・史德》，（〔清〕章學誠著、葉瑛校注《文史通義校注》，
　　　　　臺北：里仁書局，民國 73 年 9 月，頁 219。）
〔註 2〕 〔清〕章學誠《文史通義・史德》，同上註，頁 220。

敘事表達形式而存在的，因此，在進行《左傳》敘事與解釋相關討論之前，須先對《左傳》敘事之形式進行討論，釐清此基本問題後，才能進而探討敘事與解釋之問題。

本章主要討論三問題：其一，《左傳》敘事之表現形式問題。既然文爲事之基礎，則敘事表達形式之釐清，是討論《左傳》敘事之首要問題。其二，如何解讀敘事深層含義之問題。以文敘事主要爲闡明其義，則如何由敘事文字中解讀出深層含義成爲關鍵問題。其三，史義寄託之表達方式。就接受一方而言，如何解讀是關鍵，就表達一方而言，如何將史義寄託於敘事文字之中，亦是重要問題。

第一節　《左傳》敘事之表現形式

整體觀察《左傳》敘事，表現形式可歸納爲兩大基本形式。一是「以事爲主」之客觀記事，一是「言事相兼」之歷史敘事。〔註3〕

前者主要以事爲主軸，以簡要之風格，清楚的記載史事，對於人物或細節等甚少著墨。整體而言，「以事爲主」之表現形式，其內容多記各國朝聘盟會、弒殺奔叛等事，其性質屬於客觀之史事記載，其或源自史籍簡冊，或錄自各國赴告。

後者則是人物言論與事件情節相輔相成，亦有採取藉言敘事者。主要透過適當之歷史想像，對人物言行舉止進行細節刻劃，對人物形象進行塑造，並藉由人物對話等來推動事件情節發展，以達到「寓議論於敘事」之目的。其內容與表現手法較多變化，性質爲含有歷史想像成分之歷史敘事。

須先說明的是，「言事相兼」是《左傳》敘事主要形式，本文另區別出「以事爲主」之客觀記事，主要爲說明兩觀點：其一，這類客觀記事，或有可能出於各國赴告，或是撰史者採自其他史籍，這是關於敘事來源之問題。其二，就理解與詮釋角度而言，將《左傳》敘事由表達形式層面進區別，有助於釐

〔註3〕 英國史學家沃爾什於其《歷史哲學導論》一書中曾提出的兩種歷史敘事形式，一是「平淡敘事」：只告訴我們發生什麼事的敘述或編年史；二是「意蘊敘事」：會向我們說明爲什麼發生的歷史敘事。（詳請參見沃爾什《歷史哲學導論》，桂林：廣西師範大學出版社，2001 年 3 月第 1 版，或見《當代西方歷史哲學讀本·論歷史學中敘事的性質與作用》，上海：復旦大學出版社，2004 年 10 月第一版，頁 182。）

清敘事與解釋之關係。整體而言,《左傳》中確有單純的客觀記事,但此類記事往往是爲之後的歷史敘事進行鋪排與準備。以下分別說明兩種表現形式之內容特色與來源,及其在敘事解讀上之功能與意義。〔註4〕

一、「以事爲主」之客觀記事

所謂「以事爲主」之客觀記事,是指《左傳》中以事爲主軸,以簡要爲風格,對歷史事件發展進行較客觀敘述之記事。記事、記言與寫人是《左傳》內容主要部分,其中以記事爲主之部分,即所謂「以事爲主」之客觀記事。這類客觀記事之內容,主要以會盟、朝聘、問喪、出奔、叛亂、弑殺等爲主要,此外關於天文、災異之事,亦多以客觀記事方式記載。必須說明的是,此處所謂「以事爲主」之客觀記事,是指其事首尾完整,自成一體,而不是某事件之一部分。

就解讀角度而言,這類「以事爲主」之客觀記事,主要有兩大功能:其一,是提供完整解釋語境之功能。〔註5〕其二,是事件主題之揭示與敘事主體脈絡之維持功能。整體而言,這類客觀記事見於全書,就比例上而言,襄公之前之敘事較常見此類「以事爲主」之記事,襄公之後愈至後期,「言事相兼」之敘事運用愈多,「以事爲主」之記事往往僅在於主體脈絡之維持,或是事件主題之揭示上。

(一)「以事為主」客觀記事之內容特色

以下就「以事爲主」客觀記事之內容特色與功能意義,舉例說明如下。

〔註4〕 小說敘事理論中有所謂「講述」(敘述)與「展示」(描寫)兩種敘事方式。整體而言,講述是作者告知敘述某件事,比較類似本文中所論之「以事爲主」客觀記事。展示則強調透過人物語言或細節描寫來進行展示表現,比較類似本文所謂之「言事相兼」歷史敘事。以上說法主要提供參考,中西敘事傳統在文化差異下有其不同的側重與關注,勉強以西方觀念套用中國典籍是較差的討論方式。關於西方敘事理論中「講述」與「展示」之相關討論,請參考敘事相關著作。如羅鋼《敘事學導論》、胡亞敏《敘事學》、米克·巴爾《敘述學——敘事理論導論》。又如王汶成《文學語言中介論》等書中皆有論述。

〔註5〕 語境是解釋之基礎。漢語語法是建構於意合基礎上,語言意義之解釋,對於語境之依賴程度相當大。同一語法表現形式,置於不同語境中,往往產生不同的意義。因此,語境對於漢語意義解讀而言,是重要的關鍵,而《左傳》這類「以事爲主」之客觀記事,正能在完整語境提供上,發揮其功能。

〔註6〕在內容特色方面，有關於外交相關之例，如隱公十年，《左傳》載：

> 十年，春，王正月，公會齊侯、鄭伯于中丘。癸丑，盟于鄧，爲師
> 期。（隱公十年，頁 77。）〔註7〕

此即是客觀的記載西元前 713 年時，魯國、齊國與鄭莊公會於中丘相關之事。《左傳》這段記事，與《春秋》之記事十分類似。《春秋》：「十年，春，王二月，公會齊侯、鄭伯于中丘。」〔註8〕《左傳》於會之後又記載鄭國與魯國之盟。整體而言，這類客觀記事，或許與先秦史書成例有關。請見後文討論。其他關於隱公年間之外交會盟例，又如：「公與宋公爲會，將尋宿之盟。未及期，衛人來告亂。夏，公及宋公遇于清。」（隱公四年，頁 56。）又如：「八年，春，齊侯將平宋、衛，有會期。宋公以幣請於衛，請先相見。衛侯許之，故遇于犬丘。」（隱公八年，頁 73。）等。

與外交相關之客觀記事如：「秋，七月，杞侯來朝，不敬。杞侯歸，乃謀伐之。」（桓公二年，頁 91。）又如：「夏，齊侯、鄭伯朝于紀，欲以襲之。紀人知之。」（桓公五年，頁 106。）以上二例爲朝聘相關之記事。又如桓公十六年：「十六年，春，正月，會于曹，謀伐鄭也。夏，伐鄭。」（桓公十六年，頁 128。）此亦客觀記載魯桓公十六年春季時，於曹國舉行之一次盟會。此會主要商議出兵伐鄭之事，原因是爲祭仲之專權與鄭屬公之奔。又如：「五年，秋，郳犁來來朝。名；未王命也。」（莊公五年，頁 140。）《春秋》載此事：「秋，郳犁來來朝。」《左傳》於記事後，指出史書成法，即就先秦史書記載之規範，對於郳國來朝，因其尚未獲得周王室之承認，於是於國名後加書其名「犁來」。就當時而言，諸侯是否獲得周王室之承認，在國與國外交交際上仍有其一定之重要性。如晉曲沃伯，雖早已掌握晉地，但直到周天子以一軍命爲晉侯後，才取得其正當性。《左傳》載：「王使虢公命曲沃伯以一軍爲晉侯。」（莊公十六年，頁 157。）又如：「冬，遇于魯濟，謀山戎也。以其病燕故也。」（莊公三十年，頁 179。）此事《春秋》載之曰：「冬，公及齊侯遇于魯濟。」《左傳》於記載中，將此次外交會面之原因加以說明。

「以事爲主」之客觀記事又如僖公二十九年，《左傳》載：

〔註6〕以下舉例採隨機方式，唯一原則是盡可能於十二公間平均取樣，以免有採樣不公之失。

〔註7〕本文關於《左傳》之引文，皆以《十三經注疏・左傳》，（臺北：藝文印書館，民國 82 年 9 月）爲據。後文則僅標左傳紀年與出處頁數。

〔註8〕《十三經注疏・左傳》，同上註，頁 76。

夏，公會王子虎、晉狐偃、宋公孫固、齊國歸父、陳轅濤塗、秦小
子憖，盟于翟泉，尋踐土之盟，且謀伐鄭也。卿不書，罪之也。在
禮，卿不會公侯，會伯子男可也。（僖公二十九年，頁 283。）

此例記事之表現形式，亦是《左傳》常見之形式。即將參與會盟之各國代表
人名逐一書寫。其實這應與史書成例相關。觀察《春秋》、《竹書紀年》等先
秦史書，會發現類似之記載方式，是一常見之記事成例。就《公羊傳》與《穀
梁傳》等今文經學角度而言，或許在這樣人名書寫中，即隱含有「微言大義」、
「褒貶之旨」。但就史書記載角度來看，這或許是屬於先秦史書記載的一種規
範、一種敘事成法。〔註9〕見於僖公年間之例又如：「滑人叛鄭，而服於衛。
夏，鄭公子士、洩堵寇帥師入滑。」（僖公二十年，頁 204。）又如：「二十二
年，春，伐邾，取須句，反其君焉，禮也。」（僖公二十二年，頁 247。）又
如文公元年，《左傳》載：

穆伯如齊，始聘焉，禮也。凡君即位，卿出並聘，踐修舊好，要結
外援，好事鄰國，以衛社稷，忠、信、卑讓之道也。忠，德之正也；
信，德之固也；卑讓，德之基也。（文公元年，頁 299。）

《左傳》於公孫敖聘齊之事後，以「凡」字帶出撰史者觀念。就經學角度而
言，此為解經文字。有所謂「五十凡例」之說。整體而言，凡例之性質確實
某些部分帶有解經成分於其中，但亦有不是解經而是揭示史書成法者，請見
後文。又如文公十五年《左傳》載：

冬十一月，晉侯、宋公、衛侯、蔡侯、陳侯、鄭伯、許男、曹伯盟
于扈，尋新城之盟，且謀伐齊也。齊人賂晉侯，故不克而還。於是
有齊難，是以公不會。書曰「諸侯盟于扈」，無能為故也。凡諸侯會，
公不與，不書，諱君惡也。與而不書，後也。（文公十五年，頁 339。）

《左傳》以客觀記事之方式，記載西元前 612 年，齊、宋、衛、蔡、陳、許
等國所舉行的扈之盟。相對於《春秋》僅載「冬十有一月，諸侯盟于扈」，《左

〔註9〕 而這種敘事成法之全貌今日已不復見，但由《左傳》客觀記事表現形式中，
或可窺見一二。必須說明的是，就觀察《左傳》所得，這樣成法似乎會隨時
代不同而有所變化，或許是不同撰史者撰史時，所遵守之敘事規範有所不同，
或許是隨時代推移，在史書敘事成法上有所改變。總而言之，在相關新文物
材料被發現前，我們僅能合理推測，先秦史官撰史應有其遵守之規範與敘事
之成法。杜維運亦云：「中國自上古以來設立的史官，其主要的職務為記事，
其記事遵守共同必守之法，「君舉必書」，「書法不隱」。」（杜維運《與西方史
家論中國史學》，臺北：東大圖書公司，民國 82 年 10 月三版，頁 57。）

傳》將與盟之各國加以說明，可說是客觀史書記載之規範。又如宣公四年，《春秋》載：「四年，春，王正月，公及齊侯平莒及郯。莒人不肯。公伐莒，取向。」《左傳》載曰：四年，春，公及齊侯平莒及郯，莒人不肯。公伐莒，取向，非禮也。平國以禮，不以亂。伐而不治，亂也。以亂平亂，何治之有？無治，何以行禮？」（宣公四年，頁 368。）此亦是客觀記事之例。比較《春秋》與《左傳》對此事之記載，發現《左傳》在客觀記事之後，又加入禮、非禮之價值判斷。相對於《春秋》記事而言，《左傳》客觀記事中所呈現之敘事態度，是較為明顯的。此亦《左傳》「以事解經」或「以史傳經」之一例。

　　《春秋》雖是史書性質，但若就經學角度而言，其書已經過孔子刪訂，所謂「其義則丘竊取之」。孔子透過對史事之刪訂，藉此表達其史觀與史義。就廣義敘事角度而言，孔子這樣刪訂之行為，亦可算是敘事行為之一種，只是其表達方式，似遵守所謂「述而不作」，只是透過內容取捨來表達作者態度，相對於運用歷史想像來表達史義之敘事方式，算是比較客觀的敘事方式。相對於孔子對「述而不作」所刪訂出之《春秋》，左氏〔註10〕撰史除「以事為主」的客觀記事外，《左傳》作者於「言事相兼」一類歷史敘事部分，則往往藉由歷史想像之方式，透過對人物言行舉旨止之細節描寫，與人物對話內容之設計，來表達態度，傳遞其史觀與史義。詳見後文。此例中，出現「書曰」形式。就經學角度而言，這是解經文字。就敘事角度而言，書曰形式之表達，確實是作者「敘事干預」形式之一。

　　關於外交相關之客觀記事，其他如：「元年，春，王正月，公子遂如齊逆女。尊君命也。」（宣公元年，頁 361。）又如：「十年，春，公如齊。齊侯以我服故，歸濟西之田。」（宣公十年，頁 381。）又如：「秋，宣伯如齊逆女。稱族，尊君命也。」（成公十四年，頁 464。）出奔之例如：「曲沃莊伯以鄭人、

〔註10〕 本論文中所見「左氏」一詞，主要取集合名詞之性質，即指編纂撰述《左傳》之作者或作者們。關於《左傳》作者之問題，歷代學者多有論述，有疑左丘明其人其書者，有主張劉歆所著者。或以《左傳》成於吳起、或論《左傳》著於子夏、或議《左傳》成於張蒼。隨論者角度與立場之不同，而提出不同的推測與議論。然在未有更明確的出土文物相互印證之前，筆者以為討論《左傳》作者之問題，或許可以暫時擱置。就今所見《左傳》，無論其作者是否為左丘明，或是否是一時一地一人所作，《左傳》一書在今日討論先秦文學與史學方面，其價值與意義是無庸置疑的。又《左傳》之文風，或有前後不同之表現，學者多以襄、昭前後為界。文學風格之異同，往往因觀察角度與論述者主觀認知而有不同之判斷，此類研究有其語言與文學上之意義，但非本文論述焦點，暫略之。

邢人伐翼，王使尹氏、武氏助之。翼侯奔隨」（隱公五年，頁58。）、「晉人討
不用命者，放胥甲父于衛。而立胥克。先辛奔齊」（宣公元年，頁361。）、「衛
定公惡孫林父。冬，孫林父出奔晉。衛侯如晉，晉反戚焉」（成公七年，頁444。）、
「崔氏之亂，申鮮虞來奔，僕賃於野，以喪莊公。冬，楚人召之，遂如楚，
爲右尹」（襄公二十七年，頁650。）此類例證頗多，其餘請見《左傳》。

除外交相關記事外，對於一些爭伐、弒殺、愬訟之事，《左傳》亦有以客
觀記事形式表現者：

> 宋文公即位三年，殺母弟須及昭公子，武氏之謀也。使戴、桓之族
> 攻武氏於司馬子伯之館，盡逐武、穆之族。武、穆之族以曹師伐宋。
> 秋，宋師圍曹，報武氏之亂也。（宣公三年，頁367。）

此例，《左傳》記載西元前606年，宋文公即位後的第三年，對於武、穆之族
的殺逐。關於宋穆公卒與宋文公即相關事跡，於後文「初」敘事法相關討論
中有所說明。觀察上引文，《左傳》確實客觀的記載事件之發展與結果，屬於
「以事爲主」之客觀記事。又如：

> 八年，春，白狄及晉平。夏，會晉伐秦。晉人獲秦諜，殺諸絳市，
> 六日而蘇。（宣公八年，頁379。）

此以客觀記事方式，記載西元前601年，白狄與晉國講和，之後一同出兵伐
秦，於過程中俘獲一秦國間諜，將他殺死於絳城之市，但六天後，此間諜卻
又復活。就客觀而言，此事頗爲神異，《左傳》特別將之記載，卻又未有其他
說明。其與其他事件又無關聯，僅是客觀記載此事。或許本有其設計，但後
未完成，又或者這是當時民間廣爲流傳之事，左氏聞之，加以載錄。又或者，
這是轉載自他國史書中的記載。總而言之，在無法確定之前，就其性質而言，
這是「以事爲主」之客觀記事。另有於客觀記事後，加上史評、史論之例者，
如成公十七年與十八年所載：

> 閏月乙卯晦，欒書、中行偃殺胥童。民不與郤氏，胥童道君爲亂，
> 故皆書曰「晉殺其大夫。」（成公十七年，頁484。）

> 齊爲慶氏之難故，甲申晦，齊侯使士華免以戈殺國佐于內宮之朝。
> 師逃于夫人之宮。書曰「齊殺其大夫國佐」，棄命、專殺、以穀叛故
> 也。使清人殺國勝。國弱來奔。王湫奔萊。慶封爲大夫，慶佐爲司
> 寇。既，齊侯反國弱，使嗣國氏，禮也。（成公十八年，頁485。）

以上二例，亦是客觀記載殺伐之事者。其事本身結構完整，不需要撰史者再

以歷史想像進行組織。對於這類記事，《左傳》通常於事後加上「書曰」、「君子曰」、或某人曰等形式進行史評、史論，以表達其態度與看法。類似之例又如：

> 四月，鄭人侵衛牧，以報東門之役，衛人以燕師伐鄭，鄭祭足、原繁、洩駕以三軍軍其前，使曼伯與子元潛軍軍其後。燕人畏鄭三軍，而不虞制人。六月，鄭二公子以制人敗燕師于北制。君子曰：「不備不虞，不可以師。」（隱公五年，頁 61。）

魯隱公五年（西元前 718 年），此年四月，鄭國出兵侵衛。《左傳》客觀的記載此次戰爭之經過。這是「以事爲主」之客觀記事，其中未見撰史者之歷史想像成分，僅是客觀的記錄事件發展。事件結束後，《左傳》以「君子曰」表達其對此事之看法，指出對於戰爭，應採取有所準備之態度。又如：

> 冬，晉人討邲之敗與清之師，歸罪於先縠而殺之，盡滅其族。君子曰：「『惡之來也，己則取之』，其先縠之謂乎！」（宣公十三年，頁404。）

魯宣公十三年（西元前 596 年），晉景公四年。此年冬季，晉國因爲邲之戰（宣公十二年）失敗，及此年（西元前 596 年）秋季赤狄因先縠之召而伐晉一事，將先縠一族滅除。《左傳》客觀的記載此事，這或許是出於晉國之赴告而載入史書者。《左傳》於事後，加上「君子曰」一段，來表達其對此事之態度。此亦是《左傳》「以事解經」之一種形式。此外，關於慇、訟之事，《左傳》亦有以客觀記事記載者，如：

> 王使王叔陳生慇戎于晉，晉人執之。士魴如京師，言王叔之貳於戎也。（襄公五年，頁514。）

魯襄公五年（西元前 568 年），此年春季，周王室派遣王叔陳生至晉國控慇戎人，晉國反將而將王叔逮捕，《左傳》客觀的記載此事，因爲王叔與戎人有勾結。此一則客觀記事，但同時也反映當時各國之形勢，對於語境之建構有其功能。

又如，魯襄公二十年（西元前 553 年），此年夏季，陳國慶虎、慶寅擔心公子黃之偪，於是向楚國告狀，指出公子黃將與蔡國公子燮合謀叛楚即晉。楚國於是討伐公子黃，公子黃前往楚國進行辯解。〔註11〕《左傳》載此公子

〔註11〕 《左傳》載二慶陷害公子黃之事如下：蔡公子燮欲以蔡之晉，蔡人殺之。公子履，其母弟也，故出奔楚。陳慶虎、慶寅畏公子黃之偪，愬諸楚曰：「與蔡

黃懟於楚之事如下：

> 陳侯如楚，公子黃懟二慶於楚，楚人召之。使慶樂往，殺之。慶氏
> 以陳叛。夏，屈建從陳侯圍陳。陳人城，板隊而殺人。役人相命，
> 各殺其長，遂殺慶虎、慶寅。楚人納公子黃。君子謂慶氏不義，不
> 可肆也。故《書》曰：「惟命不于常。」（襄公二十三年，頁 601。）

對於此事，《左傳》亦是「以事爲主」之客觀記事。楚國在查明眞相後，要求
二慶前往楚國說明。慶樂代表至楚說明，被殺。二慶於是叛楚。楚出兵伐陳，
殺二慶，使公子黃返國。《左傳》在客觀的記載此事始末後，以「君子謂」之
形式，表達其態度，強調多行不義之人，天命不予之觀念。此亦是於客觀記
事後，運用敘事干預之形式表達態度之例。

除上述內容外，對於聘問、書卒、弔問之事，《左傳》亦常以客觀記事之
形式來表現，如隱公元年與三年《左傳》載：

> 眾父卒，公不與小斂，故不書日。（隱公元年，頁 40）

> 夏，君氏卒——聲子也。不赴於諸侯，不反哭于寢，不祔于姑，故
> 不曰「薨」。不稱夫人，故不言葬，不書姓。爲公故，曰「君氏」。（隱
> 公三年，頁 50。）

此二例皆與卒有關，《左傳》在客觀記事後，又揭示史書記事之用字規範。其
指出依據史書記載成法，若是國君未參加死者之小斂，則於記載上便不記上
日期。又隱公三年《春秋》載：「夏四月辛卯，君氏卒。」若依前所論，此例
《春秋》有書日，故國君應是有參加小斂，但君氏即聲子，即魯隱公之生母，
因其並非魯惠公之夫人，故未以夫人之禮葬之。因此未用「薨」而書曰「君
氏」。就經學角度而言，這算是《左傳》對春秋經之解釋，整體而言，其確實
有這樣的傾向。

就客觀角度而言，魯隱公十一年間之敘事，作者爲解經而作之用心，確
實明顯可見，其所敘所記之事，多因《春秋》而發。此或許正如《史記》所
言：「魯君子左丘明懼弟子人人異端，各安其意，失其眞，故因孔子史記具論

司馬同謀。」楚人以爲討，公子黃出奔楚。初，蔡文侯欲事晉，曰：「先君與
於踐土之盟，晉不可棄，且兄弟也。」畏楚，不能行而卒。楚人使蔡無常，
公子燮求從先君以利蔡，不能而死。書曰「蔡殺其大夫公子燮」，言不與民同
欲也；「陳侯之弟黃出奔楚」，言非其罪也。公子黃將出奔，呼於國曰：「慶氏
無道，求專陳國，暴蔑其君，而去其親，五年不滅，是無天也。」（襄公二十
年，頁 588。）

其語，成左氏春秋。」〔註12〕無論左氏撰史之本義是否爲解經，就《左傳》敘事本身觀察，愈至後期，其敘事已經與解不解經無太大關聯，反而是撰史者企圖藉由《左傳》之敘事，以反映史識、史觀，傳達史義與態度。回到原本主題，《左傳》對於書卒與弔喪之事，往往多採客觀記事之方式。其原因或是因赴告而書之史書成法。詳情見後文。其他如：「九月，衛穆公卒，晉三子自役弔焉，哭於大門之外。衛人逆之，婦人哭於門內。送亦如之。遂常以葬」（成公二年，頁 427。）、「十二月，晉既烝，趙孟適南陽，將會孟子餘。甲辰朔，烝于溫，庚戌，卒。鄭伯如晉弔，及雍乃復」（昭公元年，頁 710。）、「冬，叔弓如楚，聘，且弔敗也」（昭公六年，頁 752。）等例亦是聘問弔喪客觀記事之例。

又如襄公九年《左傳》載宋國火災之事，由其客觀記載中可見當時宋國之官制及職務範圍，以及當時對火災之因應，《左傳》載此事如下：

> 九年，春，宋災，樂喜爲司城以爲政，使伯氏司里。火所未至，徹
> 小屋，塗大屋，陳畚挶；具綆缶，堪器；量輕重，蓄水潦，積土塗；
> 巡丈城，繕守備，表火道。使華臣具正徒，令隧正納郊保，奔火所。
> 使華閱討右官，官庀其司。向戌討左，亦如之。使樂遄庀刑器，亦
> 如之。使皇鄖命校正出馬，工正出車，勞兵，庀武守。使西鉏吾庀
> 府守，令司宮、巷伯儆宮。二師令四鄉正敬享，祝宗用馬于四墉，
> 祀盤庚于西門之外。（襄公九年，頁 522。）

魯襄公九年（西元前 564 年），此年春季宋國發生大火。《左傳》對此事先事客觀如實地將宋國發生大火之情況，與司城樂喜之危機處理，逐一加以記錄，此正「以事爲主」之客觀記事。僅是客觀記載宋國大火，就史書敘事而言，並無意義。因此，《左傳》於記事之後，接著設計晉悼公與士弱之對話，透過兩人問答之間，闡述「天道」之問題。晉侯與士弱之對話正屬於歷史想像之一類，就此事全篇敘事而言，則爲言事相兼之例。

總結而言，「以事爲主」之敘事表現形式其特色如下：其一，多記外交、聘問、會盟、弔喪、天文災異之事。整體而言，對於小國之相關記事，較常使用此類客觀記事。其二，其於記事後或以「君子曰」或「書曰」等形式，或說明事件之因果，或揭示史書成例。以下討論這類敘事與史書成例之關係，

〔註12〕《百納本二十四史・史記・十二諸侯年表》，臺北：臺灣商務印書館（宋慶元黃善夫刊本），民國 77 年臺六版，頁 494。

進而探討此類客觀記事之功能。

（二）史書之成法與客觀記事之來源

以上所述《左傳》「以事為主」之客觀記事，其來源或許與先秦史書記事共同遵守之成法〔註 13〕有關。此一史官敘史之成法，即一套歷史記載與敘事之書寫規範。其成法體例如何，今日已難窺全貌，但「赴告」、「直書」、「實錄」等史書敘事精神，仍可由《春秋》、《左傳》等書中略見一二。所謂「中國自上古以來設立的史官，其主要的職務為記事，其記事遵守共同必守之法，『君舉必書』、『書法不隱』。」〔註 14〕

先秦當時有所謂「赴告」制度，即他國之事件，若有收到該國之赴告文書，則以之為本，載入本國史書中。若未收到正式的赴告文書，則其事雖重大亦不載入本國史書中。這樣的制度透過《左傳》所記載可見其貌。例如：《左傳・隱公元年》載：

> 八月，紀人伐夷。夷不告，故不書。（隱公元年，頁 38。）

又如：

> 冬，十月，鄭伯以虢師伐宋。壬戌，大敗宋師，以報其入鄭也。宋不告命，故不書。凡諸侯有命，告則書，不然則否。師出臧否，亦如之。雖及滅國，滅不告敗，勝不告克，不書于策。（隱公十一年，頁 82。）

以上兩則記載明確的指出，不告故不書的原則。觀《春秋》於隱公年間，確實未見八月紀人伐夷之事。而隱公十一年之《春秋》，冬季僅載：「冬十有一月壬辰，公薨。」亦未見《左傳》中所載之「鄭伯以虢師伐宋」事。其原因若如《左傳》所言，則是因為紀與鄭未將該事赴告魯國，故魯史中未加記載。《春秋》既是以魯史為本，自然亦未見其事。關於赴告制度之相關記載又見於僖公二十四年，《左傳》載之如下：

> 二十四年，春，王正月，秦伯納之。不書，不告入也。及河，子犯

〔註 13〕史書有史書撰寫、編纂之體例。當撰史者面對史料與史事時，如何寫，哪些事要寫，哪些不寫，哪些情節人物要詳細描寫，哪寫則略寫，這都是一個選擇、剪裁、排列、敘述的過程。這樣的過程，其目的正為表達某一觀念想法態度。就史學角度而言，有觀念想法態度與價值判斷的歷史敘事，才是歷史，否則僅是史料文獻編排。

〔註 14〕杜維運《與西方史家論中國史學》，臺北：東大圖書公司，民國 82 年 10 月三版，頁 57。

以璧授公子，曰：「臣負羈紲從君巡於天下，臣之罪甚多矣，臣猶知之，而況君乎？請由此亡。」公子曰：「所不與舅氏同心者，有如白水！」投其璧于河。濟河，圍令狐，入桑泉，取臼衰。二月甲午，晉師軍于廬柳。秦伯使公子縶如晉師。師退，軍于郇。辛丑，狐偃及秦、晉之大夫盟于郇。壬寅，公子入于晉師。丙午，入于曲沃。丁未，朝于武宮。戊申，使殺懷公于高梁。不書，亦不告也。（僖公二十四年，頁 253。）

魯僖公二十四年（西元前 636 年），此年春季，晉公子重耳在秦國軍隊護送下，渡過黃河返回晉國。《春秋》於此年之記載，全文僅二十八字：「二十有四年春王正月。夏，狄伐鄭。秋，七月。冬，天王出居于鄭。晉侯夷吾卒。」〔註15〕依《左傳》所載，秦穆公助晉公子重耳返國之事，因未赴告魯國，故魯史不書。又晉文公返國後，於「戊申，使殺懷公于高梁」同樣因未有赴告，故不書。就情理上而言，晉國未將這些事赴告他國應是合情合理的，這些屬於君位爭奪之事，並非光彩之事，亦無須告知各國，可能只見於晉國本國之史書。關於赴告之相關記載，文公十四年亦見，《左傳》載云：

十四年，春，頃王崩。周公閱與王孫蘇爭政，故不赴。凡崩、薨，不赴，則不書。禍、福，不告，亦不書。懲不敬也。（文公十四年，頁 333。）

魯文公十四年（西元前 613 年），此年春季周頃王崩，之後由周匡王繼位。但《春秋》中卻未書。若就《春秋》所謂尊王室之觀念，周天子之崩，何以未見記載。《左傳》為此以「凡」字揭示書與不書之原則。這樣敘述，若由經學角度而論，或許是解經之文字。若由史書記載角度而論，應是揭示史書記載之成法，即說明怎樣的情況要如何記事之規範。

除此例子外，《左傳》中以「凡」字揭示撰史成例者，亦有：「凡雨自三日以往為霖，平地尺為大雪」（隱公九年）、「凡平原出水為大水」（桓公元年）、「凡諸侯之女行，唯王后書」（桓公九年）、「凡師，一宿為舍，再宿為信，過信為次」（莊公三年）、「凡師，敵未陳曰敗某師，皆陳曰戰，大崩曰敗績。得俊曰克，覆而敗之曰取某師，京師敗曰王師敗績于某」（莊公十一年）、「凡諸

〔註15〕《十三經注疏‧左傳》，臺北：藝文印書館，民國 82 年 9 月，頁 253。又《春秋》所載最末，「晉侯夷吾卒」一句，學者以為或是錯簡，晉惠公夷吾已於前一年九月卒，此年被殺的應是晉懷公。

侯之女，歸寧曰來，出曰來歸，夫人歸寧曰如某，出曰歸于某」（莊公二十七年）、「凡邑：有宗廟先君之主曰都，無曰邑。邑曰築，都曰城」（莊公二十八年）、「凡師，有鐘鼓曰伐，無曰侵，輕曰襲」（莊公二十九年）、「凡在喪，王曰小童，公侯曰子」（僖公九年）、「凡師，能左右之曰以」（僖公二十六年）、「凡民逃其上曰潰，在上曰逃」（文公三年）、「凡勝國，曰滅之；獲大城焉，曰入之」（文公十五年）、「凡弑君，稱君，君無道也；稱臣，臣之罪也」（宣公四年）、「凡師出，與謀曰『及』，不與謀曰『會』」（宣公七年）、「凡火，人火曰火，天火曰災」（宣公十六年）、「凡太子之母弟，公在曰公子，不在曰弟。凡稱弟，皆母弟也」（宣公十七年）、「凡自內虐其君曰弑，自外曰戕」（宣公十八年）、「凡君不道於其民，諸侯討而執之，則曰：「某人執某侯」，不然則否」（成公十五年）、「凡去其國，國逆而立之，曰『入』；復其位，曰『復歸』；諸侯納之，曰『歸』；以惡曰『復入』」（成公十八年）、「凡書取，言易也；用大師焉曰滅；弗地曰入」（襄公十三年）、「凡克邑，不用師徒曰取」（昭公四年）、「凡獲器用曰『得』，得用焉曰『獲』」（定公九年）。以上所引，皆指出史書記事之成法，即撰史者面對何種情況，應使用何字之規範。由此亦可知，先秦撰史確實有其一套遵守之敘事規範。

關於赴告之記載，又見於襄公十年，《左傳》載之如下：

> 王叔陳生與伯輿爭政，王右伯輿。王叔陳生怒而出奔。及河，王復之，殺史狡以說焉。不入，遂處之。晉侯使士匄平王室，王叔與伯輿訟焉。王叔之宰與伯輿之大夫瑕禽坐獄於王庭，士匄聽之。王叔之宰曰：「篳門閨竇之人而皆陵其上，其難為上矣。」瑕禽曰：「昔平王東遷，吾七姓從王，牲用備，王賴之，而賜之騂旄之盟，曰：『世世無失職。』若篳門閨竇，其能來東厎乎？且王何賴焉？今自王叔之相也，政以賄成，而刑放於寵。官之師旅，不勝其富，吾能無篳門閨竇乎？唯大國圖之！下而無直，則何謂正矣？」范宣子曰：「天子所右，寡君亦右之；所左，亦左之。」使王叔氏與伯輿合要，王叔氏不能舉其契。王叔奔晉。不書，不告也。單靖公為卿士以相王室。（襄公十年，頁 542。）

魯襄公六年（西元前 563 年），周靈王九年，楚共王二十八年。此年冬季，周王室之二卿，王叔陳生與伯輿爭取政治主導權，周靈王支持伯輿，王叔陳生於是出奔。之後為周靈王所追回，並殺其所惡之人史狡以悅之。王叔陳生仍

不返國。之後晉國派遣士匃調停周王室此次內部政爭。晉國最後與周靈王同立場，支持較正直的伯輿，王叔陳生奔晉。此事未見於《春秋》，如前所論，此關於周王室之事，而《春秋》卻未記載。《左傳》爲解釋這點，指出這是因爲周王室未將此事赴告魯國，故魯史中未見。另一相關記載見於魯哀公元年，《左傳》載之如下：

> 吳王夫差敗越于夫椒，報檇李也。遂入越。越子以甲楯五千保于會稽，使大夫種因吳大宰嚭以行成。吳子將許之。伍員曰：「不可。臣聞之：『樹德莫如滋，去疾莫如盡。』……今吳不如過，而越大於少康，或將豐之，不亦難乎！句踐能親而務施，施不失人，親不棄勞。與我同壤，而世爲仇讎。於是乎克而弗取，將又存之，違天而長寇讎，後雖悔之，不可食已。姬之衰也，日可俟也。介在蠻夷，而長寇讎，以是求伯，必不行矣。」弗聽。退而告人曰：「越十年生聚，而十年教訓，二十年之外，吳其爲沼乎！」三月，越及吳平。吳入越，不書，吳不告慶、越不告敗也。（哀公元年，頁90。）

魯哀公元年（西元前494年），此年春季發生改變當時局勢之重要事件。吳王夫差於夫椒擊敗越王句踐。報魯定公十四年（西元前496年），其父闔廬被越王句踐擊敗於檇李之仇。對於吳越檇李之戰，《春秋》有所記載：「五月，於越敗吳于檇李。」﹝註16﹞但關於此次夫椒之戰，《春秋》則未記載。《左傳》爲此，同樣以「吳不告慶、越不告敗」之原因，指出因未有赴告，故未加以記載。

　　歸納以上《左傳》所載不告而不書之事，多爲各國內部政爭、弒亂之事，或者是影響當時局勢之重大事件如吳、越夫椒之戰。或許《左傳》作者認爲這是很重要之事，但《春秋》卻沒有記載，其本義可能出於爲解釋爲什麼這些重要之事《春秋》中卻沒有記載。其提出當時史書編纂之原則，有「不告故不書」之成法，無論左氏是有意或無意，此舉確實爲後世保留了先秦當時各國史書記載成法之一端。

　　除上述赴告制度外，《左傳》中亦見其它關於史書成法之記載。如莊公二十三年，《左傳》載之：

> 二十三年，夏，公如齊觀社，非禮也。曹劌諫曰：「不可。夫禮，所以整民也。故會以訓上下之則，制財用之節；朝以正班爵之義，帥長幼之序；征伐以討其不然。諸侯有王，王有巡守，以大習之。非

﹝註16﹞《十三經注疏‧左傳》，臺北：藝文印書館，民國82年9月，頁982。

　　是，君不舉矣。君舉必書。書而不法，後嗣何觀？」（《左傳·莊公
　　二十三年》，頁 171。）

魯莊公二十三年（西元前 671 年），此年夏季，魯莊公欲前往齊國觀社祭。曹
劌以非禮而勸阻。《左傳》載錄曹劌之言論：其指出國君的言行都有史官會加
以記錄，因此國君不應作出失德非禮之事，否則如何能教育後世子孫。曹劌
所謂「君舉必書」成為今日撰史者對先秦史書記載之重要理解。〔註 17〕另一
關於史書成法之記載見於宣公二年，《左傳》載之如下：

　　乙丑，趙穿攻靈公於桃園。宣子未出山而復。大史書曰「趙盾弒其
　　君」，以示於朝。宣子曰：「不然。」對曰：「子為正卿，亡不越竟，
　　反不討賊，非子而誰？」宣子曰：「烏呼！『我之懷矣，自詒伊慼』，
　　其我之謂矣。」孔子曰：「董狐，古之良史也，書法不隱。趙宣子，
　　古之良大夫也，為法受惡。惜也，越竟乃免。」宣子使趙穿逆公子
　　黑臀于周而立之。壬申，朝于武宮。（《左傳·宣公二年》，頁 364。）

魯宣公二年（西元前 607 年），晉靈公十四年。此年秋季，晉國發生弒君之事，
晉國執政卿趙盾因晉靈公失德不君，屢次勸諫，晉侯不聽進而欲殺趙盾。晉
靈公後為趙穿所弒，趙盾本欲出奔，未出國境聞晉靈公見弒，於是返國。晉
國史官於是記載「趙盾弒其君」，且公告於朝。《左傳》載孔子之贊董狐為良
史，歎趙盾之未能越竟。

　　此例對中國史學產生深遠之影響，孔子所贊之「良史」，其特徵正在於「書
法不隱」，即所謂據事直書、盡而不汙。這樣君舉必書，書法不隱之良史傳統，
成為中國史學中重要的觀念。也因有這樣書法不隱之觀念，使得中國的史書
記載不致於產生西方後現代歷史敘事學所論之歷史敘事即文學敘事之爭論。
整體而言，正因這直書與良史傳統，使得中國的史書以求真求實為基本，在
此前提下，進而運用適當之歷史想像與歷史敘事，來豐富歷史，寄託史義。

　　總而言之，對於史之重視，是中國傳統之一。自殷墟卜辭起，即有對龜
卜記事有善加保存之觀念，其或出於原始宗教觀念，但仍可視為對史料文獻
之重視。進入周代，以人文精神為文化基礎，史與史官之地位與重要性，在
人文思維興盛發展下，成為取代宗教信仰的重要文化價值判斷。叔孫豹所謂

〔註 17〕若就歷史想像角度而言，曹劌之言論或許可能出於左氏之杜撰，但就算是出
　　　　於歷史想像，可以合理的推測，無論就實際史書記載或是後世所謂記事記言
　　　　之看法，君舉必書這樣的史書成法，在先秦當時應是確實存在的觀念。

「三不朽」〔註18〕之論述，其中「立言」一項直接與史相關，其他立德、立功亦因史而得以傳世。整體而言，在以人文思維爲主流的周文化中，是否留名青史成爲當時價值判斷的重要指標。「中國自遠古時代起，最晚從春秋時代起，既已有了極濃厚的存往事的觀念。」〔註19〕如前孟子所論，春秋時期各國皆有其國史，名稱雖異，但性質相同。

史在先秦之主要功能於前已有論述。此處關注的問題在於：如果編年體是先秦史書主要體例的話，撰史者在撰史過程中，是否遵守某些共同的記事法則，這些法則與規範是源自周王室所制訂，或者因所處之國家而有不同的史書敘事成法，又這些史書成法會不會因時代推移而產生不同的變化。就目前所見之文獻資料，以上這些問題仍無法全面的解決，仍僅在推論階段。若比較《竹書紀年》、《春秋》、《左傳》、《國語》、《春秋後語》等書，在合理範圍內推論，則先秦撰史者敘事應有其共同遵守之成法。〔註20〕而《左傳》中所見之「以事爲主」的客觀記事，其部分來源因來自赴告文書或摘自各國史籍。

以下由敘事與解釋角度，說明這類「以事爲主」客觀記事在解讀上之功能與意義。如前所論，這類記事有某些成分可能源自赴告而書，或摘錄自他國史書，無論撰史者當初載錄之原始用義爲何，這些客觀記事就今日角度而言，爲《左傳》其他敘事之解釋，提供了建構完整語境之材料。

〔註18〕《左傳》載此事如下：二十四年，春，穆叔如晉，范宣子逆之，問焉，曰：「古人有言曰：『死而不朽』，何謂也？」穆叔未對。宣子曰：「昔匄之祖，自虞以上爲陶唐氏，在夏爲御龍氏，在商爲豕韋氏，在周爲唐杜氏，晉主夏盟爲范氏，其是之謂乎！」穆叔曰：「以豹所聞，此之謂世祿，非不朽也。魯有先大夫曰臧文仲，既沒，其言立，其是之謂乎！豹聞之：『大上有立德，其次有立功，其次有立言。』雖久不廢，此之謂不朽。若夫保姓受氏，以守宗祊，世不絕祀，無國無之。祿之大者，不可謂不朽。」（襄公二十四年，頁608。）三不朽之說對中國文化有著深遠之影響。

〔註19〕杜維運《與西方史家論中國史學》，臺北：東大圖書公司，民國82年10月三版，頁58。

〔註20〕「沒有這些（敘事）成規，面對一大堆純粹事實，歷史學家就會無從下手。知道人的意義何在，歷史學家就有了一個主體：知道人的思想、感情、欲望，知道它們的變化無窮的表現形式，以及作爲它們的中介的社會結構，歷史學家就能形成一個假設，以解釋某件事爲什麼如此發生。這個假設決定那些事將受到審視，以及它們將如何被聯繫起來。」（美國‧華萊士‧馬丁著、伍曉明譯《當代敘事學》，北京：北京大學出版社，1990年2月第1版，頁79。）

（三）客觀記事在敘事解讀方面之功能

完整語境之提供與敘事脈絡之維繫，是「以事為主」客觀記事在敘事解讀層面所能發揮之功能。

就言語交際角度而言，語境是指語言使用之實際環境；就理解與解釋角度而言，語境是理解與解釋的基礎氛圍。如前章所論，語境是敘事解讀之基礎。漢語語法是建構於意合基礎上，〔註21〕語言意義之解釋，對於語境之依賴程度相當大。同一語法表現形式，置於不同語境中，往往產生不同的意義。因此，語境對於漢語意義解讀而言，是重要的關鍵，而《左傳》這類「以事為主」之客觀記事，正能在完整語境提供上，發揮其作用。

這類自成一體、獨立成段的客觀記事，單獨觀之似乎可有可無，但就整體而言，正因為這些許多單一的客觀記事，或記會盟之事、或記殺伐叛奔、或書天文異象、或寫朝聘弔問。透過這些單一事件的記載，無形中建構了「完整的」語境，無論《左傳》是有意或無意，就閱讀角度而言，《左傳》當中的這些「以事為主」的客觀記事，確實對建構反映當時各層面之完整語境，有其一定之功能與意義。舉例說明如下：

> 許靈公愬鄭伯于楚。六月，鄭悼公如楚訟，不勝，楚人執皇戌及子
> 國。故鄭伯歸，使公子偃請成于晉。秋，八月，鄭伯及晉趙同盟于
> 垂棘。（成公五年，頁440。）

《左傳》記載西元前586年，許靈公在楚國控愬鄭悼公之事。此年鄭悼公剛即位，其前往楚國說明爭取立場，失敗後楚國執收了皇戌及子國。之後鄭國派使者與晉國求和，同年秋季，晉、鄭盟於垂棘。就敘事角度而言，這是客觀的史事記載，記錄鄭楚許晉等國之關係變化。

但就解讀角度而言，這段客觀敘事卻有提供解釋語境之功能。透過這段「以事為主」之客觀記事，使讀者明白鄭國何以由親楚轉而親晉之原因。其敘事中雖未見撰史者態度或歷史想像，但就完整語境建構層面而言，有其相當之重要性。此類例子於《左傳》中隨處可見，雖是客觀的記事，但對於其他事件之解釋卻有重要之意義。此正「以事為主」客觀敘事在完整語境建構

〔註21〕所謂意合基礎，是指漢語字詞的意義，除其本身所具備之意義外，亦受其所處之主、客觀語境影響而會使相同之字詞產生不同之意義，或是言外之意。因此，漢語意義之理解與解讀必須以語境為基礎，進而理解字詞間之關係，才能正確解讀字詞文句之意義。此一過程正是以意義為中心的組織、理解與解讀過程。

上之功能。

又如，成公十八年時，《左傳》記載晉悼公即位後之改革，《左傳》載之如下：

> 二月乙酉朔，晉悼公即位于朝。始命百官，施舍、已責，逮鰥寡，振廢滯，匡乏困，救災患，禁淫慝，薄賦斂，宥罪戾，節器用，時用民，欲無犯時。使魏相、士魴、魏頡、趙武爲卿；荀家、荀會、欒黶、韓無忌爲公族大夫，使訓卿之子弟共儉孝弟。使士渥濁爲大傅，使修范武子之法；右行辛爲司空，使修士蔿之法。弁糾御戎，校正屬焉，使訓諸御知義。荀賓爲右，司士屬焉，使訓勇力之士時使。卿無共御，立軍尉以攝之。祁奚爲中軍尉，羊舌職佐之；魏絳爲司馬，張老爲候奄。鐸遏寇爲上軍尉，籍偃爲之司馬，使訓卒乘，親以聽命。程鄭爲乘馬御，六騶屬焉，使訓群騶知禮。凡六官之長，皆民譽也。舉不失職，官不易方，爵不踰德，師不陵正，旅不偪師，民無謗言，所以復霸也。（成公十八年，頁485。）

若單獨看這段記事，可能不覺得重要。但若由《左傳》理解與解釋角度而言，則關於晉悼公即位後種種新措施之記載，成爲理解之後晉國對外態度、國內政治的重要基礎，其中對於何人擔任何官職，是閱讀成公、襄公等年間敘事必須考慮之因素。晉悼公爲後世稱爲「復霸」，若無此段客觀記載爲基礎，讀者或許不易理解，晉悼公復霸之因。此外，上文中所載之內容，就史學角度而言，亦是深具價值，其客觀的反映晉國當時政治、官制、社會等各層面之實際情況，此正「以事爲主」客觀記事在語境提供上之意義。

又如，襄公二十五年，《左傳》載：

> 楚蔿掩爲司馬，子木使庀賦，數甲兵。甲午，蔿掩書土田，度山林，鳩藪澤，辨京陵，表淳鹵，數疆潦，規偃豬，町原防，牧隰皋，井衍沃，量入修賦，賦車籍馬，賦車兵、徒兵、甲楯之數。既成，以授子木，禮也。（襄公二十五年，頁623。）

上文記載蔿掩擔任楚國司馬後，後令尹子木所託，負責治理軍賦事務。《左傳》客觀的記錄其書載田地土澤之範圍，測量山林木材之多少，聚集水澤之物產，對境內地理形勢高低起伏進行區分，標示鹽地範圍，計算溼地大小，規劃堤偃蓄水，劃分零散耕地以充分耕作，於沼澤地進行放牧，於肥沃良田進行井田耕作，整體計算收入制定新的賦稅標準，將收入用來準備戰車與軍馬，及

車戰、步兵之武器與護甲。整個完成後，蒍掩將成果交給子木。《左傳》以此為「禮也」，一則褒蒍掩之盡職，同時也贊其行政能力之優秀。蒍掩即蒍馮之子，即孫叔敖（蒍艾獵）之孫。蒍掩後於襄公三十年（西元前 543 年）被公子圍所殺，《左傳》藉申無宇之口，表達對蒍掩「善人」之評價與態度，並預言公子圍殺善人必不免於難。〔註 22〕

　　整體而言，上引文之客觀記事，對於《左傳》之理解與解釋有其意義，由上記載中可建構當時楚國內政制度的面貌，對於楚國司馬之職權範圍亦有認識，這對於閱讀《左傳》與解讀《左傳》敘事文字背後之深層意義，確實有語境提供之意義。

　　除完整語境提供之功能外，「以事為主」之客觀記載在敘事脈絡維持上，亦發揮其作用。《左傳》「言事相兼」之歷史敘事，往往是藉言敘事，以人物對話來推動情節，在眾多對話中，往往令全書之敘事脈絡有些模糊。而這類「以事為主」之記事，其間夾於帶有歷史想像成分的「言事相兼」敘事中，就閱讀接受角度而言，能將讀者由紛雜的對話與想像中，帶回以事為主之脈絡主幹。〔註 23〕

二、「言事相兼」之歷史敘事

　　除「以事為主」之客觀記載形式外，「事見於言，言見於事」的歷史敘事是《左傳》主要的敘事表現形式。「《左傳》把記"言"和記"事"結合起來，形成較強的故事性，在敘述一般的歷史故事和典型的歷史事件中，逐步展示人物形象，完成了史傳文學發展中的第一次飛躍。」〔註 24〕此所謂歷史敘事，是指史料文獻經過撰史者理解、消化之後，再透過適當之歷史想像進行表達

〔註 22〕　《左傳》載此事如下：楚公子圍殺大司馬蒍掩而取其室。申無宇曰：「王子必不免。善人，國之主也。王子相楚國，將善是封殖，而虐之，是禍國也。且司馬，令尹之偏，而王之四體也。絕民之主，去身之偏，艾王之體，以禍其國，無不祥大焉，何以得免？」（襄公三十年，頁 683。）

〔註 23〕　此正左氏敘事設計之妙也。簡繁相間有致，使讀者能藉客觀記事清晰的把握歷史發展之大趨勢，而言事相兼之歷史敘事，又能對一些人事物進行細部的描寫刻劃，並於其中寄託議論。相信只要閱讀過《左傳》其書之讀者，皆能感受到此點。在進入多采繽紛的歷史想像與人物對話世界後，適時的客觀記事，能讓讀者重新回到《左傳》脈絡上。

〔註 24〕　陳蘭村《中國傳紀文學發展史》，北京：語文出版社，1999 年 1 月第 1 版，頁20。

之敘事，此類敘事是撰史者筆法之展現，亦是史義寄託之所在。〔註25〕

〔唐〕劉知幾云：「左氏爲書，不遵古法，言之與事，同在傳中。然而言事相兼，煩省合理，故使讀者尋繹不倦，覽諷忘疲。」〔註26〕劉知幾所論可謂深知《左傳》敘事之要者。一般皆以《左傳》是以事爲主之編年體史書，相信所謂「左史記言，右史記事」之說。但客觀而論《左傳》敘事內容之與表達形式，則《左傳》並非以單純「記事」爲主，反而更多運用「言事相兼」之形式來表達。整體而言，早期如隱公、桓公之際，多以記事爲主；愈至晚期如襄、昭、定、哀公時，則「言事相兼」之形式已成爲主要表達形式。

〔清〕章學誠認爲古人「未嘗分事與言爲二也」，其對「左史記言，右史記事」之說提出不同之論，其云：

> 《記》曰：「左史記言，右史記動。」其職不見於《周官》，其書不傳於後世，殆禮家之懸文歟。後儒不察，而以《尚書》分屬記言，《春秋》分屬記事，則失之甚也。夫《春秋》不能舍傳而空存其事目，則左氏所記之言，不啻千萬矣。《尚書》典謨之篇，記事而言亦具焉；訓誥之篇，記言而事亦見焉。古人事見於言，言見於事，未嘗分事言爲二物也。〔註27〕

章學誠所論確矣。史以人爲本，有人才有事，有事才構成史。而人之記錄，言語與行事不能偏廢。若僅記言則失之空泛，僅記事則不見深刻。而關於記言與記事之實際敘述方法，其有以下之論述：

> 記事之法，有損無增，一字之增，是造僞也。往往有極意敷張，其事弗顯，刊落濃辭，微文旁綴，而情狀躍然，是貴得其意也。記言之法，增損無常，惟作者之所欲，然必推言當日意中之所有，雖增千百言而不爲多，苟言雖成文，而推言當日意中所本無，雖一字之增，亦造僞也。或有原文繁富，而意未昭明，減省文字，而意轉刻露者，是又以損爲增，變化多端，不可筆墨罄也。〔註28〕

〔註25〕就解讀角度而言，這類帶有撰史者意識之歷史敘事，是解讀撰史者意旨的重要切入點。亦是本文討論的主要範圍對象。客觀記事之態度主要藉史評史論等敘事干預形式來表現，而這類歷史敘事則必須由歷史解釋角度來進行解析。

〔註26〕〔唐〕劉知幾撰、〔清〕浦起龍釋《史通通釋・載言》，臺北：里仁書局，民國82年6月30日，頁34。

〔註27〕章學誠《文史通義・書教上》，臺北：里仁書局，民國73年9月，頁31。

〔註28〕章學誠《章氏遺書・卷十四・與陳觀民工部論史學》，臺北：漢聲出版社，民國62年1月初版，頁281。

　　章學誠強調，記事當以史實爲據，貴在眞實。而記言則以達意爲要，貴在傳意。就歷史敘事而言，即敘事應以歷史事實爲根據，在對於人物行爲言論進行歷史想像時，要能適度，以能表達意旨爲原則，應盡可能的符合歷史眞實爲佳。所謂「古人記言與記事之文，莫不有本。本於口耳之受授者，筆主於創，創則期於適如其事與言而已；本於竹帛之成文者，筆主於因，因則期於適如其文之指。或錄成文而無所更易，或就字句而小作更張。……固不可有意求異，亦不須勉強求同，此則史家通義。」〔註29〕章學誠對於歷史敘事基本原則之見解，是中肯得當的。

　　又關於「言事相兼」之敘事，尚有一基本問題須釐清：這類敘事中所記載的人物言論、對話內容、行爲細節等，其眞實性如何？又這些細節描寫、對話內容其來源爲何？是摘錄自各國史書，或是採自民間街談巷議，或者是出於撰史者史筆之想像。這是討論「言事相兼」歷史敘事之重要問題。

　　以下先討論《左傳》「言事相兼」歷史敘事之內容特色、形式結構與來源問題，進而說明其在敘事解讀方面之功能與意義。

（一）史書編纂與歷史敘事

　　史書編纂以歷史敘事爲基礎，而歷史想像是歷史敘事構成要素之一。「所謂歷史敘事，一般來講，是敘述以往發生過的事件。」〔註30〕簡言之，就是以歷史事件爲內容主題，以語言文字爲表達媒介，由撰史者將過往發生之史事進行敘述表達，其所產生之形式作品即爲歷史敘事作品。而撰史者運用語言文字敘述史事之過程，即爲撰史過程。〔註31〕在此有一學界多年討論之問題，若是歷史是由撰史者敘述而成，則其中的客觀性、眞實性、可信度究竟有多少。歷史敘事的基本要求是「眞實」，忠實而客觀的將呈現史事，這亦是文學敘事與歷史敘事的重要區別之一。但撰史者敘史必須透過語言文字符號爲媒介，在運用此符號系統進行思維與表達的過程中，不可避免會或多或少、自覺或不自覺的，滲入表達者自身之想法、觀念與價值判斷。〔註32〕又撰史

〔註29〕章學誠《章氏遺書・卷九・答邵二雲》，同上註，頁180。
〔註30〕杜維運《史學方法論》，臺北：三民書局，2003年2月十五版，頁225。
〔註31〕本文所謂「歷史敘事」爲名詞時，是撰史者敘述所得之敘事作品。爲動詞時，則是指撰史者撰史敘述之過程。
〔註32〕歷史敘事與歷史解釋是史學研究上兩大重點。歷史敘事的基本要求是「眞實」，忠實而客觀的呈現史事，這是文與史的重要區別要素之一。但史事之具體載記必須透過語言文字符號系統爲媒介，在運用語言文字符號系統思維與表達過程

者在撰史時所見之史料文獻，往往是片斷的、割裂的、殘缺無系統的，面對此情況，撰史者進行歷史敘事時，必須運用適度的想像力、聯想力，藉此將史料進行連屬，使片斷不全之文獻材料組織成有系統之歷史。這運用聯想與想像之過程，即爲「歷史想像」。〔註33〕

只要有想像就帶有主觀意識與價值判斷，既然帶有主觀，則這樣的歷史與文學作品似乎也沒太大的區別。對於歷史想像與歷史眞實性的討論，是近年後現代歷史敘事學家關注之問題。但這樣的問題，就中國史學而言，其影響是比較小的。因爲，中國史學自先秦起，即不斷強調眞實信的重要，有所謂「君舉必書」〔註34〕、「書法不隱」，〔註35〕漢代有所謂「實錄」精神，劉知幾則強調「文直事核」。〔註36〕總而言之，求眞、求實是中國歷史敘事的基本觀念，在不違背歷史眞實之前提下，適度的歷史想像，是撰史之必須也是

中，不可避免會或多或少滲入表達者自身的想法觀念與價值判斷。因此，撰史者本身心術端正與否、德操高潔與否、史觀正確與否，都將影響其語言文字符號之表達，進而在所編撰史書中，或隱或顯的營造呈現出某種價值判斷。此正是章實齋於史才、史學、史識外，特標舉史德重要性的原因之一。所謂史德，是指編撰史書者本身的德行。梁啓超指出史德正在於「心術端正」，又云：「章實齋所謂史德，乃是對於過去毫不偏私，善惡褒貶，務求公正。」（梁啓超《中國歷史研究法・中國歷史研究法補編》，臺北：里仁書局，民國83年12月，頁194。）梁氏或受西方實證觀念影響，或繼承傳統史學文化，於歷史敘事上強調忠實客觀的「眞實呈現」。其說亦確，史與文之別正在於此。然如前所述，史以事具，事因文著，爲文者之德行、觀念、好惡、價值判斷等，皆會影響其文字符號系統之表達。舉例而言，就史料之剪裁、取捨上，何者載入？何者捨去？同一史事史料，不同撰史者敘之，則必有不同表達方式，此正是編撰史書者主觀之影響。實齋特重史德，正以明撰史者主觀因素對史書客觀性之影響。梁啓超進而強調編撰史書者應盡可能的將主觀成份降至最少。

〔註33〕關於歷史想像，請見下一節討論。

〔註34〕《左傳》載之如下：二十三年，夏，公如齊觀社，非禮也。曹劌諫曰：「不可。夫禮，所以整民也。故會以訓上下之則，制財用之節；朝以正班爵之義，帥長幼之序；征伐以討其不然。諸侯有王，王有巡守，以大習之。非是，君不舉矣。君舉必書。書而不法，後嗣何觀？」（《左傳・莊公二十三年》，頁171。）

〔註35〕《左傳》載：乙丑，趙穿攻靈公於桃園。宣子未出山而復。大史書曰「趙盾弒其君」，以示於朝。宣子曰：「不然。」對曰：「子爲正卿，亡不越竟，反不討賊，非子而誰？」宣子曰：「烏呼！『我之懷矣，自詒伊慼』，其我之謂矣。」孔子曰：「董狐，古之良史也，書法不隱。趙宣子，古之良大夫也，爲法受惡。惜也，越竟乃免。」宣子使趙穿逆公子黑臀于周而立之。壬申，朝于武宮。（《左傳・宣公二年》，頁364。）

〔註36〕相關之討論，史學方面學者討論許多，如杜維運、李紀祥等人，本文不再贅述。

撰史者寄託史義之重要方法。如果歷史敘事只是將客觀史料整理排列，這稱不上是歷史，只能算是史料之彙編而已。

另必須說明一觀念，就先秦當時之觀念而言，敘事並無所謂文或史之區別。〔註37〕「先秦時期文史未分，歷史性敘事與文學性敘事處於"共生"狀態。」〔註38〕而本文所以仍稱「歷史敘事」主要是就《左傳》敘事內容性質而言。目的在於凸顯《左傳》敘事之特殊性。欲探討單一文本之敘事相關問題，首先必須把握文本的特性。《左傳》之敘事特色，正爲歷史敘事。所謂歷史敘事是由其性質出發，撰史者對於史料的選擇、剪裁、編排、再以文字形式表達出來以反映其史觀、史識之敘事，稱爲歷史敘事。而「目的性」是歷史敘事的特徵之一。

總而言之，「無論歷史敘事還是文學敘事，進行這種話語活動的目的都不僅僅是傳達一個事件，而是要通過對一個或一系列事件的敘述和闡釋而表達某種意義。我們要研究中國的敘事傳統的演變，不能不注意不同形態的敘事在其敘述內容中所表達的意義方面的差異。」〔註39〕而《左傳》「言事相兼」之歷史敘事，正是撰史者用以表達其態度與意義重要的敘事形式之一。

（二）歷史敘事之內容特色與形式結構

《左傳》「言事相兼」之敘事，〔註40〕其主要特色在於，多以事爲起首。無論之後有多少人物進行對話，或夾敘多少事件，這類「言事相兼」之敘事，大部分以事爲起首。之所以如此設計，主要是爲維持事件主線之清晰，以免在眾多人物與事件相雜敘事中，使事件主軸模糊不清。就表達與接受角度而言，《左傳》這樣的設計，可說是長於敘事者。能先將事件主軸標明清楚，無論之後敘事如何複雜，人物對話如何紛亂，其事之脈絡仍可保持清晰。以下嘗試歸納幾個結構模式，對「言事相兼」之歷史敘事表達形式略作說明。

《左傳》「言事相兼」歷史敘事，最基礎之結構爲：【事+言（總結）】、【事+言】。即先寫某事，再透過人物言論進行鋪述或說明。而最常見之結構模式

〔註37〕文、史正式的獨立區別，至魏晉南北朝時才正式形成。

〔註38〕傅修延《先秦敘事研究——關於中國敘事傳統的形成》，北京：東方出版社，1999 年 12 月第 1 版，頁 6。

〔註39〕王昕《話本小說的歷史與敘事》，北京：中華書局，2002 年 12 月第 1 版，頁 17。

〔註40〕張素卿《敘事與解釋——左傳經解研究》中亦有論述，其列舉歷代學者說法，詳請見其書，頁 162 至 164。

為：【事＋言＋事＋言】與【事＋言＋言＋事】。先書其事之要，再以二三人之對話，交互鋪排，推展情節發展，最終再回歸事件，或寫其發展變化，或寫其因果結局。亦有在【事＋言＋言＋事】之後再加上總結評論人物之言論，對整件事進行全盤的價值判斷與態度表達者。其模式結構如下：【事＋言＋言＋事＋總結】或【事＋言＋事＋言＋言（總結）】，以下舉例說明：〔註41〕如魯襄公四年，《左傳》載臧武仲評論楚伐陳一例：

> 三月，陳成公卒。楚人將伐陳，聞喪乃止。陳人不聽命。臧武仲聞
> 之，曰：「陳不服於楚，必亡。大國行禮焉，而不服，在大猶有咎，
> 而況小乎？」夏，楚彭名侵陳，陳無禮故也。（襄公四年，頁503。）

魯襄公四年（西元前569年），楚共王二十八年，陳成公三十年。此年秋季，陳成公卒。楚國本因陳國叛楚而出兵討伐，大軍仍駐於繁陽，得知陳成公之喪，於是停止戰事。陳國對楚國有禮之行為，並未有善意回應。《左傳》藉臧武仲之口，表達對其態度。〔註42〕其指出，如楚國這般的大國都能依禮而行事，聞喪而止戈，陳國這樣小國反而不循禮而行事，其預言陳國將有大咎。夏季時，楚國彭名〔註43〕領兵攻陳。《左傳》記載其原因，正在於陳無禮也。以上這段敘事，是典型的【事＋言（總結）】結構。先記事，然後輔以一人物之言論，對此事進行總結評論。而臧武仲之人物類型，正是總結評論型人物。〔註44〕又如：

> 魯襄公十五年（西元前558年），此年夏季，齊國以魯貳於晉，出兵圍成。《左傳》載：「夏，齊侯圍成，貳於晉故也。於是乎城成郛。」隔年襄公十六年，齊又出兵侵伐魯國北境，《春秋》載：「秋，齊侯伐我北鄙，圍成。」〔註45〕隔年襄公十七年夏季，齊國又出兵侵伐魯國北境，《左傳》載：

> 齊人以其未得志于我故，秋，齊侯伐我北鄙，圍桃。高厚圍臧紇于
> 防。師自陽關逆臧孫，至于旅松。耶叔紇、臧疇、臧賈帥甲三百，

〔註41〕 以上所歸納幾個模式是較常見者，其他較少見者請參考《左傳》。這樣的分類討論，主要為呈現「言事相兼」歷史敘事之表達形式，便於讀者理解。相關例證《左傳》中隨處可見，本文僅列舉一二以為說明。

〔註42〕 就經學角度而言，此正所謂「以事解經」、「以史傳經」之解釋手法。

〔註43〕 彭名首見於宣公十二年「彭名御左廣」。人物事跡又見於成公二年「彭名御戎」、成公十六年「彭名御楚共王」與此例襄公四年。整體而言，其多擔任楚王之御。

〔註44〕 關於人物類型及其在歷史解釋方面之功能，請見第四章「人物敘寫與史義解讀」中討論。

〔註45〕 此事《左傳》未記載。

宵犯齊師，送之而復。齊師去之。（襄公十七年，頁574。）

此段記載即屬於前文所論，「以事爲主」之客觀記事。其語境提供之功能與脈絡維繫之功能，於此明顯可見。隔年，魯襄公十八年（西元前555年），齊靈公二十七年，晉平公三年。此年秋季，齊國再次出兵侵魯北境。《左傳》載其事如下：

> 秋，齊侯伐我北鄙。中行獻子將伐齊，夢與厲公訟，弗勝。公以戈擊之，首隊於前，跪而戴之，奉之以走，見梗陽之巫皋。他日，見諸道，與之言，同。巫曰：「今茲主必死。若有事於東方，則可以逞。」獻子許諾。晉侯伐齊，將濟河，獻子以朱絲係玉二珏，而禱曰：「齊環怙恃其險，負其眾庶，棄好背盟，陵虐神主。曾臣彪將率諸侯以討焉，其官臣偃實先後之。苟捷有功，無作神羞，官臣偃無敢復濟。唯爾有神裁之。」沈玉而濟。（襄公十八年，頁576。）

《左傳》敘事，先清楚的標明此事起於齊國伐魯北鄙。之後清楚的標明事件主角，爲晉國中行獻子（荀偃），其主要行動爲「將伐齊」。清楚交待事件主題後，再透過夢境之描寫，與荀偃與巫皋之對話來推進情節。《左傳》載荀偃之夢與巫皋之夢相同，巫皋預言其將死，〔註46〕並指出若有事（軍事行動）於東方，則可以得其志。之後記載荀偃渡河前之祭禱內容，藉此塑造人物形象，同時也是藉言以推進情節。至此之結構模式爲【事＋言＋事＋言】。之後晉國與齊國戰於平陰，晉國大勝。魯國亦於此戰中，因追擊敗退之齊軍，擄獲許多兵器。

關於此事中荀偃之死，亦是「言事相兼」敘事之例，且是偏重細節描寫之例，一併說明之。《左傳》載此事如下：

> 荀偃癉疽，生瘍於頭。濟河，及著雍，病，目出。大夫先歸者皆反。士匄請見，弗內。請後，曰：「鄭甥可。」二月甲寅，卒，而視，不可含。宣子盥而撫之，曰：「事吳敢不如事主！」猶視。欒懷子曰：「其爲未卒事於齊故也乎？」乃復撫之曰：「主苟終，所不嗣伐齊者，有如河！」乃瞑，受含。宣子出，曰：「吾淺之爲丈夫也。」（襄公十九年，頁584。）

此年晉國替魯國擊退齊軍後，魯襄公於蒲園宴請晉國六卿。並贈送五匹錦布、

〔註46〕荀偃於平陰戰後，卒於襄公十九年（西元前554年）。之後由范宣子（士匄）爲政。

玉璧及四匹馬給荀偃，同時將吳王之銅鼎也一併贈與荀偃。荀偃在返國之前即生惡瘡。渡過黃河到達著雍時，病危，《左傳》細節描寫其「目出」，即眼珠鼓脹而出。晉國諸大夫聞之皆趕回著雍。士匄請見被拒，之後派人問中行氏之繼位者，荀偃答以鄭甥，即荀吳。荀偃卒後，《左傳》藉由一系列的細節描寫，生動的寫出幾位人物之性格與形象。

《左傳》敘述，荀偃死後其眼睛張開不閉，其口緊閉無法含玉。士匄撫屍而說，必會盡力輔佐荀吳。荀偃的屍體依然未閉眼。欒盈指出，荀偃心中所掛念的不是中行氏之繼承問題，而是伐齊之事未竟全功。再撫屍而言必繼續完成伐齊之事，荀偃之眼才閉，口才受玉。范宣子（士匄）之後感嘆自身見識之淺近，只關心氏族興廢，未將國事放於第一位。整理此事之結構為：【事+言+言+事+言（評論）】。

此事內容有大部分可能出於撰史者想像，即所謂之「歷史想像」，[註47]而這想像之內容可能源自撰史者所蒐集到之相關民間傳聞，或街談軼聞。《左傳》於此事如此敘述，一則生動的寫活了荀偃、士匄與欒盈三人形象，同時於敘事中，亦有資鑑勸懲之用心。最末寫范宣子之嘆，正明白的反映《左傳》對於氏族專權，只顧家族發展之負面態度。

又承上，魯襄公十九年（西元前 554 年）載季武子將所擄獲之兵器，鑄成林鐘，並在其上刻寫銘文以記載魯國之戰功，《左傳》記載如下：

> 季武子以所得於齊之兵作林鐘而銘魯功焉。臧武仲謂季孫曰：「非禮也。夫銘，天子令德，諸侯言時計功，大夫稱伐。今稱伐，則下等也；計功，則借人也；言時，則妨民多矣，何以為銘？且夫大伐小，取其所得，以作彝器，銘其功烈，以示子孫，昭明德而懲無禮也。今將借人之力以救其死，若之何銘之？小國幸於大國，而昭所獲焉以怒之，亡之道也。」（襄公十九年，頁585。）

此事之結構亦是以事為起首，之後透過臧武仲之言論，對季武子之行為進行勸諫與評論。其結構為【事+言（總結評論）】。《左傳》藉臧武仲之口，提出其對鑄鐘刻銘之看法，其認為銘文之作用，周天子用來記載德行，諸侯用來記載合時之施政與功績，大夫用來記載征伐。就魯諸侯國地位而言，不應降級來記征伐武功之事，更何況此次伐齊之勝，主要是晉國之功，藉他國之力

〔註47〕 所謂歷史想像，是指作者透過適度之聯想與想像，將史料文獻進行組織整合之敘述過程。關於歷史想像之討論，請見後文。

僥倖而獲得之功勞卻刻在銅鐘上大爲宣揚，臧武仲認爲這是亡國之道。透過臧武仲之言論內容，讀者可見《左傳》作者之態度。就解讀角度而言，這類「言事相兼」之歷史敘事，或出於作者胸臆，相對之下是較能體現作者態度之敘事形式。

又《左傳》中所見之外交辭令，除書面表現形式外，或多以「言事相兼」之形式來表現，舉例說明如下：〔註48〕

> 鄭伯享趙孟于垂隴，子展、伯有、子西、子產、子大叔、二子石從。趙孟曰：「七子從君，以寵武也。請皆賦，以卒君貺，武亦以觀七子之志。」子展賦〈草蟲〉，趙孟曰：「善哉，民之主也！抑武也，不足以當之。」伯有賦〈鶉之賁賁〉，趙孟曰：「床第之言不踰閾，況在野乎？非使人之所得聞也。」子西賦〈黍苗〉之四章，趙孟曰：「寡君在，武何能焉！」子產賦〈隰桑〉，趙孟曰：「武請受其卒章。」子大叔賦〈野有蔓草〉，趙孟曰：「吾子之惠也。」印段賦〈蟋蟀〉，趙孟曰：「善哉，保家之主也！吾有望矣。」公孫段賦〈桑扈〉，趙孟曰：「『匪交匪敖』，福將焉往？若保是言也，欲辭福祿，得乎？」（襄公二十七年，頁647。）

魯襄公二十七年（西元前546年），晉平公十二年，鄭簡公二十年。此年夏季，在鄭國向戌的穿梭協調下，晉國與楚國達成弭兵之議。〔註49〕此年六月，晉、楚、魯、蔡、衛、陳、鄭、許、曹等國盟於宋。會後晉國執政趙武返國途中經過鄭國，鄭簡公於邊境依禮宴享晉趙武一行人。於宴享過程中，鄭國政治上主要的氏族代表參與並於會中應趙武之要求，賦詩言志。〔註50〕宴享結束後，《左傳》安排趙武與叔向之對話，對於鄭國七子之賦詩進行總結與評論。《左傳》載之如下：

> 卒享，文子告叔向曰：「伯有將爲戮矣。詩以言志，志誣其上而公怨之，以爲賓榮，其能久乎？幸而後亡。」叔向曰：「然，已侈，所謂不及五稔者，夫子之謂矣。」文子曰：「其餘皆數世之主也。子展其

〔註48〕關於《左傳》外交辭令之相關論述，筆者碩士論文嘗撰《語用學與左傳外交辭令》，本文不再贅述。

〔註49〕關於晉、楚弭兵之相關討論，請見後文「敘事與解釋分析」章中討論。

〔註50〕此處討論重點在於敘事表現形式，對於賦詩相關內容，不進行申論。關於此次賦詩之情況及雙方之言語交際過程，請見筆者《語用學與左傳外交賦詩》中之討論。

後亡者也，在上不忘降。印氏其次也，樂而不荒。樂以安民，不淫
以使之，後亡，不亦可乎！」（襄公二十七年，頁 647。）

趙文子指出鄭國伯有賦〈鶉之賁賁〉，實爲不當，若由赴賦詩言志角度而言，
伯有選賦此詩，有誣蔑國君，公開抱怨之用心。趙武預言伯有將會被殺。叔
向亦認同趙武之預言，亦認爲伯有「已侈」，進一步預言不出五年必遭禍難。
就敘事結構與敘事模式角度而言，二子這樣的對話是屬於因果結構與預言模
式。此結構與模式，是《左傳》用以反映敘事態度，寄託史義之重要方式。
詳情見後章討論。趙武最後對於鄭國其他大夫給予正面之評價。整體而言，
此例是《左傳》藉言敘事之例，亦是典型的「言事相兼」表達形式，其結構
爲【事（鄭伯享趙孟于垂隴）＋言＋言（鄭七子之賦詩）+言（總結評論）】

　　總結而言，《左傳》「言事相兼」之歷史敘事，其內容或敘戰爭之謀略，或
述會盟之言對，或錄行人之辭令，或寫氏族之興廢，或塑人物之形象，或擬人
物之對話。整體而言其內容之多樣變化的，而作者透過這樣「言事相兼」之表
現形式，以夾敘夾議之方式，或藉言敘事以託興寄，或言事相兼以寓史義。透
過人物言行舉止之描寫，運用適度之歷史想像，將撰史者之觀念與態度，「寓議
論於敘事之中」。正如劉知幾所言，「言事相兼」之歷史敘事，確實能「使讀者
尋繹不倦，覽諷忘疲。」以下討論「言事相兼」歷史敘事內容之功能。

（三）歷史敘事在敘事解讀方面之功能

　　語境之提供、史義之寄託與藉言敘事，是「言事相兼」歷史敘事三個功能。
　　相較於「以事爲主」之客觀記事，「言事相兼」之歷史敘事在完整語境建
構方面，能發揮更強之作用。在人物言語交際過程中，可以刻劃人物性格，
塑造人物形象，同時在人物言談內容中，亦可反映出當時社會各階層之生活
面貌，及當時之人們之觀念與思維方式，而這些對於讀者在解讀《左傳》敘
事時，都能發揮基礎語境之功能。「《左傳》所反映的社會生活相當廣泛，記
載了有關制度和氏族、社會階層、民族關係、婚姻和習俗等方面的豐富史
料……列國主要官職宰、司徒、司馬、司空、太史等，都因《左傳》隨史事
而記，得到證明。」〔註 51〕此外，如喪葬習俗、戰爭實況、謀略商議、軍隊
制度、稅制、商業活動等，亦在《左傳》客觀記事與人物言論間，鮮明的展
現在讀者眼前。就史學角度而言，這是了解先秦史的重要資料；就閱讀理解

〔註51〕陳其泰《史學與民族精神》，北京：學苑出版社，1999 年 8 月第 1 版，頁 142。

而言，這些正是理解《左傳》敘事的基礎語境。

例如《左傳》中「冠」字計二十六見，由相關記載中可略知春秋當時之冠禮與冠對貴族之意義。例如魯僖公二十四年（西元前 636 年），《左傳》記載宋子華之弟子臧因好聚鷸冠，爲鄭文公所殺：

> 鄭子華之弟子臧出奔宋，好聚鷸冠。鄭伯聞而惡之，使盜誘之。八月，盜殺之于陳、宋之間。君子曰：「服之不衷，身之災也。《詩》曰：『彼己之子，不稱其服。』子臧之服，不稱也夫！《詩》曰：『自詒伊慼』，其子臧之謂矣。夏書曰：『地平天成』，稱也。」（僖公二十四年，頁 257。）

魯僖公十六年（西元前 644 年），鄭文公二年。此年冬季，鄭文公殺子華，子臧出奔宋國。《左傳》特別記載子臧在宋國「好聚鷸冠」，引起鄭文公不悅，於是派遣盜賊誘殺之。所謂「鷸冠」或許是天文預言相關之人所戴之冠。子臧喜與預言觀象者交友，或許欲藉此而議論鄭文公對兄弟之殘殺，故而鄭伯「聞而惡之」。對於此事之解釋，《左傳》以「君子曰」形式，引《詩》以爲議論，主要強調禮制與服制相稱問題。由此例中，可見春秋當時有所謂「鷸冠」，今日雖尚不明此冠之眞正作用與意義，但多少保存春秋當時之生活面貌。

又如，魯成公二年，《左傳》載：

> 宣公使求好于楚，莊王卒，宣公薨，不克作好。公即位，受盟于晉，會晉伐齊。衛人不行使于楚，而亦受盟于晉，從於伐齊。故楚令尹子重爲陽橋之役以救齊。將起師，子重曰：「君弱，群臣不如先大夫，師眾而後可。《詩》曰：『濟濟多士，文王以寧。』夫文王猶用眾，況吾儕乎？且先君莊王屬之曰：『無德以及遠方，莫如惠恤其民，而善用之。』」乃大戶，已責，逮鰥，救乏，赦罪。悉師，王卒盡行。彭名御戎，蔡景公爲左，許靈公爲右。二君弱，皆強冠之。（成公二年，頁 429。）

魯成公二年，（西元前 589 年），晉景公十一年，齊頃公十年，楚共王二年。此年夏季，晉國與齊國發生鞍之戰。衛國叛楚親晉，亦參與此戰。楚國令尹子重欲發兵救齊。《左傳》記載子重之言論，其指出楚共王年尚幼未及冠，且楚國目前之群臣亦不如先君楚莊王在位時的大夫賢能。子重認爲應大量徵兵擴大軍隊人數比較有勝算。於是施行「大戶，已責，逮鰥，救乏，赦罪」等措施。由上記載可見楚國一些制度，又其後記載蔡景公與許靈公二位國君

也參與楚國此次出兵，但因年尚幼未成年，皆勉強舉行冠禮而後上戰場。

當然，此二位國君以諸侯之身分，而為楚王戎車之左右，後為《左傳》評為「失位」。《左傳》載之如下：

> 蔡侯、許男不書，乘楚車也，謂之失位。君子曰：「位其不可不慎也乎！蔡、許之君，一失其位，不得列於諸侯，況其下乎！《詩》曰：『不解于位，民之攸墅。』其是之謂矣。」（成公二年，頁 429。）

由《左傳》對此事之評論，亦可見撰史者之態度與觀念。總而言之，透過《左傳》「言事相兼」之歷史敘事，在人物言論中，保留許多當時社會生活實際面貌，在人物對話之中，亦可見當時人之思維與觀念，這對今日理解先秦實際社會情況與解讀《左傳》有很大的意義。〔註52〕

又如魯襄公九年（西元前 564 年），晉悼公十年。此年冬季，以晉國為首，各國出兵伐鄭。十一月與鄭盟於戲，後晉國又再次攻鄭，十二月駐於陰口後退軍。魯襄公送晉悼公，悼公在黃河邊設宴享之。席間晉悼公問魯襄公之年紀，《左傳》載此事如下：

> 公送晉侯，晉侯以公宴于河上，問公年。季武子對曰：「會于沙隨之歲，寡君以生。」晉侯曰：「十二年矣，是謂一終，一星終也。國君十五而生子，冠而生子，禮也。君可以冠矣。大夫盍為冠具？」武子對曰：「君冠，必以裸享之禮行之，以金石之樂節之，以先君之祧處之。今寡君在行，未可具也，請及兄弟之國而假備焉。」晉侯曰：「諾。」公還，及衛，冠于成公之廟，假鍾磬焉，禮也。（襄公九年，頁 528。）

對於晉悼公之問，季武子以魯襄生於「沙隨之會」，此會於成公十六年舉行（西元前 575 年）。由晉悼公與季武子之言論內容可略知當時貴族冠禮之情況。晉悼公指出國君十五歲舉行冠禮後可以生子，並建議魯襄公雖只有十二歲但亦可行冠禮。季武子則以國君行冠禮有其一定禮制，要以「裸享之禮」為始，配合金石之樂，並要在先君的宗廟中舉行典禮才行。對於晉悼公之建議，季武子請到其他姬姓之國時，再看情況舉行。魯襄公於返國途中，在衛國衛成公之宗廟中，舉行冠禮，《左傳》以此為「禮也」。由上晉悼公與季武子之言論內容，可見當時冠禮有其一定之規定。關於先秦冠禮之相關資料，可比較《儀禮》、《禮記》

〔註52〕 以上討論主要為強調這些基礎認識之語境意義。其它如農業、懇訟、飲食、宴享等諸多社會生活層面與制度之討論，史學界成果豐碩，本文不再贅引。

中之相關記載，將能有更明確之理解。在閱讀層面，透過《左傳》之記載，可令讀者對先秦貴族生活與禮制更加了解，同時亦可由此推知魯襄公當時之年齡，及當時晉、魯兩國之關係等，這些都能爲解讀《左傳》提供語境。

此外，如襄公十四年：「衛獻公戒孫文子、甯惠子食，皆服而朝，日旰不召，而射鴻於囿。二子從之，不釋皮冠而與之言。」（頁 560）不釋冠而與人言，就當時而言是相當不敬之行爲，二子於是有弒君之思。又如襄公二十五年：「莊公通焉，驟如崔氏，以崔子之冠賜人」，齊莊恣意將崔氏之冠予人，極爲無禮，崔氏遂有弒君之舉。此兩例於後文有所分析，此處暫略。

除語境提供功能外，透過「言事相兼」之敘事，亦是撰史者寄託史義的方法之一。如前所論「以事爲主」之客觀記載，在態度表達上，主要是透過史評的方式，在記事之後以「君子曰」、「書曰」等形式來表達，此類「敘事干預」之表達形式，能達到資鑑勸懲之功能，但就閱讀接受角度而言，明顯的「敘事干預」似乎比不上「言事相兼」、「藉言敘事」表達方式所能產生的潛移默化效果來的讓讀者接受。透過人物言論，將撰史者史義寄託隱藏於對話之中，使讀者在閱讀過程中，不自覺的接受，進而受影響，這是較高明的溝通與說服方式。

所謂藉言敘事，是指表達者不直接敘事，而是透過人物言論對話來推進情節　發展事件、完成敘事的一種表達方式。藉言敘事是《左傳》敘事的重要特色之一，「言事相兼」之敘事大量運用藉言敘事之法，一則生動人物形象，一則寄蘊言外之旨。依行寫人，藉言形神，透過對人物行爲之描寫，刻劃人物形象，深刻人物性格。輔以人物對話，賦神於形，寓義爲言。又《左傳》人物對話的色特與巧妙處，在於其能「因人立言」，不同的人物有不同的言論，不同地位、身分、職業、處境而有不同的語言風格。

就語用角度而言，即能依據人物主觀、客觀語境之不同，而設計不同之言論內容或對話方式。有關人物語言相關技巧，就今日小說敘事而言，尚屬不易，而先秦時之《左傳》在此方面已然精妙，無怪歷代學者皆贊左氏之長於敘事也。《史通‧敘事》：「尚書稱武王之罪紂也，其誓曰：焚炙忠良，刳剔孕婦；左傳紀隨會之論楚也，其詞曰：蓽輅藍縷，以啓山林。此則才行事跡，莫不闕如，而言有關涉，事便顯露，所謂因言語而可知者。」〔註53〕其論強

〔註53〕 〔唐〕劉知幾撰、〔清〕浦起龍釋《史通通釋‧敘事》，臺北：里仁書局，民
　　　　國82年6月30日，頁115

調《左傳》人物對話藉言敘事之妙，同時亦指出，藉言之所以能敘事之關鍵，正在於「言有關涉」。「關涉」正是藉言所以能敘事之轉換連接點，亦是解讀言外之意之關鍵點，亦是本文所論屬辭與比事結構運作之基礎點。

　　另一值得討論的問題是：人物功能之問題。正因爲運用「言事相兼」與「藉言敘事」等表達形式，間接的使人物在敘事理解上產生另一作用，即「以人統事」之作用。當人物言論成爲敘事主要成分時，對話的行爲主體，在藉言敘事過程中，成爲統整人物言論的主軸。無論是透過對話來塑造人物形象，或是透過細節描寫而刻劃人物性格，在「言事相兼」的歷史敘事過程中，人物成爲敘事的焦點。作者先是透過藉言敘事或細節描寫來塑造人物形象，進而透過人物來傳達敘事態度與意旨。在此情況下，人物具有兩功能，一是連屬功能，以人物爲主軸，可以突破編年體史事刻裂之缺陷，將以人爲主的相關史事進行連繫。二是史義寄託功能，無論是透過對人物的評價，或是藉人物之口表達議論，都是撰史者寄託史義的方式。

　　整體而言，史書所貴者，一則實錄，一則博采。實錄則信史可鑒，博采則詳備可徵。既然《左傳》在成書過程中，曾經歷口傳階段，則其中有關「言事相兼」敘事內容，有可能是撰史者依當時民間流傳或在歷史流傳過程中所保留之傳說等爲基礎，再以撰史者自身史觀爲判斷標準，經過消化、剪裁後輔以適當之歷史想像敘述而成。這亦可說明言事相兼之敘事中，多神異記事之來源。總而言之，討論歷史敘事則必須探討歷史想像，《左傳》敘事所以能「寓議論於敘事之中」，就表達層面而言，關鍵在於「歷史想像」，就接受解讀角度而言，「敘事態度」是關鍵。以下分別討論歷史想像與敘事態度在敘事與解釋方面之相關問題。

第二節　《左傳》歷史想像與敘事解讀

　　歷史必須透過文字敘述來表達與呈現，所謂「史所貴者義也，而所具者事也，所憑者文也。」〔註54〕「既然歷史必須通過敘述來再現，那麼歷史敘事中就難免有虛構的成分。但是，虛構在歷史敘述中不能成爲任意編織。」〔註55〕

〔註54〕〔清〕章學誠著、葉瑛校注《文史通義校注・史德》，臺北：里仁書局，民國73年9月，頁219。

〔註55〕韓震、孟鳴歧《歷史・理解・意義──歷史詮釋學》，上海：上海譯文出版社，2002年3月第1版，頁112。

歷史想像必須以史實為基礎，撰史者面對殘缺、片斷之史料文獻，唯有透過歷史想像（適度虛構）之方式，才能將之重組與建構，也只有經過撰史者之重新敘述，歷史之組織與意義方能成立。透拓歷史敘事，撰史者能「闡明歷史發展的軌跡及其意義所在」，〔註 56〕進而在敘事中寄託議論與態度。〔註 57〕也正因歷史想像是出自於撰史者胸臆，就解讀角度而言，這正是讀者解讀撰史者觀念與態度的可靠切入點。《左傳》之客觀記事可能轉錄自各國史書或赴告文書，但歷史想像之文字，應多出自撰史者本身，是以某些史料或傳聞為依據，經過判斷與取捨，運用文字為媒介而表達敘述出的，相較於單純的客觀記事，其中蘊含較多撰史者觀念與褒貶資鑑。

　　既然歷史想像在敘事解讀方面有其重要性，則《左傳》敘事之歷史想像其實際情況為何？其具有那些敘事功能？其表現方式為何？又歷史想像之原則為何？讀者如何由歷史想像中解讀出撰史者意旨？等即為進一步須討論之問題，分別論述如下。

　　歷史想像可以說是撰史者以文字為媒介，進行歷史解釋的一種表現方式。周光慶云：「左丘明對《春秋》進行"以事釋經"式的解釋，已經超越了一般的解釋而富於特別的創造性，那就是以史事表現歷史法則。」理解本身就是一種想像的藝術，詮釋亦以想像力為基礎。〔註 58〕歷史敘事中運用適當之歷史想像，正是達成撰史者解釋歷史與詮釋歷史之方法，因此，討論《左傳》敘事，歷史想像是值得進一步深究之課題。

〔註 56〕同上註，頁 112。
〔註 57〕前者或所謂歷史解釋者。唯《左傳》之解釋不僅限於歷史發展規律之層面，整體而言，《左傳》敘事所關注之解釋層面，更為廣泛，其試圖透過敘事與解釋來建構一套新的文化價值標準，一套對由人文角度重新詮釋的文化體系。周光慶《中國古典解釋學導論》指出：《左傳》「以事解經」之解釋方法，除揭示《春秋》一書之法則外，「同時又超越了對《春秋》一書的解釋，而參與了對"道"的傳載與發展。因為"以事解經"，要記敘歷史事件的前因後果與相互影響，所以能夠以史事表現歷史的法則；而儒家文化之道，往往就是對歷史法則的總結。於是，《左傳》既是在記敘先秦歷史，同時又超越了對先秦歷史的記敘而參與了對道的傳載與發展。」（北京：中華書局，2002 年 9 月第 1 版，頁 325。）而人文詮釋之角度，正是《左傳》歷史解釋對文化重新建構的重要觀點。關於人文詮釋之事例分析，請見後章討論。
〔註 58〕詳請見，洪漢鼎〈作為想像藝術的詮釋學〉，收錄於《中國詮釋學‧第二輯》，濟南：山東人民出版社，2004 年 12 月第 1 版，頁 17 至 24。

一、歷史想像及其敘事功能

以下討論歷史想像之特徵及歷史想像與文學想像之異同，進而討論撰史者進行歷史想像時必須遵守的基本原則，及歷史想像之敘事功能。並說明歷史想像在歷史敘事中之必要性與重要性。

（一）想像與歷史想像

討論歷史想像之前，應先對想像進行說明。所謂想像，是人類特有的一種心理現象，是通過大腦把記憶中保持下來的感性印象重新進行加工、改造以至創造的過程。人類的想像活動，是通過儲存在頭腦中的印象、表象等各種信息，進行分解和綜合而展開的。想像總是走在思維活動與行動之前，爲它們提供目標和方向，引導感性和理性去進行認識與創造活動。〔註59〕從思想角度而言，想像是一種思維形式，是一種認識現象。從敘事與解釋角度而言，想像是表達一方表現觀念、傳達思想的重要方式，是接受一方解讀破譯敘事意旨與敘事態度的重要切入。運適度的聯想與想像力來敘寫歷史之人與事，即爲歷史想像。〔註60〕錢鍾書云：「史傳所寫大多是已經去世的歷史人物，一般的文獻資料只記載他們做了什麼，而很少記載他們爲什麼這麼做，當時是怎樣想的，所以史傳作者在描寫他們的事跡時，就很難再現他們的心理活動，揭示出他們靈與肉的矛盾鬥爭。如何處理這個問題呢？古代史傳作者採用的是合理想像的方法。」〔註61〕又「這種想像，在史學上是一種建設。」〔註62〕是基於合理的想像，而不是出於幻想。

所謂歷史想像，簡言之，就是歷史文獻材料所無者，撰史者以本身的才、學、識及價值觀爲判斷基礎，設身處地的運用聯想與想像力，將片斷殘缺之史料進行重組、填補與建構的一種工作。〔註63〕整體而言，「歷史以想像而有

〔註59〕 蔡毅《創造之秘——文學創作發生論》，北京：人民文學出版社，2002 年 2 月第 1 版，頁 80。

〔註60〕 關於歷史想像相關討論，杜維運《史學方法論》一書中有〈歷史想像與歷史眞理〉一章，可參考之。

〔註61〕 錢鍾書《管錐編・第一冊》，臺北：書林出版公司，民國 79 年 8 月，頁 166。

〔註62〕 杜維運《史學方法論》，臺北：三民書局，2003 年 2 月 15 版，頁 210。

〔註63〕 柯靈烏（R.G.Collingwood）於其《歷史的理念》書中，論述歷史想像指出：史學家除了陳述與批判權威史家看法與理論外，建構歷史亦是重要且必要的工作。其指出歷史的推測與增添並非武斷或憑空想像而發，必需要有依據要合理，否則無法被稱爲歷史。柯氏相關論述詳請見黃宣範譯《歷史的理念》（臺北：國立編譯館，民國 70 年 3 月初版），頁 235 至 252。此外，關於史書文章

了連貫性」，〔註64〕而歷史想像必須以歷史事實爲依歸。史家設身處地，將自己置入歷史事件發生當時之文化語境中，「設其身以處其地，揣其情以度其變」，〔註65〕透過對歷史情境、時間、空間之體會與感悟，適度的想像當時可能發生的合情合理之人、事細節，最終透過文字進行敘述表達。

　　錢鍾書先生云：「史家追述眞人實事，每須遙體人情，懸想事勢，設身局中，潛心腔內，忖之度之，以揣以摩，庶幾入情合理。蓋與小說、院本之臆造人物，虛構境地，不盡同而可相通；記言特其一端。」〔註66〕其指出歷史想像之基本原則，有二：一是必須以歷史事實爲基礎，二是須由同情合理角度進行想像。「在歷史編纂中有一部分虛構，這虛構並不因此而脫離現實：爲了讓已成爲過去的眞實能表白自己必須將它講述出來。歷史的敘述運載著一定的虛構，只要它所描述的是一個已經泯滅的眞實，一個必須使之具有形態的蹤跡。」〔註67〕

　　歷史想像與文學想像有其不盡同而可相通之處。〔註68〕不盡同者在於歷史想像必須要以史料、文獻爲依據，且須入情合理，而文學想像則可視作者需求任意馳騁想像。撰史者透過歷史想像以寄託史義，完成資鑑之功能；而

與小說之問題，王靖宇亦引用 R.G.Collingwood 的說法：「沒有任何一套隨意記錄下來的歷史事件本身可以構成一個故事，它們最多只能爲歷史家提供故事的元素。歷史家將事件編製爲故事時，對某些事件會加以壓抑或使之淪爲次要，對某些事件則加以突顯，而其所使用的方法則爲人物描寫、主題重複、語氣與觀點的變化、不同的描述策略等等——總之，都是平常我們認爲小說家或戲劇家在編造情節時纔會使用的方法。」（王靖宇《中國早期敘事文論集》，（臺北：中研院中國文哲研究所，民國 88 年 4 月，頁 89。）柯氏所謂人物描寫、主題重複、語氣與觀點的變化及不同描述策略等，正是敘事學的手法。歷史家在載記歷史事件的過程中，除強調史事的眞實性外，也在文章中融入了相當程度的文學性，而這樣的文學性寫作，正是史學家表現其歷史觀的重要方法。司馬遷所寫之《史記》，正是明顯之例證。其《史記》中充滿文學性與個人情志之寄託，但讀者並不因此而否定其書，反而以此爲《史記》不朽之特色。總而言之，就中國史書而言，撰史者能否在主觀歷史想像與客觀史事敘述間取得完美的平衡狀態，是其是否爲良史的重要衡量標準。
〔註64〕杜維運《史學方法論》，臺北：三民書局，2003 年 2 月 15 版，頁 210。
〔註65〕〔清〕戴名世《戴名世集·史論》，北京：中華書局，1986 年 2 月第 1 版，頁 404。
〔註66〕錢鍾書《管錐編·第一冊》，臺北：書林出版公司，民國 79 年 8 月，頁 166。
〔註67〕韓震、孟鳴歧《歷史·理解·意義——歷史詮釋學》，上海：上海譯文出版社，2002 年 3 月第 1 版，頁 112。
〔註68〕兩者相通之處，在於皆是以文字符號系統爲媒介載體。歷史敘事與文學敘事皆是日常語言爲表達的基礎。

文學想像則可天馬行空，敘事端視創作者敘事意圖之需要，可以隨意發揮想像力，展現文學表現藝術，文學家運用想像，重點在於抒情達意，營造作者所希望的場景氛圍。

　　歷史敘事與歷史解釋是史學研究上兩大重點。歷史敘事的基本要求是「真實」，忠實而客觀的將呈現史事，這是文與史的重要區別要素之一。但史事之具體載記必須透過語言文字系統爲媒介，在運用語言文字符號系統思維與表達過程中，不可避免或多或少滲入表達者自身的想法觀念與價值判斷。因此，撰史者本身心術端正與否、德操高潔與否、史觀正確與否，都將影響其語言文字符號之表達，進而在所編撰史書中，或隱或顯的營造呈現出某種價值判斷。此正是章實齋於史才、史學、史識外，特標舉史德重要性的原因之一。其云：

> 史之義出於天，而史之文，不能不藉人力以成之。人有陰陽之患，而史文即忤於大道之公，其所感召者微也。夫文非氣不立，而氣貴於平。人之氣，燕居莫不平也。因事生感，而氣失則宕，氣失則激，氣失則驕，毘於陽矣。文非情不深，而情貴於正。人之情，虛置無不正也。因事生感，而情失則流，情失則溺，情失則偏，毘於陰矣。陰陽伏沴之患，乘於血氣而入於心知，其中默運潛移，似公而實逞私，似天而實蔽於人，發爲文辭，至於害義而違道，其人猶不自知也。故曰心術不可不慎也。〔註69〕

所謂史德，是指撰史者本身的德行。梁啓超先生指出史德正在於「心術端正」，又云：「章實齋所謂史德，乃是對於過去毫不偏私，善惡褒貶，務求公正。」〔註70〕而無論是歷史敘事或歷史想像，都必須以端正之史德爲依歸，不可因私人意念而任意想像，歷史想像與文學想像之別正在於此。史以事具，事因文著，爲文者之德行、觀念、好惡、價值判斷等，皆會影響其敘事文字之表達。〔註71〕

〔註69〕〔清〕章學誠著、葉瑛校注《文史通義校注·史德》，臺北：里仁書局，民國73年9月，頁220。

〔註70〕梁啓超《中國歷史研究法·中國歷史研究法補編》，臺北：里仁書局，民國83年12月，頁194。

〔註71〕舉例而言，就史料之剪裁、取捨上，何者載入？何者捨去？同一史事史料，不同撰史者敘之，則必有不同表達方式，此正是編撰史書者主觀之影響。實齋特重史德，正以明撰史者主觀因素對史書客觀性之影響。梁啓超進而強調編撰史書者應盡可能的將主觀成份降至最少。筆者同意章、梁二家說法，但若由另角度觀之，史書敘載過程中既然不可避免會滲入編撰者的主觀價值體

總結而言，歷史想像是歷史敘事必然也是必要的組成要素。單一的史料
文獻，透過撰史者的選擇、取捨、剪裁、編排、敘述而後成為有組織、有意
義的歷史。因敘述表達主體想像力之運作，使得敘事作品中的各個組成材料，
能呈現統一性與完整性之表達形式。而敘述主體之觀念、價值、態度等亦在
此過程中，有意無意的滲入文字表達中。就表達角度而言，歷史敘述，必須
尊重歷史事實和歷史材料，並盡可能將敘事時間緊縮，使敘事內容統一化。
而文學虛構敘述，則力求衝破歷史事實的制約，在時間表現試圖鬆弛時間，
藉以擴大想像之範圍與增加想像內容的變化。

以理而明事者謂之「經」；以事而明理謂之「史」。「以事言理，不尚空言，
是中國古代著史的基本原則。……著重運用歷史事實與歷史人物語言來闡述
著史者的歷史觀點，而不是直接說教，使古代歷史著作具有了鮮明的寫作特
點，那就是敘述、描寫的特點。在敘事記言中不僅顯示了歷史進程、歷史認
識，而且也顯示出歷史人物的生動形象，加上"文筆"在史著中的運用，文
辭之間體現出褒貶感情，更有甚者，直接進行史評，更增加了史著的抒情性，
這些特點都使中國古代歷史著作具備了強列的藝術感染力，使史著文學化。」
〔註72〕學者此論，指出先秦史書敘事之主要特色，而其中所謂「文筆」，正是
歷史想像之法。以下討論歷史想像在敘事層面所能發揮之功能。

（二）歷史想像之敘事功能

《左傳》歷史敘事因左氏歷史想像之運作，使得記載春秋史事片斷不全
之史料文獻，產生有組織、有體系的完整敘述。歷史想像在史書撰寫與編纂
過程中有其功能與意義。因後世所保留之史料不可能是全面完整而連貫有系
統的。因此，編撰史書者的工作有二：一是讓史料連貫完整成歷史事件，二
是對這歷史事件進行評論解釋的工作，進而能歸納發現歷史法則。前者為歷
史想像，後者為歷史解釋，歷史想像與歷史解釋一直是史學研究的兩大要務。
中國傳統歷史解釋角度與中國文化內涵密切相關。主要以道德、實用、資鑑
等角度為主。而這些現今視為傳統文化內涵與傳統史學觀念的觀念，有某些
部分正出自於《左傳》。又《左傳》歷史想像之來源，大體如下：其一為民間
口傳之故事，其二為坊間野史文獻所載軼事，其三則是撰史者觀念之寄託。

系，則此部分之敘述文字正是討論撰史者思想的重要材料。
〔註72〕趙明主編《先秦大文學史》，長春：吉林大學出版社，1993 年 1 月第 1 版，頁
545。

以上經過撰史者設身處地運用想力建構一合情合理合史的情節，以文字符號表述呈現，以填補史料之空白。無論其來源爲何，經過撰史者取捨、剪裁、消化再表達後，此類歷史想像即帶有撰史者意識，即蘊含史觀。

《左傳》歷史想像之敘事功能，大體如下：1、組織史料文獻功能：就上一章所論，先秦史料主要書於竹簡、木牘之上，其所能書寫之內容有限，且保存不易。基本上是以單一獨立的形式存在的。如前所論面對如此片斷不全之史料文獻，歷史想像有其組織成史之功能。2、豐富敘事內容功能：承上所論，史料與史料間所留下之空白間隙，撰史者藉由歷史想像來進行填補與充實。原本單調枯燥之史料文獻，藉由適度之想像，能令史事更爲豐富有韻。而撰史者亦在想像過程中，將史義寄託其間。3、表現與刻劃功能：史以事爲主，事以人爲本。歷史想像之運用可以提供撰史者在情節方面、人物形象塑造方面，某種程度上之空間。可以藉由對情節之安排與人物之塑造，表現撰史者之態度與觀念。所謂「歷史上的人物，……須靠歷史想像以洞察。人物的言論行爲，可以細細的蒐集資料去研究，影響其言論行爲的因素，可以逐一列舉，可是他們腦子裏思想些什麼，……就須靠歷史的想像去體會。」〔註73〕4、解釋功能：如前所論，歷史想像是撰史者表達觀念、反映態度的重要表現方法。歷史敘事離不開歷史想像，而歷史想像當中即寄託撰史者之史義。

《左傳》運用歷史想像之例以敘戰最具代表性，撰史者所見之史料可能僅記載參戰國家與戰爭地點，詳細些可能加記人物或軍隊數量。但觀察《左傳》敘事在戰爭敘述方面，卻往往敘述戰前雙方之謀略、人物之對話等。此外，對於人物之行爲與言論之敘述，及相關細節描寫等，亦是撰史者歷史想像運用之處。詳請見後文討論。

又就敘事與解讀角度而言，歷史想像是解讀敘事解讀之可靠切入點。歷史敘事不是僅僅敘述歷史，歷史想像也不只是單純的想像歷史。敘事本身就是一種解釋，就是一種言語交際，是有目的性的，是有功能性的。無論文學敘事或歷史敘事，敘事必然爲某些表達意旨，進行某些溝通。想像本身就是一種觀念、態度與思維的表現。劉知幾《史通》云：「子曰：「吾猶及史之闕文。」是知史文有闕，其來尚矣。自非博雅君子，何以補其遺逸者哉。」〔註74〕其指出歷料

〔註73〕 杜維運《史學方法論》，臺北：三民書局，2003 年 2 月 15 版，頁 215。
〔註74〕 〔唐〕劉知幾撰、〔清〕浦起龍釋《史通通釋·採撰》，臺北：里仁書局，民國 82 年 6 月 30 日，頁 115。

文獻在傳播過程中，難免有所佚失，其所造成空白與間隙，撰史時必須進行填補。而這補其遺逸之工作，正是歷史想像之工作。

《左傳》歷史想像多出自作者胸臆，既然是出自撰史者筆下所敘述，則其中或多或少、自覺或不自覺，會滲入主觀態度、觀念與想法。就表達角度而言，歷史想像是撰史者寄託意義的方式之一；就讀者角度而言，這些出自撰史者筆下的敘述文字表達，正是解讀態度的可靠切入點。整體而言，歷史敘事中的想像成分，就史學角度而言，可能損害史書內容的真實可信度。但就文學角度而言，其正是溝通文學與史傳之重要聯結。這些具備文學性質的歷史想像成分，使得歷史敘事與史傳文學之內容更具敘事性、故事性，使史傳之人物形象更生動而鮮明。要言之，歷史想像正是解讀撰史者敘事態度的重要切入關鍵。

二、《左傳》歷史想像之表現方式與意義解讀

承上所論，又讀者如何由史書敘事中見出歷史想像？一個基本的判斷標準，即觀察歷史敘事的內容是否合乎常理。正如錢鍾書所論，許多人物之言論行為動作，就撰史者角度而言，是不可能在現場觀察記錄的，那這些對話內容、人物行為動作、情緒表情、神態反應由何而來的。可能是史籍所載，但如前章所論，以先秦當時書寫的環境，不太可能有這樣的書寫記載。又何以撰史者在當時困難的書寫環境下，仍要花費如此多的筆墨來敘述這些可能出於想像或源自民間傳聞的言論行為。回到撰史者敘事之原始目的，正為表達意旨，為傳達史義。就更廣義而言，《左傳》作者有意透過敘事與解釋，來對當時的文化內容進行新的解釋，試圖重新建構一套新的文化價值標準。若是細讀《左傳》其書，並體會其敘事背後之深義，則這樣的態度與思想傾向是隱約可見的。以下討論《左傳》歷史想像之表現方式及其意義解讀。

（一）細節描寫為歷史想像表現手法之一

中國文化中有注意細節的審美觀，強調由小見大，見微知著的觀察角度，再配合形象思維與比興思維之運作，使得細節描寫成為中國敘事性作品特別強調之部分，也成為中國敘事性作品的特色之一。而藉由細節描寫來寄託撰史者態度與觀念，亦成為中國史書敘事中重要的特色。

「沒有一個歷史學家可能敘述過去所發生的一切事情，……所有的人都必

須選擇某種事實作爲特殊的重點。」〔註75〕只有透過這些選擇的重點，才能進一步表現撰史者之觀念與態度，就敘事角度而言，對人物事件之「細節」描寫，正是《左傳》選擇之特殊重點。觀察《左傳》敘事，細節描寫是其歷史想像的重要表現手法。所謂細節是指人、事、物細微部分，不明顯之處。就人物而言，表情、反應、情緒、態度，或細微之動作等即是細節。就事件而言，一些不是事件主軸之瑣碎旁支，或是不被重視的小情節，即是細節。描，是指描繪。寫，是指摹寫。描寫就是透過語言文字之運用，將人、事、物之存在狀態、發展變化、特色特徵等，具體而生動、鮮明而細緻的加以描繪表現。

整體而言，人物形象的生動性、獨特性與豐富性，很大程度上取決於細節描寫的成功與否。〔註76〕而具體化、獨特性、典型化是細節描寫是否成功的幾個關鍵。漢代王充嘗云：「夫文人文文，豈徒調墨弄筆，爲美麗之觀哉？載人之行，傳人之名也。善人願載，思勉爲善；邪人惡載，力自禁裁。然則文人之筆，勸善懲惡也。謚法所以章善，即以著惡也。加一字之謚，人猶勸懲，聞知之者，莫不自勉。況極筆墨之力，定善惡之實，言行畢載，文以千數，傳流於世，成爲丹青，故可尊也。」〔註77〕其所論主要強調文人爲文，應以勸善懲惡爲主。而敘事行文如何能勸懲，人物之言行態度正是觀察強調之焦點。簡言之，即透過載人之言，傳人之名，藉由細節描寫來傳達勸懲資鑑。

描寫可以理解成一種展現方式。〔註78〕「描寫的敘述功能集中在一點，就是造成了一種圖式化的畫面感和身臨其境的幻覺。」〔註79〕此與中國文化強調形象思維有關，具體化、形象化是中國文化重要的思維方式。細節描寫之作用有二：1、裝飾性作用。「穿插點綴在純粹敘述之中，使敘事更加具體、

〔註75〕 英・沃爾什（Walsh W. H.）著、何兆武、張文杰譯《歷史哲學導論》，桂林：廣西師範大學出版社，2001 年 6 月第 1 版，頁 100。

〔註76〕 陳蘭村《中國傳紀文學發展史》，北京：語文出版社，1999 年 1 月第 1 版，頁21。

〔註77〕 〔漢〕王充著、黃暉《論衡校釋》，北京：中華書局，1990 年 2 月第 1 版，頁868 至 869。

〔註78〕 「描寫與敘述一樣都是講述故事的方式，只不過描寫始終以敘述爲目的，也可以看作是敘述的一種特殊形態。但是這種特殊形態要求比純粹敘述更精細，包含更多的信息量，同時又盡可能不露出敘述者的痕跡，也就是造成一種不是敘述者在說話的假象，使人忘記是敘述者在敘述。」（王汶成《文學語言中介論》，濟南：山東大學出版社，2002 年 2 月第 1 版，頁 236。）

〔註79〕 王汶成《文學語言中介論》，濟南：山東大學出版社，2002 年 2 月第 1 版，頁237。

生動、逼眞，以彌補單純敘述所造成的單調乏味，以增強虛構故事的可信度」〔註80〕2、解釋性和象徵性作用。「含有深意或意味深長的描寫都屬於這類描寫，或者通過外在現象的描寫揭露其內在精神，或者讓某種形象的描寫中寓含和表徵著某種思想情感的意義。」〔註81〕

　　整體而言，細節描寫可以加強敘事內容的可信度，可以加強敘事感染力的強度，使敘事張力深度增加，使敘事內容更生動。〔註82〕更重要的是，只有透過細節的描寫才能使人物、事件之敘寫深刻化，才能寄蘊態度、觀念於其中。單純的客觀記事，作者只能在敘事之外另以干預的形式表現態度，而「言事相兼」的歷史敘事，藉由適度的想像與細節描寫，可以達到寓議論於敘事中的效果。

　　《左傳》之細節描寫，〔註83〕在人物方面，藉由對言行舉止之細部描寫與刻劃，一則能塑造鮮明生動之形象、表現人物性格，同時也能反映作者的觀念與態度。在事件方面，透過對小情節的細部描寫，由小見大，進而推動情節發展。就歷史敘事而言，歷史想像正是史事連貫與推進之關鍵。就事物場景而言，細節之描寫，能營造明確之時空環境，提供理解與解讀之完整語境。此外，細節描寫內容取捨與敘寫角度的選擇，亦是表現作者態度的重要方式之一。

　　以下分別由事件情節　人物言論與人物行爲、神態方面舉例說明《左傳》之歷史想像與細節描寫。〔註84〕

（二）事件情節描寫與敘事態度之反映

　　《左傳》內容豐富，無法逐一說明，以下試舉例說明在事件情節方面之細節描寫，及其中所反映之作者態度與觀念。爲配合本文後章討論晉、楚弭兵之例，此處以楚國令尹相關事件爲主軸，舉例說明如下：

　　魯襄公二十一年（西元前552年），楚康王八年。此年夏季，楚國公子午

〔註80〕同上註，頁237。

〔註81〕同上註，頁238。

〔註82〕同上註，頁237。

〔註83〕孫綠怡討論《左傳》敘事細節描寫之特點：1、細節描寫伴隨人物性格的特徵性行動，是人物性格不可移易的部分。2、細節描寫是表現人物性格要素的唯一手段。3、通過細節描寫交待人物所處環境、事件發生的背景。4、人物的容貌和心理是通過行動性的細節來表現的。（《左傳與中國古典小說》，北京：北京大學出版社，1992年4月第一版，頁50至56。）

〔註84〕須先說明的是，《左傳》歷史敘事是「言事相兼」，敘事與細節描寫融爲一體，以下分類舉例，以側重爲考量，以最能說明該項分類特點者爲例。

（子庚）卒，《左傳》記載楚康王欲任命蕿子馮爲令尹之事，記載如下：

> 夏，楚子庚卒。楚子使蕿子馮爲令尹，訪於申叔豫。叔豫曰：「國多
> 寵而王弱，國不可爲也。」遂以疾辭。方署，闕地，下冰而床焉。
> 重繭，衣裘，鮮食而寢。楚子使醫視之。復曰：「瘠則甚，而血氣未
> 動。」乃使子南爲令尹。（襄公二十一年，頁 590。）

蕿子馮即蒍艾獵（孫叔敖）之子。對於楚王之將命己爲令尹，蒍馮問訪於楚
國賢者申叔豫。就人物類型而言，申叔豫屬於總結評論與轉折關鍵之綜合類
型，於此段敘事中，其功能爲轉折關鍵型。〔註 85〕申叔豫指出，此時「國多
寵而王弱」，建議蒍馮不要接受任命。其所謂國多寵，是指當時群公子之勢力，
公子午、公子追舒是康王之父楚共王之兄弟，公子比、公子圍、公子黑肱、
公子棄疾是楚康王的兄弟。這些公子此時於楚國之勢力，皆各據一方，而楚
康王雖是繼位爲王，但在政治實權上卻無法完全掌握。果然楚國於楚康王卒
後（西元前 545 年），四年後即發生公子圍弒君自立爲靈王之事，之後是接連
的勢力對抗與君位爭奪，一直到楚平王（公子棄疾）即位後（西元年 528 年），
楚國才算是恢復常軌。

蒍馮接受申叔豫的勸告，於是以疾病爲由辭讓不受。楚康王派遣醫者視
其病，《左傳》描寫蒍馮僞病之細節，生動鮮明：時值夏季，蒍馮於床下挖洞
置入冰，穿著兩重之綿衣，再加皮袍，減少進食量，躺在床上裝病。楚王之
醫者診視後，得出：「瘠則甚，而血氣未動」的結果，即身體過於瘦弱血氣不
流通之症狀。楚康王於是另任命公子追舒（子南）爲令尹。

就細節描寫與歷史想像角度而言，《左傳》的敘述雖簡要卻生動呈現蒍馮
裝病之過程，此外，藉由其與申叔豫之問答，亦指出楚國當時之政治形勢與
國內情況。就語境提供角度而言，醫者之診視內容、申叔豫之言論，皆能提
供理解當時楚國社會與政治之相關材料。

子南爲令尹後，《左傳》記載其因寵觀起而見誅之事，其中亦可見在情節
方面之歷史想像，《左傳》記載如下：

> 楚觀起有寵於令尹子南，未益祿而有馬數十乘。楚人患之，王將討
> 焉。子南之子棄疾爲王御士，王每見之，必泣。棄疾曰：「君三泣臣
> 矣，敢問誰之罪也？」王曰：「令尹之不能，爾所知也。國將討焉，
> 爾其居乎？」對曰：「父戮子居，君焉用之？洩命重刑，臣亦不爲。」

〔註 85〕關於人物類型之討論，請見第四章第三節所論。

> 王遂殺子南於朝，轘觀起於四竟。子南之臣謂棄疾：「請徙子尸於朝。」
> 曰：「君臣有禮，唯二三子。」三日，棄疾請尸。王許之。既葬，其
> 徒曰：「行乎？」曰：「吾與殺吾父，行將焉入？」曰：「然則臣王乎？」
> 曰：「棄父事讎，吾弗忍也。」遂縊而死。（襄公二十二年，頁598。）

魯襄公二十二年（西元前551年），楚康王九年。楚國觀起有寵於令尹子南，其以庶人之身分，倚仗子南之寵擁有車乘數十。楚人對子南與觀起之行事不滿，楚康王計畫誅除子南。《左傳》以歷史想像與細節描寫之方式，敘述子南之子棄疾與楚康王之對話，藉言敘事，藉事塑人。子南之子棄疾當時擔任楚王御士，楚康王每回見到棄疾皆流淚而泣，棄疾怪而問之，康王透露欲殺其父之事。《左傳》寫棄疾知此事後兩反應：1、棄疾認為父親見戮，其亦不能再居於位，由此見棄疾之禮也。2、其雖預知密事，但不會洩密，由此見棄疾之忠也。子南見殺後，其臣建議棄疾將子南之尸盜出朝廷，棄疾以「君臣有禮」認為應依禮制章法來行事，不可私盜，此亦見其守禮也。最後，棄疾在完成其父葬禮後，以「棄父事讎，吾弗忍也」，自縊而亡，〔註86〕此見其孝也。

　　以上這些君臣對話、預謀戮臣之事件情節，當時可能並無史官在場記錄，應多出於撰史者胸臆，所以想像這樣的對話情節與對話內容，主要是為寄託、表達其觀念與態度：藉由此歷史想像塑造子南之子棄疾忠、孝、禮之形象，藉以勸懲資鑑，此正《左傳》此段敘事之用心。而子南之子棄疾，可算是典範資鑑人物之一例。子南被殺後，楚康王又再任命蒍子馮為令尹，《左傳》載其事如下：

> 復使蒍子馮為令尹，公子齮為司馬，屈建為莫敖。有寵於蒍子者八
> 人，皆無祿而多馬。他日朝，與申叔豫言，弗應而退。從之，入於
> 人中。又從之，遂歸。退朝，見之，曰：「子三困我於朝，吾懼，不
> 敢不見。吾過，子姑告我，何疾我也？」對曰：「吾不免是懼，何敢
> 告子？」曰：「何故？」對曰：「昔觀起有寵於子南，子南得罪，觀
> 起車裂，何故不懼？」自御而歸，不能當道。至，謂八人者曰：「吾
> 見申叔，夫子所謂生死而肉骨也。知我者如夫子則可；不然，請止。」

〔註86〕《左傳》中記載與縊相關之事件，計二十例，各見於：桓公十三年、桓公十六年、莊公十四年、、閔公二年、僖公四年、文公元年、文公十年、宣公十四年、襄公二十二年、襄公二十六年、襄公二十七年、昭公元年、昭公二年、昭公八年、昭公十三年、昭公二十三年、定公十四年、哀公二年、哀公十六年、哀公二十二年。比較分析其縊之原因，亦可見左氏敘史勸懲資鑑之用心。

辭八人者，而後王安之。（襄公二十二年，頁 600。）

蒍馮接任令尹之職後，有八人受其寵信，這些人亦是以庶人身分而擁有許多匹馬。《左傳》有意以此事與之前觀起有寵於子南之事作對比，比事見義是《左傳》歷史解釋的重要方式，透過相似相近人事物之對照比較，能凸顯差異，進而寄託觀念與態度。關於敘事結構與意義解讀之討論，請見第三章。對於蒍逢與子南同樣有寵之行為，《左傳》以申叔豫「弗應而退」之細節描寫，帶出兩者不同之態度與反應，這亦是屬於歷史想像之敘事。《左傳》敘述其事：某日上朝途中，蒍馮欲與申叔豫談話，申叔豫轉身不答而退走，蒍馮跟隨其後，申叔豫於是返家。退朝後，蒍馮訪於申叔豫，問其故。申叔豫以子南與觀起之事鑒之。《左傳》藉由細節描寫：「自御而歸，不能當道」生動的寫出蒍馮之心情與神態。蒍馮聽完申叔豫之言後，自己駕車返家，因思緒起伏，以致無法正常駕車，杜預注云：「蓮子惶懼，意不在御」。〔註87〕之後《左傳》敘述蒍馮與子南不同之反應，蒍馮再次接受申叔豫之建議，退辭有寵之八人，因此，獲得楚康王之信任，免於重蹈子南之覆轍。

《左傳》透過「言事相兼」之歷史敘事，藉言敘事，因事寫人。透過比事見義之法，凸顯兩觀念：其一，為政有寵是取禍之道，子南、蒍馮之例可證。其二，從諫與善，為獲福之道，蒍馮二次聽諫，故能免於難。勸諫模式與禍福敘事，是《左傳》透過敘事以進行歷史解釋的重要內容，詳請見第三章與第六章討論。

（三）人物言論內容與敘事態度之表達

人物之言與行，是細節描寫的重要切入角度，亦是《左傳》歷史想像的重要表現層面。錢鍾書討論歷史想像時指出：「吾國史籍工於記言者，莫先乎《左傳》，公言私語，蓋無不有。」〔註88〕其舉僖公二十四年介之推與其母之對話，及宣公二年鉏麑之嘆，指出這些語言記載「蓋非記言也，乃代言也。……左氏設身處地，依傍性格身分，假之喉舌，想當然耳。」〔註89〕又云「《左傳》記言而實乃擬言、代言。」〔註90〕這擬、代過程正是歷史想像，是史義寄託

〔註87〕〔晉〕杜預《春秋經傳集解》（相臺岳氏本），臺南：第一書局，民國 69 年 1 月初版，頁 243。

〔註88〕錢鍾書《管錐編・第一冊》，臺北：書林出版公司，民國 79 年 8 月初版，頁 164。

〔註89〕同前註，頁 165。

〔註90〕同前註，頁 166。

之所在，亦是了解左傳思想的關鍵切入點。《左傳》「言事相兼」之歷史敘事，
正是透過歷史想像與細節描寫，藉人物對話言論以敘事、以解釋。

　　張師高評《春秋書法與左傳學史》中對《左傳》「藉言作斷」之敘事技巧說
明如下：「《左傳》中的載語，除用以揭露性格，表現情緒；推進情節，預作伏
脈；統攝瑣細，交代枝節外，最大的作用，在於安排歷史人物現身說法，既如
實反映歷史真相，又可以替代說明，省卻解釋，而是非論斷，價值判斷，未嘗
不寓含其中。」〔註91〕張端穗亦云：「《左傳》敘述客觀史實部分另有一特色：
記言部份占了相當多的篇幅。這些言辭多與當時史事有關，且多為評論史事並
預言史事之變化者。我們查考發表這些言論的作者身分及言論內容，並檢驗最
後預言與史事結局之間的關係，可以了解左傳對許多史事的態度。……我們由
這樣的敘事安排，可以確定此人所發表言論內容正是左傳作者所認定的史事變
化的理由。此人的看法也正代表了《左傳》作者的看法。」〔註92〕

　　以上所言，說明《左傳》中的某些人物言語內容，或出於撰史者之歷史
想像，而這些想像的言談內容，正是撰史者思維方式、歷史評判與歷史解釋
之所在。以下即由此角度切入，探討《左傳》藉由人物言論內容所寄蘊之史
觀與史識。

　　魯莊公十一年（西元前683年），宋閔公九年。此年秋季，宋國大水成災，
魯莊公遣使慰問宋災。《左傳》藉言以敘事，在人物對話之間，表達其態度與
觀念，《左傳》記載如下：

> 秋，宋大水。公使弔焉，曰：「天作淫雨，害於粢盛，若之何不弔？」
> 對曰：「孤實不敬，天降之災，又以為君憂，拜命之辱。」臧文仲曰：
> 「宋其興乎！禹、湯罪己，其興也悖焉；桀、紂罪人，其亡也忽焉。
> 且列國有凶，稱孤，禮也。言懼而名禮，其庶乎！」既而聞之曰公
> 子御說之辭也。臧孫達曰：「是宜為君，有恤民之心。」（莊公十一
> 年，頁152。）

《左傳》藉魯使之言指出莊公之想法：天降大雨，以致成災，身為鄰國理應
關心慰問。宋閔公以自身之過，導致天降災難，客氣的回應魯國之慰問。就

〔註91〕張高評《春秋書法與左傳學史》，臺北：五南圖書公司，2002年1月初版，頁
　　　31。
〔註92〕張端穗《左傳思想探微・序言》，臺北：學海出版社，民國76年1月初版，
　　　頁6至7。

外交辭令角度而言，雙方之言語皆是合宜得體之言語表達。就敘事與解釋角度而言，《左傳》敘述雙方使者之言論可能是以史籍載錄爲本，加上撰史者潤飾而成，而其後臧文仲之言論，則應屬於歷史想像一類。

臧文仲聞知宋國方面「孤實不敬」之回應，以此預言宋國將會興盛。其舉禹、湯、桀、紂爲例，說明國君能罪己聞過，則其國將興；反之，或事事罪人責過，則將如桀紂之亡國。之後又聞知宋國此番外交應對是出於公子御，臧文仲正面肯定公子御其人有恤民之心。由臧文仲之言論與態度，可見出《左傳》對能反省規過人物之正面評價與贊許。

此外，關於恤鄰之觀念，亦是《左傳》所稱贊者，僖公十三年載秦穆公「汎舟之役」：

> 冬，晉薦饑，使乞糴于秦。秦伯謂子桑：「與諸乎？」對曰：「重施而報，君將何求？重施而不報，其民必攜；攜而討焉，無眾必敗。」謂百里：「與諸乎？」對曰：「天災流行，國家代有。救災恤鄰，道也。行道有福。」丕鄭之子豹在秦，請伐晉。秦伯曰：「其君是惡，其民何罪？」秦於是乎輸粟于晉，自雍及絳相繼，命之曰「汎舟之役」。（僖公十三年，頁 223。）

魯僖公十三年（西元前 647 年），秦穆公十三年，晉惠公四年。此年冬季，晉國連續第二年穀物糧食欠收，晉惠公向秦國請求援助。《左傳》載秦穆公與諸大夫間之商議，此正歷史想像中人物對話之描寫。就歷史解釋角度而言，撰史者之態度與觀念，正隱含於人物對話之中。對於是否援助晉國，公孫枝指出之前秦穆公已助公子夷吾返國繼位爲晉惠公，但晉惠公食言違約，當初答應給秦國之城邑土地，在其返國後卻不肯讓予。公孫枝認爲可藉此事爲機，出兵伐晉。大夫百里則指出「救災恤鄰」乃是爲政之道，天災是人所難避的，對於鄰國之災，應以撫恤關心之態度面對之，[註 93] 其主張援助晉國。晉國丕鄭之子丕豹此時流亡於秦國，其出於復讎心理，希望秦國藉此出兵伐晉。最後秦穆公「其君是惡，其民何罪」之結論，正反映撰史者之態度。於是秦國援救晉國之饑，史稱「汎舟之役」。

《左傳》之後運用比事見義之法，敘寫隔年秦饑晉不救之事，以對比秦穆公之德與晉惠公之惡，《左傳》記載如下：

〔註93〕類似恤鄰、善鄰之觀念，亦見於陳國五父之諫：「親仁善鄰，國之寶也。」（隱公六年，頁 70。）

冬，秦饑，使乞糴于晉，晉人弗與。慶鄭曰：「背施，無親；幸災，不仁；貪愛，不祥；怒鄰，不義。四德皆失，何以守國？」虢射曰：「皮之不存，毛將安傅？」慶鄭曰：「棄信背鄰，患孰恤之？無信，患作；失援，必斃。是則然矣。」虢射曰：「無損於怨，而厚於寇，不如勿與。」慶鄭曰：「背施幸災，民所棄也。」近猶讎之，況怨敵乎？」弗聽。退曰：「君其悔是哉！」（僖公十四年，頁224。）

魯僖公十四年（西元前645年），秦穆公十四年，晉惠公五年。此年冬季，秦國發生饑荒，秦向晉請求援助，晉惠公拒絕。《左傳》以人物言論敘寫其對此事之看法：晉國慶鄭指出，去年晉受秦之援，如今忘恩不報，面對鄰國天災，幸災樂禍，其以為這是失德不義之態度，不是為政之道。慶鄭主張應予以援助。虢射則主張不援助秦國，其以為秦國對晉惠公失信之事早有積怨，就算如今救其饑，亦無補於事，反而是增加秦國國力。《左傳》最後藉慶鄭之言，表達其態度：「背施幸災，民所棄也」，《左傳》對於晉惠公忘恩負義，失信無德，預言其將亡。秦國於隔年出兵伐晉，是為韓原之戰，晉惠公於此戰被秦軍所俘虜。後因其姐穆姬之助而得以返國，〔註94〕晉惠公於（西元前637年）卒，由其子懷公繼位，隔年晉公子重耳在秦穆公幫助下，返國即位是為晉文公。

此外，關於對饑荒之敘述，僖公二十一年之例亦可由人物言論中，見出《左傳》之態度與觀念，《左傳》載此事如下：

夏，大旱。公欲焚巫、尪。臧文仲曰：「非旱備也。修城郭、貶食、省用、務穡、勸分，此其務也。巫、尪何為？天欲殺之，則如勿生；若能為旱，焚之滋甚。」公從之。是歲也，饑而不害。（僖公二十一年，頁241。）

魯僖公二十一年（西元前639年），此年夏季，魯國發生大旱。魯僖公欲欲焚殺巫、尪一類之人，以求降雨。此記載反映當時對人們對巫、尪之人的看法與態度，及對旱災原因之理解。《左傳》藉臧文仲之口，提出人文角度的詮釋，其指出國家發生旱災，與巫、尪一類之人並無直接關係，應是土木水利工程未能完備所致。其指出，巫、尪之人若天欲殺之，又怎會讓其出生於世上，若是此類人真能興起旱災有關，焚殺之豈不令災害加重。魯僖公接受臧文仲之勸諫，《左傳》特別記載「饑而不害」，表達其對臧文仲人文詮釋與僖公未

〔註94〕晉惠公因秦穆姬之助而得返之事，就客觀角度而言，其內容帶有相當成分之歷史想像。詳請見《左傳·僖公十五年》所載。

焚巫、尪之贊許。

除上述之外，《左傳》中所記載之外交辭令，是人物言論記載之大宗，其中亦可見史義之寄託。總而言之，人物言論之描寫是《左傳》「言事相兼」歷史敘事之重要構成內容，《左傳》透過人物語言，一則藉言敘事，一則藉言議論。藉由人物對話言談，表達撰史者之觀念與態度。除人物言論外，人物之行為也是歷史想像、細節描寫之重點。討論如下。

（四）人物行為、神態刻劃與褒貶評價

人物的動作行為神態反應等，必須藉細節描寫方能刻劃。而撰史者之態度與褒貶，亦在此細節描寫中體現。就先秦敘事而言，動作是敘事的重心，亦是情節構成的核心，亦是作者表達態度的主要手段。透過對動作之描寫，藉以表達肯定或否定，褒貶，正是作者寓議論於敘事中的重要方式。

前文中關於事件情節之細節描寫討論，其中申叔豫「弗應而退」與蒍馮「自御而歸，不能當道」等，正是人物行為神態刻劃之例。觀察《左傳》敘事，其中對於人物行為與神態、情緒與反應之描寫，皆細緻而生動。其文所精要簡鍊，短短數字，便能深刻人物形象，可謂是長於敘事者也。

客觀而言，撰史者不太可能在事件現場觀察人物之行為、神態、情緒、反應。但《左傳》中卻記載許多這類內容，如前所論，其或源自民間流傳，或出於撰史者想像，總而言之，《左傳》記載這類人物細節，是有其目的性，是為表達其資鑑勸懲之用心。關於人物行為神態與敘事態度之討論，詳請見後文人物敘寫一章討論。

第三節 《左傳》敘事態度與意義解讀

如前所論，歷史想像正是撰史者寄託史義方式之一。後世史料未備空白之處，正是撰史者想像填補之處，而運用歷史想像填補之情節與人物形象，正可反映敘事態度，亦是歷史解釋之所在。

所謂「敘事態度」是指作者於敘述過程中所呈現出正面、負面、肯定、否定的敘述態度。董小英《敘述學》定義如下：「敘述的態度是指敘述者對所敘述的事物是抱著肯定的態度還是否定的態度。」其進一步指出，有兩種方法來表達敘述態度：一是「人物行為序列本身所表現的倫理道德的概念，正義的行為是肯定，非正義的行為是被倫理所否定的，同時也應該是被作者

所否定的」；另一是「由敘述話語本身直接表達」，即敘述者在語言詞彙的選用上，便反應出其褒貶之態度。「在語言詞匯中有褒義詞和貶義詞，敘述態度靠選詞來表現，一般肯定性語句使用褒義詞，而否定語句則使用貶義詞。」〔註95〕以上所論基本上是正確的，但必須補充說明的是，必須將語用觀念加入，因爲在某些特殊語境中褒義詞不一定帶有肯定的意義，而貶義詞也不見得眞正貶低。就語用學觀念而言，詞義的眞正理解，仍須考量主客觀語境後才能判斷。此外，敘事頻率〔註96〕亦可反映敘事態度，重覆出現的詞彙片語，或情節模式，都體現作者的思想與態度。還有對人物形象之塑造與評價亦能反映敘事態度。整體而言，敘事態度是敘事意旨解讀之關鍵，亦是撰史者寄託史義，反映史觀的重要表現方式。

又須說明的是，《左傳》敘事前後之文學風格或有差異，〔註97〕但本文主要由敘事態度角度進行觀察，其文學表現風格雖有異同，然整體之敘事態度卻有某種程度之一致性。以下討論《左傳》敘事態度之表現方式，及其在歷史解釋方面之功能與意義。

一、敘事態度是敘事意旨解讀之關鍵

「每一部歷史書都是根據某種觀點寫出來的，並且是只能根據那種觀點才有意義。」〔註98〕這所謂某種觀點，就敘事角度而言，就是敘事意旨。敘事表達者之敘事意圖與敘事主旨，是敘事表達與敘事解讀之核心。〔清〕劉熙載云：「敘事有主意，如傳之有經也。」〔註99〕〔清〕李漁亦云：「古人作文一篇，定有一篇之主腦；主腦非他，即作者立言之本意也。」〔註100〕

〔註95〕參考董小英《敘述學》，北京：社會科學文獻出版社，2001 年 6 月第 1 版，頁 95 至 97。

〔註96〕所謂敘事頻率，簡言之，就是指重複出現的次數。如同一語句的重複、同一情節的重複、同一觀念的重複、同一動作的重複等等。而討論某特定對象爲何反覆出現，及其不斷之意義，正是敘事頻率研究之重心。

〔註97〕一般以襄、昭之際爲界，其後之文風記事較詳盡，記言較豐富。實際閱讀《左傳》亦有同感，探究其因，或以襄、昭之後，距撰史者較近，故其事知之較詳，其文寄託較多；或因非出一人之手，不同撰史者敘事風格受時代文風影響，故後期文風帶有戰國文氣。

〔註98〕英·沃爾什（Walsh W. H.）著、何兆武、張文杰譯《歷史哲學導論》，桂林：廣西師範大學出版社，2001 年 6 月第 1 版，頁 100。

〔註99〕〔清〕劉熙載《藝概·文概》，臺北：華正書局，民國 77 年 9 月版，頁 42。

〔註100〕〔清〕李漁《閒情偶記·詞曲部·結構第一·立主腦》，臺北：明文書局，2002

　　就《左傳》敘事而言，敘事意旨是《左傳》敘事之核心與靈魂，其貫穿全書，將敘事內容、事件情節　角度觀點、人物形象等統一組織成有機之整體。敘事作品之優劣關鍵，正在於敘事意旨及其關注焦點之深度與廣度。作者之敘事意旨，對於敘事內容之取捨與表達形式之選擇有關鍵性之作用。可以說，敘事正爲作者意旨而服務。就表達角度而言，敘事意旨是作者體現文章整體思想傾向、價值判斷標準的重要依據；就接受角度而言，敘事意旨是讀者解讀文章的思想價值與意義之重要核心。然則，敘事意旨往往深藏於敘事文字之後，就閱讀接受角度而言，讀者無法直接與作者進行交流與溝通，而是透過敘事文字所形構出之隱含作者進行溝通。

　　所謂「隱含作者」，〔註101〕即文本中的作者。當眞實作者創作完成一部作品後，在這部作品的文本中，便產生一個獨立的作者形象，這一文本作者介於實際作者與作品敘述者之間，亦即位於眞實作者與文本敘述者之間。而其意義在於，此一隱含作者，往往反映眞實作者潛意識中的某些觀念，或透顯出文本內容所欲表達的某些深層含意。因此，若能對隱含作者有所認識，將有助於對眞實作者與文本內容深層思想的了解。整體而言，隱含作者的形象是在讀者閱讀過程中，根據其所閱讀文本的內容所整理建構而成的。就是「通過作品的整體構思，通過各種敘事策略，通過文本的意識形態和價值標準來顯示自己的存在。」〔註102〕

　　對於隱含作者的觀念，可進一步擴大解釋：一部作品的主要義涵是以作者及作品本身爲主，但當作品完成後其便獨立於作者之外，當讀者閱讀時，若由接受角度而言，不同的讀者因其本身主客觀因素之影響，對於作品文本之理解，勢必會有所不同。而作者之所以創作作品，必然有其所欲傳達之意

年8月一版，頁7。

〔註101〕此一觀念是美國文學批評家 W.C.布斯（Wayne C. Booth）（1912～）於其《小說修辭學》一書中首先提出。書中主要討論作者、敘述者、人物及讀者間的關係，在這當中，布斯提出介於作者與敘述者間存有一「隱含作者」的觀念，其指出作者在寫作時，不是創造一個理想的、非個性的 "一般人"，而是一個 "他自己" 的隱含作者。換言之，當作者在寫作過程中，往往會發現，作品本身在寫作過程中，會建構出屬於作者，且適合作品的某種敘述形象，或稱爲「正式書記員」或稱爲「作者的第二自我」。須注意的是，此一隱含作者是讀者了解眞實作者與作品內涵很重要的媒介。關於布斯之論述，請見 W.C.布斯著、華明、胡蘇曉、周憲譯《小說修辭學》，北京：北京大學出版社，1987年10月第一版，頁77至86。本文借鏡布斯隱含作者觀念進行討論。

〔註102〕羅鋼《敘事學導論》，昆明：雲南人民出版社，1994年5月第1版，頁214。

旨。以《春秋》爲例，孔子言其所以刪訂此書，正是爲寄寓褒貶，爲進行歷史評論。又以《左傳》爲例，其書之作，蓋爲正確解釋《春秋》，強調以具體之行事來解釋孔子寄寓於《春秋》中之「微言大義」。因此，作者在寫作過程中，必然會運用某些技巧與方法，來傳達其寫作目的。就敘事角度而言，這些敘事技巧與方法，正是讀者可以切入進而了解作者的重要線索。

　　然而，作者的原意與讀者的理解，往往會隨許多主、客觀因素，而產生誤解與差距。在讀者閱讀過程中，往往會發現，作者留下許多的「空隙」，因此，「讀者在閱讀作品時，就必須執行有創造性的填補空隙任務。換言之，在一部作品涵義的顯現過程中，讀者是積極的參與者，……涵義不只存在書面上，而是讀者與作品間所起的互動；涵義不是靜止的，而是一個事件的發生。」〔註103〕由此可知，當讀者在閱讀過程中與作品產生互動，進而理解作品的涵義，而這樣的理解，正是「隱含作者」建構的過程。換言之，讀者在閱讀過程中，最先理解認識的，正是文本作品中所呈現的作者形象，即所謂的「隱含作者」。讀者可以滿足於隱含作者的理解，也可進一步再探索隱含作者與眞實作者間的差異。總而言之，隱含作者是讀者理解作品的第一步，亦是作者用以傳達敘事意旨的重要敘事手法之一，若能釐清敘事性作品中隱含作者之形象，將有助對該作品的正確理解。〔註104〕而「敘事態度」則是理解與建構「隱含作者」之重要關鍵。

　　敘事必然爲表達作者的某些觀念與想法，因此討論敘事性作品，除形式上的敘事藝術與技巧外，更重要的是要探究：這樣的表達形式所欲表達的深層含意爲何？作者之所以選擇運用這樣的敘事技巧與表達形式，其所欲傳達的意義爲何？將敘事形式與敘事命意結合討論，如此才是完整的敘事分析。

　　「敘事、解釋與綜合是史學的三大要素。……（中國史家）發展了一套敘

〔註103〕王靖宇《中國早期敘事文論集》，臺北：中研院中國文哲研究所，民國88年4月，頁110。

〔註104〕如何由敘事來推得其隱含作者？依小說結構美學的角度而言，或敘事學角度而言，結構的組成即表達了作者的某些用意。亦即在某些程度上，反映作者寫作的動機與目的。這樣的動機與目的，讀者可在文字表達中，經由許多作者有意無意的明示暗示中，得到更完整的訊息。然而，在文字表層意義與作者情志思想傳達的層面之外，在文本的深層，當敘事作品完成之際，其深層已然構成另一個或相同或不同於作者所欲表達的另一個作者，此稱之爲「隱含作者」。經由對「隱含作者」之建構，將能進一步推得作者寫作之眞正用意與動機。

事藝術，其精湛且似可獨步寰宇。」〔註105〕中國史學有其獨特的歷史敘事藝術，一套屬於史官視角的敘事表達形式，或稱爲史書筆法。中國史官撰史，將其對人物、事件之褒貶與價值判斷，寄蘊於敘事表現形式之中。〔註106〕就經學角度而言，即所謂之春秋書法與微言大義。〔註107〕《左傳・成公十四年》載：「《春秋》之稱，微而顯，志而晦，婉而成章，盡而不汙，懲惡而勸善。」〔註108〕就史學角度而言，「所謂春秋書法，或許不是先有意用一二字以行褒貶，祇不過爲了敘述史實的眞相，所以於所用的字，特別審愼。史實須用字以來表現，用字的正確與否，與史實的眞相關係至大。用字不正確，史實便走樣。孔子作春秋，注重書法，似乎是在愼重地選用正確的字以敘事。」〔註109〕客觀而言，「所謂春秋筆法，主要是指不由作者出面來對人物或事件表示意見，是通過人物或事件的敘述來表示褒貶，含有讓事實說話的意味。讓事實說話有時比作者出面來說話更有力量。……通過事實說話，從事件的敘述裏比示褒貶，那麼或褒或貶讓讀者自己來作，讀者讀了那個敘述自會作出褒貶來。那樣的褒貶是讀者自己作出來的，對讀者的印象就深刻，也會更有力地打動讀者，產生更好的作用。」〔註110〕龔鵬程亦云：「孔子說：『其事則齊桓晉文，其文則史，其義則丘竊取之矣。』……即反映了上述這種史學關懷的基本重點。撰史者，以他所認爲的『史義』，去評估某事宜記某事宜錄，然後用文字記載下來。他在斟酌『該如何記載』時，所考慮的，不僅是遣辭用字，還包括了史文對某事是否應該記、應如何記等問題。所以整個中國史學，主要就是對這種歷史書寫活動的討論。」〔註111〕

〔註105〕杜維運《與西方史家論中國史學》，臺北：東大圖書公司，民國 82 年 10 月三版，頁 90。

〔註106〕關於通過記事來進行褒貶之手法，周振甫《周振甫講古代文論・春秋筆法》提出四點：1、運用不同的敘事法來表示褒貶。2、從稱謂中透露作者的用意。3、在動詞的運用上表示含意。4、在詞序上表示含意。（南京：江蘇教育出版社，2005 年 11 月第 1 版，頁 40 至 42。）

〔註107〕關於經學方面之討論，張素卿《敘事與解釋──左傳經解研究》一書中，已全面的探討《左傳》與《春秋》之間敘事與解釋之問題。本文主要由史學與文學角度切入，探討敘事表達與接受解讀之問題。

〔註108〕《十三經注疏・左傳》，臺北：藝文印書館，民國 82 年 9 月，頁 465。

〔註109〕杜維運《與西方史家論中國史學》，臺北：東大圖書公司，民國 82 年 10 月三版，頁 90 至 91。

〔註110〕周振甫《周振甫講古代文論・春秋筆法》南京：江蘇教育出版社，2005 年 11 月第 1 版，頁 36 至 37。

〔註111〕龔鵬程《文化符號學》，臺北：學生書局，2001 年 2 月再版，頁 273。

其又云：「撰史者並不嚴格講求史事的眞確，……只是提醒記錄者應該秉筆直書所見，在書寫活動中『直筆』。這種直筆，並非還原於歷史事件的『眞相』，……直書所『見』，表達了史官對這件事的『看法』。」而「看法，表現在書寫活動中，即是書法。」〔註112〕關於《左傳》敘事法與歷史解釋之關係，請見第五章。

總結而言，無論是表達角度或接受角度，敘事意義之解讀關鍵在於敘事態度。就敘事角度而言，讀者與作者間無法直接進行溝通，是透過隱含作者來進行溝通的。欲理解作者眞正的敘事意旨，則須先釐清敘事作品文字所表現之隱含作者，欲認識隱含作者，則須先體會隱含於敘事表達字裏行間之敘事態度與觀念想法。既然敘事態度是解讀《左傳》敘事深層含義之關鍵，則敘事態度之表現方式爲何，讀者又應如何解讀。大體可由以下幾角度切入：〔註113〕在字詞層面，可由敘事頻率角度切入討論；在情節安排層面，可由敘事模式角度切入；在整體篇章結構與銜接方面，可由敘事結構角度探討。此外，敘事干預之討論，亦是理解敘事態度的重要切入點。以下分別論述之。

二、《左傳》敘事態度之表現方式與意義解讀

以上論述敘事態度在意義解讀上之關鍵性，則《左傳》透過哪些方式來表現、寄蘊其敘事態度，又讀者應由哪些角度以解讀敘事文字背後之深層含義。以下提出幾個表現方式與解讀角度，此亦本文之後論述與事例分析之主要切入角度，此處先整體提出觀念，事例分析請見各章節。

（一）內容取捨與敘事態度

取捨本身就是一種態度的表現，面對眾多史料撰史者只選其中某些進行剪裁、編排與撰寫敘述。在這捨取過程中，態度已然呈現。整體觀察《左傳》內容取捨之標準，與敘事之主要內容，可發現人文精神是其取捨之基本觀點，禮樂文化與德禮觀念是其剪裁與敘述的重要參考。關於先秦文化語境對《左傳》內容取捨之討論，已見上節，此處略之。以下舉例說明：僖公二十四年，晉公子重耳在秦穆公幫助下返國即位，即位後「晉侯賞從亡者」，《左傳》特別選取介之推不言祿一事來進行描寫，《左傳》載此事如下：

> 晉侯賞從亡者，介之推不言祿，祿亦弗及。推曰：「獻公之子九人，

唯君在矣。惠、懷無親，外內棄之。天未絕晉，必將有主。主晉祀者，非君而誰？天實置之，而二三子以爲己力，不亦誣乎？竊人之財，猶謂之盜，況貪天之功以爲己力乎？下義其罪，上賞其姦；上下相蒙，難與處矣。」其母曰：「盍亦求之？以死，誰懟？」對曰：「尤而效之，罪又甚焉。且出怨言，不食其食。」其母曰：「亦使知之，若何？」對曰：「言，身之文也。身將隱，焉用文之？是求顯也。」其母曰：「能如是乎？與女偕隱。」遂隱而死。晉侯求之不獲。以上爲之田，曰：「以志吾過，且旌善人。」（僖公二十四年，頁254。）

藉言敘事是《左傳》此事敘寫之表現形式，其結構爲【事＋言＋言＋事＋言（總結）】。透過介之推與其母之對話，將介之推形象特徵鮮明表現。何以要選取此事進行詳細敘述，一則對比其他求祿者，如豎頭須；另則強調介之推忠義之德行。就人物類型角度而言，介之推可謂是比事見義型人物。隨事立人是比事見義型人物之特徵，《左傳》爲進行比事見義，於是取捨介之推之事載入史中。

　　此外，《左傳》於字裏行間實有責讓晉文公之意。首句「介之推不言祿，祿亦弗及」是情節的第一個關鍵，介之推因其性格故不主動言祿，而晉文公亦忘其恩，故祿亦弗及。「亦」字也是解讀的關鍵，雖一字，卻表現作者對晉文公其人之褒貶。另一值得討論之問題，介之推於《左傳》僅見於此，而在敘述中介之推對於晉文公之恩，《左傳》未明白敘述，卻只記不言祿之事及其一番言論，由此可見左氏撰史之取捨。介之推之恩並無太大的資鑑意義，其事不具有普遍性意義，不符合《左傳》內容取捨標準，故略而不敘，但其不言祿之事符合左氏撰史要求，故載之。又或者，《左傳》隨事立人，藉介之推與其母之對話，寄託其對晉文公其人之褒貶。

　　又如敘述晉國諸氏興廢中，特別記在輿駢、王生、董安于、張柳朔等人忠義之形象，其人於事件情節發展上，並非重要人物，但《左傳》特別選擇記載其言行，其資鑑勸懲之用心，明白可見。總而言之，內容取捨標準之探討，是理解敘事態度的重要切入角度之一。

（二）敘事頻率與態度強調

　　「頻率」本是物理學上之術語，用於敘事，則是指敘述者對同一事件、情節　人物講述之次數，或同一字詞使用之次數。「敘述的重複，不但表現在對於一件事物的反覆敘述，重複敘述上，而且還在於命題場結構中，相類似

事物的排列，比如……人物動作的重複。」〔註114〕整體而言，敘事頻率〔註115〕
可以反映作者之敘事態度，同一情節模式、同一人物言行，被講述與提出之
次數愈多，則表示作者愈重視。以字詞使用爲例，某些字詞被使用的次數愈
多，出現的頻率愈高，多少反映作者對這些字詞所蘊含觀念之重視。

　　就《左傳》敘事而言，「德」與「禮」是全書強調之重要觀念字，其「德」
字計 333 見，「禮」字則有 526 見。〔註116〕其他如「善」字「忠」字 70 見、「信」
字 215 見、「義」字 112 見、「敬」字 124 見、「仁」字 39 見、「孝」字 51 見等。
當然，討論字詞之運用，仍須考慮詞性與構詞之問題。例如「善」165 見。其
中負面意義之「不善」8 見。「無善」4 見。「惡」字 205 見，其於文句中可能
爲動詞，亦可爲名詞或形容詞，不同的詞性其所承載之意義自然不同，不能
僅由單純的使用頻率統計字數來討論問題。〔註117〕

　　以情節模式爲例，預言模式、勸諫模式、問答模式、弒殺模式等亦是高
頻率的反覆出現於《左傳》敘事中，而作者透過這些模式的不斷重覆，強調
其觀念與態度。在人物方面亦然，對某些人物言行之不斷提及，或是爲某些
人反覆的徵引，都是作者態度之表現。

　　總而言之，敘事頻率之觀念可用於討論字詞、情節模式、人物形象等不
同層面。〔註118〕就表達角度而言敘事頻率是反映作者敘事態度的重要方式之
一。就接受角度而言，敘事頻率是解讀作者敘事態度的切入點之一。

〔註114〕董小英《敘述學》，北京：社會科學文獻出版社，2001 年 6 月第 1 版，頁 146。
〔註115〕施洛米絲・雷蒙──凱南討論敘事頻率如下：「事件出現於故事中的次數與它
　　　　在本文中被敘述（或提到）的次數之間的關係。出現頻率涉及重複：而重複
　　　　意味著排除每次發生的事件的特殊性，只保留它與類似的事物的共同性質而
　　　　獲得的精神上的構成物。」其表現形式有三：「1、單一的，只發生一次的事
　　　　就講述一次。這是最普通的敘述形式。2、重複的，把只發生一次的事講上許
　　　　多次。3 反複的，發生多次的事只被講一次。」（《敘事虛構作品：當代詩學》，
　　　　廈門：廈門大學出版社，1991 年 8 月第 1 版，頁 66 至 67。）
〔註116〕以上之統計數字，主要依據陳郁夫「龍泉二號全文檢索系統」，再去除誤將《春
　　　　秋》計入者，而後所得。又本文所見之相關統計數值，亦以相同方式得出。
〔註117〕關於《左傳》字詞使用頻率與敘事態度反映之問題。本文暫先提出論題，容
　　　　日後再進行討論。
〔註118〕「在敘述頻率的使用方面，中西方有很多不同。西方一般就是三次，或重複，
　　　　即兩次。中國則有 3、5、7、9 不等的頻率。……從敘述方式上說，故事之間
　　　　的雷同就成爲敗筆，但……中國人可能思維方式已經習慣於這種模式，反而
　　　　讀得津津有味。」（董小英《敘述學》，北京：社會科學文獻出版社，2001 年
　　　　6 月第 1 版，頁 147。）

（三）敘事模式與史義寄託

模式與頻率之間有其關聯。就敘事角度而言，某一事件情節或人物行為、態度反應，在敘事過程中不斷反複出現，累積多次之後，成為一種固定之表現形式，則可稱為模式。要言之，反覆性、固定形式是敘事模式的基本特點。

敘事模式是反映敘事態度的重要表現方式。相對於上述之字詞使用頻率，敘事模式更能體現作者態度。原因在於，模式是以某些固定敘事內容為重覆之主體，其意義之指涉性是固定的，因此，這樣的反覆出現，更能代表作者對某些內容意旨與觀念之重視與強調。

多樣化敘事模式之廣泛運用是《左傳》敘事重要特色之一。以下試列舉若干敘事模式，略作說明。〔註119〕「預言模式」、「勸諫模式」、「問答模式」、「敘戰模式」、「弒亂模式」、「廢立模式」等是《左傳》敘事較為常見之模式，或者說是較容易區別可見之模式。

所謂預言模式：是指透過人物言論預言某事之發展與結果。藉此揭示人、事、物之因果關係的一種敘事模式。「由敘事者舉出某個人物，並預言由於這個人物的愚行將引起怎樣的嚴重後果。」〔註120〕「預言通過故事中的人物講出。……這些在故事開始時所發出的預言，通常就是故事鏈條的終端。敘事主體通過對結局的預示，將整個敘事過程收縛於一條目的明確的園環之中，從而使人物愚行導致悲劇的過程，成為……關注的焦點。」〔註121〕《左傳》預言模式特重由人物言行舉止中預言其禍福成敗。整體而言，預言模式是《左傳》中使用最多的一種敘事模式。

勸諫模式：是指針對某事，由某人提出勸告建議，藉以改變原先之決定或行為。通常是下位者向上位者進行勸諫。整體而言，《左傳》企圖透過勸諫模式，建構一套違諫則取禍，從諫則獲福之觀念體系。

問答模式：類似於上述勸諫模式，只是多用於人物間之問答。或國君問臣子，或卿大夫間相互問答。問答模式亦是解讀作者態度之重要切入點，由人物所問之主題，及人物回答之內容，可見出撰史者之態度與觀念。當有自

〔註119〕關於《左傳》敘事模式之討論，目前所見者有潘萬木《左傳敘述模式論》一書，其主要探討「徵引」、「評論」、「預言」及人物與戰爭之敘述模式。（武漢：華中師範大學出版社，2004年9月第1版。）除其書所論外，關於《左傳》敘事模式仍有許多可探討者，是值得進一步討論之課題。

〔註120〕王昕《話本小說的歷史與敘事》，北京：中華書局，2002年12月第1版，頁79。

〔註121〕同上註，頁80。

然災異發生時，《左傳》多設計問答模式來表達其對自然災異之看法與態度。

敘戰模式：關於戰爭是敘述是《左傳》敘事重點之一。整體而言，《左傳》敘戰強調人在戰爭中的關鍵性。其敘事多偏重於戰前雙方謀略與將領性格之描寫。於戰後亦多安排總結評論型人物，對戰爭發表看法。此外，與戰爭相關之敘事往往多與預言模式相配合。《左傳》藉此來強調因果結構與史義資鑑。

弒亂模式：《左傳》敘述弒君或叛亂，多強調其「起因」，或因寵而為亂、或因怨而生亂、或因懼而弒君、或因怒而弒殺、或因讒佞離間而亂生、或因寵嬖侈汰而見弒。總之，《左傳》對於弒殺相關之敘事，側重於起因之描寫，此正資鑑觀念影響所致。

廢立模式：與弒君叛亂相隨而生的就是國君繼承問題。《左傳》在敘述國君繼承相關事件時，有其模式。基本上多側重國君人格品行之描寫與其背後勢力之點明。

（四）敘事結構與言外之意

結構承載意義，透過對敘事結構之探討，或可解讀出《左傳》敘事之深義。整體而言，敘事結構之設計，與敘事意旨密切相關。而結構中往往隱含撰史者之深層意義。就敘事與解釋角度而言，敘事結構之解讀是理解敘事作品的第一步。《左傳》為體現敘事意旨而設計之敘事結構，主要有三：因果結構、屬辭結構、比事結構。三者相輔相成，密切相關。詳情見第三章論述。

（五）敘事干預與敘事解讀

所謂敘事干預，〔註122〕是指敘事者本身出現於敘事之中，對敘事內容之人、事、物提出評價、表達意見。就《左傳》敘事而言，「君子曰」、「書曰」一類即有敘事干預之性質。楊向奎對「君子曰」之性質指出：「“君子曰”云云，先秦書籍中多有之，如諸子及國策國語等書是。左傳中亦有所謂“君子曰”，其性質與諸子國策等書同，皆作者對於某事某人所下之論斷也。此項論斷或為其本人之意見，或為取自他人之議論，……」〔註123〕又云「此種體

〔註122〕「敘事干預」是西方敘事理論所提出之用語，以之討論中國典籍，並非完全恰當。本文無意以西方敘事術語來規範《左傳》敘事，而是以其性質相近、相似，借鏡以名之。

〔註123〕于大成、陳新雄主編《左傳論文集》，臺北：木鐸出版社，民國65年5月，頁39。

裁爲先秦史家所共有，非獨左傳有之也。」〔註124〕

值得討論的問題是，《左傳》這類「君子曰」、「書曰」等明確標明，與敘事行文區隔之「敘事干預」，其在敘事與解釋上有何功能與意義。若由經學角度，或以「君子曰」爲僞、或以「君子曰」爲解經。就歷史解釋角度而論，「敘事干預」正是理解作者態度、解讀作者深義的重要參考點。就《左傳》敘事而言，「君子曰」、「書曰」這類敘事干預文字，正是《左傳》敘事結構中，屬辭結構與比事結構運作之基礎與重要參考。相關討論請見下章。

總結而言，《左傳》敘事意圖之解讀可由幾個切入角度：1、透過已知的歷史評論中所透露出的史觀與價值評斷，反過來觀察《左傳》敘事中所寄蘊的思想底蘊與文化價值觀念。敘事干預即爲其中之一類。2、透過敘事中人物形象與人物語言中所透露的價值觀與敘事態度，可解讀出《左傳》敘事文字背後所隱含的敘事意旨。3、透過敘事內容主題的選擇與取捨，可見出作者對史事之看法與態度。4、由敘事表達形式中解讀隱含於敘事文字背後之深層含意。敘事結構、敘事模式、敘事法等都是可切入之角度。

【本章小結】

欲正確理解與解讀《左傳》敘事背後之深義與撰史者態度，首先必須先釐清《左傳》敘事之性質，包括表達文字之性質與敘事內容之性質。敘事是以文字爲表達媒介，爲解讀敘事態度之主要材料，所以必須先釐清《左傳》敘事文字之性質。其一，就敘事文字所記載的內容性質來討論，《左傳》敘事文字所記載之內容，主要是史。《孟子》所謂「其文則史」，史則有史書敘事之成法，則有歷史敘事之特性與原則。在以所謂歷史敘事爲敘事態度解讀之主要材料時，歷史敘事之成法與原則等等，必須要考慮其中。其二，就敘事文字本身語言角度而論。先秦漢語之結構與文法，詞彙意義是否與今日不同等，詞義的轉變等因素，都必須考慮。

其三，《左傳》敘事內容性質爲史，但其表現形式可別爲兩大類：一是「以事爲主」之客觀記事，此類敘事可能源自撰史者對各國史籍、赴告史料之摘錄。另一是「言事相兼」之歷史敘事。這類歷史敘事中多帶有適度之歷史想像。史官於撰史過程中，必須運用適度的想像力，將殘缺片斷之史料進行組

〔註124〕同上註，頁 41。

織、填補空白等工作，如此才能將史料轉化成爲歷史。就表達一方而言，歷史想像是撰史者寄託史義的重要方式；就接受解讀一方而言，客觀的史料呈現，無法反映作者觀念與態度，而出於作者之歷史想像，帶有作者的主觀性較強，且是直接出於撰史者胸臆者，是解讀敘事態度之絕佳切入點。

　　完整語境之提供與敘事脈絡之維繫，是「以事爲主」客觀記事在歷史解釋層面所能發揮之功能。語境之提供、史義之寄託與藉言敘事，是「言事相兼」歷史敘事在歷史解釋層面上的三個功能。此外，歷史想像也是《左傳》寓議論於敘事中的重要關鍵，而細節描寫則是歷史想像之主要表現手法。「酌奇而不失其眞，玩華而不墜其實」，〔註125〕或可作爲歷史想像之原則。

　　透過「言事相兼」之歷史想像與歷史敘事，讀者可察知《左傳》敘事文字所表達之敘事態度，態度就是一種褒貶一種價值判斷，而由《左傳》文字表達中所解讀出的態度，是最接近、較符合作者敘事意旨的態度。也可以說是作者對歷史之解釋與詮釋。再由敘事態度進一步解讀，則可對《左傳》敘事有較深入理解。

　　西漢王充云：「涉淺水者見蝦，其頗深者察於龜，其尤甚者觀蛟龍。足行跡殊，故所見之物異也。入道淺深　其猶此也。淺者則見傳記諧文，深者入聖室觀祕書。」〔註126〕敘事表現形式只是淺者，敘事背後寄寓之深義，方是《左傳》成書之要。本文論述要旨正爲提供一解讀《左傳》深意之切入觀點與方法。

〔註125〕〔梁〕劉勰著、周振甫注《文心雕龍注釋・辨騷》，臺北：里仁書局，1994年 9 月再版，頁 51。

〔註126〕〔漢〕王充著、黃暉《論衡校釋》，北京：中華書局，1990 年 2 月第 1 版，頁 591。

第三章　《左傳》敘事結構與深層解讀

　　結構是敘事性作品之基礎，功能在於將片斷的敘事表達，統一架構在作者之敘事意旨下。敘事意旨之表達是敘事的主要目的，亦影響敘事之內容取捨與表達形式。歷史敘事帶有強烈之目的性。藉由對歷史敘事，來表達其史觀，寄寓其史義，是《左傳》敘事之用意。因此，如何讓讀者體會隱藏於敘事間之深層含義，成為《左傳》敘事結構設計之重要問題。

　　無論是經學、史學或文學，只要是以語言文字系統為媒介之文字表現形式，表達意義除文字本身承載之表層含義外，若欲探求文字背後之深層含義，則必然要由語言文字系統本身著手。就敘事性作品而言，結構是敘事作品基本構成要素之一，亦是作者敘事態度、敘事意旨寄寓與表現之重要方式。

　　或言「《左傳》的敘事文學結構，主要表現在時間短暫的重大歷史事件（如戰爭）和人物活動的完整敘述與出色描寫上。」〔註1〕此說法是針對狹義敘事結構而論。若由整體角度觀察，正因為編年體史書對史事完整性之割裂，作者更需要在整體結構設計上用心，才能引導讀者由敘事中正確理解史家所欲表達之史義。

　　本章討論《左傳》敘事內部脈絡結構之設計，及其在閱讀理解與接受解讀過程中之功能與意義。以下先討論結構設計與意義理解及歷史解釋之關係，再討論《左傳》為正確表達其敘事意旨在敘事結構上之設計，最後以實例說明，如何由敘事結構角度解讀《左傳》敘事中所體現之敘事意旨，與文字背後所蘊含之深層含義。〔註2〕

〔註1〕　劉上生《中國古代小說藝術史》，長沙：湖南師範大學出版社，1993年6月第
　　　　1版，頁456。
〔註2〕　對敘事結構之解讀，有其客觀性但亦帶有強烈的主觀色彩。對結構之解讀必

第一節　結構、意義與解釋

　　〔東漢〕許慎《說文解字》云：「結，締也。从糸，吉聲。」〔註3〕本指結繩。又云：「構，蓋也。从木，冓聲。」〔註4〕本是指架木蓋屋。而「結構」一詞之使用，則見於《抱朴子·勖學》。〔註5〕所謂結構，本是指房屋建築時，在最先搭建之整體主架構。後用於文字表達方面，則是指在行文表達之前之謀劃設計。就宏觀角度而言，是指整體大架構大方向之設定；就微觀角度而言，則是指一篇或一段文字表達時之次序、銜接、安排等。就敘事角度而言，前者可稱爲內部脈絡結構，後者則稱爲外部形式結構。內部脈絡結構所關注焦點，在於敘事整體組織安排：即敘事性作品如何表達、反映敘事意旨與作者觀念問題。透過結構設計、情節安排、人物形象塑造、人物對話設計等種種方式，來完成敘事表達主要目的。而外部形式結構，則關注敘事文字如何表達問題，簡言之就是討論如何謀篇安章、結構語言等問題。此與章法學、篇章學及語言結構有所相關。〔註6〕本文主要討論《左傳》敘事之內部脈絡結。

　　所謂敘事內部脈絡結構，是指作者在寫作之前，先成竹於胸的規劃藍圖，是「溝通寫作行爲和目標之間的模樣和體制」，〔註7〕是作者用以寄託敘事態度與表達敘事意旨的整體策略。清代李漁強調創作當以結構爲第一。其云：

　　　　須以文本呈現之敘事形式爲對象，此其客觀性。但要由何角度切入解讀，要如何對結構進行詮釋則往往含著詮釋者主觀意識。討論《左傳》之敘事結構，不可以今律古。面對先秦史書敘事，應回歸先秦文化語境，以文本敘事表現爲本，盡可能客觀的將《左傳》在敘事結構之設計與用心，加以說明。本文嘗試由敘事、接受角度來討論《左傳》敘事結構之設計及其功能。

〔註3〕　〔東漢〕許慎撰、〔清〕段玉裁注《說文解字注·糸部》，臺北：藝文印書館，民國81年11月再版，頁647。

〔註4〕　同上註，頁253。

〔註5〕　《抱朴子·勖學》：「文梓干雲而不可名台榭者，未加班輸之結構也。」此論參考自楊義《中國敘事學》，（嘉義：南華管理學院（現爲南華大學），1998年6月出版，頁37。）楊義書中指出「結構的動詞性」觀念，頗有啓發性。

〔註6〕　關於《左傳》外在形式結構之討論，張師高評《左傳文章義法撢微》一書由：篇什架構之安排、情境對比之設計、脈絡統一之規劃、段落位次之調配、主題表達之權宜、一篇警策之建立角度進行討論。此外，其他關於章法學、篇章學、修辭學、結構修辭學之論著非常多，雖不一定與《左傳》外部形式結構爲主要討論對象，但仍有會通參考之價值。如：陳滿銘《章法學論粹》、《章法學綜論》，鄭頤壽《辭章學導論》等。

〔註7〕　楊義《中國敘事學》，嘉義：南華管理學院（現爲南華大學），1998年6月出版，頁37。

> 至於結構二字，則在引商刻羽之先，拈韻抽毫之始。如造物之賦形，
> 當其精血初凝，胞胎未就，先爲制定全形，使點血而具五官百骸之
> 勢。倘先無成局，而由頂及踵，逐段滋生，則人之一身，當有無數
> 斷續之痕。而血氣爲之中阻矣。〔註8〕

指出結構當在創作之先，正如人在氣血初凝，胚胎形成當下，基因染色體即
已將各器官組織之細胞分裂進行整體之安排，於是有些細胞分裂形成心臟，
有些則分裂爲肝、腎、肺及其他器官。這都是在細胞開始分裂前，就已經規
劃設計完成的。又以建築爲喻說明結構之要，「工師之建宅亦然：基址初平，
間架未立，先籌何處建廳，何方開戶，棟需何木，梁用何材，必俟成局了然，
始可揮斤運斧；倘造成一架而後再籌一架，則便於前者不便於後，勢必改而
就之，未成先毀，猶之築舍道旁，兼數宅之匠資，不足供一廳一堂之用矣。」
〔註9〕要言之，事件敘述、人物形塑、情節安排、對話設計等都受敘事結構制
約，而敘事結構之設計，則以敘事意旨爲最終依歸。

　　結構設計就是一種態度表現，敘事結構既然是作者設計所得，其中自然
反映作者之敘事意圖與敘事主旨。「文章結構的本質特徵就是思維形式的反
映」，〔註10〕換言之，敘事結構設計是作者思維觀念外顯形式之一。「讀中國
敘事作品是不能忽視以結構之道貫穿結構之技的思維方式，是不能忽視哲理
性結構和技巧性結構相互呼應的雙重構成的，不然，……難以解讀清楚其深
層的文化密碼。」〔註11〕言外之旨的解讀，是理解中國敘事文學的重要工作。
文句的意義往往視其上下語境而有帶有不同之態度。〔註12〕換言之，就表達
一方而言，敘事結構之設計正是意義寄蘊的重要方法；就接受一方而言，敘
事結構亦是解讀作者敘事態度與敘事意旨的重要切入點。

　　就閱讀心理角度而言，敘事結構具有：聚焦、感染、理解等功能。〔註13〕

〔註8〕　〔清〕李漁《閒情偶記・結構第一》，臺北：明文書局，2002年8月一版，頁4。
〔註9〕　〔清〕李漁《閒情偶記・結構第一》，臺北：明文書局，2002年8月一版，頁4。
〔註10〕吳應天《文章結構學》，北京：中國人民大學出版社，1989年1月第1版，頁5。
〔註11〕同上註，頁51至52。
〔註12〕「某句或者某段話語處在此位置，而不處在彼位置，本身就是一種功能和意
　　　　義的標誌，一種只憑其位置，不需用語言說明，而比起語言說明更爲重要的
　　　　功能和意義的標志。」同上註，頁39。
〔註13〕詳請參考錢谷融、魯樞元主編《文學心理學教程》，上海：華東師範大學出版
　　　　社，1987年12月第1版，頁204至213。（此書修訂版更名爲《文學心理學》，
　　　　上海：華東師範大學出版社，2003年8月第1版。）

就閱讀心理而言，閱讀者在進行閱讀時，其注意力與焦點，在同一時間內僅能集中聚焦於一處。又在閱讀過程中，閱讀者的注意力是不斷轉移的。因此，如何使閱讀者將注意力集中於作者敘事之重點、如何吸引閱讀目光，成為表達一方重要的課題。唯有使接受一方之注意力集中於表達重點上，才能進一步期待讀者對敘事內容之正確理解，也才有可能完成敘事溝通與說服之目的。這對以「目的性」為主之史書敘事，更是其能否能達成資鑑功能、能否能產生影響的重要關鍵。〔註14〕

就文學敘事而言，透過陌生化、逆向思維、懸念製造等方式，可以達到使讀者注意力聚焦之功能。就歷史敘事而言，除適度的歷史想像（在情節安排、人物對話、人物形象等方面進行適當之故事性表現）可以達到聚焦效果外，更重要的是整體結構之設計。〔註15〕《左傳》之敘事，在時間上，前後延續二百五十五年；在表現形式方面，受編年體體例之限制，史事割裂散見於各年。在此前提下，如何使讀者目光與注意力，集中於敘事重點上，成為《左傳》敘事表達需解決之問題。而敘事結構在此問題上，成為重要的關鍵。透過敘事結構之巧妙設計，能突破編年體之限制，能使讀者在二百五十五年史事中，找到敘事脈絡，進而理解與解讀敘事態度與敘事意旨。

就認知與理解角度而言，〔註16〕探求表層意義背後的深層含義，是人類基本的思維與心理傾向。面對敘事作品，讀者往往會不自覺的企圖探尋所謂

〔註14〕關於歷史敘事之表達形式，或主張應盡可能的質樸、盡可能不要加入作者主觀態度，以追求真實、可信為歷史敘事之道。或有主張，歷史敘事與文學敘事無異，皆是作者創作想像而成，認為「歷史敘事，」筆者以為，適度之歷史想像運用是必要的，重點在於歷史想像要以敘事意旨之表達為依歸。史者，志也。歷史敘事之目的正為表達傳遞史家之史觀史義與態度評價，若一味追求質樸信實，卻忽略表現手法與敘事藝術，則讀者無法於閱讀過程中產生心靈的感動與共鳴，作者苦心經營之史觀，亦無法獲得理解。正如《左傳·襄公二十五年》所言：「言之無文，行而不遠。」只有內容與形式取得完美適度的平衡，才能使表達與接受雙方藉由敘事而完成交際溝通。

〔註15〕「故事構成中最為核心的因素，……就是人物和行動。小說在展現人物及其行為的過程中所確立的敘事方式和線索就構成了作品的文本結構。」（格非《小說敘事研究》，北京：清華大學出版社，2002年9月第1版，頁68。）

〔註16〕認知是對事物的客觀認識，強調「盡量地惟一的、客觀的，去掉你主觀的東西」去認識事物。理解則是融注有行為者的主觀意識，「理解本身包括我的情緒、同情或者一種一致意見」，是一種參與、周旋與對話的過程。詳請見洪漢鼎〈作為想像藝術的詮釋學〉（收錄於《中國詮釋學·第二輯》，濟南：山東人民出版社，2004年12月第1版，頁22至23。）

言外之意。〔註 17〕「作品中的材料為什麼如此安排，而不是另一種安排？人們相信，個中必然包含作者的深意。……文學作品的情節　結構必然會帶來讀者不可避免的理解。作家必須採用特殊的方式，促使讀者理解上的飛躍。」〔註 18〕就文學表達而言，「以異常的材料組接向心理的惰性挑戰，啟迪思維的升華」及「形象之間的非事件聯繫使讀者產生頓悟」是文學敘事用來導引讀者理解的某些手段。〔註 19〕就歷史敘事而言，深層含義更是史家史觀與史義表達與寄託之所在。《左傳》性質為史，其敘事含有強烈「目的性」，〔註 20〕敘事意旨之表現、傳播、影響是史官敘事所關注的焦點。在先秦文化語境下，經驗資鑑與文化傳播，是人們對史書的基本功能期待。而此期待之達成，則主要透過敘事內容取捨與敘事表達形式。而在敘事表達形式層面上，敘事結構正是作者用以建構脈絡、引導讀者思維方向與認知理解的重要方法。

　　回歸《左傳》敘事與解釋主題，則有幾個問題值得探討：其一，《左傳》如何設計整體脈絡結構，以表達敘事意旨，反映敘事態度。其二，閱讀接受者如何由《左傳》之敘事結構，來理解其敘事文字背後所隱含之作者態度與敘事意旨。一般由敘事角度討論中國典籍，方便之法門多以西方敘事理論為架構，將中國典籍套入其理論架構之中。此操作與討論雖亦有其意義，但卻無法凸顯出屬於中國典籍本身之敘事觀念與理論。本文無意套用西方敘事理論架構，而是嘗試由《左傳》敘事文字中，盡可能整理歸納出具有《左傳》特色之敘事觀念與敘事結構。

〔註 17〕　「人類心理有一個基本傾向，就是探求含義。讀者在閱讀作品時充分相信，它不僅是作家用感情的熱血澆鑄而就，並且也是作家用清晰的理智絲縷編織而成。……即使是材料的胡亂組接，讀者也要經過一番苦思冥想，力圖用因果律加以解釋。」（錢谷融、魯樞元主編《文學心理學教程》，上海：華東師範大學出版社，1987 年 12 月第 1 版，頁 209）此情形若於經學討論上，即是對「春秋書法」、「微言大義」等之探求。就哲學思想層面而言，這種對含義探求之傾向與渴望，正是人類思想深化與發展的重要動力。

〔註 18〕　錢谷融、魯樞元主編《文學心理學教程》，上海：華東師範大學出版社，1987 年 12 月第 1 版，頁 209。

〔註 19〕　同上註，頁 210 至 211。

〔註 20〕　細讀《左傳》會發現幾個敘事上的特徵：1 強烈之目的性。仔細解析《左傳》對歷史事件之敘寫，皆可見作者資鑑教化之用心。2 人文詮釋是左傳解釋歷史的主要觀點。愈至後期愈明顯可見。此可由其對人物品格德行之描寫上見出，對於德行的劃分愈後期愈精細，此一方面反映文化之發展，另亦表現其對人物道德更強烈之要求。另外，在宗教、人神關係上，亦可見《左傳》人文角度重新詮釋之用心。

　　整體觀察整理後，《左傳》之內部脈絡結構主要可歸納為：因果結構、屬辭結構與比事結構。透過此三結構之交互作用，《左傳》作者藉以表達敘事意圖，傳遞主題訊息，寄寓言外之意，進行文化傳播、溝通，進而達成歷史資鑑。而閱讀《左傳》之接受者，亦可透過此三結構，進而解讀破譯隱含於敘事文字背後之言外之意。而此三結構間之關係大體如下：「屬辭」以構成敘事脈絡，「比事」以凸顯敘事意旨，「因果」以強調歷史資鑑。整體而言，《左傳》運用屬辭觀念來突破編年體史書之限制，進而建構出敘事脈絡。在屬辭結構基礎上，進而能操作比事結構，透過相似相近事件之對照比較，將隱含於敘事間之議論與褒貶凸顯呈現。加上因果結構對歷史資鑑之加強，更能令讀者於閱讀過程中，無形間接受《左傳》敘事所欲傳達之史觀與史義。

　　若由語用角度來看《左傳》之敘事結構設計，就其所能產生之說服與潛移默化效果而論，可謂是高明巧妙之精心設計。此亦《左傳》長於敘事之一面。

第二節　《左傳》敘事之因果結構與歷史資鑑

　　因果結構，主是指在因果思維運作下，對人、事、物發展變化之起因與結果之探討。〔註21〕簡言之，就是對人、事、物之間的因果關係進行釐清與探討之思維運作。整體而言，因果關係是歷史敘事的重點，透過對人物、事件因果關係之揭示，正可體現史家之敘事態度與敘事意旨。就《左傳》敘事而言，以因果關係為主軸，配合人物形象與情節模式的反覆強調，能對閱讀接受者產生說服與強化的效果。「情節之因果性」是歷史敘事重要特徵，亦是史家揭示史識、史觀與史義的重要手段。對情節與事件內部因果關係之探討，可說是解讀《左傳》敘事深層含義的鑰匙之一。

　　一般對敘事最簡單之定義：敘事就是講故事。〔註22〕就廣義而言，並無不妥，但不夠精確。講怎樣的故事才算是敘事？怎麼講才算是敘事？是應該進一步思考的問題。前者是內容主題取捨與情節模式安排的問題；後者是敘事結構、表達形式的問題。單純的依時間順序，平鋪直敘的說明事件之發展，這是故事。在敘述事件發展過程的同時，將事件內部之因果關係加以揭示與

〔註21〕與佛家所討論之因果循環、果報觀念等並不完全相同。
〔註22〕見浦安迪《中國敘事學》，北京大學出版社，1996年3月第一版，頁4。

說明，這是情節。〔註23〕

　　情節是敘事構成的基礎要素。情節中對因果關係之揭示愈深刻，則愈能刻劃人物性格，愈能寄寓深層情感。因此，因果結構是敘事解讀重要切入點，尤其如《左傳》這類具有強烈目的性之歷史敘事，因果關係更是解讀深層含義之關鍵。徐復觀先生即指出《左傳》敘事「特別凸出行為的因果關係，以作為成敗禍福的解釋，並為孔子的褒善貶惡，提供有力的支援。」〔註24〕

　　以下先說明因果結構與史義寄寓之關係，再討論《左傳》因果結構表現在哪些層面，最後探討《左傳》因果結構設計中，預言模式與諫從模式在因果關係揭示上之意義。

一、因果結構設計與史義寄託

　　歷史敘事首重變化與關係。人事之盛衰興廢、更迭變化都是史家敘史關注之焦點。《左傳》敘事亦如此，對於國家盛衰、氏族興廢、戰爭成敗、人事得失變化之敘述，是其主要內容。

　　所謂歷史敘事即「敘述以往發生過的事件」。〔註25〕盡可能客觀的將歷史上發生過之事件、人物，透過語言文字進行敘述，即是歷史敘事。歷史敘事與文學敘事用以表達之媒介、載體及表現形式或許有其相似性，但兩者本質上有所不同。前者強調對事物觀察與描寫之客觀性、真實性、可信度，後者則往往強調主觀情感之表達與虛構想像之馳騁。

　　歷史敘事具有強烈之目的性與功能期待，而文學敘事則偏重於情志之表達與抒發。史家敘史主要為經驗資鑑與觀念溝通，期待經由對過往歷史之重新敘述以取得文化詮釋權，而能傳播史觀，進而主導文化發展趨勢。而文學家為文，則意在個人情志展現與才情揮灑。文學家藉由營造設計某些意象，來傳達情感上隱微的感動。〔註26〕雖亦有對事件之臧否與評論，對人情事理

〔註23〕英國・E.M.福斯特著，朱乃長譯《英漢對照小說面面觀》，北京：中國對外翻譯出版公司，2002年1月第1版，頁231。
〔註24〕徐復觀《兩漢思想史卷三・論史記》，臺北：學生書局，民國82年9月初版四刷，頁328。
〔註25〕杜維運《史學方法論》，臺北：三民書局，2003年2月第15版，頁225。
〔註26〕作者（表達者）敘事為抒情，讀者（接受者）則透過文字符號產生共鳴，產生同感，或感受表達者之情志，或由此而興發己思。此則文學表達與接受模式之一。

之探討，但始終不似歷史敘事般帶有強烈之目的性。

既然歷史敘事帶有強烈之目的性與功能期待，則其如何能經由敘事而達到其目的？史家所欲表達之歷史觀念，如何能藉由歷史敘事進行傳播？又讀者在閱讀接受過程中，能否察覺史家敘事中寄寓之史義？而史家之歷史敘事是否早已精心設計，令讀者能在無形間接受其想法與觀念，這樣的敘事設計又是怎樣的情況？觀察《左傳》敘事，發現其在敘事歷史發展變化中，特別凸出因果關係，其中又強調「因」之揭示。《左傳》由人文化角度，對歷史變化之因進行解釋，這是《左傳》敘事特色之一。

所謂因果結構，是指在《左傳》在敘事表現中，對歷史事件因果關係揭示之結構策略設計。時間順序性與因果必然性是因果結構之基本特徵。〔註27〕因為某原因而造成某事件之發生，又某種因素而影響事件之發展方向，最終導致某結果，這因果過程是帶有時間順序的。

就結構與意義角度而言，關係與順序是結構所以能蘊含意義，與讀者所以能解讀意義的關鍵。敘事中人、事、物間之關係，其中即蘊含某些意義，不同的關係結構反映著不同的內含意義，尤其是歷史敘事，人物與人物之關係，國家與國家之關係，事件與事件之關係，以及人事物交錯之關係，都是承載著不同的意義，都反映著不同的態度。因此，欲理解與解讀《左傳》敘事，各種關係之釐清是基礎課題。

此外，因果關係之順序對於意義之表現與傳達，亦有著決定性的影響。同一事件，若將敘述之因果順序加以改變，則所產生與表達之意義或將有所不同。試以成公十七年晉厲公與三郤之衝突為例，《左傳》敘事先寫晉厲公侈而多嬖，加以鄢陵戰勝，欲去群大夫而立其嬖。接著寫胥童、夷陽五、長魚矯三嬖與三郤間之利益衝突。進而加入氏族間之紛爭，寫欒書之怨郤至，欲廢之。在諸多因素交互影響下，郤至射殺寺人孟張成為導火線。胥童一席「必先三郤，族大多怨。去大族，不偪。敵多怨，有庸」之言論，晉厲公於是發難，一朝而尸三卿。此因果結構所傳達給讀者之感覺是，因晉厲之私，加上氏族間之衝突，而導致三郤見殺。若改變因果順序，先敘胥童三郤族大多怨之言論，再寫三郤與三嬖之衝突，最終以晉厲難作為結，傳達出郤氏偪公室，晉厲於是滅之的意。〔註28〕

〔註27〕姜井水《範疇結構論》，北京：學林出版社，2005年1月第1版，頁29至30。
〔註28〕當然這樣的假設例子並不十分恰當。作如此之假設，主要為論述因果結構順

關係是結構反映意義的主要途徑，敘事結構所以能表達敘事意旨與態度，敘事內容間之關係及敘事表達形式間之關係是重要關鍵。就歷史敘事而言，因果關係尤其是史家敘事意旨與態度表現之主要手段。閱讀過程本身是一種聯想與想像活動。面對敘事文字，接受者以自身經驗為基礎，對所接收到之文字信息進行聯想，將之與某些概念或感受進行聯結、融合、會通等思維活動，進一步透過想像，將概念與感受進行轉化、延伸與發展。在形象思維與情感思維交互作用下，進而掌握現象與現象間之特定聯繫關係，從而獲得對敘事文字之理解與認識，並體會領悟其中之意義。〔註 29〕在閱讀理解過程中，特定聯繫關係之解讀，可說是意義理解之關鍵。而因果關係又是諸多聯繫關係中，最能凸顯資鑑意義之結構。因此，因果結構可說是貫穿《左傳》全書之主要敘事結構。〔註 30〕

觀察《左傳》之敘事，就敘事情節設計而論，首尾始末之設計是因果關係表現之重要方式。就敘事模式角度而論，預言模式與諫從模式是其揭示事件內部因果關係之主要敘事模式。

二、《左傳》因果結構之表現層面

整體而言，《左傳》之因果結構，主要表現在情節、人物與觀念幾層面。分別說明如下：

（一）情節層面

關於故事與情節之區別，上文已有論述。整體而言，《左傳》因果結構表現在情節層面主要有以下幾特色：

序對意義表達之影響。《左傳》敘事因果分明，開篇即明確點出晉獻公「侈而多嬖」、「欲去群大夫」，因此在整體意義傳達上，不易產生誤解，此正左氏敘事精確巧妙之處。

〔註 29〕金健人《小說結構美學》，臺北：木鐸出版社，民國 77 年 9 月初版，頁 145。

〔註 30〕因果結構之意義，其實不只是在如《左傳》這類歷史敘事上。若作者欲凸顯主題，寄寓意義，因果結構是最主要之手法。這與因果結構之閱讀接受有關，因果關係是人們對物質世界發展變化規律最基本之認識。有因才產生結果，因與果之間由其時間順序性與因果必然性。對於某事件之敘述，若能在起因上加以強調，則會令讀者對事件發展之最終結果產生期待心理。當讀者終於得知結果後，會對事件之因果關係進行反思，如此，寄蘊於敘事因果結構中之深層意義，便有獲得解讀之可能。雖然讀者會依本身主觀語境對文本進行解讀，但無論如何解讀，作者寄寓之深層意義，多少能藉此而得到傳播。

1、重視起首遠近因之說明。尤其是對「因」之強調，更是《左傳》敘事重點所在。這與其歷史資鑑功能期待有關，透過對事件起因之釐清，是最能凸顯因果關係的方式。

2、特重「判斷、轉折」之關鍵意義。人物某個判斷與抉擇，往往是影響事件發展轉折關鍵所在，而《左傳》敘事重視這些「因判斷而產生轉折」之關鍵性行為或言論，整體而言，《左傳》情節安排之核心，正在於此。透過對至些關鍵轉折情節之敘述，正可揭示歷史資鑑之意義。

3、強調結局之資鑑意義。結局是因果結構不可缺少的構成要素。《左傳》敘事在事件結局與人物下場上，強調懲惡勸善之觀念。凡是失德、無禮、犯上為惡者，多敘事負面下場。凡是德禮信義、忠君敏事、恤民敬讓之人，其結局多是正面，或是獲得「君子曰」、「仲尼曰」之正面評價。

（二）人物層面

如前所論，「判斷、轉折」之關鍵處是《左傳》敘事所強調者，而敘事中能進行判斷使事件產生轉折之行為主體，正是人物。因此，無論是文學敘事或歷史敘事，人物都是敘事情節推進發展、變化轉折不可缺少之基本構成。就《左傳》敘事與解釋角度而言，人物在歷史解釋過程中有著「以人統事」、「編年救濟」等重要意義。

《左傳》因果結構表現在人物層面主要有以下幾特色：

1、特重人物言行與因果關係。整體觀察《左傳》敘事，會發現其某些固定之敘事模式，特別是人物言行與事件結果方面，企圖透過這些固定之敘事模式來表達勸懲資鑑之用心，閱讀過《左傳》的讀者，都能明顯感受，此亦《左傳》敘事結構發揮其預期效果。某人物做了某些行為、下了某些判斷，於是對事件發展產生某些影響，進而導至某些結果，這是《左傳》結合敘事與寫人的常見表達形式。在這當中，《左傳》又特別凸顯人物之關鍵性，此或許與先秦人文精神興起有關，人之價值與重要性，在人文思維興起的春秋戰國時期，成為歷史敘事之中心，亦成為歷史解釋之主要觀點。要言之，人物言行與因果關係是《左傳》敘事特徵之一。

2、強調人物態度（德行）與吉凶之決定性。承上所述，在敘寫人物言行與因果關係中，《左傳》強調態度的重要性。面對事情與問題，人物表現出怎樣的反應，以何種態度面對，往往是決定事件發展與人物命運的關鍵所在。

整體觀察《左傳》敘事特別凸顯這一點。後文試以「不敬」為例，說明之。

3、強調人物性格對禍福之影響性。除態度問題外，人物性格對事件發展之影響也是《左傳》因果結構在人物層面表現之重點。整體而言，《左傳》敘戰爭之勝負、盟會之成敗、氏族之廢興、人物之得失，其判斷標準，除不可改變的客觀因素外，人的因素，往往是《左傳》所強調者。

如韓原之戰（僖公十五年），《左傳》對此之敘事透過許多人物言行，塑造晉惠公忘恩（泛舟之役，僖公十三年）、剛愎、無禮之形象，同時對比秦穆公恤民、德禮之形象。在雙方交戰之前，左氏不只一次的透過各種預言模式，暗示晉惠公之將敗。在韓原之戰相關敘事中，慶鄭是關鍵人物，其先後幾次之言論，實則是代左氏而發：僖公十四年，秦饑乞糴，晉惠公弗與，慶鄭云：「背施，無親；幸災，不仁；貪愛，不祥；怒鄰，不義。四德皆失，何以守國？」〔註31〕透過其言，正刻劃晉惠公四德皆失之形象；又如僖公十五年，晉惠公卜車右，「慶鄭吉，弗使」，惠公欲乘鄭入之小駟，慶鄭諫而弗聽。〔註32〕其「愎諫、違卜」之性格，透過慶鄭之口，鮮明呈現，而晉惠公這樣的性格，終成為戰敗被俘之關鍵原因。〔註33〕

又如，城濮之戰（僖公二十八年），晉文公與楚子玉人格特質的高下優劣，正是影響勝負之關鍵。楚軍雖眾於晉，然因子玉之剛愎無禮，終以敗績收場。

〔註31〕《左傳》載此事如下：冬，秦饑，使乞糴于晉，晉人弗與。慶鄭曰：「背施，無親；幸災，不仁；貪愛，不祥；怒鄰，不義。四德皆失，何以守國？」虢射曰：「皮之不存，毛將安傅？」慶鄭曰：「棄信背鄰，患孰恤之？無信，患作；失援，必斃。是則然矣。」虢射曰：「無損於怨，而厚於寇，不如勿與。」慶鄭曰：「背施幸災，民所棄也。」近猶讎之，況怨敵乎？」弗聽。退曰：「君其悔是哉！」（《十三經注疏·左傳》，臺北：藝文印書館，民國82年9月，頁224。）

〔註32〕《左傳》載此事如下：三敗及韓。晉侯謂慶鄭曰：「寇深矣，若之何？」對曰：「君實深之，可若何？」公曰：「不孫！」卜右，慶鄭吉，弗使。步揚御戎，家僕徒為右。乘小駟，鄭入也。慶鄭曰：「古者大事，必乘其產。生其水土，而知其人心；安其教訓，而服習其道；唯所納之，無不如志。今乘異產，以從戎事，及懼而變，將與人易。亂氣狡憤，陰血周作，張脈僨興，外強中乾。進退不可，周旋不能，君必悔之。」弗聽。（《十三經注疏·左傳》，同上註，頁229。）

〔註33〕《左傳》載晉惠公之被俘：壬戌，戰于韓原。晉戎馬還濘而止。公號慶鄭，慶鄭曰：「愎諫、違卜，固敗是求，又何逃焉？」遂去之。梁由靡御韓簡，虢射為右，輅秦伯，將止之。鄭以救公誤之，遂失秦伯。秦獲晉侯以歸。（同上註，頁231。）

其敘事雖亦著墨於戰前兵謀之高下與軍隊之形勢，然整體而言，左氏仍有意將成敗勝負歸咎於人物性格。〔註 34〕其他如，晉諸氏之興廢，其中人物對事件發展亦有相當之影響，詳請見第六章第一節。

下以「不敬」爲例，討論人物態度性格與因果結構。《左傳》中載「不敬」者，計二十四見，其內容可別爲兩類，一是敘國家因不敬而見討之事，其或因盟會不敬而見討，或因喪弔失禮不敬而遭伐。另一類是以人物爲中心，敘述人物因其言行態度不敬，而遭懲，而取禍；或是藉他人之口，預言該人物因不敬「必不免」於難，或「將有大咎」。以下針對後一類說明之：

魯宣公十五年（西元前 594 年），周定王十三年，晉景公六年。此年六月，「晉師滅赤狄潞氏，以潞子嬰兒歸。」後晉景公派趙同獻俘於周王室，《左傳》載之如下：

> 晉侯使趙同獻狄俘于周，不敬。劉康公曰：「不及十年，原叔必有大
> 咎。天奪之魄矣。」（宣公十五年，頁 409。）

劉康公短短之一句話，明白表達《左傳》敘事態度。趙同不敬之態度，左氏透過劉康公之口，預言其必有禍難。趙同後於成公八年（西元前 583 年），晉國趙氏之難時，被殺。若依《左傳》敘事所呈現，則趙同所以被殺，是因其此年獻俘表現之不敬態度。但就實際情況而言，則趙氏見滅有其諸多因素，趙同其人整體而言，亦非極惡之人。但左氏於此卻刻意強調「不敬」態度對吉凶禍福之影響，足見其勸懲資鑑之用心。

又如魯襄公十年（西元前 563 年），齊靈公十九年。此年春季，諸侯舉行盟會，《春秋》載：「十年，春，公會晉侯、宋公、衛侯、曹伯、莒子、邾子、滕子、薛伯、杞伯、小邾子、齊世子光會吳于柤。」〔註 35〕《左傳》對此會之記載如下：

> 三月癸丑，齊高厚相太子光，以先會諸侯于鍾離，不敬。士莊子曰：
> 「高子相太子以會諸侯，將社稷是衛，而皆不敬，棄社稷也，其將
> 不免乎！」夏，四月戊午，會于柤。（襄公十年，頁 537。）

左氏敘述此事，將焦點置於高厚〔註 36〕不敬之態度上。高、國二氏是周王室

〔註 34〕 關於城濮之戰之相關討論，學者論述已豐，本文對相關細節部分，就不再贅述。僅舉之以強調人物性格對勝負成敗之關鍵影響。

〔註 35〕 《十三經注疏・左傳》，臺北：藝文印書館，民國 82 年 9 月，頁 530。

〔註 36〕 《左傳》記載高厚之事，各見於：襄公六年、襄公八年、襄公十年、襄公十六年、襄公十七年、襄公十九年。

命以守國者，在齊國政治上有其一定之代表意義。〔註37〕但就《左傳》對高厚其人之形象塑造，聚焦於「不知禮」上。就《左傳》所載：高厚先是於此年（襄公十年）擔任輔佐太子光會盟之相時，表現出不敬之態度；又於襄公十六年外交場合上，「歌詩不類」又「逃盟」而歸，終致各國出兵「同討不庭」。最後於襄公十九年，在齊國內亂爭立中，爲崔杼所殺。〔註38〕

（三）觀念層面

《左傳》因果結構在觀念層面之表現，大體有以下幾個特色：一、強調尊德循禮則吉，失德無禮則凶。二、敬天保民則福、愎諫違卜則禍。三、忠敬仁直則興、佻汰驕淫則亂。總觀《左傳》全書，對吉凶禍福之敘述與判斷標準，主要以人文角度爲主要詮釋觀點。當然這是就整體趨勢而言，《左傳》成書時代正是中國思想觀念發展由原始思維、宗教思維轉爲理性思維、人文思維的過渡階段。因此，《左傳》書中有些記載，往往帶著濃厚的神異色彩。整體而言，若除去一些可能是受當時宗教思維影響而記載之單純神異事件，人文角度始終是《左傳》歷史解釋之主要觀點。就算是神異記事，《左傳》書中亦有不少以人文角度詮釋者。〔註39〕總而言之，《左傳》透過敘事，表達其觀念：無論是個人或國家，卿大夫或國君，只要能尊德循禮，則必能取吉獲福；反之，若失德無禮，就算是周天子、大國霸主，亦終將遭凶及禍。

三、《左傳》表現因果結構之模式

就敘事角度而言，某一事件情節或人物行爲、態度反應，在敘事過程中

〔註37〕 關於國、高二氏之相關討論，可參考陳韻《春秋齊之國高二氏譜系研究》，臺北：文津出版社，民國78年6月出版。

〔註38〕 《左傳》載此事之始末如下：齊侯娶于魯，曰顏懿姬，無子。其姪鬷聲姬，生光，以爲太子。諸子仲子、戎子，戎子嬖。仲子生牙，屬諸戎子。戎子請以爲太子，許之。仲子曰：「不可。廢常，不祥；間諸侯，難。光之立也，列於諸侯矣。今無故而廢之，是專黜諸侯，而以難犯不祥也。君必悔之。」公曰：「在我而已。」遂東太子光。使高厚傅牙，以爲太子，夙沙衛爲少傅。齊侯疾，崔杼微逆光，疾病而立之。光殺戎子，尸諸朝，非禮也。婦人無刑。雖有刑，不在朝市。夏，五月壬辰晦，齊靈公卒。莊公即位。執公子牙於句瀆之丘。以夙沙衛易己，衛奔高唐以叛。……秋，八月，齊崔杼殺高厚於灑藍，而兼其室。書曰「齊殺其大夫，」從君於昏也。（《十三經注疏‧左傳》，臺北：藝文印書館，民國82年9月，頁585至586。）

〔註39〕 相關事例討論，請見本論文第六章。

不斷反覆出現，累積多次之後，成爲一種固定之表現形式，則可稱爲模式。敘事模式是反映作者敘事態度的重要表現方式。

「頻率」本是物理學上之術語，用於敘事，則是指敘述者對同一事件、情節講述之次數。整體而言，敘事頻率愈高，同一情節出現之次數愈多，或是同一敘事模式反覆出現，都反映表達者對此情節或模式的重視與強調之態度。只要閱讀過《左傳》，讀者必然會發現「預言模式」充斥全書。幾乎每年敘事中，作者必然會透過敘事中人物之口，對人、事之發展進行預言。而這些預言之主要目的，正爲揭示人事物之間的因果關係。正如前所論，因果關係的揭示，是達到資鑑功能的最有效方式之一。除預言模式外，「勸諫模式」也是《左傳》常見之敘事模式，透過勸諫此一行爲，及敘寫人物之從勸或違諫，亦可以將人、事、物間之因果關係清楚揭示。以下針對此兩模式與因果結構之關係進行討論。

（一）《左傳》「預言模式」對因果關係之揭示

《左傳》之預言以對得失成敗、興廢盛衰爲主要內容。〔註40〕所謂預言，是指對於事件尚未發展之過程與最終之結果，進行預先假設判斷之行爲。觀察《左傳》敘事，預言模式之大量運用是其敘事特徵之一。

關於《左傳》預言模式產生之原因，學者歸納二點原因：其一，巫傳統之遷延。其二，思想知識的局限。〔註41〕筆者以爲，除文化語境之制約外，欲藉此模式來傳達敘事意旨，亦是左氏敘史大量運用預言模式之重要原因。整體而言，左氏敘事刻意在編排與組織歷史材料過程中，加入預言模式，藉以強調人事變化之因果關係。

〔註40〕 關於《左傳》之預言，張師高評〈《左傳》預言之基型與作用〉一文，由預言之作用與預言之基本類型等角度進行探討，頗有參考價值。（此文錄於其《春秋書法與左傳學史》，臺北：五南圖書公司，2002年1月初版，頁39至55。）

〔註41〕 隨著分類角度與標準之不同，對《左傳》預言之分類亦有別。潘萬木將感官直覺所感受及經驗常識所理解以進行之吉凶禍福預言歸爲「直覺的、經驗的預言」。如經由對人物表情與行爲之直觀感覺以進行預言即屬此類。僖公三十三年，秦師伐鄭過周，「免胄」、「超乘」、「輕而無禮」之態度，王孫滿以此而預言秦師將敗。或襄公二十一年，叔向之母視寢後對叔虎之預言，等屬此類。其又特別針對「技術的、知識的預言」一類由卜筮與夢兩角度進探討，亦頗有心得。（潘萬木《左傳敘述模式論》，武漢：華中師範大學出版社，2004年9月，頁188至194。）論及《左傳》預言，一般關注其預言是否符驗之問題。相關討論清儒與近人皆有觸及，本文暫不討論，詳請參考相關論著。

　　而《左傳》預言模式所欲傳達之意旨為何？預言之判斷標準是關鍵。分析《左傳》之預言敘事，可發現對人文精神之強調是其主要內容。〔註42〕左氏預言成敗得失，除考量客觀形勢外，主觀之德行、精神與性格，往往才是決定關鍵。例如宣公十二年晉、楚兩國戰於邲，晉軍形勢不弱於楚軍，但由於中軍帥之猶豫不決與各將領之紛爭，以致不戰而敗。又如成公十六年，晉、楚遇於鄢陵，雙方交戰對峙，後因子反醉不能見楚共王，楚軍「乃宵遁」。

　　就因果關係揭示角度而言，預言模式是最能體現因果關係之敘事模式。因某事而預言某結果，是預言的基本敘事模式。透過觀察預言吉凶禍福之因，進而徵驗預言發展之結果，作者所欲揭示之因果關係於是呈現。而預言之判斷標準，正反映作者對因果關係之揭示與對事件之態度，歷史資鑑功能於是達成，史家議論與褒貶於是寄寓。以下舉例說明《左傳》預言模式之判斷標準，及其對因果關係之揭示。

　　《左傳・桓公二年》載魯取郜大鼎于宋，並納於太廟一事。對此不合禮制之行為，臧哀伯由昭德示禮之角度對國君提出勸諫。指出「昭德塞違」是人君行事之本，亦是百官效法之模範。如今國君「滅德立違，而寘其賂器於太廟，以明示百官。」如此百官效尤，「國家之敗由官邪也，官之失德，寵賂章也。郜鼎在廟，章孰甚焉？」對於臧哀伯指出納郜鼎之非禮與對官德將產生負面影響之弊，魯桓公並未接受。

　　《左傳》於敘事後，藉由周內史聽聞後之預言來表達其敘事態度。周內史預言曰：「臧孫達其有後於魯乎！君違，不忘諫之以德。」周內史預言之判斷標準，正在於臧哀伯謹守人臣之忠，又能以德禮諫君。再進一步徵驗周內史之預言，臧孫氏始終在魯國政治上有其地位，其後如臧孫達（哀伯）之孫臧孫辰（文仲），或臧文仲之孫臧孫紇（武仲）等都是魯國賢能之臣。

　　「某有後於某國」這樣的預言語法，《左傳》共四見。〔註43〕另一例見於魯襄公二十七年（西元年 546 年），晉平公十二年，楚康王十四年。《左傳》載楚國蓬罷如晉涖盟一事，叔向預言蓬氏將有後於楚國。

　　　　楚蓬罷如晉涖盟，晉侯享之。將出賦〈既醉〉。叔向曰：「蓬氏之有

〔註42〕以德、禮為成敗得失預言標準之例，《左傳》中隨處可見。相關討論亦是學界成果斐然。例如徐復觀《兩漢思想史・卷三》、《中國人性論史・先秦篇》或唐君毅《中國人文精神之發展》等專著，皆有深刻之分析。

〔註43〕其中文公元年一例，內容為公孫敖請周內史叔服為二子觀相之事，此處暫不討論。

> 後於楚國也，宜哉！承君命，不忘敏。子蕩將知政矣。敏以事君，
> 必能養民，政其焉往？」（襄公二十七年，頁 649。）

此年春夏之際，晉、楚在宋國向戌居中協調下，達成弭兵之議，各國會於宋。之後，晉國派荀盈如楚蒞盟，楚則遣薳罷如晉蒞盟。外交宴享結束後，薳罷賦《大雅·既醉》用以「美晉侯，比之太平君子」。〔註44〕叔向以薳罷能恪守職責完成君命，且臨事反應機敏，因此預言薳罷將為令尹，且薳氏將興於楚。叔向之預言判斷標準一則以人臣之義斷之，輔以敏於事君之能，而斷言薳罷之能養民、能為政。楚國薳氏乃蚡冒熊眴之後，薳氏一族是楚國政治之礎石，如薳章之子薳賈，其孫蒍艾獵（孫叔敖）等多是楚國重臣；而薳罷之後如蒍啟疆、蒍越等亦以賢能著稱。叔向之預言，正是作者精心設計之敘事模式，用以表達其對人臣忠、敏、賢、能之肯定態度。

又見於《左傳·昭公二十八年》，此年（西元前 514 年）秋季，晉韓起（宣子）卒，魏舒（獻子）繼任為政。同年稍早，晉國發生祁氏與羊舌氏見滅之事。魏舒為政後，將祁、羊舌二氏之田各分為七縣與三縣，選派能吏賢臣治理。《左傳》詳述魏獻子舉賢之考量與過程，並進一步細寫魏舒與成鱄論政，及賈辛適其縣前與魏舒之對話。前一事旨在強調為政以德之要，後一事則說明魏舒選派縣大夫之舉賢與能，並透過仲尼之口，預言魏氏將興於晉。仲尼之預言記載如下：

> 仲尼聞魏子之舉也，以為義，曰：「近不失親，遠不失舉，可謂義矣。」
> 又聞其命賈辛也，以為忠，「《詩》曰：『永言配命，自求多福』，忠
> 也。魏子之舉也義，其命也忠，其長有後於晉國乎！」（昭公二十八
> 年，頁 913。）

仲尼預言魏氏將興之判斷標準，亦以人臣之義衡之。對於魏獻子不論遠近親疏，直以其人之賢而舉用知徐吾、趙朝、韓固、魏戊四人，左氏藉仲尼之口表達對其義之肯定；對其因「賈辛、司馬烏為有力於王室，故舉之」一事，則給於忠之肯定。總結魏舒擇任官吏一事，其舉也義，其命也忠，仲尼於是預言魏氏之必興，魏氏一族日後果然成為左右晉國政治最主要之勢力。

由以上三例可約略見德、禮、忠、義等人文精神發展出之德目，是《左傳》預言吉凶禍福、盛衰興亡時有意強調之判斷標準。就因果結構層面角度而言，上三例之所以預言臧孫氏、薳氏、魏氏將興於其國，正是因其能盡人

〔註44〕杜預《春秋經傳集解》，臺南：第一書店，民國 69 年 1 月初版，頁 264。

臣之義，本身又具賢德才能，故預言其將興。左氏透過這類預言模式之設計，將盛衰興廢之因果關係加以闡明，以達其勸懲資鑑之目的。其他之例如對戰爭成敗之預言、對獲福取禍之預言等亦可見《左傳》對因果關係之強調。

（二）《左傳》「勸諫模式」與因果結構

除預言模式外，勸諫模式亦是《左傳》因果結構表現之重要敘事模式。分析《左傳》敘事內容，君臣間之勸諫從違，亦為敘事關注之焦點。基本模式大體如下：事件發生→國君進行判斷、決定與行動→賢臣忠諫→國君決定「從之」或「弗聽」→承上決定而產生正面或負面結果。

勸諫從違是一言語交際過程。就語用角度而言，影響接受與否之因素，大體可別為主觀與客觀兩大類。表達者與接受者之關係親疏、表達者之態度與表達形式、接受者之心態、情緒主觀好惡等，皆屬於主觀因素。而客觀因素則包括：交際場合、形勢環境等，就《左傳》而言，各國間之客觀形勢往往影響國君對勸諫之接受。觀察《左傳》敘事，可見左氏之態度：賢君明主往往能考量客觀形勢，犧牲個人主觀好惡來判斷是否接受勸諫；反觀暴君昏主，則多以己意度之，愎諫違卜，左氏闡明此乃取禍速亡之道。

觀察《左傳》諫從敘事之內容，或因戰而諫謀，或外交而諫禮，或知亂而諫微，或失德而諫正。總計《左傳》從諫之例，計 52 見；違諫之例，計 68 見。觀察其從違與結果之關係，整體而言，從諫順民者，雖處逆終能否泰；愎諫違卜者，雖始順然終不利。舉例說明如下。

最明顯之例如僖公二年與五年，宮之奇兩次諫勿假道於晉，虞公不聽，終致見滅。又如僖公二十四年，周富辰諫周襄王勿以狄師，襄王不聽，終有甘昭公（王子帶）之亂，襄王出居於鄭，此皆違諫取禍之例。又如宣公二年，趙盾、士會諫晉靈公之不君一例。晉靈公對於趙盾之驟諫，猶不改，反使鉏麑賊之，終致趙穿弒君於桃園。又如襄公七年，鄭僖公無禮於諸氏，又殺諫臣終遭弒一例：

> 楚子囊圍陳，會于鄬以救之。鄭僖公之為太子也，於成之十六年與子罕適晉，不禮焉。又與子豐適楚，亦不禮焉。及其元年朝于晉，子豐欲愬諸晉而廢之，子罕止之。及將會于鄬子駟相，又不禮焉。侍者諫，不聽；又諫，殺之。及鄬，子駟使賊夜弒僖公，而以瘧疾赴于諸侯。簡公生五年，奉而立之。（襄公七年，頁 519。）

由上例可見出《左傳》因果結構之設計。鄭僖公多次無禮於七穆之子罕、子

豐、子駟等公族，對於屢諫之侍臣不聽而殺之，終令子駟使賊夜弒之。簡短之敘事，確能凸顯因果結構，此正左氏敘事之妙也。

以上為違諫取禍之例，下說明從諫獲福之例。如隱公九年，北戎侵鄭，鄭莊患戎，公子突以謀諫，莊公從之，遂能盡殲戎師。《左傳》載之如下：

> 北戎侵鄭。鄭伯禦之，患戎師，曰：「彼徒我車，懼其侵軼我也。」
> 公子突曰：「使勇而無剛者，嘗寇而速去之。君為三覆以待之。戎輕而不整，貪而無親；勝不相讓，敗不相救。先者見獲，必務進；進而遇覆，必速奔。後者不救，則無繼矣。乃可以逞。」從之。
> 戎人之前遇覆者奔，祝聃逐之，衷戎師，前後擊之，盡殲。戎師大奔。十一月，甲寅，鄭人大敗戎師。（隱公九年，頁76。）

鄭莊公是《左傳》於隱、桓之際刻意描寫塑造之重要人物。由上敘事中，可見左氏對鄭莊性格之細膩描寫。面對北戎之侵，左氏先寫鄭莊公之所患，再敘公子突之獻謀，由公子突之謀，可見其才略。〔註45〕就《左傳》敘事結構而言，因為鄭莊公採納公子突所諫之謀略，最終大敗北戎，盡殲其師，此則因戰諫謀之例。其他如莊公十年（西元年 648 年）齊魯戰於長勺，魯曹劌論戰，亦是因戰諫謀之例，就《左傳》敘事設計而論，一方面刻劃曹劌謀思之精密與見識之深遠，另方面則闡明魯莊公因能採納曹劌之謀，終能以弱敵強，成功解除危機。由此亦可見《左傳》敘事因果結構之設計。

在《左傳》諫從模式中，另有一類左氏刻意設計，用以強調人文精神之例。如僖公二十一年，臧文仲諫焚巫、尪一事。

> 夏，大旱。公欲焚巫、尪。臧文仲曰：「非旱備也。修城郭、貶食、省用、務穡、勸分，此其務也。巫、尪何為？天欲殺之，則如勿生；若能為旱，焚之滋甚。」公從之。是歲也，饑而不害。（僖公二十一年，頁241。）

魯僖公二十一年（西元前639年），此年夏季，魯國大旱。僖公打算焚殺巫、尪一類之人，臧文仲諫止。臧孫辰指出修城、節用、務農、廣施才是解決大旱之正確方式，焚殺巫、尪以防旱，並非為政之道。先秦時人觀念中，認為巫、尪一類之人與自然災害有關聯。因此，當大旱之際，魯僖公自然想焚之以備旱。

《左傳》擇敘此事，一則藉臧文仲之口，論述為政之道，強調人文精神；

〔註45〕公子突於魯桓公十二年（西元年 700 年）繼位為鄭厲公。

另則設計因果結構，指出魯僖公能從善如流，由人文角度思考問題，採納臧文仲之諫，於是魯雖大旱，但「饑而不害」。〔註46〕左氏敘事直以人文角度解釋歷史之用心，在此例中明顯可見。此事之歷史真象或許與《左傳》所敘述有所出入。或許此年之旱本就只會造成「饑而不害」程度之傷害，但經過左氏刻意之結構設計後，人文精神與因果關係自然被強調，此正敘事結構凸顯意義之功能。

　　總而言之，因果結構是作者寄敘事意旨的重要方式。透過對《左傳》敘事因果關係之分析，可進一步解讀其隱含於文字表層背後之深層意義。《左傳》透過預言、諫從等敘事模式，將事件內部之因果關係加以揭示與闡明，進而達到其歷史資鑑之目的。

第三節　《左傳》敘事之屬辭結構與比事結構

　　《四庫全書總目提要・春秋屬辭》云：「元趙汸撰，於春秋用力至深，至正丁酉既定集傳初稾，又因禮記經解之語，悟春秋之義在於比事屬辭，因復推筆削之旨，定著此書。」〔註47〕四庫總目所言甚是。就經學角度而言，《春秋》之作正為義也。所謂「義」者，大義者也，微言之旨也。就史學角度而言，史家撰史之目的，用為傳達史義，溝通史觀，以達資鑑教化之功能。

　　義由何可知？必由文事之間讀而悟之。文事者正敘事者也，比事屬辭者，正春秋敘事結構之大者。故趙汸由經解「比事屬辭春秋之教」而悟春秋大義之所體現，正發現切入線索。今日敘事角度切入，正可再明趙氏之悟。

　　關於「屬辭比事」〔註48〕之討論，或以其為屬合辭令、比次褒貶，或以

〔註46〕楊伯峻《春秋左傳注》亦云：「或因採取臧文仲所言諸對策之故。」（高雄：復文圖書出版社，民國80年9月再版，頁391。）

〔註47〕〔清〕紀昀《四庫全書總目提要》，臺北：藝文印書館，民國78年1月六版，頁578。

〔註48〕關於屬辭比事，《禮記・經解》載孔子曰：「入其國，其教可知也。其為人也：溫柔敦厚，《詩》教也；疏通知遠，《書》教也；廣博易良，《樂》教也；絜靜精微，《易》教也；恭儉莊敬，《禮》教也；屬辭比事，《春秋》教也。故《詩》之失，愚；《書》之失，誣；《樂》之失，奢；《易》之失，賊；《禮》之失，煩；《春秋》之失，亂。其為人也：溫柔敦厚而不愚，則深於《詩》者也；疏通知遠而不誣，則深於《書》者也；廣博易良而不奢，則深於《樂》者也；絜靜精微而不賊，則深於《易》者也；恭儉莊敬而不煩，則深於《禮》者也；屬辭比事而不亂，則深於《春秋》者也。」（《十三經注疏・禮記》，臺北：藝文印書館，民國82年9月，頁845。）

為解經之門徑、微言見義之方法，或釋之為命字設辭、輯綴編次、連屬成文、嚴明是非大義之教。〔註49〕要言之，屬辭比事即「連屬前後之文辭，以比次其相類或相反之史事」〔註50〕以見出前後文辭與事件之微言大義。這方面相關研究成果豐碩，本文另由敘事角度，探討《左傳》敘事結構設計與意義表達之問題。

一、屬辭、比事結構對編年體史書體例之突破

《左傳》之屬辭結構，包含外部敘事形式與內部敘事脈絡兩層次。前者主要是指屬辭在文句連屬、段落銜接與篇章語用方面之功能。後者則指屬辭在《左傳》敘事脈絡建構上之意義。本文討論內部敘事脈絡方面。

時間、人物與事件是構成歷史的基礎要素，史書之敘事體例隨著史學觀念之發展而進步。先秦時期是中國史學觀念發展進步的關鍵階段之一，隨著周之代商而興，人文精神在為政者有意教育提倡下，史官文化成為春秋至戰國時的文化主流。隨著先秦史學對時間之理解與重視，「以事繫日，以日繫月，以月繫時，以時繫年」的編年體，成為當時史書敘事的主要體例。〔註51〕

史事之時間先後順序明確清楚，何事發生於前，何事發生於後，次序清楚便於讀者對事件發展過程及前因後果之理解，這是編年體史書之優點。但若事件發生過程延續數年或數十年，則相關史事因編年之故，散入前後數十年月之間，如此反而無法見出史事之始末發展與因果關係。此為編年體史書

〔註49〕關於「屬辭比事」問題之討論，張素卿《敘事與解釋——左傳經解研究》（臺北：書林出版公司，1998 年 4 月一版）中，有專章討論，論述詳備深入，其俱論漢儒以下歷代學者之釋義，進而由「依經以編年」、「詳述其本末」、「言與事相兼」等角度討論《左傳》「屬辭比事」之真義，其成果值得參考。前輩學者成果已然豐碩，成為專論，本文擬另由敘事結構角度切入，討論屬辭比事在《左傳》敘事結構層面之意義與功能。

〔註50〕張高評《春秋書法與左傳學史》，臺北：五南圖書出版公司，2002 年 1 月初版，頁 27。

〔註51〕史學觀念之發展程度，可由史書體例中見出。面對過往龐雜大量之史料文獻，如何整理，如何記載，成為先秦史官敘史之前必須先解決之課題。依據何種標準來整理敘述歷史，成為關鍵。觀察人類文化發展，時間觀念很早即為人們所重視。面對日升日落，四時轉換，時間觀念很早即在人類文化中佔有重要地位。無論中外，早期人類記事，往往多依時而記事。以中國為例，早在殷商卜辭中，即可發現當時人們對時間之重視。隨著人類文化發展，在時間、人物、事件、場景等諸多歷史構成基本要件中，時間為史官所重視。編年體史書於是成為春秋戰國史書體例之主流。

結構上之缺陷。面對此缺點，《左傳》設計屬辭結構與比事結構加以突破編年體史書之限制。〔註 52〕左氏之書，以屬辭結構在二百五十五年分散記事中，建構一套深層意義解讀之線索與脈絡。在此線索脈絡上，又以比事結構凸顯敘事文字背後所寄寓之深層史義，再加上敘事間對因果結構之反覆強調，產生潛移默化之效果，令讀者在閱讀過程中，接受其書之史觀與思維方式。

此外，敘事態度亦是《左傳》屬辭結構建構之關鍵。所謂敘事態度，〔註 53〕是指作者對敘事內容所採取之對應態度。無論是正面肯定褒揚，或負面否定批判，都是作者思維方式與觀念想法之外顯與反映。當讀者在閱讀過程中，發現左氏對某些事件、人物、情節不斷採取相同態度時，自然會注意其相關性，進而將同類事件加以聯綴，對相同態度形成印象。而這正是比事見義成立之基礎。整體而言，主題相關性，是明顯可見之外顯聯繫，因其敘寫相似相關內容，讀者在閱讀接受過程中，自然會進行比較與聯想；而敘事態度則是聯繫不同編年相關事件之隱性關鍵。

作者於敘事中所呈現之褒貶態度，能突破編年割裂之限制，一方面將散見於各年月中相關內容、相似主題加以連屬，另方面能使讀者在這一連屬過程中，理解其敘事態度，進而在因果關係之強力說服下，接受作者之褒貶標準。此正《左傳》產生資鑑功能方式之一。

觀察《左傳》敘事，透過因果結構，明白闡釋吉凶禍福、得失成敗之關鍵，正在人本身之德行、態度與識見。且對於這些正面因素給予高度肯定，例如一再強調，若為政以德、行事以禮，則國將盛、族將興。又如，寫戰爭之成敗，強調勝負繫於言行、德行之間；述盟會之行成，申明德禮為服眾之根本。又如寫弒君情節，對其見弒原因之強調，亦《左傳》敘事重視因果結構之例證。整體而言，左氏態度多以失德無禮、聽讒寵佞為見弒之主因。如宋殤公見弒以殘民〔註 54〕（桓公二年）、晉靈公見弒以不君（宣公二年）、齊襄公以無信見弒（莊公八年）、齊莊公以通淫被弒等。此外，對人物形象之態

〔註52〕將《左傳》內容依《春秋》編年，逐條分年比附的工作，成於晉代杜預。杜預出於經學意義之考量，析傳以附經，企圖建構《左傳》解釋《春秋》之觀點。。《左傳》原貌或為單純的依時間順序記載史事之歷史敘事。正如《孟子》與《墨子》所論，是百國春秋一類的史書

〔註53〕董小英定義敘事態度為：「敘述者對於被敘述的對象在敘述話語中所表現出來的有意無意的評價：肯定或否定，贊揚或批判。」（《敘述學》，北京：社會科學文獻出版社，2001 年 6 月第 1 版，頁 95。）

〔註54〕《左傳・桓公二年》載「宋殤公立，十年十一戰，民不堪命。」

度，亦可見對人文精神之強調。而寫氏族之廢，多屬以通淫取禍、私怨讒佞、衝突見滅之情節模式；敘氏族之興，則強調才德禮義之興，忠敬敏事以盛。

要言之，透過屬辭結構與比事結構之設計，讀者將散見於各年間之敘事進行有系統的組織與理解，從而體會作者隱含之深層意義。

二、《左傳》屬辭結構設計與敘事脈絡建構

如前所論，當讀者面對多達十八萬六千餘字之《左傳》敘事時，如何從中發現作者預留之敘事線索，看出全書之敘事脈絡，進而體會作者寄寓之深層含義，成為閱讀過程中重要之問題。就閱讀接受認知角度而言，《左傳》屬辭結構之設計，對認識過程中，同化、順應〔註55〕過程有「提示與引導作用」。

就敘事脈絡層面而言，《左傳》之屬辭結構主要表現為兩大形式。其一，是外顯可見之敘事干預。所謂敘事干預是指敘事者直接對敘述之事件、人物或現象，進行評論或價值判斷之行為。因其脫離敘事視點，而直接干預文本，故稱為敘事干預。《左傳》中所見之史評如君子曰、仲尼曰等形式，即是敘事干預。因為敘事干預直接出自作者，因此可說是理解作者敘事意旨最直接、可靠、有效之途徑。《左傳》中之敘事干預，正可以作為屬辭結構之基礎。明確表達作者態度與意圖之史評史論，實際上正是作者留給讀者之線索，順此便能進一步解讀內隱於敘事間之結構脈絡。總觀《左傳》之史評，其要旨幾乎圍繞著對人文精神及德禮等觀念之強調。

其二，是內隱之脈絡。關聯性與敘事頻率，是找尋《左傳》內隱屬辭結構之關鍵。閱讀《左傳》會發現，某些相似、相關之事件發展、人物形象、內容主題、因果關係等，不斷反覆出現。似乎二百五十五年間之歷史就僅有這些內容主題，事件之發展就僅有這些模式，因果之變化就僅有這些關係。就敘事角度而言，這是作者刻意選擇與設計安排後所呈現之結果，而作者之所以如此用心設計，正為寄寓敘事意旨，為傳達言外之意，為完成其對史書資鑑功能之期待。

藉言作斷與觀念闡述，是《左傳》內隱脈絡之主要表達形式。關於藉言

〔註55〕皮亞傑以「圖式」、「同化」、「順應」、「平衡」來說明其發生認知理論。所謂「圖式」（scheme）：指活動的結構，是人類認識事物的基礎與前題。「同化」（assimilation）：透過對刺激輸入的過濾或改變，將客體納入主體的心理活動過程。「順應」（accommodation）：改變內部圖式，以適應新客體之心理認知建構過程。「平衡」（equilibrium）：指同化與順應兩機能之平衡。

作斷，張師高評云：「考《左傳》之敘事藝術，有憑藉語言以敘事論斷，敘事議論即寄寓言語中……」又云：「《左傳》中的載語，……最大的作用，在於安排歷史人物現身說法，既如實反映歷史眞相，又可以替代說明，省卻解釋，而是非論斷，價值裁判，未嘗不寓含其中。」〔註56〕藉人物之口所表達之話語內容，其來源有二：一則來自史料文獻所載，敘史者見之而載錄。二則出自史家之歷史想像，敘史者將本身所欲傳達之觀念、想法透過人物之口，進行表達。一方面深化人物性格形象，另方面將屬辭脈絡藏隱於其中。就切入角度而言，藉言敘事之探討，由語言、語法角度切入是理解《左傳》屬辭結構設計之重要方法。

　　觀察《左傳》人物話語，會發現有以下幾個特色：其一，因人物角色身分地位之別，對話內容與反映之態度觀念亦有所區別。整體而言，明君賢臣多以人文角度來看待事物、理解歷史，面對問題多採取正面、客觀之思維方式；而奸讒寵佞，則多由自私、迷信、偏執等角度來思考。其二，無論是人物話語之內容或表達，有許多不合情理之處。對此錢鍾書曾以晉屬公使鉏麑賊趙盾一事爲例，指出此事發生當場並無他人在場，人物之對話內容與心理思維，左氏豈能盡知？此正歷史想像。〔註57〕其三，重言論事、預言禍福、諫止獻謀、臧否人物等是人物語言表達之主要內容。其中，對於一系列道德觀念之強調，更是人物語言所側重之主要內容。例如《左傳》藉人物之口，不斷強調「德」、「禮」、「忠」、「信」、「仁」、「義」等觀念之重要，並以這些觀念來解釋因果關係，來預言吉凶禍福。此實則敘事態度之反映。

　　閱讀主體在進入閱讀認知過程之前，本身因其主、客觀語境作用，已具備某種審美經驗的期待視野，閱讀主體即以此來進行認知新的客體。在過程中，閱讀主體會先嘗試以本身所具備之認知圖式，來同化接觸的新客體，若成功同化，則完成閱讀接受過程，獲得新的認知。若無法同化，則主體會開始進行內部圖式調整或創造新的認知圖式，以順應新客體，直到納入主體之

〔註56〕張高評《春秋書法與左傳學史》，臺北：五南圖書公司，2002年1月初版，頁31。

〔註57〕錢鍾書《管錐編》云：「吾國史籍工於記言者，莫先乎《左傳》，公言私語，蓋無不有。」其舉僖公二十四年介之推與其母之對話，及宣公二年鉏麑之嘆，指出這些語言記載「蓋非記言也，乃代言也。……左氏設身處地，依傍性格身分，假之喉舌，想當然耳。」又云「《左傳》記言而實乃擬言、代言。」這擬、代過程正是歷史想像，亦是史義寄託之所在，亦是了解左傳思想的關鍵切入點。（《管錐編·第一冊》，臺北：書林出版公司，民國79年8月初版，頁164至165。）

認知圖式中。當同化與順應達成新的平衡時，新的認知圖式於是產生，而這又成為閱讀主體下一次閱讀時的基礎圖式。

閱讀與理解是一不斷積累之過程。當讀者反覆接受到某些不斷出現具有相關相似性之內容時，無形中會產生一種累積現象，進而注意到這些反覆出現的相關相似內容，在聯想能力與歸納整合能力作用下，觀念由此產生。左氏正是透過敘事頻率，來揭示屬辭結構之內隱辭脈絡。閱讀過《左傳》全書的讀者，都會感受到左氏對道德觀念與人文精神之重視與強調，都會認同「德」、「禮」、「敬」、「義」等是貫穿全書之重要觀念，而這類感受與印象，正是屬辭結構所產生之效果。

無論外顯形式或內隱脈絡，《左傳》屬辭結構之設計，能對認知理解過程中「同化」與「順應」兩機能產生「提示」與「引導」之功能。當讀者在閱讀過程中，透過敘事表現形式，隱約見出作者深層含義，並企圖進行「同化」與「順應」理解時，敘事干預、模式、頻率等不同形式之屬辭結構表達，便能發揮「提示理解方向」之功能，進而引導讀者盡可能正確地理解作者欲表達的言外之旨。當然，閱讀與理解往往不能如作者所預期，但透過屬辭結構之設計，能在一定程度上，為讀者提供整體方向。

例如若以「善」作為屬辭脈絡之主軸，則《左傳》中一百六十五見關於「善」之敘事，便可以此而獲得整合。在此基礎上，閱讀比對一百六十五則相關敘事，則能產生新的認知圖式，進一步能解讀敘事背後之深層意義。

三、《左傳》比事結構設計與敘事態度呈現

比事結構是《左傳》藉以反映敘事態度，表現敘事意旨，寄寓史觀、史義的重要方法之一。

所謂比事，簡言之即將史事並列排比，以觀其同異，明其隱義。元代程端學（1280～1336）於其《春秋本義·通論》中提出「大屬辭比事」與「小屬辭比事」的觀念，大者「合二百四十二年之事比而觀之」，小者「合數十年之事而比觀之」。透過將正反相對之人、事、物並列加以對照比較，能產生一種反差、映襯的效果，藉此達到凸顯主題觀念、鮮明人物形象與深刻敘事內容之效果，是作者用來表現敘事態度、寄寓敘事意旨的重要方法，在《左傳》敘事中，即所謂「比事結構」。而比事結構的前提基礎是屬辭結構，面對《左傳》這樣的編年體史書，讀者如何進行比事？如何得知哪些事是可以比事見

義的？如何找到作者在敘事間所留下讓讀者進行比事的脈絡與線索？屬辭結構正是上述問題的解決關鍵。

整體而言，比事觀念貫穿《左傳》全書。在敘事結構層面：內容主題之對照比較，可見出左氏敘事取捨之標準；而情節模式之對比，能凸顯隱藏於情節設計背後之深層史義；對各人物形象之比較研究，可察覺左氏之敘事態度與敘事意旨；以觀念爲中心，進行比較研究，更可見出左氏對人文精神之強調。

在敘事表達形式層面：人物與人物間之對比，情節與情節間之對比，言論與言論間之衝突，判斷與決策間之矛盾，都可見比事觀念之運用。例如：《左傳》對明主與昏君之描寫，德、禮、信、義與惰、傲、侈、汰形成強烈對比。又如敘寫忠臣與寵佞，德義忠信與讒奸寵驕形成強烈對比。又如寫氏族之興廢，知禮有德以興，通淫怨悔以廢。又如預言吉凶禍福、得失成敗，敬天順善則獲福，違諫侈傲則不免。又如敘戰爭勝負，知禮樂敦詩書，從善納德者則勝，反之，愎諫違卜，專斷逆行者將敗。以上皆可見比事觀念之運用。

此外，在觀念層面亦可見《左傳》之比事結構。例如，對吉凶禍福之敘事，觀察《左傳》敘述人事之吉凶禍福，總是採取「吉──凶」，「禍──福」相對之表現結構。「禍福相倚」的觀念，是春秋戰國時期思想家對自然與人事長期觀察所得的結果。《左傳》對於吉凶禍福的觀察，一方面仍繼承傳統巫術與宗教觀念，認爲天帝神鬼對於吉凶禍福仍有影響。但同時在實際觀察現實世界後，將天帝神鬼降禍降福的標準，與德禮、忠信、仁孝等道德觀念結合。至襄、昭、定、哀之際，以人文精神決定吉凶禍福之情況，成爲左氏刻意強調之重點。此一人文化的解釋方向轉變，影響中國文化甚深。

另一值得探討之問題：比事何以能見義？將相關敘事比列對照，何以能解讀出言外之意。就閱讀接受心理而言，陌生化是表達者用以凸顯特色、強調重點的重要方式。而敘事之對比、衝突與矛盾，能產生所謂反差效果，造成陌生化。使接受者在閱讀時，對此情況會產生注意，進而思考其用心，體會其意義。〔註58〕就敘事結構性角度而言，比事之所以能見義，正在於因果關係之揭示。就語用角度而言，比事而不明書其義，留下餘韻與無限想像空

〔註58〕當然，實際的閱讀接受過程，是一複雜而帶有強烈主觀性的過程。讀者的主觀心理，所處之主客觀語境，接受者之文化與思維方式習慣，及表達的形式等等，都直接或間接的影響閱讀接受之結果。關於閱讀心理學之詳細討論，學者專著頗多，請參考之。

間，正是刺激讀者探尋言外之意的重要表現手法。

　　比事結構之基礎，在於屬辭結構。就表達者而言，《左傳》受編年體例之限，史事的完整性無法確立，因此，須藉屬辭結構的「提示功能」來幫助讀者建構敘事脈絡。就閱讀者而言，依循表達者所預留布置之線索，建構出脈絡後，將所搜集之敘事進行對照比較，可進一步解讀史家之隱含意義，而這一個比列對照的過程，就是比事結構運作之過程，此是比事結構的功能。比事結構本身就是認知活動中同化與順應之過程。

　　此外，比事結構在認知理解上，還起著「參考與引導」的作用。當閱讀主體接觸到新的客體時，屬辭結構之提示作用，引導讀者依某一線索，對編年敘事進行脈絡建構。以此為中心，閱讀主體透過不斷對照比較因屬辭結構而尋比之各事件，持續不斷調整其對客體之認識，進而產生更明確、更深入的新圖式，達到新的平衡。

　　例如在閱讀《左傳》過程中，讀者對於反覆出現的「善」觀念產生屬辭之脈絡建構。在閱讀者比對《左傳》一百六十五次關於「善」之敘事的同時，內心正不斷進行同化與順應的活動，當最終得到新的平衡後，讀者體會左氏敘述「善」觀念的意義。如前所論，閱讀接受與認知理解，是以閱讀主體本身所先具備之原圖式為基礎，如何使讀者不至於誤讀，成為史書敘事在結構設計上必須考慮之問題。比事結構的第二個功能，就在於此。透過一次一次相關敘事之對照比較，敘事者之觀念態度與想法亦會逐漸明朗，逐漸被凸顯。使讀者在不自覺中，一步步被引導朝表達者預期之方向進行理解，此正比事結構之「引導功能」。整體而言，屬辭結構之引導功能，主要針對敘事脈絡之建構，而比事結構之引導功能，則強調在認知理解過程中產生之效果。

第四節　敘事結構與意義解讀之史例分析

　　載之空言，不如見之於行事深切著明。以下以《左傳》「不免」為例，〔註59〕說明屬辭與比事結構，在敘事表達與意義理解所能產生之效果。

一、屬辭、比事結構與敘事理解

　　如上文所論，屬辭與比事結構是左氏設計用以寄寓言外之旨的重要方

─────────────

〔註59〕「不免」之例，亦是屬於「預言模式」表現形式之一。

式，亦是讀者解讀深層意義的重要方法。此一閱讀、接受、理解至認知之過程，大體可別爲以下幾階段說明：

1、閱讀者面對十八萬餘字之《左傳》敘事，在閱讀過程中必須尋找某些作者伏留之線索，藉由這些線索，建構意義理解與認知接受之脈絡，而敘事頻率與敘事態度正是兩大關鍵。

2、《左傳》敘事以語言文字系統爲載體，因此，線索之發現亦在語言文字表達中。敘事模式、語法、句型、詞彙等成爲尋找線索、建構脈絡的重要切入。閱讀過程中，發現「某某不免」的句型不只一次出現，而此句法之表達與作者態度間關係引起讀者注意。於是，「不免」可嘗試作爲「屬辭」的中心主軸。

3、以「不免」爲主軸，在《左傳》敘事中尋找相同、相關之敘事。發現《左傳》「不免」之敘事共三十九見。〔註60〕其中與預言模式相關者，計二十見。如前所論，因果結構是史家寄寓史觀、史識的重要方式，而預言模式又是《左傳》揭示因果關係的主要模式。因此，二十例與預言模式相關之「不免」敘事，成爲比事的基本材料。

4、將二十例敘事，並列觀察。〔註61〕在閱讀過程中，思維認知開始活動，在不斷同化到順應的過程中，藉由一例一例之閱讀理解，一次一次深化認知，在比事結構的參考與引導功能下，最後理解作者敘事背後隱含之深意。

必須說明的是，屬辭結構與比事結構之作用，並不僅在單一事例中運作。在思維聯想〔註62〕作用下，屬辭結構會將性質相近之線索與脈絡進行連屬。

〔註60〕各見於隱公四年、隱公七年、僖公七年（2）、僖公十五年、文公十五年、文公十七年、宣公十四年、成公四年、成公十五年（2）、襄公十年、襄公十四年、襄公二十一年（2）、襄公二十二年、襄公二十三年、襄公二十五年、襄公二十六年（2）、襄公二十七年、襄公二十八年、襄公二十九年、襄公三十年（3）、襄公三十一年、昭公元年、昭公三年、昭公二十年、昭公二十八年、定公元年（2）、定公四年（2）、定公八年、哀公十二年、哀公十五年。

〔註61〕無論是刻意將事例找出，排列以進行比較，或者僅只是在閱讀間，稍作注意。比事結構都會發揮其作用，差別僅是強度問題。比興思維，是人類思維模式之一。在閱讀過程中，對於反覆出現相同相近之詞彙、句型、語法、模式、敘事等，大腦會自動進行運作，進行異同比較，最終都會作出某個理解。關於思維與認知相關討論，如皮亞傑認知理論或信息加功理論等學派都有深入實驗或討論，請參考相關論著。

〔註62〕「聯想，就是從甲事物想到乙事物的一種心理活動，它的產生機制是大腦皮質神經元模型之間的暫時聯繫。通過聯想，思維從刺激模式發散開去，爲構

比事結構除在單一主軸下發揮功能外，如前所論，就整體而言，比事結構貫穿《左傳》全書，無論在觀念層面或者敘事表達形式層面。如此交互作用後，《左傳》隱含於敘事形式下之深意，可一層層被解讀。當然，意義之解讀與解讀者所處之文化語境密切相關。不同的理解「前結構」，〔註63〕會對意義解讀產生影響，造成理解差異。但筆者愚見，這種對經學具有時代意義之理解與闡釋，正是經學意義之所在。學若無益於世，則不如不學矣。

　　經過屬辭與比事運作後，發現幾個問題，透過這些問題之釐清，可以更進一步明白《左傳》敘事態度與歷史解釋。其一、同樣是「不免」敘事，但表達語氣有程度上之不同。依語氣肯定程度，由弱至強分別有「其不免乎」、「將不免」與「必不免」三種表達形式。三種不同表達方式與作者態度之關係，是值得進一步討論之問題。「其不免乎」計五見，此句法帶有疑問假設性質。對於預言準確度較不肯定，以略帶疑問之方式，預言某人因某言行舉止，或將不免於難。「將不免」計四見。於「不免」之前加上推度副詞「將」〔註64〕字作爲狀語，用以修飾動詞。「將某某」的將字，有表未來之意。即預言未來將不免於難。肯定程度較「其不免乎」稍強。《左傳》載「必不免」計十一見，「必」是表示肯定的判斷副詞，用以加強判斷作用，〔註65〕即預言其人必定不免於難。「必」字其實已充分表達作者之價值判斷與敘事態度。

　　其二、三種不同的語氣表達，與預言判斷標準有關。整體而言，由人物外在言行舉止所進行之禍福預言，多用「其不免乎」、「將不免」兩種表達方式。而與內在精神德行、觀念態度相關者，如觀念上之失德無禮，違天害善，則以強烈肯定之「必不免」來表達。〔註66〕這兩者間的區別，已明顯凸顯作

思提供種種意象材料，又從各種意象會聚攏來，把互相匹配的意象按一定方式組接起來。」（錢谷融、魯樞元主編《文學心理學》，上海：華東師範大學出版社，2003 年 8 月，頁 164。）

〔註63〕在進行理解認知活動之前，已具備之心理圖式結構稱爲前結構。前結構由「前有」、「前識」、「前設」所構成。前有是指認知主體所具有之文化語境，前識是指認知主體所具備之觀念價值系統。前設是指理解之前對認知客體所預先做出之假設。（朱立元《接受美學導論》，合肥：安徽教育出版社，2004 年 11 月第 1 版，頁 201 至 202。）

〔註64〕副詞主要用來修飾謂語，表示動作行爲或狀態性質的各種特。推度副詞用於謂語前，表示對事態、情況的估計與測度。楊伯峻、何樂士《古漢語語法及其發展上冊》，北京：語文出版社，2001 年 8 月第 2 版，頁 347。

〔註65〕同上註，頁 351。

〔註66〕同樣的事件、言行、態度，會因主觀語境與客觀語境不同而有不同的表達語

者態度：藉由外在言行來判斷吉凶禍福，或許有失；但若是內在觀念德行有所虧失，則其人肯定必不免於難。此外，人物之身分地位亦影響《左傳》預言之語氣，若是國君於外交場合中，態度不敬、無禮，多以肯定之「必不免」來預言；若是一般卿大夫言行舉止無禮，則以「其不免乎」、「將不免」來表達。分別說明如下。

二、「其不免乎」「將不免」之預言與敘事態度

如上所論，《左傳》預言某人不免於難，若是由其人外在言行舉止等表層觀察而後作的判斷，多用帶有不確定之「其不免乎」或「將不免」來表達。舉例說明如下：

（一）「其不免乎」史例之分析

魯文公十五年（西元前612年），齊懿公元年。秋季，齊國侵擾魯國西境，魯季文子告於晉。冬十一月，晉與諸國盟於扈，謀伐齊。齊國賂於晉，「故不克而還」。齊以晉與諸國不能救，侵魯西境同時，順勢攻入曹國，討其朝魯之罪。《左傳・文公十五年》載之如下：

> 齊侯侵我西鄙，謂諸侯不能也。遂伐曹，入其郭，討其來朝也。季文子曰：「齊侯其不免乎？己則無禮，而討於有禮者，曰：『女何故行禮？』禮以順天，天之道也。己則反天，而又以討人，難以免矣。《詩》曰：『胡不相畏？不畏于天。』君子之不虐幼賤，畏于天也。在周頌曰：『畏天之威，于時保之。』不畏于天，將何能保？以亂取國，奉禮以守，猶懼不終；多行無禮，弗能在矣。」（文公十五年，頁340。）

對於齊國如此之作為，季文子以禮為判斷標準，預言齊懿公或將不免於禍難。季文子之言論，將禮與天作連結，認為依禮行事是順天之道。魯僖公十七年（西元前643年）冬季，在管仲卒後，齊桓公亦卒。桓公五子各有勢力，出現繼承競爭，易牙、寺人貂「因內寵以殺群吏」，立公子無虧繼位。而本應繼

氣。以上所歸納兩點，主要由整體大方向而言。就個別例子而言，仍有些例外。如季文子對不敬特別重視。鄭、衛等小國之發言一般而言較為保守，較少用肯定之語氣。這不只在預言方面，在其他外交場合小國之言語表達多傾向謹慎保守、態度模糊。又如管仲、子產、韓厥、叔向等個性特色鮮明者，其預言表達亦與性格相符。

位的齊孝公出奔宋國。隔年春季，宋襄公伐齊，殺無虧，立齊孝公。孝公在位十年，卒於魯僖公二十七年（西元前 633 年），君位由桓公之子公子潘繼承，是爲齊昭公。齊昭公在位二十年，卒於魯文公十四年（西元前 613 年）夏季，其子舍繼承君位。同年秋季，齊桓公之子商人，殺公子舍。本欲讓位於公子元，公子元拒絕，其云：「爾求之久矣。我能事爾，爾不可使多蓄憾，將免我乎？爾爲之！」公子商人於是自爲君，是爲齊懿公。季文子所謂「以亂取國」即指商人殺舍之事。

左氏藉公子元一番話，清楚點明齊懿公德行之失。季文子對其剛繼位即侵魯伐曹之行爲，提出「齊侯其不免乎？」之預言。又藉季文子之口，表達其態度：「奉禮以守，猶懼不終；多行無禮，弗能在矣。」認爲遵循天道，奉守禮義以爲政行事，仍害怕不免於難，更何況如齊懿公多行無禮，豈能倖免於難。若就比事角度而言，隱公元年載鄭莊公一番「多行不義，必自斃」之言論，亦表達相似之敘事態度。其他如：齊仲孫湫論慶父（閔公元年）、公叔文子論陽虎（定公六年）等例，亦表達類似之態度。季孫行父之預言果然符驗。齊懿公於魯文公十八年（西元前 609 年），因爭田之怨與納妻之恨，被邴歜與閻職共謀所弑。〔註 67〕齊人立桓公之子公子元爲齊惠公，至此齊國君位繼承之爭亂告一段落。

整體而言，季文子以齊懿公侵魯之無禮行爲進行判斷，預言或許將不免於難。當然此例，也可說是與內在德行相關，但就整體敘事而言，比較偏向由侵魯之事而預言禍福。

魯成公十五年（西元前 576 年），晉厲公五年，楚共王十五年。郤錡、郤犫與郤至三人，以讒言陷殺伯宗。〔註68〕

晉三郤害伯宗，譖而殺之，及欒弗忌。伯州犁奔楚。韓獻子曰：「郤

〔註67〕《左傳・文公十八年》載此事如下：齊懿公之爲公子也，與邴歜之父爭田，弗勝。及即位，乃掘而刖之，而使歜僕。納閻職之妻，而使職驂乘。夏，五月，公游于申池。二人浴于池，歜以扑抶職。職怒。歜曰：「人奪女妻而不怒，一抶女，庸何傷？」職曰：「與刖其父而弗能病者何如？」乃謀弑懿公，納諸竹中。歸，舍爵而行。齊人立公子元。（《十三經注疏・左傳》，臺北：藝文印書館，民國82年9月，頁351。）

〔註68〕伯宗其人見於：宣公十五年、成公五年、成公六年及成公十五年。整體而言，《左傳》塑造其形象爲：直言賢智之臣。如宣公五年時，宋人使樂嬰齊告急于晉，伯宗諫止晉侯出兵一事及同年其論狄之五罪，主張討伐一事，與成公五年伯宗論梁山之崩等例，皆可見出伯宗之賢智。

氏其不免乎！善人，天地之紀也，而驟絕之，不亡何待？」初，伯
宗每朝，其妻必戒之曰：「『盜憎主人，民惡其上。』子好直言，必
及於難。」（成公十五年，頁467。）

左氏於此運用「初」之方式，藉其妻之言凸顯伯宗「好直言」之個性。其妻
預言將及於難，於此時成真。透過韓獻子，左氏表達其敘事態度：韓厥預言
郤氏將取禍，其指出伯宗與欒弗忌皆德禮之善人，足以爲天地之綱，人事之
典範。而三郤先後讒陷殺害善人，如此行爲，必將取禍。關於《左傳》描寫
三郤之形象，郤錡與郤犨多爲負面形象，而在郤至身上可見到性格衝突與矛
盾之情況。〔註69〕韓厥之預言，於魯成公十七年符驗，鄢陵戰勝楚軍後，晉
厲公將注意力轉至晉國各氏族勢力過強問題之上，而三郤以「族大多怨」成
爲首要對象，遭到廢滅。

　　《左傳》與「善人」相關之敘事，見於僖公二十四年、文公六年、宣公
十六年、成公十五年、成公十六年、襄公二十六、二十八、三十年及昭公五、
六、三十一年。總結而言，左氏非常肯定「善人」及其所能發揮之作用。因
此，三郤如此殘害善人之行爲，《左傳》預言其人恐將不免於難。

　　魯襄公二十八年（西元前545年），晉平公十三年，鄭簡公二十一年，蔡
景公四十七年。此年夏季，齊、陳、蔡及諸姬姓小國，依前一年晉、楚弭兵
「交相見」之盟，朝於晉國。秋季蔡景公返國途中過境鄭國，鄭簡公依禮，
享之，蔡侯態度不敬，子產預言其將取禍。

蔡侯歸自晉，入于鄭。鄭伯享之，不敬。子產曰：「蔡侯其不免乎！
日其過此也，君使子展迁勞於東門之外，而傲。吾曰猶將更之。今
還受享而惰，乃其心也。君小國，事大國，而惰傲以爲己心，將得
死乎？若不免，必由其子。其爲君也，淫而不父。僑聞之：如是者，
恆有子禍。」（襄公二十八年，頁652。）

子產是左氏藉以表達態度的重要人物之一，其他如仲尼、叔向等亦是。左氏

〔註69〕郤錡相關行事見於：成公十三年、十六年、十七年。郤犨之事則見於：成公
　　　十一年、十四年、十六年、十七年。《左傳》對兩人多載其爭田、奪婦、貪欲
　　　等劣行。郤至之事各見於：成公二年、十一年、十二年、十三年、十六年、
　　　十七年。相較於二郤，《左傳》對郤至之形象著墨較深，一方面寫其與周爭鄇
　　　田（成公十一年）之訟，另方面寫其在戰爭、外交等政事之才能。最終當晉
　　　厲公將去三郤之際（成公十七年），郤至一番信、知、勇之言論，反映其人之
　　　形象之多樣與矛盾性。關於三郤之形象，筆者《左傳》之歷史敘事與解釋——
　　　——以晉國諸氏之興廢爲例〉一文中，曾略有討論。

於此篇欲闡明傲惰不敬之速禍。而其敘事不僅只是寫人物外在之言行舉止，更透過子產之口，進一步分析蔡景公之心理。其指出，之前蔡侯過鄭時態度已傲，子產以爲或許隨時間會有所改變。如今再次過境鄭國，蔡侯態度依舊，且對外交禮儀怠惰不敬，子產由此判斷傲惰是蔡景公之心性。其進一步指出，蔡國小於鄭國，以小事大猶以傲惰，如此將不免於難。

由因果與比事角度切入，有幾個問題須進一步釐清：其一，蔡侯上次過境鄭國是何時，當時情況如何？其二，蔡國與鄭國長期之關係如何？蔡景公（固）於魯宣公十八年（西元前 591 年）即位，在位共四十九年，於魯襄公三十年（西元前 543 年）因通之故，被其太子公子般所弒。子產口中所說前次過境鄭國，是成公二年（西元前 589 年）冬季，蜀之盟。《左傳》載此事如下：

> 宣公使求好于楚，莊王卒，宣公薨，不克作好。公即位，受盟于晉，會晉伐齊。衛人不行使于楚，而亦受盟于晉，從於伐齊。故楚令尹子重爲陽橋之役以救齊。……乃大戶，已責，逮鰥，救乏，赦罪。悉師，王卒盡行。彭名御戎，蔡景公爲左，許靈公爲右。二君弱，皆強冠之。冬，楚師侵衛，遂侵我師于蜀。使臧孫往。辭曰：「楚遠而久，固將退矣。無功而受名，臣不敢。」楚侵及陽橋，孟孫請往賂之以執斲、執鍼、織紝，皆百人，公衡爲質，以請盟。楚人許平。十一月，公及楚公子嬰齊、蔡侯、許男、秦右大夫說、宋華元、陳公孫寧、衛孫良夫、鄭公子去疾及齊國之大夫盟于蜀。卿不書，匱盟也。於是乎畏晉而竊與楚盟，故曰「匱盟」。蔡侯、許男不書；乘楚車也；謂之失位。

> 君子曰：「位其不可不愼也乎！蔡、許之君，一失其位，不得列於諸侯，況其下乎！《詩》曰：『不解于位，民之攸塈。』其是之謂矣。」

（成公二年，頁 429。）

依《左傳》所載，蔡景公於此次盟會中，因「乘楚王之車，爲其左右」〔註70〕被視爲「失位」，使國家尊嚴與地位遭受傷害。《左傳》對此透過「君子曰」之敘事干預形式，強調禮在外交場合上之重要性。蔡景公於此時剛即位三年，因此子產才會認爲其仍有進步與改變之可能，所謂「吾日猶將更之」。而再次過境鄭國時（襄公二十八年），蔡景公已即位四十七年，四十多年過去，蔡侯

〔註70〕楊伯峻《春秋左傳注》，高雄：復文圖書出版社，民國 80 年 9 月再版，頁 808。

之態度依舊，因此，子產認定惰、傲是其本性。

蔡、鄭兩國之衝突，首見於隱公四年，即所謂「東門之役」。在周、鄭交質相爭時，蔡國亦從周天子伐鄭（桓公五年）。之後齊桓公侵蔡伐楚時，鄭國從齊伐蔡（僖公四年）。在襄公二十七年弭兵之前，兩國外交立場不同：蔡國較親楚，鄭國較親晉，在晉、楚爭盟的時期，兩國關係始終不睦。

由上引文中可見，蔡景公前次過境鄭國時，正是依楚而行。鄭簡公元年（西元前 565 年），蔡景公二十七年。鄭國子國、子耳侵蔡，獲蔡司馬公子燮。鄭人喜，子產則憂患之將至。同年冬季，楚為此伐鄭。之後，在弭兵議成前兩年（襄公二十五、二十六年），蔡、鄭兩國正處於相互侵伐的情況。由此可知，襄公二十八年蔡景公朝晉過鄭時，其所以表現不敬的態度，或許如子產所言是其本性，或許兩國不睦久矣，兵之初弭，怨或未消。蔡侯不敬之態度或許有其背景因素。〔註 71〕至於真正的歷史的真相為何，正如後現代歷史敘事學者所論，當事被敘成史時，歷史真相即不復存在，史書中所呈現所謂之「歷史」，是史家取捨剪裁後的呈現。

在子產預言中有「若不免，必由其子。其為君也，淫而不父。」一句，主要是指蔡景公與太子般之妻通淫一事。襄公三十年載：「蔡景侯為太子般娶于楚，通焉。太子弒景侯。」（頁 681）由子產所論，可知蔡侯之通，行之有年，子產於是乃預言其將取禍。

又如，魯昭公元年（西元年 541 年），楚郟敖四年，鄭簡公二十五年。此年春季，楚公子圍聘於鄭，一方面取妻於公孫段，另方面尋宋之盟（弭兵之議）。三月，晉、楚、齊、魯、鄭、宋、衛、陳、蔡、許、曹等國，會於虢。對於楚公子圍「設服離衛」以國君之儀與會一事，各國行人提出各自的看法。《左傳》載會後，鄭國子羽對各國行人之預言：

> 退會，子羽謂子皮曰：「叔孫絞而婉，宋左師簡而禮，樂王鮒字而敬，子與子家持之，皆保世之主也。齊、衛、陳大夫其不免乎！國子代人憂，子招樂憂，齊子雖憂弗害，夫弗及而憂，與可憂而樂，與憂而弗害，皆取憂之道也，憂必及之。〈大誓〉曰：『民之所欲，天必從之。』三大夫兆憂，憂能無至乎？言以知物，其是之謂矣。」（昭

〔註71〕弭兵之後，蔡國與晉國有所交通。魯昭公十一年，蔡靈公（般）為楚靈王執殺，蔡國於此事件後，轉而親晉，多次聯晉伐楚。而鄭、蔡之關係，亦逐漸改善。

公元年，頁 698。）

子羽依各國外交行人對楚公子圍所發表之評論，進行預言。其指出魯國叔孫豹、宋國向戌、樂王鮒、鄭國子皮及蔡公子歸生等人，於外交場合之言論合禮有節，因此家族可長保爵祿。而齊國國弱，失禮而替公子圍擔憂；陳國公子招幸災樂禍；衛國齊惡，知憂卻以爲意。子羽預言此三人將遭致禍難。整體而言，子羽預言與判斷之表準，觀念層面以德禮爲本，具體行爲層面，則強調「言以知物」，即透過人物言論可知其人及預言吉凶。

就屬辭比事角度而言，子羽「言以知物」的觀念，正可爲屬辭結構所運用。藉言論斷與藉言敘事，是《左傳》敘事特色之一。面對大量的人物語言，讀者如何從中尋得線索，建構脈絡，「言以知物」的觀念，正是切入點。

第五例見於魯定公元年（西元前 509 年），晉定公三年，衛靈公二十六年。此年春季，晉國執政魏舒，蒞政以城成周，衛國彪傒預言魏獻子之將及禍。

> 元年，春，王正月辛巳，晉魏舒合諸侯之大夫于狄泉，將以城成周。魏子蒞政。衛彪傒曰：「將建天子，而易位以令，非義也。大事奸義，必有大咎。晉不失諸侯，魏子其不免乎！」是行也，魏獻子屬役於韓簡子及原壽過，而田於大陸，焚焉，還，卒於甯。范獻子去其柏椁，以其未復命而田也。（定公元年，頁 940。）

晉頃公十二年（西元前 541 年）（魯昭公二十八年）秋季，韓宣子卒，魏舒繼任晉國執政，收拾因祁氏、羊舌氏見滅後所產生之政局。仲尼曰：「魏子之舉也義，其命也忠，其長有後於晉國乎！」五年後，魏舒應周王室之託，會合諸國幫忙增築成周之城牆。《左傳》載魏獻子「蒞政」，杜預注云：「蒞，臨也。代天子大夫爲政。」換言之，魏舒以晉國執政身分，僭越主持此次築城之事。左氏透過衛國彪傒之口，點明魏舒行爲之非義，提出「大事奸義，必有大咎」之主張。就屬辭結構而言，此主張亦可爲屬辭以建構脈絡之中心主軸。〔註72〕此外，左氏又敘魏舒雖蒞政主持此事，卻將實際責任交給韓不信與原壽過二人，自己反而至大陸澤焚林田獵，後卒於甯。

比事而觀魏舒其人，仲尼以其舉義命忠，但其實際行爲卻是蒞政非義。此人物形象之衝突，一則表現人物之多面與真實性，另則寓有左氏褒貶之義。就敘事結構而言，這類人物形象與性格之衝突矛盾處，正是比事見義的重要

〔註72〕即由「大事奸義，必有大咎」角度切入，於《左傳》全書中尋比與此觀念符合之敘事，則可見出左氏態度及其中隱含之寓意。

切入點。

（二）「將不免」史例之分析

　　齊靈公十九年（西元前563年），魯襄公十年。春季，齊高厚擔任公子光之相禮，在柤之會前，先與諸侯會於鍾離：

> 三月癸丑，齊高厚相太子光，以先會諸侯于鍾離，不敬。士莊子曰：
> 「高子相太子以會諸侯，將社稷是衛，而皆不敬，棄社稷也，其將
> 不免乎！」夏，四月戊午，會于柤。（襄公十年，頁537。）

此會，高厚與公子光皆表現出不敬之態度。左氏透過士弱之口，預言二子將及於難。《左傳》對於高厚之形象描寫頗爲統一，主要著重寫其失德無禮終見殺。除此年盟會不敬外，其於齊靈公二十五年（西元前557年），代表齊國參與晉平公即位溫之宴時，歌詩不類，又逃盟，引來各國「同討不庭」之事。高厚於齊靈公二十八年（西元前554年），八月被崔杼所殺。關於公子光其人之描寫，以魯襄公十九年（西元前554年）所載最具代表性：

> 齊侯娶于魯，曰顏懿姬，無子。其姪鬷聲姬，生光，以爲太子。諸
> 子仲子、戎子，戎子嬖。仲子生牙，屬諸戎子。戎子請以爲太子，
> 許之。……遂東太子光。使高厚傅牙，以爲太子，夙沙衛爲少傅。
>
> 齊侯疾，崔杼微逆光，疾病而立之。光殺戎子，尸諸朝，非禮也。
> 婦人無刑。雖有刑，不在朝市。夏，五月壬辰晦，齊靈公卒。莊公
> 即位。執公子牙於句瀆之丘。以夙沙衛易己，衛奔高唐以叛。（襄公
> 十九年，頁585。）

面對戎子以公子牙代替自己繼承身分一事，公子光在齊靈公病危之際，因崔氏之力，得以繼立爲齊莊公。由《左傳》敘述其即位後，對戎子、公子牙、夙沙衛、高厚等人之整肅行爲，可見公子光其人之性格，與此年盟會不敬之態度比而觀之，其形象鮮明可見。依《左傳》敘事模式，此類失德、無禮之人，將不免於難。六年後，魯襄公二十五年（西元前548年），齊莊公爲崔杼所弑。

　　魯襄公二十九年（西元前544年），齊景公四年，宋平公三十二年，晉平公十四年。齊國高止與宋國華定使晉，會見荀盈，女齊預言二人將不免於禍。《左傳》載之如下：

> 齊高子容與宋司徒見知伯，女齊相禮。賓出，司馬侯言於知伯曰：「二

子皆將不免。子容專，司徒侈，皆亡家之主也。」知伯曰：「何如？」
對曰：「專則速及，侈將以其力斃，專則人實斃之，將及矣。」（襄
公二十九年，頁 666。）

女齊於此次外交會面中擔任相禮〔註 73〕輔佐之事，得以觀察高止與華定。見
高止行事專擅無禮，華定侈而失德，預言二子皆將及難。同年秋季，高止被
放子尾、子雅放逐，《左傳》書其見逐之因：「高止好以事自爲功且專，故難
及之。」《左傳》關於華定之記載，見於昭公十年、昭公十二年、昭公二十年、
昭公二十二年。較能反應其人之事，一則見於昭公十二年，不答賦一事。另
則見於昭公二十年，華、向弒君之亂。魯昭公十二年（西元前 530 年），宋元
公即位，華定聘於魯。外交宴享過程中，對於外交賦詩不明其意，又不答賦，
昭叔婼預言：「必亡。宴語之不懷，寵光之不宣，令德之不知，同福之不受，
將何以在？」〔註 74〕宋元公十年（西元前 522 年），華定、華亥與向寧共謀弒
君，後出奔陳。女齊由兩人之言行態度，所作之預言，後都符驗。由外在言
行觀察，預言禍福之例又見於魯襄公三十一年：

衛侯在楚，北宮文子見令尹圍之威儀，言於衛侯曰：「令尹似君矣，
將有他志。雖獲其志，不能終也。《詩》云：『靡不有初，鮮克有終。』
終之實難，令尹其將不免。」公曰：「子何以知之？」對曰：「《詩》
云：『敬慎威儀，惟民之則。』令尹無威儀，民無則焉。民所不則，
以在民上，不可以終。」公曰：「善哉！何謂威儀」對曰：「……故
君子在位可畏，施舍可愛，進退可度，周旋可則，容止可觀，作事
可法，德行可象，聲氣可樂；動作有文，言語有章，以臨其下，謂
之有威儀也。」（襄公三十一年，頁 689。）

衛襄公二年（西元前 542 年），楚郟敖三年。此年冬季，因弭兵之議，衛國國
君朝於楚國。北宮文子在過程中觀察楚公子圍之威儀用度，擬近於國君，其
預言公子圍將有弒君自立之志。進而指出，雖能自立爲君，但其終不免於難。
左氏透過衛襄公與北宮文子一問一答間，表達其態度：北宮文子認爲公子圍
僭行國君威儀，是無禮之行爲。無禮之人，人民不會跟隨，雖立於民之上，
終不免於難。左氏進一步藉二人問答間，闡述其對「威儀」禮制之看法。《左

〔註 73〕 楊伯峻：「大臣接見外賓自有司儀節之人員，即相禮之事」（《春秋左傳注》，
高雄：復文圖書出版社，民國 80 年 9 月再版，頁 1158）。

〔註 74〕 《十三經注疏・左傳》，臺北：藝文印書館，民國 82 年 9 月，頁 789。

傳》載記「威儀」計十八見，此又可爲另一屬辭與比事之主軸。

　　「將不免」另一例，見於魯定公元年，晉魏舒蒞政以城成周一事。在築城完成後，齊高張才到達，《左傳》載「齊高張後，不從諸侯。」杜預注云：「後期不及諸侯之役。」晉國女叔寬預言曰：「周萇弘、齊高張皆將不免。萇叔違天，高子違人。天之所壞，不可支也；眾之所爲，不可奸也。」〔註75〕女叔寬由高張遲到之行爲，預言其或將及於難。

三、「必不免」之預言與敘事態度

　　《左傳》以「必不免」肯定語氣預言禍福之例，共十一見。整體而言，運用此肯定語氣進行預言之判斷標準，多與其人之內在德行觀念態度相關，或身分爲國君者。分析如下：

　　衛桓公十六年（西元前 719 年），魯隱公四年，宋殤公元年。前一年八月，宋穆公卒，宋穆公欲將君位還於宣公之子與夷，囑之於大司馬孔父嘉，使公子馮（宋穆公之子）居於鄭。穆公卒後，宋殤公立。此年春季，衛公子州吁弒桓公而立。州吁不當得位，爲求得各諸侯之承認，於是煽動宋殤公及陳、蔡等國聯合出兵伐鄭，即所謂「東門之役」。

> 公問於眾仲曰：「衛州吁其成乎？」對曰：「臣聞以德和民，不聞以亂。以亂，猶治絲而棼之也。夫州吁，阻兵而安忍。阻兵，無眾；安忍，無親。眾叛、親離，難以濟矣。夫兵，猶火也；弗戢，將自焚也。夫州吁弒其君，而虐用其民，於是乎不務令德，而欲以亂成，**必不免矣**。」（隱公四年，頁 56。）

對於衛州吁弒君伐鄭，魯隱公問於眾仲，眾仲預言州吁將及於難。其判斷標準：「夫州吁弒其君，而虐用其民，於是乎不務令德，而欲以亂成，必不免矣。」一則弒君已然成亂、無禮，又爲求寵於諸國而伐鄭虐民。眾仲以其無德成亂，必不免於難。州吁於同年九月，爲石碏以計見殺。左氏君子稱其爲「純臣」，與隱公元年穎考叔「純孝」之贊可互爲發明。

　　魯莊公十八年（西元年 676 年），周僖王卒，周惠王繼。同年春季，「虢

〔註75〕《十三經注疏・左傳》，同上註，頁 940。此例中另提及「萇叔違天」一事，但卻不見其事，此或左氏剪裁之跡，或傳習之脫漏。關於萇弘相關事件，《國語・周語》中有所記載，可與此比事觀之。事見：《國語・周語下・劉文公與萇弘欲城周》，上海師範大學古籍整理組《國語》，臺北：里仁書局，民國 70 年 12 月初版，頁 144 至 145。

公、晉侯、鄭伯使原莊公逆王后于陳。陳嬀歸于京師，實惠后。」〔註76〕惠后寵少子王子帶，後成爲周王室不寧之因。

周惠王二年秋季，五大夫奉王子頹爲亂，敗後奔衛，後在衛師、燕師幫助下再伐周。鄭厲公出面調停，失敗。周惠王入成周，王子頹立於王城。周惠王四年（西元年 673 年）春季，鄭、虢助周惠王，平王子頹之亂。惠王政權始穩固。

周惠王二十二年（西元前 655 年），魯僖公五年，齊桓公三十一年。因惠后寵王子帶之故，周惠王有意立王子帶。此年夏季，齊桓公會王太子鄭與諸國於首止，爲「謀寧周也」。周惠王使宰孔見鄭文公，間其從楚，又有晉輔。鄭文公「喜於王命，而懼其不朝於齊」於是逃歸不參與盟會。魯僖公七年（西元前 653 年），齊桓公爲此會諸侯於寧母，謀伐鄭。對此，《左傳》載管仲之諫，以明其義：管仲言於齊侯曰：「臣聞之：招攜以禮，懷遠以德。德、禮不易，無人不懷。」（頁215）對於齊會諸國謀鄭，鄭文公使太子華與會。《左傳》載之如下：

> 鄭伯使太子華聽命於會，言於齊侯曰：「洩氏、孔氏、子人氏三族實違君命。君若去之以爲成，我以鄭爲內臣，君亦無所不利焉。」齊侯將許之。管仲曰：「君以禮與信屬諸侯，而以姦終之，無乃不可乎？子父不奸之謂禮，守命共時之謂信，違此二者，姦莫大焉。」……（管仲）對曰：「君若綏之以德，加之以訓，辭，而帥諸侯以討鄭。鄭將覆亡之不暇，豈敢不懼？若摠其罪人以臨之，鄭有辭矣，何懼？且夫合諸侯以崇德也。會而列姦，何以示後嗣？夫諸侯之會，其德、刑、禮、義，無國不記。記姦之位，君盟替矣。作而不記，非盛德也。君其勿許！鄭必受盟。夫子華既爲太子，而求介於大國以弱其國，亦必不免。鄭有叔詹、堵叔、師叔三良爲政，未可間也。」齊侯辭焉。子華由是得罪於鄭。（僖公七年，頁215。）

由《左傳》花大量篇幅詳細敘述此事，可見其態度。左氏透過鄭太子華與管仲二人之對比描寫，凸顯禮、信之要。鄭太子華告知齊桓公若齊伐鄭，其願爲內應。管仲諫止桓公，指出禮與信是其國爲霸服眾之本，若採納奸邪之謀，齊國將失信於諸侯。管仲進而指出以德、禮討鄭，鄭必服之，諸侯盟會之事，必見諸史策，勿納姦邪。管仲由鄭太子華失德之言行，預言其將及於難，而

〔註76〕《十三經注疏・左傳》，臺北：藝文印書館，民國82年9月，頁158。

鄭太子華於魯僖公十六年（西元前 644 年）爲鄭文公所殺。

　　管仲此番言論，實是《左傳》盟會敘事之屬辭結構主軸。試觀左氏敘寫諸侯之會，其評斷之標準，正在管仲此論之中。德、禮成爲盟會敘事的主要焦點，成爲《左傳》敘寫春秋外交主要重心。

　　魯成公四年（西元前 587 年），晉景公十三年。此年夏季，魯成公如晉，晉景公態度不佳，季文子預言晉景公必不免於難。《左傳》載之如下：

　　　　夏，公如晉。晉侯見公，不敬。季文子曰：「晉侯必不免。《詩》曰：
　　　　『敬之敬之！天惟顯思，命不易哉！』夫晉侯之命在諸侯矣，可不
　　　　敬乎！」（成公四年，頁 438。）

「敬」於《左傳》中計一百二十四見。是左氏強調的觀念，敬與天常連結討論。〔註 77〕徐復觀先生指出，周人由敬觀念出發，對殷人傳統宗教進行轉化與重新詮釋，在過程中「人取得了某程度的自主的地位」，〔註 78〕在對天命觀念的重新詮釋過程中，人文思想與民本觀念獲得提升，逐漸成爲周文化中重要的內容。周初「敬」、「彝」等觀念的出現，發展至春秋時期形成「以禮爲中心的人文世紀」。「在春秋時代的許多道德觀念，幾乎都是由禮加以統攝。敬是周初最重要的道德觀念。由敬而重視彝，由彝而擴大到禮。」〔註 79〕以禮爲中心的一套道德觀念，逐漸成爲春秋文化詮釋的新標準。觀察《左傳》敘事，以德、禮爲中心的人文精神確實是其歷史解釋的主要觀點。

　　由另一角度而言，此例亦可說是由外在言行來預言吉凶之例。但同樣是外在言行，《左傳》對國君與卿士大夫的態度不同。整體而言，左氏對國君言行之要求甚高。身爲國君，在外交場合上卻表現不敬無禮之態度，左傳給予負面態度，並以「必不免」預言其必遭禍難。

　　除以德、禮作爲判斷標準外，背盟無信，亦是左氏所否定之態度。魯成公十二年（西元前 579 年），在宋華元居間協調下，晉、楚兩國達成第一次的弭兵議合。隔年秦晉戰於麻隧。魯成公十五年（西元前 576 年），楚共王十五

〔註 77〕徐復觀先生指出「在憂患意識躍動之下，人的信心根據，漸由神而轉移向自己本身行爲的謹慎與努力，這種謹慎與努力，在周初是表現在『敬』、『敬德』、『明德』等觀念裏面。尤其一個敬字，實貫穿於周初人的一切生活之中，……周初所強調的敬，是凸顯出自己主體的積極性與理性作用，……這正是中國人文精神最早的出現。」（《中國人性論史——先秦篇》，臺北：臺灣商務印書館，1969 年 1 月初版，頁 20 至 24。）

〔註 78〕同上註，頁 24。

〔註 79〕同上註，頁 48。

年，晉厲公五年。楚國子反打算背盟北侵鄭、衛。《左傳》載其事如下：

> 楚將北師，子囊曰：「新與晉盟而背之，無乃不可乎？」子反曰：「敵
> 利則進，何盟之有？」申叔時老矣，在申，聞之，曰：「子反必不免。
> 信以守禮，禮以庇身，信、禮之亡，欲免，得乎？」楚子侵鄭，及
> 暴隧。遂侵衛，及首止。鄭子罕侵楚，取新石。欒武子欲報楚。韓
> 獻子曰：「無庸，使重其罪，民將叛之。無民，孰戰？」（成公十五
> 年，頁 466。）

對於子反企圖北侵，子囊出面阻止，認為才剛與晉國達成停戰協議，如今背盟
北侵，似不妥當。《左傳》載子反之言：「敵利則進，何盟之有？」充分表現其
性格。對此，左氏藉申叔時之口，預言子反必不免於難。申叔時的預言判斷標
準，主要以信、禮為中心。子反之背信無禮乃出於其內在態度，就程度上而言，
左氏給予之負面態度更甚於外在言行，故申叔時肯定的預言：「子反必不免」。「不
免」二十例中與外交會盟相關之例，又見於魯隱公七年（西元前 716 年），此年
十二月陳國五父如鄭蒞盟，在歃血之儀式進行時，五父意不在盟。《左傳》載曰：
「歃如忘」，鄭國大夫洩駕以此而預言陳佗必不免於難。依《春秋》所載五父於
魯桓公六年（西元前 706 年）為蔡人所殺。由上可知左氏對對盟會信、禮之重
視。春秋霸主政治，正建立在會盟之上。「信」見於《左傳》計二百十六見，亦
是《左傳》強調的價值觀之一，整體而言多與盟會或外交有關。

晉平公六年（西元前 552 年），魯襄公二十一年，齊莊公二年，衛獻公二
十五年。此年夏季，晉國發生欒氏見滅之事，〔註 80〕欒盈出奔。同年冬季晉
國會集魯、齊、宋、衛、鄭、曹等國於商任，要求各國不得接納欒盈一行。

> 會於商任，錮欒氏也。齊侯、衛侯不敬。叔向曰：「二君者必不免。
> 會朝，禮之經也；禮，政之輿也；政，身之守也。怠禮，失政；失
> 政，不立，是以亂也。」（襄公二十一年，頁 593。）

〔註 80〕 西元前 566 年（襄公七年）冬季，韓厥告老，荀罃接替（知氏）為政。西元前
552 年（襄公二十一年）夏季，欒黶卒，其妻欒祁與家老州賓私通。其子欒盈
患之，欲討。欒祁愬於范宣子（士匄），因欒、范二家之前有所仇怨（士匄之
子士鞅於襄公十四年（西元前 559 年）時被欒黶所迫而出奔秦國），范宣子想
藉此機會滅欒氏，於是令欒盈往著築城，而後放逐之。同年秋季，欒盈奔楚，
後至齊國。而晉國國內士匄則大舉滅殺、囚禁欒氏之黨。西元前 550 年（襄公
二十三年）春季，欒盈在齊國幫助下返回曲沃。四月，欒盈率領曲沃兵力在魏
絳幫助下攻入晉國首都絳，由於未獲其他氏族的支持，此次行動失敗，欒盈敗
奔曲沃。同年冬季，晉軍攻克曲沃，「盡殺欒氏之族黨」，欒氏至此滅亡。

叔向觀察齊侯與衛侯在會盟中態度不敬,指出會盟朝見是國家外交之大事,是國君為政之本。齊、衛二君怠禮則失政,失政則亂將生,叔向由此預言齊莊公與衛獻公必及於難,而叔向之言,正左氏態度之表現。國君會朝之無禮不敬,雖一人一身之過,然亦繫一國之對外態度。因此,外交場合之態度與發言,不可不慎,《左傳》藉此以達資鑑之功效。齊莊公於魯襄公二十五年(西元前 548 年)被崔杼所弒;衛獻公於魯襄公二十六年(西元前 547 年),被寧喜所弒。

承上,欒盈於襄公二十三年(西元前 550 年),在齊國的幫助下,暗返晉國曲沃,企圖恢復欒氏。

> 晉將嫁女于吳,齊侯使析歸父媵之,以藩載欒盈及其士,納諸曲沃。欒盈夜見胥午而告之。對曰:「不可。天之所廢,誰能興之?子必不免。吾非愛死也,知不集也。」盈曰:「雖然,因子而死,吾無悔矣。我實不天,子無咎焉。」許諾。……(襄公二十三年,頁 604。)

欒盈返回曲沃後,夜見曲沃大夫胥午尋求支持。胥午以天之所廢,恐無力回天,但仍決定支持欒盈。就屬辭結構角度而言,「天」在《左傳》中計三百五十九見,而左氏對「天」內涵意義與詮釋角度,在不同時期採取不同態度,是頗值得討論之問題。又「天之所某」的句型於《左傳》中計五見,各為「天之所啟」(僖公二十三年)、「天之所置」(僖公二十八年)、「天之所廢」(襄公二十三年)、「天之所亂」(昭公十九年)、「天之所壞」(定公元年)。

胥臣之預言欒盈起事必不免於難,或出於本身對客觀語境之考量,不便明說,而藉天以言之。若客觀而論欒氏見滅一事,欒氏實則無辜受害者,乃晉國氏族爭鬥之犧牲。左氏藉天以言必不免,或許也表達出對欒氏之態度。又上述叔向預言衛獻公必不免之事,其後續如下:

魯襄公十四年(西元前 559 年),衛獻公十八年,齊靈公二十三年。此年夏季,衛獻公先不禮於孫文子(孫林父)、甯惠子(甯殖),再加上積怨,終致雙方發生衝突,衛獻公出奔齊。齊使獻公居於郲,衛國則另立公孫剽為殤公。十一年後,魯襄公二十五年,晉平公十年。此年夏季,齊崔杼弒其君,晉平公與魯、宋、衛、鄭、曹、莒、滕、薛、杞等國會於夷儀。後會晉使魏舒、宛沒迎接在齊國郲地的衛獻公,答應使其返衛居於夷儀。秋季,衛獻公返居夷儀。

> 衛獻公自夷儀使與甯喜言,甯喜許之。大叔文子聞之,曰:「烏呼!《詩》所謂『我躬不說,皇恤我後』者,甯子可謂不恤其後矣。將

可乎哉？殆必不可。君子久行，思其終也，思其復也。書曰：『慎始
而敬終，終以不困。』《詩》曰：『夙夜匪解，以事一人。』今甯子
視君不如弈棋，其何以免乎？弈者舉棋不定，不勝其耦；而況置君
而弗定乎？必不免矣。九世之卿族，一舉而滅之，可哀也哉！」（襄
公二十五年，頁 625。）

衛獻公返居夷儀後，遣使者與甯喜（甯殖之子）謀返衛國。寧喜答應助衛獻
公重取政權，大叔文子預言甯喜必不免於難。其指出，謹言慎行才不致落入
困窘境地，君子行事應當考量後果與後代子孫。甯喜視國君還不如棋奕的輕
率態度，大叔文子預言其必不免於禍。隔年春季，甯喜助衛獻公返國，《春秋》
書「衛甯喜弒其君剽」，孫林父以戚叛於晉。同年夏季，晉國為衛弒君之事，
會宋、鄭、曹等國於澶淵，並執衛侯、甯喜、北宮遺於會中，後釋之。隔年
（西元前 546 年），甯喜專權，衛獻公殺之，尸諸朝。大叔文子之預言，符
驗。

其他「必不免」預言之例，如僖公七年（西元前 653 年），楚文王臨死前
以申侯「專利而不厭」預言其後必不免於難，要申侯速行出奔。如魯襄公三
十年（西元前 543 年），楚公子圍殺大司馬蒍掩，並佔其家財一事。左氏透過
申無宇之口，預言公子圍將不免於難。其指出善人是國家之主幹，理應多培
養，王子為反而殘殺之，如此禍國將及於難。又如，哀公十二年（西元前 483
年），公孫彌牟以衛出公見執於吳，返國後卻又說吳語，預言衛出公必不免於
難，或許會死於吳。

總結而言，《左傳》以「必不免」表達預言之事，多與國君、外交場合有
關。整體而言，強調若是內在德行、觀念、態度違禮失德，則必然不免於難。
與「其不免乎」、「將不免」作比較，則左氏態度於是可見。

【本章小結】

敘事可定義為作者為表達其敘事意旨，以語言文字為媒介，透過結構之
安排、情節之設計、人物言行及形象塑造、場景情境之描繪等不同表現層面，
而講述某些人、事、物之發展、變化、結果、影響之言語行為與表述過程。
敘事主要目的，在於意旨之表達、觀念之溝通。劉大櫆曾指出：「理不可以直
指也，故即物以明理；情不可以顯出也，故即事以寓情。」〔註81〕對於抽象

─────────────────

〔註81〕〔清〕劉大櫆《論文偶記》，北京：人民文學出版社，1998 年 5 月，頁 12。

無法直接表達之情與理，藉具體之事以傳情達意是最佳的表達策略。《左傳》以敘事方式表達其史觀，藉事以明理，藉事以議論。

　　結構是敘事作品基本構成要素之一，亦是敘事態度、敘事意旨寄寓與表現之重要方式。敘事作品之結構設計，正反映作者對客觀世界之事件、人物與觀念的認識與理解。

　　《左傳》敘事並非僅是單純的將歷史文獻材料依年月編排，而是在取捨、編排、敘述之間，試圖寄寓其史觀、史識與史義。〔註82〕在此前提下，史家如何在敘事結構上進行設計，以便讀者能解讀隱含於敘事文字下之深層意義，成為《左傳》敘事結構設計之重點。〔註83〕《左傳》為編年體史書，依年月順序記事之體例，是其優點亦是缺點。因果結構、屬辭結構與比事結構之設計，正為解決編年體割裂史事之缺點，使閱讀接受者在閱讀過程中，能透過敘事結構設計所預留之線索，建構敘事脈絡，進而解讀、體會作者敘事之意圖與主旨，達成觀念溝通與傳播之效果。《左傳》之屬辭結構，除形式聯結功能外，透過敘事間相關性，將散見各年間之事進行屬合，進而呈現提示解讀線索，建構敘事脈絡，此則是《左傳》屬辭結構設計之深層用心。比事結構是以屬辭結構為基礎，是運用讀者心理，使敘事間之意義能夠凸顯的一種結構設計。因果結構，則是歷史敘事首要重點，透過對於因果關係之揭示與探討，能反映敘事態度、寄寓史家史觀，進而完成敘事意旨之傳達與交際。

　　閱讀認知之過程，大體如下：閱讀主體→以「前結構」→面對客體之刺

〔註82〕就經學角度而言，認為此即左氏懼孔門弟子各以己意解《春秋》，於是依孔子春秋大義，進行解經。若就敘事角度而言，無論其是否為解《春秋》而作，敘事本身就是一種詮釋行為。作者在敘事過程中，無論有意無意，其主觀之思想觀念已然融入敘事之中。就廣義語用學角度而言，敘事本身即是一種言語行為，即是一種溝通過程。若僅是將史料文獻搜集編成策，這僅是資料彙編，稱不上歷史敘事。歷史敘事，必須有史識、史觀、史義貫穿於敘事之間，正如情節必須揭示事件發展內部因果關係一樣。因此，《左傳》之敘事，有其所欲表達與傳遞之觀念、想法，有其所欲達到之言語行為目的。

〔註83〕或問，《左傳》其書或非一人一時所成，何來整體敘事結構設計之說。筆者以為，其書作者或尚不能確定，但其史書之性質，就敘事角度而言已然產生某些限定與制約。史書之編纂與敘事，必然有其核心價值觀，即所謂之史觀。必然有史書所欲表現傳達之某些觀念，即所謂之史義。史觀與史義對史書敘事之制約作用是可以確定的。無論作者是否為一人，一但史書核心史觀與史義確立後，敘事者在內容取捨與形式表現上，勢必受其影響。如德、禮觀念、民本主張等，都是明顯之例。

激→進行理解認知活動→同化→順應→平衡→獲得新的認知。閱讀主體在進入閱讀認知過程之前，本身因其主、客觀語境作用，已具備某種文化語境，這包含觀念態度與期待視野等。閱讀主體以此「前結構」來進行認知思維活動，來理解新的客體。在過程中，閱讀主體會先嘗試以本身所具備之認知圖式來同化接觸的新客體，若成功同化，則完成閱讀接受過程，獲得新的認知。若無法同化，則主體會開始進行內部圖式調整或創造新的認知圖式，以順應新客體，直到其納入主體之認知圖式中。當同化與順應達成新的平衡時，新的認知圖式於是產生，而這又成為閱讀主體下一次閱讀時的基礎圖式。在這過程中，《左傳》設計之屬辭結構，有著引導讀者發現線索、建構脈之功能。在此基礎上，比事結構則發揮參考、引導、深化之作用，使讀者對敘事內容之解讀，朝作者預期之大方向發展。再經由因果結構之強化，歷史資鑑之效果於是可能達成。

總而言之，屬辭與比事結構，是《左傳》用以突破編年體史書體例限制之方法。由於文化語境所限，編年體成為春秋戰國時期史書的主要體例，在當時史書記載開始興盛之際，史官以歷史首要之時間為準，依序記載史事，一方面可強調時間之重要，同時亦方便查考，此為史書發展初期必經之過程。面對編年體史書體例之限制，《左傳》透過屬辭與比事結構之設計，打破編年斷裂史事之缺，重新將相關觀念之史事加以整合比較。進一步思考，屬辭比事亦是《左傳》用以進行歷史解釋的重要方法。春秋「微而顯、隱而晦、婉而成章，盡而不汙，懲惡而勸善」之書法，除是敘事表達方式外，亦是歷史解釋之法。因果結構之功能則在於凸顯史義。歷史事件之發展有其因與果，透過對因果關係之揭示，加上敘事頻率反覆強調，可令讀者印象深刻。怎樣的言行會取禍，如何的態度會不免，外交場合如何應對，祀與戎如何處理等，都在因果關係之揭示與強調下，無形間達到歷史資鑑之效果。

第四章　《左傳》人物敍寫與史義解讀

　　史以事爲主，事以人爲本。歷史是人類行爲活動與思維觀念的一種記錄，《左傳》以記載史事爲主要內容，而「歷史的重心是人，人之所在，而萬事出，因此歷史所涉及的是人事。」〔註1〕對於人物形象之塑造與描寫是《左傳》敍事重要特色之一。就敍事角度而言，人物是敍事情節內容的主要行爲主體，具有推進情節發展之功能。就表達角度而言，人物敍寫是作者寄蘊敍事意旨，表達敍事態度的重要手段；就接受角度而言，透過對人物之觀察，可以破譯解讀撰史者之史義與觀念。此外，就《左傳》敍事而言，人物具有突破編年體史書體例限制之功能。

　　《孟子・離婁下》曰：「王者之跡熄而《詩》亡，《詩》亡然後《春秋》作。晉之《乘》、楚之《檮杌》、魯之《春秋》，一也。其事則齊桓、晉文，其文則史。孔子曰：『其義則丘竊取之矣。』」〔註2〕孟子先是指出詩與史之興替關係：當以周天子爲中心，以韻文形式表達之「采詩觀俗」制度與功能逐漸喪失後，代之而起的是以各國諸侯爲本位，以散文形式爲表現手法，記載各國諸侯霸業之各國史書敍事。采詩之功能在於觀風俗、知得失，史書敍事之功能亦以得失資鑑爲主要目的。再則說明《乘》、《檮杌》與《春秋》等史書之內容，在文字表現形式方面，是遵循史書成法與歷史敍事〔註3〕規範的，因

〔註1〕　杜維運《史學方法論》，臺北：三民書局，2003年2月15版，頁206。
〔註2〕　《十三經注疏・孟子》，臺北：藝文印書館，民國82年9月，頁145。
〔註3〕　本文所謂歷史敍事，是指帶有撰史者史識、史觀、史義，且運用適度歷史想像進行敍述之史書敍事。而史書敍事則是客觀的指稱具有敍事性質之史書作品及其編纂敍述。

此能稱之爲「史」。而在敘述之事件內容取捨方面，則是以齊桓公、晉文公等霸主之事跡作爲敘事脈絡之中心主軸。孟子進而強調史義是史書敘事之中心，無論是敘事藝術之表現手法或史事內容之取捨剪裁，其最終目的皆是爲凸顯撰史者史義，傳達作者敘事意旨。

孟子所論，指出了先秦史書敘事之兩大重點：其一，歷史敘事以人爲主。霸主與霸業密不可分，所謂齊桓、晉文之事，正是指齊桓公、晉文公其人之言行事跡。有人才有事，有事才有史。其二，史義是史書敘事之核心。所謂史義，正是撰史者之敘事意旨，即撰史者敘事核心價值觀念。「夫春秋，上明三王之道，下辨人事之紀，別嫌疑，明是非，定猶豫，善善惡惡，賢賢賤不肖，存亡國，繼絕世，補敝起廢，王道之大者也。」〔註4〕要言之，歷史敘事內容以人爲基礎，人物敘寫是《左傳》敘事重要內容。進一步而言，歷史敘事所關注的亦是人的問題，爲解決人的問題，希望能由已發生的歷史人、事、物等事件經驗中，尋得人自身問題的解答，提煉對於人存在意義之答案。在此前提下，撰史者將所蒐集之史料文獻，在理解之後，透過文字敘事形式將史事進行敘述表達，藉由適當的歷史想像過程，將撰史者對歷史之看法、態度與價值判斷，寄託於對歷史的敘事之中。而在歷史敘事中，人是最開始也是最終關注的焦點。討論《左傳》敘事與解釋問題，人物是重要的核心之一。

《左傳》敘事內容可別爲記事、記言與寫人三大部分。關於《左傳》人物之相關討論，向來爲學者所重視〔註5〕，整體而言，多是探討論一人或數人之形象或檢討人物言行得失爲主要切入角度。〔註6〕本文另由敘事與解釋角度

〔註4〕 《百納本二十四史‧史記‧太史公自序》，臺北：臺灣商務印書館（宋慶元黃善夫刊本），民國77年臺六版，頁1202。

〔註5〕 關於《左傳》人物之研究，主要可別爲幾種類型：其一，人物專論。即針對《左傳》單一人物進行探討，論其言行得失、成敗因果、性格德行等，進而對該人物進行評價與討論。此類研究多以單篇論文形式出現，（數量頗豐此處不逐一列出），而成爲專著者如裴默農《春秋戰國外交群星》（1994）、方朝暉《春秋左傳人物譜（上下）》（2001）、何新文《左傳人物論稿》（2004）等。其二，由文學角度討論人物。主要由小說或敘事角度切入，對《左傳》人物之功能、形象塑造、角色意義、人物類型等進行探討，如王靖宇《左傳與傳統小說論集》（1989）、孫綠怡《左傳與中國古典小說》（1992）等即爲此類。其三，類似於評點形式之人物討論。其書或爲《左傳》文選，或論《左傳》文學，以自成段落之篇章爲單位，於選文後之論述中，亦對人物言行事跡進行探討，如洪順隆《左傳論評選析新編（上下）》（1982）、高葆光《左傳文藝新論》（1983）等。

〔註6〕 此類研究成果臺灣方面請見參考書目，大陸方面之成果目錄請見何新文《左

切入，討論《左傳》人物敍寫之特色與功能，及其在敍事態度（敍事意旨）解讀與反映方面之作用與意義。

　　主要討論問題如下：1、人物在史義解讀方面之功能與意義。就屬辭比事角度而言，人物是屬辭比事的運作基礎之一，透過人物可以將散見各年間之史事，進行組織比對。2、人物敍事如何能表達敍事態度，如何能寄託含義。對人物形象之塑造、人物言行舉止之褒貶評價，是表達者反映敍事態度的方法。則《左傳》人物敍事有何特色？這些特色與態度表達之關係如何？3、就讀者接受角度，如何能由人物敍寫中解讀出其背後之深層含義，其角度與方法爲何？4、《左傳》人物類型與史義解讀之關係如何？分別討論如下。

第一節　「以人統事」與編年救濟

　　〔晉〕杜預《春秋經傳集解·序》云：「春秋者，魯史記之名也。記事者，以事繫日，以日繫月，以月繫時，以時繫年，所以紀遠近、別同異也。故史之所記，必表年以首事，年有四時，故錯舉以爲所記之名也。」〔註7〕以時間爲主軸，依年、月、日順序安排史事是編年體之主要特徵。可以說編年體是一種「以時統事，以事繫時」的敍事表現形式。而紀傳體，則是以人物爲主軸，將與傳主有關之言行事跡以人爲中心進行敍述，可以說是一種「以事繫人」的敍事表現形式。《春秋》是編年體史書之代表，而漢代司馬遷所撰之《史記》則爲紀傳體之代表。《左傳》成書於戰國，介於兩書之間，觀察《左傳》敍事內容與表現形式，可發現其書以編年體爲本，以時統事，但在敍事之中，卻有著強烈的「傳人意識」，〔註8〕《左傳》一書可說是編年體史書過渡到紀傳體史書的中介關鍵。《左傳》「善於選取有意義的細節表現人物性格或事物的獨特意義」，「又有完整記述人物活動的創意，這對於紀傳體巨著《史記》在西漢出現無疑是巨大的推動。」〔註9〕

　　傳人物論稿》書後附錄一：《左傳》人物研究論著索引（1943～2003）。筆者亦曾撰〈由《左傳》析論秦穆公政治決策與春秋局勢〉一文，（第一屆全國政治經濟研究生論文發表會，國立成功大學政治經濟研究所，2003 年 5 月。）
〔註7〕　〔晉〕杜預《春秋經傳集解》，臺南：第一書局，民國 69 年 1 月初版，頁 39。或參考程元敏《春秋左氏經傳集解序疏證》，臺北：學生書局，民國 80 年 8 月初版，頁 11。
〔註8〕　即自覺的、有意識的對人物進行考察與描寫，以人爲中心而進行敍事。
〔註9〕　陳其泰《史學與民族精神·《左傳》爲古代史學樹立的範例》，北京：學苑出

　　「以人統事」、「人事相濟」是《左傳》敘事的另一特色。所謂「以人統事」，是指就閱讀接受角度而言，透過人物敘寫可以將某些相關人事物進行統整與組織。閱讀《左傳》即會發現，隱、桓之際主要以鄭莊公爲敘事主軸，之後則依序以齊桓公、晉文公及楚莊王等霸主爲全書敘事之主軸，成、襄、昭之際敘事主軸轉移至各國氏族，鄭七穆、魯三桓、齊陳氏、晉六家等成爲《左傳》敘事中晚期之焦點，而《左傳》敘氏族之事亦以人爲中心。定、哀之際則以吳、越之事爲重心，兩任吳王與越王勾踐間之恩怨爭鬥成爲《左傳》晚期敘事的焦點，輔以各國氏族相互的兼併殺伐，逐步建構出由春秋進入戰國的形勢。由上可看出《左傳》是有意識的敘寫人物，〔註10〕而這強調人物之特點，正提供屬辭、比事結構之運作之聯繫基礎。

　　或有學者指出「《左傳》所寫人物都是零碎的、片斷的，因此是不完整的。」〔註11〕此論恐是對《左傳》表層之理解所發，若由表面形式而論，《左傳》對於人物之記載確實受編年體限制而無法呈現完整性，但不只是人物敘寫，《左傳》在史事敘述上同樣呈現被割裂、不完整之形態，這是編年體史書體例先天的限制。閱讀理解《左傳》不應僅停留於形式狀態的認識，通讀《左傳》全書便能體會其在人物敘寫方面有其用心經營、細心謀劃之處，並非隨事而寫人，零碎而片斷。孫綠怡對於《左傳》人物提出「累積型」〔註12〕與「閃現型」〔註13〕兩種，其說法可謂掌握《左傳》敘事寫人之要。《左傳》依著編年體史書體例，依時記事、隨時寫人，一人之事分見於數年之間，就表現形式而言，人物敘寫是被切割的，是不完整的。但就閱讀理解角度而言，人物反而成爲將各年事件統整組織之聯接樞紐。如前所論《左傳》對於史事遭割裂之弊設計屬辭與比事結構加以因應，此兩結構在人物敘寫解讀上亦有其功能。逆而論之，人物亦是屬辭、比事結構運作之基礎。

　　人物言行舉止、話語應對等，是《左傳》敘事的重要內容，亦是撰史者

版社，1999 年 8 月第 1 版，頁 157。

〔註10〕在人物敘寫上，則《左傳》已然有紀傳體以人爲中心之雛型。無論作者有意無意，此舉使中國史書敘事逐漸朝紀傳體爲主的方向發展。

〔註11〕俞樟華《史記藝術論》，北京：華文出版社，2002 年 1 月第 1 版，頁 82。

〔註12〕其定義爲：「由分年記事逐漸展示某一人物的性格、構成完整的形象。」（孫綠怡《左傳與中國古典小說》，北京：北京大學出版社，1992 年 4 月第一版，頁 33。）

〔註13〕其定義爲：「僅記寫一件事就勾勒出某一人物的形象或表現某一方面的性格要素。」（同上註）此類人物近似於本文所論比事見義型人物。

特意著墨之處。如前章所論,「言事相兼」之歷史敘事,是《左傳》敘事之重點,而歷史想像是撰史者態度與觀念的重要表現方式。記言以人為行為主體,撰史者所以記言,正為寫人;撰史者之歷史想像,亦為塑造人物形象。人為事之本,人物敘寫成功,進而才能令敘事深刻。整體觀察《左傳》「言事相兼」之敘事表現形式,可發現「事」之意義在於整段文字之綱領提示與銜接續行。當然,就本質而言,全文或全書應仍是以敘事為本,但就細部表現而論,《左傳》其書已然見到由編年體向紀傳體過渡之情況。〔註14〕

除以人統事外,在《左傳》中亦可見到類似紀事本末體表現形式。如晉公子重耳出亡(僖公二十四年),又《左傳》「初」敘事法中所記載,亦常有近似紀事本末體之表現形態。總而言之,《左傳》處於先秦文化由原始宗教思維轉成理性人文思維的過渡階段,其書之內容取捨與敘述,呈現兩種思維並存之情況,但整體而言是朝人文理性方向發展;〔註15〕在表達形式上,《左傳》雖以編年體為本,但其中可見作者為突破編年體限制而設計之用心,可以說是編年體與紀傳體雛型共存之過渡狀態。

以下先討論先秦人文精神發展與《左傳》「傳人意識」之興,進而討論《左傳》人物敘寫在編年突破上之意義。

一、人文精神與「傳人意識」

「人文」一詞,《易・賁・彖辭》中已見。〔註16〕人文精神是先秦文化的

〔註14〕「編年體與紀傳體……兩體之間沒有天然鴻溝。(編年體)對紀傳體中的本紀、世家、列傳及典制諸體例的創建和反映都有重要的啟迪作用,在紀傳體中隨時可見編年體的蹤影,特別是紀傳體中的"本紀",實際上是一部地地道道的帝王編年大事記。……從一定意義上說,沒有早期編年體編纂技術的發展,就不可能有紀傳體的產生。」王錦貴《中國紀傳體文獻研究》,北京:北京大學出版社,1996年8月第一版,頁18。

〔註15〕「從最根本的意義上說,任何敘事所要表達的首先就是貫穿在敘事內容中的世界觀。作為歷史著作的歷史敘事中的世界觀,是由作者對歷史的基本認識所決定的。在正史中,作者的歷史觀基本上是中國的傳統歷史——道德意識的體現。從《左傳》的敘事開始,就形成了用"人事"解釋"天命"即歷史發展規律的意識。」(王昕《話本小說的歷史與敘事》,北京:中華書局,2002年12月第1版,頁17。)

〔註16〕《易・賁》〈象〉曰:「賁,亨,柔來而文剛,故亨;分剛上而文柔,故小利有攸往,天文也;文明以止,人文也。觀乎天文,以察時變;觀乎人文,以化成天下。」(《十三經注疏・周易》,臺北:藝文印書館,同註2,頁62。)

深層基礎。〔註17〕在此前提下，周代史學大盛，史以事爲本，事以人爲主。歷史是人類行爲活動與思維觀念的記錄。《左傳》以記載春秋戰國時期史事爲主要內容，對於人物形象之塑造與描寫是《左傳》敘事重要特色之一。

　　所謂人文精神，就是以人爲中心，理性的、自覺的省思，進而對於人本身的尊嚴、價值與能力，給予肯定與認同；並在人本中心的觀念上，重新建構人與人及人與天的關係的一種觀念與思維角度。〔註18〕「發現並不斷加深認識人在歷史運動中的決定性作用的過程，是人文精神產生和發展的一個重要方面，甚至可以說是最根本的方面。」〔註19〕

　　《禮記‧表記》載：「周人尊禮尚施，事鬼敬神而遠之，近人而忠焉，其賞罰用爵列，親而不尊；其民之敝：利而巧，文而不慚，賊而蔽。」〔註20〕理性化、德行化是周文化內在所本有的特性，進入春秋時期，此特性在面對東周社會危亂現實環境下，逐漸發展、累積。春秋中期之後，原本用以維持周文制度的禮樂精神，隨著周王室的式微與諸侯的興起而崩解，在內亂、弒殺、叛奔混亂的時代環境下，革新意識與憂患意識成爲新興士人階層的重要核心價值。〔註21〕人們總結殷商滅亡之因，加上對於自然與人事長期觀察的經驗累積，發現人的成敗、吉凶、禍福與天、神、鬼並無必然絕對之關係，影響禍福吉凶之因素，反而與人本身的言行與態度關係較密。「在過去（殷商），監察人的行爲，以定人的禍福吉凶的是天命，是神；現在（周代）則不是神，不是天命，而是禮。」〔註22〕在此思維角度下，以人爲中心的觀念逐漸萌芽，此觀念「傾向以人的方式而非神的方式來看待人類社會的秩序。」〔註23〕

〔註17〕 先秦文化是以人爲核心，以人爲根本，強調人的自覺意識與價值意義的人文精爲本質。在此文化語境下，先秦之敘事性作品，人都是敘事內容重意的構成。若由敘事角度而言，人物亦是敘事構成的基礎要素之一

〔註18〕 唐君毅對人文精神定義：「乃指對於人性、人倫、人道、人格及歷史文化之存在與其價值，願全幅加以肯定尊重，而不可抹殺曲解之思想也」，《中國人文精神之發展》，臺北：學生書局，民國77年，頁17至20。

〔註19〕 瞿林東《中國史學的理論遺產》，北京：北京師範大學出版社，2005年1月第1版，頁109。

〔註20〕 《十三經注疏‧禮記‧表記》，臺北：藝文印書館，民國82年9月，頁914。

〔註21〕 陳來《古代思想文化的世界——春秋時代的宗教、倫理與社會思想》，臺北：允晨文化，2006年1月初版，頁18至19。

〔註22〕 徐復觀《中國人性論史——先秦篇》，臺北：臺灣商務印書館，1969年1月初版，頁50。

〔註23〕 陳來《古代思想文化的世界——春秋時代的宗教、倫理與社會思想》，臺北：

　　徐復觀先生提出「敬」的觀念來代表周人的哲學，其指出敬觀念貫穿於周初人的生活之中，「周初所強調的敬，是凸顯出自己主體的積極性與理性作用，……正是中國人文精神最早的出現。」〔註24〕其進一步指出，周人由此出發對殷人傳統宗教進行轉化，在這轉化過程中「人取得了某程度的自主的地位」，〔註25〕在對天命觀念的重新詮釋過程中，人文思想與民本觀念獲得提升，逐漸成為周文化中新的內容。〔註26〕周初「敬」、「彝」等觀念的出現，發展至春秋時期形成「以禮為中心的人文世紀」。「在春秋時代的許多道德觀念，幾乎都是由禮加以統攝。敬是周初最重要的道德觀念。由敬而重視彝，由彝而擴大到禮。」〔註27〕以禮為中心的一套道德觀念，逐漸成為春秋文化詮釋的新標準。

　　在這過程中有兩點值得注意：其一，這人文化過程不是短時間發生與完成的，而是經過長期的，漸進的發展。因此，春秋至戰國之文化，帶有由原始思維轉為人文思維的過渡性特質。〔註28〕幾乎大部分完成於此時期之先秦典籍，皆可見到原始思維與人文觀念並存於一書中之情況。《左傳》亦帶有此一特質，觀察《左傳》敘事，其內容取捨有專為德行強調而敘寫者，但亦有記載神異奇事卻未見深義者。在敘事表達上，有專為凸顯史義而設計之屬辭、比事結構，為寄託史義而運用之歷史敘事，但也有僅是單純記載事件之客觀記事。其二，「這一理性不是體現為注重技術文明或科學知識的用以改造自然世界的理性，而是一種政治的理性、道德的思考、實踐的智慧。」〔註29〕先

　　　　　允晨文化，2006 年 1 月初版，頁 19。

〔註24〕徐復觀《中國人性論史——先秦篇》，臺北：臺灣商務印書館，1969 年 1 月初版，頁 20 至 24。

〔註25〕同上註，頁 24。

〔註26〕進入春秋時期（西元前 722 至 480 年），人文精神日益發展，宗教由迷信中逐漸脫出，轉而與人文精神中的道德觀念相結合，形成春秋時期以禮為中心的人文化宗教觀念。此外神話歷史化亦是人文精神作用的另一層面表現。

〔註27〕徐復觀《中國人性論史——先秦篇》，臺北：臺灣商務印書館，1969 年 1 月初版，頁 48。

〔註28〕「由於這一過程是一個複雜的緩慢的過程，所以我們不能從一種純粹的角度來設想西周到春秋『神本信仰』和『人本理性』的緊張，事實上，春秋思想大都尚未徹底擺脫神話思維的框架，而是在此框架內發展起人本的因素，體現著人文精神的躍動。但是無論如何，我們在這一時代思想文化的各個方面都可以看到人文精神和道德精神的活躍萌動和蓬勃生長。」（陳來《古代思想文化的世界——春秋時代的宗教、倫理與社會思想》，臺北：允晨文化，2006年 1 月初版，頁 21。）

〔註29〕陳來《古代思想文化的世界——春秋時代的宗教、倫理與社會思想》，臺北：

秦的人文精神，主要是體現在人生意義之智慧與生活行爲之實踐上。也因此，中國的史傳敘事或是人物敘寫，日常的言行舉止，態度反應成爲主要的敘事內容，成爲進行價值判斷與人物評價的主要觀察點。

在此文化語境下，《左傳》敘事有意識的以人爲中心來記載史事，開始形成「傳人意識」。〔註30〕《左傳》人物敘寫以人爲本，而其寫人又以德行爲中心，無論是正面品德或負面惡行，爲人物塑造一個與德行相關之形象，是《左傳》人物敘寫的重要特色。透過此敘寫，可塑造鮮明對比之人物形象，善惡、是非、德禮依違在人物敘寫過程清楚鮮明，如此，可令讀者印象深刻，進而達到其資鑑勸懲之功能。〔註31〕也正因以德行爲人物形象塑造中心之特色，使得讀者能夠以人統事。

總而言之，由原始思維進步到人文思維，由宗教神鬼史觀進步到人文道德史觀，是春秋戰國時期思維的進步發展。而對人之重視與關注，則是春秋戰國史學觀念上一個進步。〔註32〕周代文化是以人文精神爲基礎的文化，所謂周文正是出於對人價值重新思考與定位的文化。在肯定人價值前提下，人的地位獲得提升，人對自己的命運開始掌握主動權。此觀念之外顯，表現在建構一套以人爲本的禮樂制度上，藉由禮樂制度將人的思維與行爲規範在人文精神之中。無論是在人與自然之關係，人與宗教之關係，人與人之關係，這人文精神，成爲周代思維與觀念的主要判斷標準。周初以德配天，至春秋人文精神漸興，至戰國諸子興起，都是爲解決人的問題，爲探討人的存在意義與安身立命之道。

允晨文化，2006 年 1 月初版，頁 19 至 20。

〔註30〕 「第一，《左傳》的傳人意識，在我國歷史上有了空前強烈的表現。《左傳》作者已經開始有意識地考察和傳寫歷史人物。《左傳》中寫到的歷史人物有人名的就在 4000 以上，其中數以百計的人物給讀者留下較爲深刻的印象。……第二，《左傳》中的民本思想大大加深了對民的認識。」（陳蘭村《中國傳紀文學發展史》，北京：語文出版社，1999 年 1 月第 1 版，頁 18 至 19。）

〔註31〕 整體觀察《左傳》敘寫之人物形象，較少出現形象模糊，價值判斷矛盾不清之人物。以今日眼光而論可能覺得《左傳》人物形象塑造過於明顯，過於二元分立，但就其書之敘事意旨與敘事目的而言，清楚明確的人物形象，配合上因果關係，是最能體現資鑑勸懲效果的敘事方式。當然，《左傳》中亦有人物形象略見矛盾者，但通常僅是單一事件上之矛盾，就整體人物形象而言，人物形象的統一性仍是《左傳》敘事寫人的基礎。

〔註32〕 瞿林東《中國史學的理論遺產》，北京：北京師範大學出版社，2005 年 1 月第 1 版，頁 109 至 110。

先秦史學的興盛，亦是在人文精神氛圍下而產生的。〔註33〕

二、人物對編年體史書體例限制之突破

「人物的統一性是事件與事件之間的重要聯接因素」，〔註34〕就敘事角度而言，人物正是敘事作品的主要行動者。有人物才有故事。就歷史角度而言，人物也是構成歷史的基礎。歷史即是對人類行為、觀念整體的記載，所謂「史學之所以成立，乃成立於活著的人，與死去的人，能在時間上貫通，在生活上連結，以擴充活著的人的生存廣度與深度。」〔註35〕人物正是連貫歷史事件與史學意義成立之關鍵。《左傳》敘事所關注者亦是以人物為本。

敘事是歷史體現史義的基礎。所謂「理不可以直指也，故即物以明理；情不可以顯出也，故即事以寓情。」〔註36〕歷史敘事不僅是單純的敘述說明某件事，而是撰史者在取捨、剪裁後精心安排設計用以表達某一中心主題，反映某種現象，體現某種價值觀念之表現形式。如前所論，《左傳》敘事以資鑑、教育為目的。欲解讀《左傳》敘事之深意，敘事態度是關鍵，而敘事態度如何解讀，歷史想像則是可靠的切入角度。整體而言《左傳》之歷史想像大部分集中在人物言、行敘寫上，單純的事件、情節 動作、言語等歷史想像之敘述，本身無法產生意義，必須與人物進行聯繫，以人物為中心進行聯繫，才能產生意義。〔註37〕

以時統事之編年體，其優點在於事件因果與時間順序之條理清晰，但其對史事完整性之割裂，則是一大缺點。史以事為要，事以人為本。人物是歷

〔註33〕 「文史作品是文史作者對社會生活或歷史發展的反映與敘載。而作者怎樣反映或敘載社會生活與歷史，是受其主觀意識支配的。歷史學家記載或反映歷史，尤其會受到他的歷史觀，他對具體歷史人物、事件的認識的影響。因此，我們在考察《左傳》所產生的時代背景之後，還應當考察《左傳》作者的主觀認識，特別是他對"人"的思想認識和感情態度，從而對《左傳》刻劃歷史人物的思想藝術成就有更進一步的把握。」(何新文《左傳人物論稿》，北京：中國社會科學出版社，2004 年 10 月第 1 版，頁 60。)

〔註34〕 羅鋼《敘事學導論》，昆明：雲南人民出版社，1994 年 5 月第 1 版，頁 79。

〔註35〕 徐復觀《兩漢思想史卷三・論史記》，臺北：學生書局，民國 82 年 9 月初版四刷，頁 336。

〔註36〕 〔清〕劉大櫆《論文偶記》，北京：人民文學出版社，1998 年 5 月第 1 版，頁12。

〔註37〕 無論是文學敘事或歷史敘事，人物始終是敘事關注的重要焦點。關於人物理論之討論，文學敘事方面之討論較多，而歷史敘事之人物探討則較少見。

史構成的基本要件，也是歷史敘事的重心所在。如前所論《左傳》敘事表現形式以「言事相兼」者爲多，其敘事內容基本上是人事相濟，記事與記言其目的都爲寫人。就閱讀接受角度而言，透過人物此點，正可補強編年敘事割裂事件完整之缺。

進一步須討論的問題，一是《左傳》如何透過人物敘寫來突破編年體之限，其二是讀者由什麼角度切入，可以藉《左傳》的人物敘寫來突破編年體之限制。這兩問題之關鍵正在於《左傳》人物敘寫之特色上。整體觀察《左傳》人物敘寫，其特色如下：

一、人物形象塑造以德行觀念爲中心。人物形象之所以能不斷的累積構築，一方面是閱讀心理因素，另方面是《左傳》人物敘寫有其內在結構與脈絡。所謂閱讀心理因素，是指閱讀本身就是一種認知理解的過程，這過程主要是將文字符號轉換爲認知圖式，而這些認知圖式是可以保留記憶的。藉此，在不斷閱讀過程中，同一人物反覆出現，讀者一方面不斷累積該人物之形象，同時也不斷修正該人物之形象。

而所謂《左傳》敘事內在脈絡，主要是指以德行爲中心的人物形象塑造原則。《左傳》人物形象塑造，無論是其表現方式或敘寫內容，最終以強調人物德行刻劃人物形象爲主。無論是正面或負面德行形象之塑造，其主要目的在於因果關係之揭示，透過人物敘寫，能表現德行形象與事件結果之關聯性，藉此以達成《左傳》敘事勸懲之目的。此外以德行爲人物敘寫中心之特色，亦是突破編年體割裂史事限制的方式之一。《左傳》「描寫一個人常常不限於一年一事，有些重要人物的言行在《左傳》中前後橫跨 40 餘年，但卻遙相呼應。」〔註38〕何以散見各年卻能遙相呼應？因爲其寫人有中心主軸，即所謂道德中心。

例如以「禮」、「義」、「忠」、「信」、「仁」、「孝」、「直」等爲核心，可將具備此德行之人物進行比事，從中可見出史義。同時也可打破編年限制，重新連屬史事進行討論。對於人物形象的大部分描寫與塑造，是爲表現人物的德行特質而設計而寫的。因爲有主軸、有中心、有結構，所以無論跨越多少年，人物形象與德性特質之關係，使人物形象及其言行能相互呼應。

二、強調人物態度與反應對事件發展與結果之影響。資鑑功能是史書敘事的主要目的，而因果關係之揭示是最能表現歷史資鑑意義之方式。《左傳》

〔註38〕方朝暉編《春秋左傳人物譜（上）》，濟南：齊魯書社出版社，2001 年 8 月第1 版，頁 3。

敘事為凸顯人物對事件發展之影響與強調因果結構，在人物敘寫上特別強調人物態度反應對事件發展之關鍵作用。合禮有德之正確反應，往往能化險為夷，使事情朝有利的方向發展。例如成公九年所載楚囚之應對，范文子評為仁、信、忠、敏。《左傳》載其語如下：「楚囚，君子也。言稱先職，不背本也；樂操土風，不忘舊也；稱太子，抑無私也；名其二卿，尊君也。不背本，仁也；不忘舊，信也；無私，忠也；尊君，敏也。仁以接事，信以守之，忠以成之，敏以行之。事雖大，必濟。君盍歸之，使合晉、楚之成？」晉景公接受范文子建議，釋放楚囚，「重為之禮，使歸求成。」反之，若失德無禮錯誤反應，就算是大國、上位者亦不見得會取得好的結果。

　　三、特重人物言行之細節描寫，透過據事直書將史義寄託於人物言行之間。細節描寫是歷史想像的重要表現方式，撰史者所以費心的運用歷史想像進行細節刻劃，其目的正為史書資鑑勸懲與教育傳承之功能。觀察《左傳》人物敘寫，「言事相兼」、「藉言敘事」是一大特點，幾乎與人有關之敘事，必然配合大量的人物對話。此外，對於人物言行舉止生動細膩的描寫，亦是《左傳》寫人的重要特色。撰史者企圖透過對人物外在言行舉止的描寫，來反映表達人物內在的思維、心理、情緒與態度，藉此達到深刻寫人之目的。唯有深刻鮮明生動的人物形象，其發揮之資鑑功能才能使讀者印象深刻，深入人心。而達到這目標的有效方式，就是以細節描寫深刻人物形象。

　　整體而言，《左傳》對人物之描寫其用意主要有二：其一，指出人的關鍵性。就歷史發展而言，人本身是歷史發展的主體與中心。史因人而生，因此，人在歷史事件發展中有著關鍵性的作用。無論客觀環境是有利或不利，整體形勢是好是壞，歷史事件最終的決定者，仍在人身上。此一觀點在《左傳》敘戰相關內容中，明顯可見。《左傳》敘戰有兩大重心：一則著重於戰前交戰雙方形勢之分析，或敘地形之利弊，或寫謀略之高下，或言士氣之盛衰，或論軍隊之優劣。此皆屬客觀形勢之分析。另則，強調「人的因素」對戰爭勝敗之決定性。就軍隊層面而言，是指軍隊士氣。就將領層面而言，則指將領之德禮修養等。

　　其二，藉由寫人來表達敘事態度與敘事意旨。人物敘寫之重點在於人物性格與形象。欲使人物擁有生動之形象、深刻之性格、獨特之個性，關鍵在於人物行為與言論之敘寫，尤其是透過細節描寫，更能達到此目的。《左傳》寫人，正把握細節描寫此一關鍵手法，透過幾個關鍵性的人物言行刻劃，即能令人物形象鮮明深刻，歷千年而不衰。例如早期之鄭莊公、齊桓公，之後之晉文公、

秦穆公、楚莊王等主線人物之形象，成為歷代儒生不斷討論之人物。其他如《左傳》中賢臣、智者之形象，僅以一二片言而令其人賢智形象千年流傳，較知名的如管仲、臧文仲、叔向、子產、叔孫豹、申叔時等，亦為人所重視。其他如各國之氏族、卿士大夫等，《左傳》亦透人物行為與言論之敘寫來塑造其形象。

如前所論，歷史敘事與文學敘事有其本質上之區別。文學敘事強調作者情志之抒發，其內容可以虛構，或者說虛構是文學敘事構成的要素之一。因此，在人物形象塑造上，文學敘事並無限制，作者可依需要隨意虛構人物之行為與言論，用來滿足其敘事需要，以達成敘事意旨之表達。歷史敘事則不可，已發生過的史事無法改變，虛構的事件不稱為史事。因此，歷史敘事在某程度上是受客觀語境限制的，須以真實事件、真實人物為依據，無法隨意虛構與描寫。

總結而言，人物之行為動作、言論內容、性格形象、態度反應等等，正是以人統事、屬辭比事的參考點。整體而言，這樣的屬辭有兩種形式：其一、以同一人為中心，將與其人相關之各敘事進行屬合。透過寫人將史事進行聯結。同一件事可能延續數年或數十年，而散見於各年中記載。但若能把握人物，則能使前後事件取得聯繫，能以人物為主軸將散見各年中之敘事進行組織。

其二、是將不同人、不同事進行連屬整合。其中的關鍵正在於上一章所討論之屬辭結構設計。簡言之，在人物敘寫方面，同樣的行為動作、同樣的言論觀點、同樣的反應態度、同樣的發展模式等，正是讀者閱讀過程中，屬辭比事的連接點。

觀察《左傳》，其書主架構是以編年為主，依年、月、日將史事順序敘述，而其敘事表現形式主要是由「以事為主」客觀記事，與「言事相兼」歷史敘事兩種基本敘事形式交錯組成。整體而言，「言事相兼」、「藉言敘事」是《左傳》敘事主要表達形式，而客觀記事則居次。若更進一步分析《左傳》之敘事表現形式，可發現許多為突破編年體而設計之結構，如上一章所論在敘事結構方面，為突破編年體史書之限制，而有屬辭結構、比事結構等之設計。而在人物方面，為救濟編年體史事割裂之先天缺陷，《左傳》的人物敘寫亦有其突破編年體限制之功能。

第二節　人物敘寫之解讀角度與方法

討論《左傳》人物敘寫與意蘊解讀，可由表象與意義兩層面討論。表象

層面指，透過文字符號所描繪形構出的人物外在形象，外貌、行爲、言語、情緒、心理、動作等。這是表層意義，可以見到的。這是深層意義解讀的依據。如何由表層的形象描寫解讀出深層的意義？關鍵就在於文字表達上。即如何塑造？爲什麼塑造成這樣的形象，而不是其他形象？在人物諸多言行舉止中，作者爲什麼特別選取其中某幾件事某幾個動作、反應、言論來敍寫，這樣的取捨過程中即帶有敍述者主觀的態度。這是取捨與態度。另外，在表達形式上，亦可解讀出作者之態度。敍事的語氣、句法的運用，判斷句、肯定句、疑問句，等都反映敍述者的用心與寄託。意義層面則指，人物形象表層之下所蘊含的意義。作者花費筆墨塑造人物形象，必然有其用意。人物之功能？人物功能背後所帶出的意義與寄託，即是意義層面所關注之焦點。

　　如前所論，《左傳》敍事有其目的性，而其人物敍寫亦以敍事意旨與敍事態度之表現爲主。相關論述，已見前文，須進一步探討之問題：就表達一方而言，在於《左傳》如何在人物敍寫中寄託意義；就接受一方而言，在於如何由《左傳》人物敍寫文字中解讀出深層意義。以下先討論解讀人物形象意義之方法，再說明人物敍寫與態度表達之問題。並配合前二章之論述，提出《左傳》人物敍寫與意義解讀之幾個切入角度：比事解讀、態度解讀、因果解讀。分別說明如下：

一、比事解讀

　　如前章所論，比事結構是《左傳》敍事結構重要的構成。而比事觀念貫穿整部《左傳》。在人物敍寫解讀上，比事見義之角度，是《左傳》敍事特有的方式，亦是解讀《左傳》人物敍寫與敍事態度最主要之切入點。整體而言，人物敍寫之比事解讀，有以下幾個形式：其一，就單一事件敍述中，進行前後人物言行之比較。其二，以人物言行、觀念、態度反應爲中心，針對不同事件進行比事。前者較易見出，後者則須配合屬辭觀念來進行比事操作。

　　正如漢儒所論，「屬辭比事」是先秦編年體史書中重要的結構設計與敍事觀念。史書敍事以資鑑教化爲主要目的，如何在人物形象塑造上，產生資鑑效果，成爲撰史者敍寫人物時重要的問題。而因果結構是揭示敍事資鑑意義最有效的方式，如何使人物敍寫能體現因果結構，成爲《左傳》人物敍寫之重點，而比事結構正可達到此目的。閱讀《左傳》關於人物之相關敍寫，可發現作者確實有意運用比事的觀念來敍寫人物。其於某事敍述後，必會再敍

某些人物，用以與事件人物進行對比，就人物類型而言，此正比事見義型之人物，其功能正在於凸顯史義。就閱讀接受角度而言，掌握《左傳》作者此一敘事特色，便能進一步解讀情節事件與人物敘寫背後之深義。

　　如前文所論介之推一例，《左傳》於城濮戰後，加敘介之推不言祿一事，以比事之方式凸顯晉文公及其他人與介之推人物形象之區別，在這敘事中，撰史者之褒貶已然展現。又如在敘述晉國諸氏興廢相關事件中，《左傳》在事件主線人物如三郤、欒盈、趙鞅等人之外，往往於事後加述比事見義型之人物，如董安于、王生、張柳朔、叔向、輿駢等。〔註39〕整體而言，《左傳》在重大事件敘述過程中，除對主線人物進行敘寫描繪外，其於事中或事後多會加敘比事人物，以凸顯史義，揭示因果。〔註40〕以上屬於同一事件人物比事之例。而如第三章所舉「不敬」之事例分析，則屬於不同事件以人物態度反應為中心進行比事之例。以下再舉「食言」為例，說明不同事件之人物敘寫比事見義之情況，及讀者如何由此比事方式中解讀出《左傳》敘事中的勸懲用心。《左傳》記載人物「食言」之行為計五見，各見於：僖公二十八年、成公十二年、成公十六年、襄公二十七年、哀公二十五年。

　　舉例說明如下：魯僖公二十八年（西元前632年），晉文公五年，楚成王四十年。此年夏季，晉楚戰於城濮。在戰爭過程中，晉文公採納先軫之謀，「私許復曹、衛」，使二國叛楚即晉。楚令尹子玉怒，帥軍隊追擊晉軍，《左傳》載之如下：

> 子玉怒，從晉師。晉師退。軍吏曰：「以君辟臣，辱也；且楚師老矣，何故退？」子犯曰：「師直為壯，曲為老，豈在久乎？微楚之惠不及此，退三舍辟之，所以報也。背惠食言，以亢其讎，我曲楚直，其眾素飽，不可謂老。我退而楚還，我將何求？若其不還，君退臣犯，曲在彼矣。」退三舍。楚眾欲止，子玉不可。（僖公二十八年，頁271。）

晉文公為遵守當出答應楚王退避三舍之承諾，下令軍隊後退。其他軍官提出疑問，以為未戰先退、以君辟臣於軍隊士氣不利。子犯為此提出說明，其指出戰爭之成敗關鍵在於士氣。理直則氣壯，晉文公信守承諾，不忘惠、不食

〔註39〕相關事例分析，請見第六章第二節。

〔註40〕須注意的是，這些比事人物有時並不一定見於同事件之敘事，可能見於數年之後，或者出於其他人物之口以之為例進行比較。這或許屬於《左傳》比事見義較隱微之例。

言，退避三舍則師直氣壯。且若楚軍亦知禮而退，則雙方可不必交戰。就當時文化語境而言，晉文公如此行爲，可謂德禮兼備。依子玉剛愎之性格，自然不會因此退兵，但由《左傳》敍述「楚眾欲止」可知，晉文公退避三舍之行動，確實爲雙方軍對士氣產生一定的影響。而由子犯所言「背惠食言，以亢其讎，我曲楚直」一句，可看出「信」的觀念在先秦人們心中的重要性。《左傳》藉此事強調不食言守信義必有福。當然這只是城濮一戰晉國以少勝多的眾多原因之一，但由作者刻意於前年中設計晉公子重耳與楚王之對話，再於此年戰爭中加以遵守，這番功夫與用心，其目的與用意，讀者應能體會。

關於對「信」觀念之強調，魯僖公二十五年在城濮戰前，晉文公圍原一事，可爲代表。《左傳》載此事如下：

> 冬，晉侯圍原，命三日之糧。原不降，命去之。諜出，曰：「原將降矣。」軍史曰：「請待之。」公曰：「信，國之寶也，民之所庇也。得原失信，何以庇之？所亡滋多。」退一舍而原降。遷原伯貫于冀。趙衰爲原大夫，狐溱爲溫大夫。（僖公二十五年，頁263。）

魯僖公二十五年（西元前635年），晉文公二年。此年冬季，晉文公出兵圍原，期以三日之糧圍之。糧盡未能破城，晉文公下令退兵。《左傳》以言事相兼之形式，敍述入城探察敵情之間諜與晉文公之言論，間諜探得原已無力再守即將投降，晉文公認爲「信」是國之基礎，不願「得原失信」於是信守承諾，退兵。退至一舍時原請降。此例配合上例，可發現《左傳》有意爲晉文公塑造信義形象，進而將晉文公所以能霸之因，歸於道德因素。

關於「食言」之例，又如魯成公十二年（西元前579年），晉厲公二年，楚共王十二年。此年晉、楚兩國在宋國華元居間協調下，達成弭兵之議。晉國郤至爲使，聘於楚國。《左傳》載此事如下：

> 晉郤至如楚聘，且涖盟。楚子享之，子反相，爲地室而縣焉。郤至將登，金奏作於下，驚而走出。子反曰：「日云莫矣，寡君須矣，吾子其入也！」賓曰：「君不忘先君之好，施及下臣，貺之以大禮，重之以備樂。如天之福，兩君相見，何以代此？下臣不敢。」子反曰：「如天之福，兩君相見，無亦唯是一矢以相加遺，焉用樂？寡君須矣，吾子其入也！」賓曰：「若讓之以一矢，禍之大者，其何福之爲？世之治也，諸侯間於天子之事，則相朝也，於是乎有享宴之禮。享以訓共儉，宴以示慈惠。共儉以行禮，而慈惠以布政。政以禮成，

民是以息。百官承事，朝而不夕，此公侯之所以扞城其民也。……今吾子之言，亂之道也，不可以爲法。然吾子，主也，至敢不從？」遂入，卒事。歸以語范文子。文子曰：「無禮，必食言，吾死無日矣夫！」（成公十二年，頁459。）

就敘事表現形式而言，此例屬「言事相兼」之例，其結構【事＋言＋言＋言（總結）】。全段主要強調兩問題：一是藉郤至之走出及其與子反之言語交際，強調禮在外交場合之重要性。其二，藉言敘事，藉言寫人。透過子反與郤至之對話，刻劃二人物之形象。楚共王以諸侯相見之禮樂待之，郤至「驚而走出」，這是透過對人物行爲之細節描寫，生動反映人物情緒之例，而由郤至之行爲亦可見其人之形象

　　郤至回應今日以諸侯相見之禮樂待之，他入將以何禮接待晉厲公。子反一番「無亦唯是一矢以相加遺」之論，生動的塑造其人之形象，同時也向讀者預示，此次弭兵終將失敗。相關討論請見後文，此處將焦點置於「食言」之上。在完整敘述此事後，《左傳》借范文子之口，提出其看法與態度：指出楚國君臣無禮，既然無禮則必定食言，則此次弭兵終將失敗。

　　第一次弭兵失敗後，兩國於襄公二十七年在向戌調停下，達成第二次弭兵，《左傳》於相關敘事中，藉叔向之口對「食言」提出論述。《左傳》記載此事如下：

晉、楚各處其偏。伯夙謂趙孟曰：「楚氛其惡，懼難。」趙孟曰：「吾左還，入於宋，若我何？」辛巳，將盟於宋西門之外。楚人衷甲。伯州犁曰：「合諸侯之師，以爲不信，無乃不可乎？夫諸侯望信於楚，是以來服。若不信，是棄其所以服諸侯也。」固請釋甲。子木曰：「晉、楚無信久矣，事利而已。苟得志焉，焉用有信？」大宰退，告人曰：「令尹將死矣，不及三年。求逞志而棄信，志將逞乎？志以發言，言以出信，信以立志。參以定之。信亡，何以及三？」趙孟患楚衷甲，以告叔向。叔向曰：「何害也？匹夫一爲不信，猶不可，單斃其死。若合諸侯之卿，以爲不信，必不捷矣。食言者不病，非子之患也。夫以信召人，而以僭濟之，必莫之與也，安能害我？且吾因宋以守病，則夫能致死。與宋致死，雖倍楚可也，子何懼焉？又不及是。曰弭兵以召諸侯，而稱兵以害我，吾庸多矣；非所患也。」（襄公二十七年，頁644。）

此例《左傳》敘事主要為強調「信」重要性，先是弭兵會盟時楚人衷甲之事的敘述，到子木所言「事利而已」「焉用有信」之言論，之後藉伯州犁之口預言子木無、唯利是圖的態度必將及難，再由叔向之口對「信」之重要性進行強調，並預言無信者不足以為患。又如魯哀公二十五年（西元前 470 年），此年夏季，魯哀公由越國返回魯國。《左傳》載魯哀公以郭重「食言而肥」如下：

> 六月，公至自越，季庚子、孟武伯逆於五梧。郭重僕，見二子，曰：「惡言多矣，君請盡之。」公宴於五梧，武伯為祝，惡郭重，曰：「何肥也？」季孫曰：「請飲彘也！以魯國之密邇仇讎，臣是以不獲從君，克免於大行，又謂重也肥。」公曰：「是食言多矣，能無肥乎？」飲酒不樂，公與大夫始有惡。（哀公二十五年，頁 1051。）

魯哀公於前一年（西元前 471 年）秋季末前往越國，「閏月，公如越」。此次魯國季康子、孟武伯等人並未同行。哀公二十五年夏季，季孫氏、孟孫氏於五梧一地迎接魯哀公，哀公僕郭重先行，返報哀公以二子多不臣之惡言，請哀公於會面後要追究到底。哀公於五梧一地宴季康子與孟武伯，孟武伯於宴飲敬酒時，問郭重「何肥也」，藉此問以諷刺其人。季康子出面化解，以郭重隨君往越，豈會肥。魯哀公以郭重多食言，故而肥。

　　此上屬藉言敘事之例，就字面意義而言，似乎僅是君臣宴飲間的一席對話。孟武伯因厭惡郭重離間君臣感情，故藉言諷之。季康子與魯哀公對此作出回應。但是，若配合當時語境來解讀，則三人之言論中，實則帶有深意。哀公之時，三桓勢力已大過公室，魯哀公對郭重「食言而肥」之評論，實則指桑罵槐，藉此言以諷季、孟氏之無信。就之後所載「飲酒不樂，公與大夫始有惡」可知，言語交際雙方都明白這言外之意。

　　總結以上，其敘事主要以「信」為中心。《左傳》試圖建構一套「食言」而取禍，「不食言」而獲福之價值模式，用以說明「信」之重要。整體而言，「信」〔註41〕是《左傳》敘述外交盟會相關事件之屬辭中心，如「信不由中，質無益也。」（隱公三年）〔註42〕、「晉、楚無信，我焉得有信？」（宣公十一

〔註41〕《左傳》中「信」字計 215 見，共 126 例。

〔註42〕事見隱公三年。《左傳》載之如下：鄭武公、莊公為平王卿士。王貳于虢。鄭伯怨王。王曰：「無之。」故周、鄭交質。王子狐為質於鄭，鄭公子忽為質於周。王崩，周人將畀虢公政。四月，鄭祭足帥師取溫之麥。秋，又取成周之禾。周、鄭交惡。君子曰：「信不由中，質無益也。明恕而行，要之以禮，雖無有質，誰能間之？苟有明信，澗、溪、沼、沚之毛，蘋、蘩、蘊、藻之菜，

年）〔註43〕、「晉無信，何以求諸侯？」（成公六年）〔註44〕、「信以行義，義以成命，小國所望而懷也」（成公八年），〔註45〕又如晉、楚弭兵爭先時《左傳》載「書先晉，晉有信也。」（襄公二十七年）〔註46〕以贊晉國之德禮。其他如：「盟以底信，君苟有信，諸侯不貳，何患焉」（昭公十三年）〔註47〕、「小所以事大，信也；大所以保小，仁也。」（哀公七年）〔註48〕「盟，所以周信

〔註43〕 筐、筥、錡、釜之器，潢、汙、行、潦之水，可薦於鬼神，可羞於王公，而況君子結二國之信，行之以禮，又焉用質？風有〈采蘩〉、〈采蘋〉，雅有〈行葦〉、〈泂酌〉，昭忠信也。」（隱公三年，頁50。）

〔註43〕 《左傳》載此事如下：十一年，春，楚子伐鄭及櫟。子良曰：「晉、楚不務德而兵爭，與其來者可也。晉、楚無信，我焉得有信？」乃從楚。夏，楚盟于辰陵，陳、鄭服也。（宣公十一年，頁383。）

〔註44〕 《左傳》載之如下：三月，晉伯宗、夏陽說、衛孫良夫、甯相、鄭人、伊雒之戎、陸渾、蠻氏侵宋，以其辭會也。師于鍼。衛人不保。說欲襲衛，曰：「雖不可入，多俘而歸，有罪不及死。」伯宗曰：「不可。衛唯信晉，故師在其郊而不設備。若襲之，是棄信也。雖多衛俘，而晉無信，何以求諸侯？」乃止。師還，衛人登陴。（成公六年，頁441。）

〔註45〕 《左傳》載此事如下：八年，春，晉侯使韓穿來言汶陽之田，歸之于齊。季文子餞之，私焉，曰：「大國制義，以為盟主，是以諸侯懷德畏討，無有貳心。謂汶陽之田，敝邑之舊也，而用師於齊，使歸諸敝邑。今有二命，曰『歸諸齊』。信以行義，義以成命，小國所望而懷也。信不可知，義無所立，四方諸侯，其誰不解體？《詩》曰：『女也不爽，士貳其行。士也罔極，二三其德。』七年之中，一與一奪，二三孰甚焉？士之二三，猶喪妃耦，而況霸主？霸主將德是以，而二三之，其何以長有諸侯乎？《詩》曰：『猶之未遠，是用大簡。』行父懼晉之不遠猶而失諸侯也，是以敢私言之。」（成公八年，頁445。）

〔註46〕 關於晉、楚弭兵之討論，請見後文「敘事與解釋分析」一章。

〔註47〕 《左傳》載此事如下：晉人將尋盟，齊人不可。晉侯使叔向告劉獻公曰：「抑齊人不盟，若之何？」對曰：「盟以底信，君苟有信，諸侯不貳，何患焉？告之以文辭，董之以武師，雖齊不許，君庸多矣。天子之老請帥王賦，『元戎十乘，以先啟行』，遲速唯君。」叔向告于齊曰：「諸侯求盟，已在此矣。今君弗利，寡君以為請。」對曰：「諸侯討貳，則有尋盟。若皆用命，何盟之尋？」叔向曰：「國家之敗，有事而無業，事則不經；有業而無禮，經則不序；有禮而無威，序則不共；有威而不昭，共則不明。不明棄共，百事不終，所由傾覆也。（昭公十三年，頁809。）

〔註48〕 相同之言論亦見於襄公二十二年晏平仲之口，由此可見《左傳》敘事對信觀念之強調。《左傳》載此事如下：季康子欲伐邾，乃饗大夫以謀之。子服景伯曰：「小所以事大，信也；大所以保小，仁也。背大國，不信；伐小國，不仁。民保於城，城保於德。失二德者，危，將焉保？」孟孫曰：「二三子以為何如？惡賢而逆之？」對曰：「禹合諸侯於塗山，執玉帛者萬國。今其存者，無數十焉，唯大不字小、小不事大也。知必危，何故不言？魯德如邾，而以眾加之，可乎？」不樂而出。（哀公七年，頁1009。）

也」（哀公十二年）〔註49〕此外，「信」對個人也是重要的德行特質。

二、態度解讀

　　《左傳》敘事之整體構思，基本上是出於歷史資鑑之需要。其敘事中對人物、事件之態度，正反映作者之看法與觀念。此所謂態度解讀，可由兩角度切入：一是觀察作者對敘事中人物之言、行表現之正面、負面評價與態度，由此而解讀作者之隱含意義。二是觀察《左傳》對人物整體形象之評價與態度。此須以比事結構爲基礎，在建構出人物整體形象後，進一步觀察作者對該人物之整體態度。由此，亦可解讀出人物敘寫之深層意義。

　　整體而言，態度解讀角度主要表現於敘事模式中，如上文所論「食言」之例，作者意圖建構「食言取禍」模式之用心可見。就史書敘事而言，模式之建構是傳達史書資鑑意識較有效的方法，透過模式的建立，能使讀者留下印象式的觀念，能加深史書敘事對讀者的影響力。整體而言爲加深讀者印象，《左傳》在敘事方面對於負面例子之論述往往較爲詳細，運用較多的歷史想像，在情節設計、人物形象等方面用心設計。而對正面例子，往往多採平鋪直敘的方式來表達，於事後以「君子曰」等形式進行正面評價。

　　例如「信」觀念之敘述，《左傳》爲建構一套「失信則禍」的觀念模式，因此對於負面之例，以較大篇幅來詳細敘述，一則令讀者印象深刻，同時也達到資鑑勸懲之效果。例如，魯昭公十一年，《左傳》記載蔡大夫對楚靈王之評論：

> 楚子在申，召蔡靈侯。靈侯將往，蔡大夫曰：「王貪而無信，唯蔡於感。今幣重而言甘，誘我也，不如無往。」蔡侯不可。三月丙申，楚子伏甲而饗蔡侯於申，醉而執之。夏，四月丁巳，殺之。刑其士七十人。公子棄疾帥師圍蔡。（昭公十一年，頁785。）

魯昭公十一年（西元前531年），楚靈王十年，蔡靈公十二年。此年楚靈王要蔡靈公前往申地會面。蔡大夫指出楚靈王貪而無信，建議蔡侯不要前往。蔡靈公往見果然被殺。楚靈王即公子圍，《左傳》塑造其人形象爲：驕、奢、侈、汰、貪、無信，基本上都是負面的特質。就態度解讀角度而言，《左傳》對楚

〔註49〕《左傳》載此事如下：公會吳于橐皋，吳子使大宰嚭請尋盟。公不欲，使子貢對曰：「盟，所以周信也，故心以制之，玉帛以奉之，言以結之，明神以要之。寡君以爲苟有盟焉，弗可改也已。若猶可改，日盟何益？今吾子曰『必尋盟』，若可尋也，亦可寒也。」乃不尋盟。（哀公十二年，頁1025。）

靈王其人言行之態度與結局之設計，正是解讀作者敘事態度之關鍵。《左傳》
對公子圍之描寫，如：

> 楚子、秦人侵吳，及雩婁，聞吳有備而還。遂侵鄭。五月，至于城
> 麇。鄭皇頡戍之，出，與楚師戰，敗。穿封戌囚皇頡，公子圍與之
> 爭之，正於伯州犁。伯州犁曰：「請問於囚。」乃立囚。伯州犁曰：
> 「所爭，君子也，其何不知？」上其手，曰：「夫子爲王子圍，寡君
> 之貴介弟也。」下其手，曰：「此子爲穿封戌，方城外之縣尹也。誰
> 獲子？」囚曰：「頡遇王子，弱焉。」戌怒，抽戈逐王子圍，弗及。
> 楚人以皇頡歸。（襄公二十六年，頁632。）

魯襄公二十六年（西元前547年），楚康王十三年，鄭簡公十九年。此年春季楚
國聯合秦國欲侵吳國，因吳國有備，而退兵，轉而侵鄭。俘獲鄭國皇頡。《左傳》
記載公子圍與穿封戌爭囚之事，在伯州犁「上下其手」的暗示下，皇頡以遇公
子圍而見俘回答。穿封戌怒而抽戈逐王子圍，對於穿封戌之行爲描寫正是細節
描寫以刻劃人物形象之典型例子。客觀而言，皇頡於戰事中爲穿封戌所俘，公
子圍卻硬要爭囚，《左傳》特意選取此事加以記載，以凸顯公子圍其人貪之性格。

其他如襄公三十一年，公子圍「殺大司馬蒍掩而取其室」之事，及昭公
元年，公子圍聘鄭會盟時「設服離衛」等行爲，〔註50〕皆可見《左傳》對其
人批評之態度。公子圍於魯昭公元年冬季，弒君自立爲楚靈王。由《左傳》
載其「入問王疾，縊而弒之，遂殺其二子幕及平夏」可知其人殘忍性格。魯
昭公十三年（西元前529年），夏季，楚靈王被其兄弟公子比、公子黑肱、公
子棄疾弒於乾谿。《左傳》載楚靈王「聞群公子之死也，自投于車下」及其最
終「縊于芋尹申亥氏」。將當初公子圍弒君與其被弒之敘述進行比較，可發現
《左傳》作者設計之用心：昭公元年時，公子圍縊殺楚康王，昭公十三年，
其亦自縊而亡。當初其殺康王之二子，此時其子亦見殺。《左傳》因果結構設
計之巧妙，由是可見，而其欲藉由因果關係之揭示，而進行勸懲資鑑之用心，
亦明白可見。〔註51〕

總而言之，透過作者度人物整體行象之評價，可略見作者態度。再由此

〔註50〕 以上兩例，於本文其他章節有所論述，此處略之。
〔註51〕 學者或謂《左傳》敘事並無組織，然若細讀之、比事之、屬辭之，則《左傳》
之用心與安排之巧妙，往往令讀者回味再三。就客觀角度而言，或許《左傳》
稱不上是有嚴密組織之敘事，但其在敘事間試圖建構脈絡組織之用心，卻不
應被忽視。

態度切入進一步「比事」人物相關事件，即能更深刻的理解《左傳》對該人物之看法與褒貶，而由其中可解讀出深層意義，此則態度解讀。

三、因果解讀

如前所論，因果結構是貫穿《左傳》全書歷史敘事之關鍵。就思維與表達角度而言，因果思維是《左傳》敘事的基礎指導原則。《左傳》其書可說是建構在因果關係之上，若除去敘事中的因果關係，則《左傳》全書將失去組織，而僅剩一堆片斷不全之史料。〔註52〕因此，因果關係是閱讀與理解《左傳》時最基本也是最重要的基礎觀念。

所謂因果解讀，就是由因果關係角度，對《左傳》人物敘寫進行解讀。主要可由以下幾方面切入：1、觀察人物性格與事件因果之關係。《左傳》敘事在人物敘寫方面之特色，特別強調人物性格對事件情節發展與結果之關鍵影響。由此角度切入，當可見出作者敘事安排背後之深意。2、承上所論，觀察人物結局安排與作者之評論亦是解讀撰史者史義之切入角度。歷史敘事首重起因與結果，雖然，整體而言《左傳》對於起因的強調遠勝於對結果之重視，但若能整合相似人物結局進行討論，亦可略見作者勸懲資鑑之用心。

以上三角度在《左傳》敘事與解釋過程中，相互交替，相輔相成。而其皆建立在人物敘寫基礎之上。透過人物形象之塑造、人物言行舉止之描寫、人物態度反應之刻劃，表達者藉以寄託意蘊，閱讀者由其中解讀深意。以下就《左傳》人物類型與人物形象塑造及其反映之敘事態度進行討論。

第三節　《左傳》人物類型與歷史解釋

在先秦文化語境影響下，隨著以天神為中心的思維逐漸轉為以人事為中心的思維，《左傳》人物敘事的對象，亦由神話人物、氏族英雄、祖先、天子等，轉而以現實人事中的人物為主。上至周天子、各國諸侯、卿大夫，下到婦女、寵嬖、市井小人物〔註53〕等都是《左傳》人物敘寫之對象。〔註54〕

〔註52〕事實上《春秋》就有這樣的缺點。暫且不論其經學層面與文史價值之意義，就客觀而言，《春秋》其書確實呈現缺乏組織之狀態。漢代今文經學家雖費盡心力為之解釋，但其私下仍以《左傳》敘事為依據。

〔註53〕一般以為對平民人物之重視與描寫始自《史記》，此乃出於對《左傳》敘事之不夠理解，觀察《左傳》人物敘寫，對小人物在事件發展過程中之關鍵性的

　　分類是爲進行比較研究，爲進行深層本質間的比較與討論。人物分類會隨觀察角度而有不同之分類。〔註55〕整體而言，對人物進行類型討論，一則可對全書之人物進行宏觀之掌握與討論。透過分類可使人物之間條理分明，亦可歸納整合出某些特定的特徵特點，有助更清楚理解人物特徵。二則可藉由類型間之比較，對於敘事作品可以有更深入之理解與討論。藉由類型分類區別，可探討不同類型間不同之特徵與功能，就史義解讀角度而言，有助於解讀敘事文字背後之深意。〔註56〕

　　敘事學關於人物理論之討論，主要有三種觀點：一是行動觀點，二是特性觀點，三是符號角度。〔註57〕分類體系之建構不可能將所有人物皆納入體

強調，正是其重要特色之一。

〔註54〕何新文《左傳人物論稿》，北京：中國社會科學出版社，2004年10月第1版，頁65。

〔註55〕討論敘事作品之人物，必然涉及人物分類的問題。由於分類角度的不同，人物會呈現不同類型。整體而言《左傳》人物分類，主要有以下幾種標準：1、依身分地位分類。如君臣、父子、夫妻、兄弟等。這也是中國小說人物分類中，典型的分類標準。2、依人物性格分類。由性格來區別人物類型，西方文學討論中常由此角度切入。《左傳》人物形塑，性格鮮明具個性化，由人物性格分類亦是常見分類標準。此分類方式又可大別爲正面性格與負面性格，但必須說明的是，《左傳》人物形象是立體多元、矛盾統一的。並不像大部分文學作品對人物形象一元化的塑造，這是歷史敘事與文學敘事的區別之一。文學敘事主要出於作者虛構，無論創作題材是否參考眞實事件，在文學家敘事過程中，作者有絕對的權利可以透過想像虛構故事情節與刻劃人物形象，來完成其所欲傳達之想法與意圖。但史學家則不能任意虛構。史學家所擁有的是「選擇權」，在編纂與敘述歷史時，撰史者可以決定什麼事要記載，什麼事簡略或是不記載。在人物描寫上，撰史者可以選擇該人物的什麼言行要詳細描寫，什麼言行可以簡略描寫或省略不寫。但卻不能對該人物性格特徵進行虛構。整體觀察《左傳》對人物的描寫，發現《左傳》敘事者雖然有其欲傳達之意圖，但在人物敘寫上並不偏袒，不會將人物塑造成單純一元的形象，而是完整的、多面的，將該人物正面負面，心理衝突，行爲矛盾一一寫出。只是在這其中，亦可隱約見出《左傳》以德行爲中心之人物敘寫標準。其內容取捨之標準，以是否能體現人物德行爲主。3、依人物德行分類。德行一直是中國品評人物的重角度。《世說新語》將人分爲三十六門類，正是以德行爲出發點。4、依敘事功能分類，如福斯特所謂圓型人物與扁平人物，及孫綠怡所謂累積型人物與閃現型人物即爲此類。就《左傳》人物研究而言，這部分的分類較少見，故本文由此角度進行類型討論。

〔註56〕須說明的是，本文所謂類型，與西方類型學並無關聯，而是單純的針對人物進行類別區分與討論。《左傳》成書於二千多年前之戰國時期，探討其敘事與解釋問題，不應以今日後設之理論觀點強行套用，而應回歸文本，由作品本身出發進行客觀之分類討論即可。

〔註57〕胡亞敏《敘事學》已有詳細討論，請參考之，本文不再轉述。

系之中，本文人物類型之分類標準，主要由以敘事功能角度切入，對《左傳》人物進行討論。〔註58〕

　　《左傳》敘事基本上以單線情節結構爲主，其結構爲：起因→發展→轉折→結果＋總評。整體而言，《左傳》敘事的重點不在於如何敘述，而在於對敘事內容的強調，在於對內容因果關係與資鑑意義的強調。〔註59〕在情節架構中，《左傳》對於「起因」、「轉折」與「總評」三部分特別重視，一則此三者對於因果關係與資鑑勸懲意義之揭示有著重要功能，另則因書寫限制與篇幅之限，把握此三部分即能構成基本的敘事。整體觀察《左傳》人物敘寫，往往多集中於「事件起因」之釐清、「事件轉折」之凸顯與「結果總評」意義之揭示三部分。而人物在敘事中能產生的效果與功能大體如下：一、推動情節發展。二、觸發關鍵轉折。三、對比凸顯功能。四、總結評論功能。五、典範資鑑功能。

　　整合情節與人物，由敘事功能〔註60〕角度切入，則《左傳》之人物可大別爲以下幾種類型：一、主線發展型。二、轉折關鍵型。三、總結評論型。四、比事見義型。以下分別討論之。

一、主線發展型人物與脈絡建構

　　人物是動作的行爲主體，是情節發展與構成的基本要素。「如果敘述中有幾條情節線索是平行發展的，而其中一條分量上比較重，那麼這一條就是主情節，其他的稱爲次情節。一般說來，次情節是爲主情節服務的，起一種陪襯對比作用。」〔註61〕就單一敘述而言，《左傳》敘事是以單線情節結構爲主，

〔註58〕孫綠怡，將《左傳》之寫人分爲兩類型，1、累積型：由分年記事逐漸展示某一人物的性格、構成完整的形象。人物有關之事跡描述分散於各年記事中，必須將有關內容集中起來，才能構成一個完整的人物形象。(《左傳與中國古典小說》，北京：北京大學出版社，1992年4月第1版，頁33至34) 2、閃現型：僅記寫一件事就勾勒出某一人物的形象或表現其某一方面的性格要素。透過白描的手法勾構出人物的形象特徵，「一時一事，一人一事，一人數事，……這些形象的出現雖一縱即逝、一閃而過，然而卻給人留下非常深刻的印象。」(《左傳與中國古典小說》，北京：北京大學出版社，1992年4月第1版，頁43。) 其所論能掌握《左傳》人物敘寫之重點，頗有參考價值。

〔註59〕現代敘述學或章法學比較強調「怎麼講」的問題，而《左傳》敘事則強調「講什麼」的問題。

〔註60〕此處所謂敘事功能與西方敘事理論（格雷馬斯）所討論「功能」無關，僅是單純的針對人物於敘事中所能發揮產生之效用而言。

〔註61〕趙毅衡《當說者被說者的時候——比較敘述學導論》，北京：中國人民大學出

但若由《左傳》全書角度觀察，則在編年敘事中《左傳》敘事有其側重與主次。外交會盟、戰爭侵伐、氏族興廢、弒殺叛亂等是《左傳》敘事重點所在，一般多以編年敘事並無主線脈絡，僅是依時記事，單一事件的記錄，一月一年如此而已。此則表面理解所得之結論，細觀《左傳》敘事，可發現作者在脈絡建構方面之用心。除上一章中所論藉由屬辭結構建構敘事脈絡外，其在人物敘寫方面亦有用心於脈絡建構者。

如前所論，人事相濟、言事相兼是《左傳》敘事的特色，人物是編年敘事中用以連接前後事件的關鍵之一。在敘事脈絡建構上，人物亦能發揮聯結的功能，這類人物即為主線人物。又這類主線人物其形象並非固定不變，而是會隨時間事件而產生發展變化，故總稱為主線發展型人物。又這類主線型人物多是歷史上真實人物，撰史者無法運用太多想像空間，轉而將其人一生事跡進行漸進式的敘述。做為敘事脈絡建構之主要人物。

（一）類型定義

所謂主線發展型人物，是指在敘事中情節主線的行為主體。如前所論，事必依人而後能行，而主線型人物正是《左傳》事件情節主線之行為者。整體而言，這類主線型人物多為政治核心人物，如各國之諸侯、卿大夫等。《孟子》所謂齊桓、晉文正是屬於主線型人物。又如晉國之執政卿、中軍帥，鄭國為政當國之卿大夫，楚國令尹等都是主線型人物。這類主線型人物之性格是不固定的，多數能隨時間與事件而持續發展，其人物之性格與形象會隨時間發展而有所變化，或朝正面成長，或向負面發展。

（二）功能與特色

敘事脈絡之建構是主線型人物之主要功能。就單一敘事而言，主線人物是貫穿該篇敘事的主要人物。就整體角度而言，主線人物往往有著聯結前後敘事，建構敘事脈絡之功能。《左傳》敘事以政治內容為核心，而主線人物多是政治核心人物，因此，透過人物能將分散之敘事進行組織。最明顯的例即齊桓公、晉文公、秦穆公、楚莊王等人，這類人物自出現至卒亡，其言行事跡都是《左傳》敘事關注的焦點，因為這些人物之言行影響當時形勢，是史書敘事所關心之主要內容。又如楚公子圍，其自襄公二十六年出現後，即成為敘事關注焦點之一，襄公二十六年至昭公十三年間之敘事，在楚國方面楚

版社，1998 年 10 月第 1 版，頁 180。

公子圍其人成爲敘事核心之一。若不能把握此人，則對襄公二十六年至昭公十三年敘事則無法清晰理解。其他如管仲、子產、晏嬰、或晉國歷任執政、楚國歷任令尹等，在敘事脈絡建構上亦有其功能。

　　而在這類人物身上，可發現《左傳》人物敘寫之一特色。寫主線人物，採取漸進式的寫法，其人多是先在某些事件中擔任次要人物，或其他類型人物如轉折關鍵或比事見義人物等，之後隨時間推進，其人之重要性在一次次事件中逐漸重要。其人物之性格與形象在一次次事件發展中，逐漸鮮明清晰，其人最終成爲敘事關注之焦點，成爲事件主要人物。〔註 62〕隨著這人物成長的過程，其性格與形象亦有所發展變化。

　　又主線發展型人物，其一生之言行事跡往往體現著某一人格特質或德行。如前所論的公子圍，作者有意塑造其爲驕、奢、侈、汰、貪、愎之形象，藉由其人物鮮明的性格特質，配合其人最終之下場，進而揭示因果關係與資鑑意義。此爲負面之例。正面例子如晉國趙盾，《左傳》僖公二十三年載其生，僖公二十四年寫趙姬以盾之才，請以爲嫡子。此事已然提示讀者，趙盾其人終將成爲主線人物。文公六年，其先是夷之蒐後成爲中軍佐，又因陽處父之故改蒐於董，陽處父以趙盾爲「能」於是改以其爲中軍帥，至此趙盾成爲晉國政治核心。而由上二人對趙盾之評論，其才能之形象已然建立。《左傳》載趙盾爲政後之措施：「制事典，正法罪，辟獄刑，董逋逃，由質要，治舊洿，本秩禮，續常職，出滯淹。」〔註 63〕由此亦可見其確實有能。整體而言，文公六年至宣公八年間，《左傳》敘事有接進一半之焦點在於晉國方面，而晉國相關之敘事，則以趙盾爲主軸來進行。趙盾其人形象刻劃最鮮明之事，則爲宣公二年諫晉靈公而演變成趙穿弑君之事。〔註 64〕《左傳》於事後藉孔子之口云「趙宣子，古之良大夫也。」

　　總結而言，主線發展型人物，以政治核心人物居多，《左傳》敘寫此類型人物多採漸進發展的方式，讀者可由敘事中見到人物的成長、性格的變化與形象的完整。而這類主線型人物，因其爲敘事內容關注重心，其本身亦有將

〔註 62〕若説《左傳》敘事僅是依年記事，其寫人並無整體之設計與安排，此則未知《左傳》之用心也。《左傳》面對編年體之限，故而以其他方式補之，或以屬辭比事結構救之，或以人物敘寫濟之。觀察《左傳》敘事、寫人其用心正體現於字裏行間。
〔註 63〕《十三經注疏・左傳・文公六年》，臺北：藝文印書館，民國 82 年 9 月，頁 312。
〔註 64〕相關討論已見前文，且學者對此例討論甚多，本文不再重覆。

事件連屬組織之功能，對於敘事脈絡之建構有其意義。就敘事結構角度而言，主線發展型人物是屬辭結構與比事結構運作的重要連接點。

此外，人物性格之成長與形象之變化亦是討論主線發展型人物的重點之一。以晉公子重耳爲例，其當初出亡時，仍是貴族公子形象，性格亦屬任性。經過十九年流亡生涯後，其在楚國時與楚王之對話，可見其人物之成長與性格之成熟。又如鄭國游吉，其剛出現於鄭國政治舞臺時，雖已是有禮有能之形象，但在多次外交工作中，仍可見其人格之成長與性格之成熟。此外，由子產與游吉之相關對話與事跡中，可見到子產在人材培養上之用心。當子產卒（昭公二十年）後，游吉能順利的接下爲政當國之責任。

二、轉折關鍵型人物與情節推進

就敘事角度而言，事件情節的轉折變化處，正是敘事成敗的關鍵。就歷史敘事角度而言，事件情節的轉折變化處，是最能凸顯歷史因果關係者。「轉折最重要的功用就是造成讀者驚奇感」，〔註65〕而這驚奇感背後即能帶來讀者的反思與對事件之深刻印象。就敘事角度而言，有兩種方法可以造成懸疑：一是預述懸疑，「提前預述一部分情況，而讓後文在事件的正常位置上說出全部情況。」〔註66〕即在事件發生轉折變化前，先對讀者進行預示。《左傳》運用此方式十分普遍，上章中所論之「預言模式」即是此種方式。透過預言模式可以清楚地向讀者揭示因果關係，進而達到其勸懲資鑑目的。二是倒述懸疑，「在事件的正常順序位置上說出一部分情況，但扣留一部分至關重要的情況，等待後文倒敘」〔註67〕即在事件發生轉折變化當時，不將事件始末原委清楚說明，僅提示一部分，而將情節關鍵於事後以倒述之方式表達。此類方式於懸疑偵探小說中常見。

（一）類型定義

所謂轉折型人物，是指在事件發展中，能使情節發生轉折變化的人物。如上所述，轉折是敘事情節安排之重點，轉折設計的巧妙與否，直接影響敘事成敗。就敘事角度而言，核心事件往往是故事情節的關鍵點或轉折點。觀

〔註65〕羅鋼《敘事學導論》，昆明：雲南人民出版社，1994 年 5 月第 1 版，頁 89。

〔註66〕趙毅衡《當說者被說的時候——比較敘述學導論》，北京：中國人民大學出版社，1998 年 10 月第 1 版，頁 184。

〔註67〕同上註。

察《左傳》對核心情節之敘述，多採藉言敘事之方式，即在情節轉折處，安排人物透過其言行來觸動事件之變化。而進行這情節轉折觸動之行爲主體人物，即爲轉折型人物。轉折型人物在敘事中通常對於事件情節發展能產生關鍵性之影響，而在史義解讀上則是讀者解讀深層意義之關鍵。

就單一敘事而論，轉折型人物通常由該篇敘事中的次要人物擔任。如戰爭敘述，則多設計主帥以下之將佐、謀臣以諫言、謀略等方式，來觸動情節轉折。如敘述外交會盟，則使者之賓、介、相及與會之樂工、優人等，往往是《左傳》用以觸發情節變化之關鍵人物。在敘述氏族興廢方面，家臣、寵嬖、婦女等往往是影響事件發展的轉折人物。在敘述國內弑亂方面，《左傳》有意強調小人物恩、讎之關鍵影響。〔註68〕整體而言，事件之次要人物或是小人物經常有著轉折關鍵型人物之功能。若由宏觀角度而言，則整體形勢與發展與重大事件之變化，往往不在於次要人物身上，而是由主線人物所決定。

事件情節經由人物的觸動而轉折與變化，主要有兩大發展方向：一是轉折而朝向正面發展，另是轉折而趨於負面發展。整體觀察《左傳》敘事對情節轉折發展方向之設計，其特別強調朝負面發展之情況，此與其史書資鑑功能有關。負面的經驗教訓，往往能令讀者印象深刻，較能產生警惕作用。〔註69〕

（二）功能與特色

觸動事件轉折、推進情節發展是轉折型人物的基本功能，而情節發展之預示與懸念設置是轉折型人物之另一功能。「廣義的懸念，是情節推進的基本動力。」〔註70〕平鋪直敘的敘事作品，無法令讀者產生興趣，無法使讀者留下深刻印象。史書敘事雖然以求真求實爲基礎，但過於單調之敘述，對於史書資鑑功能之發揮不利。《左傳》敘事能運用「藉言敘事」與「歷史想像」，將客觀史料進行文學性之敘述與組織，使其事件情節高潮起伏，人物形象生動鮮明，而看似文學性的敘事背後，卻有寓有撰史者深刻之史觀與史義。能令千年以下之讀者，讀之如見先秦人物歷歷在目，思之又贊歎《左傳》對人

〔註68〕相關事例分析，請見後章中論述。

〔註69〕此傾向似乎也影響中國小說敘事，大部分的小說情節發展，其情節在轉折之後，通常都是先往負面方向發展。而在明清小說中通常會再設計第二次轉折，將情節再往正面進行結局。但整體而言，中國古典小說之情節通常花較多篇幅來敘述負面發展之種種情況。

〔註70〕趙毅衡《當說者被說的時候──比較敘述學導論》，北京：中國人民大學出版社，1998年10月第1版，頁185。

事深刻之體悟。

《左傳》中轉折關鍵型人物之特色，大體如下：其一，這類人物經常由敘事中的次要人物擔任。此前已有論述。其二，預言、勸諫、問答是《左傳》敘述轉折關鍵型人物經常使用之敘事模式。人物之行爲反應是此類人物敘述之重點。動作是推動情節的關鍵，人物有行動有反應，情節才能往下進行。以勸諫模式與預言模式及弒亂模式爲例，此類人物之行爲反應常見者有以下幾類：1、諂、讒、諫、告等與言語行爲有關之行爲。2、與情緒反應相關之描寫：怨、怒、懼、憂等。3、另一類是：殺、弒、伐、叛等主體行爲動作。總之，行動是轉折的關鍵，而轉折型人物之行動，往往能啓動情節轉折，製造懸念與驚奇。〔註71〕

其三，小人物大關鍵是《左傳》敘寫此類人物時強調之重點。〔註72〕尤其在敘述弒君、叛亂等事件中，小人物的報恩、報讎往往是影響事件發展的關鍵轉折處。或是小人物之讒言、僞證、離間等，往往也是造成事件情節轉折之關鍵。或是戰爭過程中，某些小人物之某些言行舉止，《左傳》往往有意強調其人之重要性：或是士氣之提高，或是奇計謀略之成功等。整體而言，小人物有善惡兩類，善者令情節往正面發展，其一言一行雖小，卻是事件之重大關鍵轉折。惡者，令事件往負面發展，其諂讒怨毀，將事件推向最終因果報應。這樣的人物設計，可見出《左傳》精心之設計，欲藉此類人物，以明一言興邦一言喪邦之理。其四，有一言以興邦以言喪邦之思維傾向。《左傳》敘寫這類人物對情節發展之轉折觸動，多採取藉言敘事方式來推進情節的轉折。某人的一言一語，往往成爲觸動情節發展轉折的樞紐。而預言者、勸諫者之形象往往是撰史者所稱贊的，其言論中對於爲政之道、爲君之道、德禮

〔註71〕 「驚奇的產生是由於讀者和故事中的人物都同樣對故事的突轉感到意外。而設置懸念的時候，作者會把故事的謎底有意識地泄露給讀者，只瞞著故事中的人物。」（羅鋼《敘事學導論》，昆明：雲南人民出版社，1994年5月第1版，頁89。）

〔註72〕 所謂小人物如君之左右、侍、寺人、婦人、廚師、樂工、史官、天官、巫尪等。此小人物大關鍵之思維方式，一則反映當時民本思維。二則表現作者敘事之歷史想像。就客觀角度而言，這些小人物通常是爲主線人物、政治核心人物身邊之左右侍從人物，《左傳》敘事的預期讀者正是政治貴族階層，透過對於這些小人物之深刻描寫，能產生較大之資鑑意義。又換個角度而言，就史學家的歷史想像所能及之範圍，敘寫政治爲主之敘事內容，自然要取政治核心人物身邊的人物來進行描寫才能增加其眞實性與說服力。而這小人物大關鍵的思維方式，之後亦影響中國古典小說人物形象塑造。

觀念之強調，亦是撰史者寄託之所在。透過敘事模式，《左傳》試圖表現從善如流則興，違諫弗聽則亡之道理。

　　關於小人物大關鍵之例，如在驪姬之亂（莊公二十八年）過程中，有所謂「二五耦」居中離間讒譖，而使事件朝負面方向發展。又如莒婦獻繩齊師之事（昭公十九年），亦因此使齊國得以攻入城中。又如衛莊公之見弒於己氏（哀公十七年），亦因小人物之而決定衛莊公之命運。《左傳》中記載許多貴族大夫與小人物間之恩怨，觀察《左傳》敘事其對這些恩怨人物多詳述其對事件情節發展與結果之關鍵轉折意義。

　　其它如僖公二十二年，泓水之戰中，宋襄公為主線人物，大司馬與司馬子魚則擔任轉折關鍵之人物。其勸諫，宋襄公皆不聽，終至兵敗。子魚之言論，亦正撰史者態度之表現也。又如僖公二十七年，蒍賈論子玉一事，《左傳》載之如下：

> 楚子將圍宋，使子文治兵於睽，終朝而畢，不戮一人。子玉復治兵
> 於蒍，終日而畢，鞭七人，貫三人耳。國老皆賀子文。子文飲之酒。
> 蒍賈尚幼，後至，不賀，子文問之。對曰：「不知所賀。子之傳政於
> 子玉，曰：『以靖國也。』靖諸內而敗諸外，所獲幾何？子玉之敗，
> 子之舉也。舉以敗國，將何賀焉？子玉剛而無禮，不可以治民，過
> 三百乘，其不能以入矣。苟入而賀，何後之有？」（僖公二十七年，
> 頁 266。）

魯僖公二十七年（西元前 633 年），楚成王三十九年。此年秋季，楚國令尹子文欲將令尹之職由子玉接任，藉圍宋之前，舉行演習。子文與子玉完成操演後，國人道賀，蒍賈當時年輕，晚到又不賀，子文問其故，蒍賈直言子玉之其人剛而無禮，以之為政，戰則將敗，故不知所賀。由蒍賈之口作者寫出子玉其人之性格特徵，而這樣的性格特徵也影響戰爭成敗，僖公二十八年城濮之戰即因子玉性格因素而失敗。當然，這是《左傳》有意如此設計，其目的亦在於強調人物性格對事件發展與結果之關鍵影響，進而達到資鑑勸懲之效果。而上述中的蒍賈，就是整個事件的轉折人物，其「後至」之行為，先是一轉，其「不賀」之行為又是一轉，其回答子文之問之內容，更是全篇敘事的重點與關鍵。

　　又如成公二年，楚莊王欲納夏姬一事中，申公巫臣即擔任轉折型人物。《左傳》載申公巫臣勸阻楚莊王納夏姬，其以「貪色為淫，淫為大罰」先指出淫色取禍之理，又強調為君者應明德慎罰。楚王接受勸諫未納夏姬。之後巫臣

亦以「不祥人」勸阻子反取之。最終用計自取夏姬。在整事件中，申公巫臣是銜接點，亦是情節推進的行爲主體。

三、總結評論型人物與史義寄託

敘事是一種解釋，是一種態度的表現。撰史者敘事其目的在於史觀、史義之傳達與溝通。如前所論，許多觀念性的闡述無法以敘事的形式來表現，此時藉人物之口來進行闡述與發表評論，是人物敘寫的重要功能。爲此《左傳》於敘事中設計總結評論一類之人物，用以對史事見進行評論與闡述觀念。此外，對接受一方而言，這類總結評論人物所發表之言論內容，在某種程度上反映了作者之觀念與態度，由之切入上探撰史者史義，亦是解讀角度之一端。

（一）類型定義

所謂總結評論型人物，是指對敘事事件情節進行評論或總結之人物。史書敘事以資鑑爲目的，而敘事之情節發展、人物形象等往往錯綜複雜，如何在事件敘述過程中，提示撰史者勸懲用心，《左傳》設計轉折關鍵型人物來負責。而在事件敘述結束後，《左傳》通常會再安排一、二位人物出面對整件事進行總結，或針對事件中某人某事進行評論，或就整個事件作一總結說明，或徵引古志詩書以證今事，或追述歷史先王以明事理。總結評論型人物，在敘事情節發展中，多是擔任闡釋者、說明者、結論者之角色。

（二）功能與特色

總結評論型人物之功能：其一，在於將持續多年或散見各處之相關敘事，有系統的進行總結與說明。其二，透過此類人物之總結與評論，可以達到首尾呼應，再次強調之效果。整體而言，此類人物之設計，一則是便於撰史者藉言寄託，藉由此類人物之口，可以將撰史者於敘事中無法表達之觀念，透過人物言論進行闡發。觀察《左傳》敘事中，總結評論型人物之言論，多是長篇大論。二則是爲編年體之弊端而設立。藉由總結評論型人物，可以將相關史事進行連屬，藉由人物之言論，可以提供比事屬辭之參考基點。例如對德觀念之論述、對信觀念之強調等，以此爲基礎，則可進行比事結構之運作。又總結評論型人物若與事件有關則多於事中或事後進行評論者，其功能多在於預言提示或因果強調。而與事件無關之人物，則多出現於事後，由第三者角度進行總結者，其內容多徵引詩書史志等，其功能偏重於資鑑勸懲。

整體而言，《左傳》對事件進行評論，有兩種方式：一是以史論、史評之敘事干預形式，透過「君子曰」等進行評論。另是透過敘事中人物言論進行評論。敘事干預形式之評論，偏重於觀念揭示與道德評價，而藉敘事中人物之口來進行評論，則有潛移默化之效，能使讀者於閱讀間自然接受人物言論中所闡釋之觀念。再加上敘事模式與頻率之作用，《左傳》能更有效的完成其歷史資鑑之目的。此亦《左傳》敘事巧妙之一端。〔註73〕

又觀察《左傳》中出現的總結評論型人物，形象多以智者、長者為多，如申叔時、臧武仲、臧文仲、叔孫豹等，而其中又以魯國人物為多。或因《左傳》對魯國人物之真實形象較能確實掌握，故在進行總結評論時多選用魯之賢者。此外，總結評論型人物之言論內容，除徵引詩書前志等文獻文字外，其他多帶有歷史想像之成分。而這些歷史想像之文字，正是解讀撰史者態度之切入點。

總而言之，對資鑑勸懲意義之強調與論述，是總結評論型人物之主要功能。撰史者藉此類人物之口，可以盡情的闡發其觀念與想法。而讀者則可由此類人物之言論中，解讀作者之態度與觀念。

以下舉沈尹戌與臧文仲為例：魯昭公十九年（西元前 523 年），楚平王六年。此年楚國在州來一地築城。對於此事沈尹戌發表言論，預言必敗。《左傳》載此事如下：

> 楚人城州來，沈尹戌曰：「楚人必敗。昔吳滅州來，子旗請伐之。王曰：『吾未撫吾民。』今亦如之，而城州來以挑吳，能無敗乎？」侍者曰：「王施舍不倦，息民五年，可謂撫之矣。」戌曰：「吾聞撫民者，節用於內，而樹德於外，民樂其性，而無寇讎。今宮室無量，民人日駭，勞罷死轉，忘寢與食，非撫之也。」（昭公十九年，頁 845。）

分析沈尹戌之言論內容，其旨主要說明為政應以民為本。其認為楚王用度無節，百姓賦役繁重，如今又要築城於州來，沈尹戌預言必敗。《左傳》藉沈尹

〔註73〕若由史學或文學角度而言，《左傳》之敘事似乎仍停留在短篇敘事、單一敘事的階段。論其敘事技巧與藝術，未若後代小說變化豐富，論其史觀史義，似乎亦只是簡單的道德判斷與人文思維。然若回到先秦當時語境，則《左傳》中所出現一些觀念或設計，日後都成為小說與史書敘事的源頭，日後都發展成為中國敘事觀念中重要的部分。又就接受角度而言，《左傳》全書之設計，確實有為讀者考量之用心，僅閱讀一二篇《左傳》文章可能不易發現，但若由全書角度而論，則《左傳》敘事或有以接受角度為出發點之設計。本文之論述主要亦為揭示《左傳》此方面之用心。

戍之口闡發其對爲政之道的看法，藉預言必敗來強調爲政應以民爲本。

又如魯昭公二十三年（西元前 519 年），楚平王十年。此年楚國以囊瓦（子常）爲令尹，其欲增修郢之城牆。沈尹戍對此事同樣提出類似上例之論述，《左傳》載之如下：

> 楚囊瓦爲令尹，城郢。沈尹戍曰：「子常必亡郢。苟不能衛，城無益也。古者，天子守在四夷；天子卑，守在諸侯。諸侯守在四鄰；諸侯卑，守在四竟。愼其四竟，結其四援，民狎其野，三務成功。民無內憂，而又無外懼，國焉用城？今吳是懼，而城於郢，守已小矣。卑之不獲，能無亡乎？昔梁伯溝其公宮而民潰，民棄其上，不亡，何待？夫正其疆場，修其土田，險其走集，親其民人，明其伍候，信其鄰國，愼其官守，守其交禮，不僭不貪，不懦不耆，完其守備，以待不虞，又何畏矣？《詩》曰：『無念爾祖，聿修厥德。』無亦監乎若敖、蚡冒至于武、文，土不過同，愼其四竟，猶不城郢。今土數圻，而郢是城，不亦難乎？」（昭公二十三年，頁 879。）

上述重點不在於敘事，而在於沈尹戍之言論。而就歷史敘事角度而言，此番言論可能出於撰史者胸臆，是藉人物之口進行議論之典型例子。沈尹戍指出，修築城牆並無法確保城池不被攻陷。其舉梁伯好土功而亡之事爲例，說明民心向背，施政以德才是確保國家安全之道。

就敘事角度而言，以上兩例並無事件情節，有的只是沈尹戍的言論記錄。屬於藉言議論。整體而言，愈至晚期，此類型的表現形式愈多。且整體而言，愈至晚期，《左傳》有意於人物言論中闡釋觀念之傾向愈明顯。通常於敘事中藉人物之口，再三申論政治之道、興亡之理。事件情節有時反而成爲人物藉言議論之觸發而已。又分析沈尹戍言論之主旨，皆在強調民本之要。此觀念亦是愈至《左傳》晚期愈明顯，晚期許多總結評論型人物之言論，多再三反覆申論人文觀念與民本思想。由此亦可略見《左傳》敘事受時代文化語境之影響。

又如魯昭公二十四年（西元前 518 年），楚平王十一年。此年冬季，楚國組織水軍舟師，侵略吳國。沈尹戍預言楚國將因此喪失城邑。《左傳》載此事如下：

> 楚子爲舟師以略吳疆。沈尹戍曰：「此行也，楚必亡邑。不撫民而勞之，吳不動而速之，吳踵楚，而疆場無備，邑能無亡乎？」越大夫胥犴勞王於豫章之汭，越公子倉歸王乘舟。倉及壽夢師師從王，王

及圍陽而還。吳人踵楚，而邊人不備，遂滅巢及鍾離而還。沈尹戌
曰：「亡郢之始於此在矣。王一動而亡二姓之帥，幾如是而不及郢？
《詩》曰：『誰生厲階？至今爲梗』，其王之謂乎！」（昭公二十四年，
頁886。）

沈尹戌指出，國君不安輔百姓而多勞之，在吳國並無動靜的情況下仍要出兵侵
吳，吳楚兩國並無天然屏障，貿然出兵城邑守備不足，恐將使城池陷落。事件
發展果如沈尹戌所預言，楚國邊境防守薄弱，吳國滅巢與鍾離而後返國。《左傳》
又再次由沈尹戌發出總結評論，其指出楚國郢都之亡陷，即由此事開始，又引
詩以加強說服力。如前所論，《左傳》作者預設之讀者爲接受歷史教育之貴族子
弟，因此其在徵引典籍上，多引《詩》、《書》等貴族基礎教育之書。〔註74〕

　　客觀而言，以上三則事例主要重點在於人物言論內容，撰史者藉沈尹戌
之口闡述其觀念與想法。這類形式之敘事，愈至晚期愈多見，如果這些內容
是錄自楚國史書，則可發現《左傳》晚期有關楚國之相關記載，確實與其他
記載有些風格上的不同。基本上，楚國相關之記載較不強調事件情節之描寫，
〔註75〕而是強調人物言論之內容，通常《左傳》晚期記載楚國相關之敘事，
多類似上舉沈尹戌三例一般。

　　以第三者角度進行總結評論之例，如魯文公五年，《左傳》載楚滅蓼之事，
臧文仲聞之，曰「皋陶、庭堅不祀忽諸。德之不建，民之無援，哀哉！」又
如僖公二十年，《左傳》載：「宋襄公欲合諸侯。臧文仲聞之曰：『以欲從人，
則可；以人從欲，鮮濟。』」以上兩例都是簡短客觀記載事件，在以臧文仲進
行評論作結。就敘事角度而言，可能較無討論價值，但就解釋角度而言，此
正是《左傳》態度與觀念之體現，亦即讀者切入解讀之關鍵點。

　　又如魯僖公二十二年（西元前638年），此年春季，魯國攻打邾國，攻取
須句後，釋回邾國國君。秋季，邾國出兵攻魯。魯僖公輕視邾國，臧文仲提
出勸諫，《左傳》記載此事如下：

　　邾人以須句故出師。公卑邾，不設備而禦之。臧文仲曰：「國無小，
　　不可易也。無備，雖眾，不可恃也。《詩》曰：『戰戰兢兢，如臨深

〔註74〕就接受角度而言，沈尹戌此言類似於史書敘事中提示之用語。類似史官於歷
　　　史教育過程中，向學生提示曰，某某事就是由某某開始之言論。
〔註75〕當然也是有具備事件情節之敘事，只是整體而言，重言論內容之記事，似乎
　　　較多。又《左傳》中呈現不同風格，呈現多樣內容思想，或許與其採錄各國
　　　史書有關。

淵，如履薄冰。』又曰：『敬之敬之！天惟顯思，命不易哉！』先王
之明德，猶無不難也，無不懼也，況我小國乎！君其無謂邾小，蜂
蠆有毒，而況國乎！」弗聽。八月丁未，公及邾師戰于升陘，我師
敗績。邾人獲公胄，縣諸魚門。（僖公二十二年，頁247。）

邾國於由須句被魯國所佔，於是出兵攻魯。對於魯僖公之輕敵，臧文仲指出
不可因邾國小而輕敵不備，戰爭之事不備則必敗。其引詩指出先王面對敵人
皆以謹慎小心之態度面對，更何況魯國並非大國。因魯僖公之輕敵，魯軍敗
於升陘，《左傳》載邾人俘獲僖公之頭盔，由此可見魯軍之大敗。

就《左傳》其書之歷史教育角度而言，作者有意藉此事與臧文仲之言，
提出為政、作戰皆應以「戰戰兢兢，如臨深淵，如履薄冰」之態度來面對之
觀念。而臧文仲在此敘事中，正擔任總結評論之角色。

四、比事見義型人物與資鑑勸懲

人、事、物經由對照比較則能凸顯差異、反映本質之不同。《左傳》敘事
以歷史資鑑為要，在人物敘寫上，設計比事見義型人物，以凸顯史義，強調
勸懲。此類人物之設計是《左傳》特別之人物類型。

如上章所論，比事觀念貫穿《左傳》全書，在人物敘寫方面，亦有比事見
義型人物之設計。就閱讀心理而言，透過人事物之對照比較，將雙方之差異加
以凸顯，可以達到強調與加深之效果。《左傳》敘事以史義傳達為目的，而透過
人物言行間之比事以凸顯意義，是最能達到史書敘事資鑑勸懲的方法之一。

（一）類型定義

事件情節中有二位以上之人物，透過對非主線人物之言行描寫，用以與主
線人物之言行進行對比，以凸顯正面或負面之意義。其中非主線人物即為比事
見義型人物。一般而言，比事見義型人物多是隨事而立，是事件發展過程中之
次要人物或是小人物，《左傳》藉由對人物言行之描寫，凸顯其人格特質，用以
與主要人物之言行進行比較，而在比事過程中，傳達撰史者勸懲之用心。

（二）功能與特色

比事見義型人物之特色與功能：其一，人物隨事而立。多數屬於「閃現
型」人物，即人物性格與形象在一次敘述中完整呈現，而其出現可能就只有
一次。由文章結構角度可看出這類人物是作者有意設計安排者，通常是為因

應比事之需要而進行描寫。可說是隨事而設立之人物。其二，史義強調與凸顯是比事型人物之主要功能。透過將正反相對之人、事、物並列加以對照比較，能產生一種反差、映襯的效果，藉此達到凸顯主題觀念、鮮明人物形象與深刻敘事內容之效果。是作者用來表現敘事態度、寄寓敘事意旨的重要方法。在《左傳》敘事中，即所謂「比事結構」，在人物敘寫方面比事型人物正發揮比事顯義、史義強調之效果。

其三，有正面比事人物與負面比事人物。事必有正反才能對照比較，《左傳》比事見義型人物，基本上亦是有正面比事以顯人物德行者，與負面比事以明歷史資鑑者兩類。整體而言，《左傳》對於正面比事人物給與較多篇幅，而負面比事人物往往點到為止。例如敘寫寵佞奸邪一類人物，目的在於藉由對負面人物惡行之描寫，以對比凸顯正面人物之德行。對於人物言行之描寫，往往以一、二字帶過，〔註76〕而對正面人物之描寫則較為詳細。其揚善抑惡之用心，由此可見。其四，人物之對比有見於一篇中者有見於他篇中者。在同一篇中之人物比事較易察覺，通常正面人物之比事，多於事後另敘其人言行；而負面人物之比事則多於敘事中點之。除同篇比事外，有時亦可發現在不同年月紀事中，有類似言行之人物，或是可供比事之人物，此則需藉屬辭比事之功夫，由讀者於編年敘事中尋得人物言行之相似性以進行比事見義。

其五，比事見義之人物敘寫多與禍福吉凶之事相關。整體而言，《左傳》比事見義人物所欲凸顯之意義，一則強調人物德行，另則強調禍福吉凶。〔註77〕

整體而言，《左傳》有意藉人物敘寫以建構某些典範或模式。典範之立，史義自見。典範之褒，資鑑可行也。如穎考叔之純孝、石碏之純臣、鬻拳之愛君等正面典範，或伯有愎而取禍、公子圍驕侈禍國之形象。無論是主線發展型人物之累積成長，或轉折關鍵型人物之預言、勸諫，或總結評論型人之闡述觀念，或比事見義型人物之正負面刻劃，《左傳》藉由人物敘寫，塑造人物性格與形象，進而對某些忠義德禮之典範進行肯定，對讒佞奸邪小人予以批評。作者用心所立之人物典範人物，亦是見出敘事態度之重要切入角度之一。

〔註76〕 負面事跡描寫過詳，恐有負面效果，故多略寫之。或寫其讒佞以顯惡，或寫其貪淫以彰其惡。
〔註77〕 關於比事見義型人物之分析與《左傳》禍福吉凶相關敘事之分析，請見第六章。

第四節　《左傳》人物形象塑造與敘事態度

人物形象是討論人物敘寫的重點，所謂人物形象，是指敘事文本中對人物言行舉止之描繪刻劃所營造建構出具有獨特性、特徵性的人物整體面貌與感覺。

關於《左傳》人物敘寫之討論，學者多有論述。整理其中較有體系之說法如下：孫綠怡歸納《左傳》人物描寫的兩個基本特點：其一、「通過具體的記事描寫人物，在記寫人物事跡時，特別注意選取人物一生中最有代表性的事例。這種選擇，體現著作者描寫人物的能力。」其二、「人物形象的性格特徵是和時代的政治標準密切相關的，作者的審美觀念在人物描寫中表現為明顯的傾向性。」〔註78〕又：「以一個或一連串細節來表現人物的性格，這是《左傳》作者寫人的重要特點。」〔註79〕

陳蘭村歸納《左傳》中的傳人藝術：一、長於敘事，故事性強，而且選取典型的歷史事件，逐步展示人物形象。「《左傳》把記"言"和記"事"結合起來，形成較強的故事性，在敘述一般的歷史故事和典型的歷史事件中，逐步展示人物形象，完成了史傳文學發展中的第一次飛躍。」〔註80〕二、以人物自身的言行來表現人物的性格。三、在細節描寫中刻劃人物性格。「人物形象的生動性與豐富性，在很大程度上取決於細節描寫的成功與否。」〔註81〕四、記述人物事跡流露著愛憎傾向。《左傳》不是毫無感情的記述史事，是對人物有褒有貶，愛憎分明。或藉由「君子曰」等形式表現，或藉敘事人物之口發言，在人物言論中反映作者的思想傾向。「就全書來說，對人物的愛憎主要是通過具體的敘事，滲透在字裏行間的。」〔註82〕

方朝暉指出《左傳》在人物描寫方面的重要特色：〔註83〕一、描寫一個人常常不限於一年一事，有些重要人物的言行在《左傳》中前後橫跨40餘年，但卻遙相呼應。

〔註78〕孫綠怡《左傳與中國古典小說》，北京：北京大學出版社，1992 年 4 月第 1版，頁 42。
〔註79〕同上註，頁 51。
〔註80〕陳蘭村《中國傳紀文學發展史》，北京：語文出版社，1999 年 1 月第 1 版，頁 20。
〔註81〕同上註，頁 21。
〔註82〕同上註，頁 21。
〔註83〕方朝暉編《春秋左傳人物譜（上）》，濟南：齊魯書社出版社，2001 年 8 月第1 版，頁 3。

二、對人物形象的刻劃極爲生動，且對不同人物的描寫不拘於一種筆法，有的注重記事，有的注重記言，有的從正面寫，有的從側面寫。三、對人物的刻劃非常注意情節的完整性，將同一人物在不同年代的所有言行都搜集起來，構成一篇文章，有時如同一篇優美的散文。四、借敘事以寓思想，常常借人物對話或他人言論來表達關於爲人處世方面的思想精神。

何新文《左傳人物論稿》總結《左傳》寫人藝術六點：一、通過直接描繪人物自己的行動顯示人物個性特點。二、通過符合人物身份性格的語言表現人物精神面貌。三、通過行動細節描寫揭示人物的內心世界或展現其性格發展變化。四、根據人物行事及性格的特點注重人物"出場"或"退場"的藝術描寫。五、不重"肖形"而力求"神似"以傳達出人物最基本的特質風度。六、間以誇張、虛構或記載奇聞異事的方法，豐富人物形象。

以上學者所論，由不同角度把握《左傳》人物敘寫之特色與重點。其相關論著中已有詳細說明，本文略人所詳，不再重覆討論。如前所論，強調人在事件發展中的關鍵性、人物性格對事件發展與結果之影響及重視人物態度與反應等是《左傳》人物敘寫之特色。以下另由敘事與解釋角度，討論《左傳》人物敘寫之解釋功能與作者態度之反映。〔註84〕

一、人物性格塑造與敘事態度

唐代劉知幾云：「夫國史之美者，以敘事爲工。」〔註85〕進而提出敘事之體有四：「有直紀其才行者，有唯書其事跡者，有因言語而可知者，有假讚論而自見者。」〔註86〕劉知幾所論敘事之體，雖言敘事實則以人爲主體也。其指出敘事寫人之法可藉由直接敘寫其人之才德品行來表現，其云：「至如古文尙書稱帝堯之德，標以允恭克讓；春秋左傳言子太叔之狀，目之美秀而文。所稱如此，更無他說，所謂直紀其才行者。」才行固古人之所重也。史書敘事何以特重人物才行，爲立典範者也。典範之立，史義自見。典範之褒，資鑑可行也。

〔註84〕關於人物敘寫特色細節描寫一節中已有討論，本節主要關注意義解讀與態度呈顯之問題。主要討論人物在敘事與解釋層面上所能發揮之功能，即人物敘事如何能寄託撰史者態度，讀者如何由人物敘事解讀意義的討論。

〔註85〕〔唐〕劉知幾撰、〔清〕浦起龍釋《史通通釋・敘事》，臺北：里仁書局，民國82年6月30日，頁168。

〔註86〕同上註，頁168。

其次，敘事寫人可以運用直書見義、據事直書之法，將人物之行爲事跡進行敘寫，藉此而塑造人物、推進情節。劉知幾云：「如左氏載申生爲驪姬所譖，自縊而亡；班史稱紀信爲項籍所圍，代君而死。此不言其節操，而忠孝自彰，所謂唯書其事跡者。」〔註87〕《左傳》敘事寫人以勸懲爲要，對於人物行爲事跡之取捨與敘述，亦以彰其節操、揚其德行爲主，故有「君子曰」之贊。

除事跡直書之法外，藉言敘事、藉言議論亦是敘事寫人之法。如前章所論，人物對話是推進行節發展、深化情節張力的重要手法。許多場景氛圍一般敘事難以營造者，可透過人物對話來營造；許多人物內心情緒思維，難以藉一般敘事表現清楚者，可藉由人物話來刻劃描寫，此所謂「因言語而可知者」。劉知幾云：「尙書稱武王之罪紂也，其誓曰：焚炙忠良，刳剔孕婦；左傳紀隨會之論楚也，其詞曰：蓽輅藍縷，以啓山林。此則才行事跡，莫不闕如，而言有關涉，事便顯露，所謂因言語而可知者。」〔註88〕其言重點有二：一是強調藉言敘事之妙。另則是指出，藉言所以爲敘事之關鍵，正在於「言有關涉」。所關涉者除人物相關事件與人物德行外，亦與篇章銜接有關。

敘事之法有「假讚論而自見者」此即所謂之史評、史論等表現形式。就《左傳》而言即「君子曰」之類之敘事干預。敘事干預是作者態度明顯之表現，亦是屬辭、比事結構運作之重要參考點。

總結以上所論，則人物敘寫之重點一則在其行爲事跡，一則在其對話語言。而透過言與行之敘寫，則能塑造人物之形象、刻劃人物之性格。〔註89〕《左傳》人物敘寫特別重視人物性格與內在人格。如前所論，其強調人的重要性，特別突顯人物性格對事件成敗之影響力。其結構模式可簡單表示如下：【事件→人物性格特質→人物態度與反應→事件轉折發展→結果】整體而言，《左傳》在人物性格塑造上，是很成功的。尤其透過比事結構，更能立體的塑造人物形象。

以下以「愎」性格爲例，討論人物性格對事件發展與結果之影響。《左傳》中有關「愎」之記載計八見，其字義隨事例上下語境而有別，但《左傳》透

〔註87〕同上註，頁169。

〔註88〕同上註。

〔註89〕真實性是動作描寫生動的關鍵，愈是接近真實的行爲描寫，愈能將人物情緒、心情、神態細膩描繪。言論內容的風格符合性，是記言的關鍵。不同身分不同職業有不同的語言風格表達，愈能符合人物身分與性格之言論，愈能鮮明的表現人物形象。

過「愎」字所企圖塑造之人物性格特徵，大體有其共性：主要強調人物專行、固執、叛逆之性格。例如魯僖公十五年，秦、晉韓原之戰時，《左傳》透過慶鄭之口，塑造晉惠公剛愎專斷不聽諫言之形象：

> 壬戌，戰于韓原。晉戎馬還濘而止。公號慶鄭，慶鄭曰：「愎諫、違卜，固敗是求，又何逃焉？」遂去之。梁由靡御韓簡，虢射爲右，輅秦伯，將止之。鄭以救公誤之，遂失秦伯。秦獲晉侯以歸。（僖公十五年，231。）

魯僖公十五年（西元前 645 年），秦穆公十五年，晉惠公六年。此年秋季，秦、晉兩國戰於韓原。在戰前晉惠公卜車右，以慶鄭爲吉，惠公卻不用。慶鄭諫勿乘鄭入之小駟，惠公亦不聽。〔註90〕戰爭過程中，晉惠公之車與馬皆出狀況，終爲秦君所俘。在過程中，惠公向慶鄭呼救，《左傳》藉由歷史想像之敘事，寫慶鄭之語：「愎諫、違卜，固敗是求」其指出晉惠公剛愎不聽勸諫，自傲不從卜筮，正是自求敗績。此句雖是出自慶鄭之口，實則《左傳》揭示其對戰爭成敗因果分析之一端，而慶鄭此語，亦成爲之後《左傳》記載「愎」相關人物性格時之準則。

　　第二例見於宣公十二年，晉、楚邲之戰過程中，楚國伍參對晉國中軍佐先縠之評論。就客觀角度而言，這些戰爭過程中人物之對話，撰史者親身聽聞之可能性極低，然《左傳》卻大量透過人物對話來藉言敘事，此正出於歷史想像，而撰史者之所以用心於歷史想像，正爲在人物對話中，寄託其對戰爭、人物、事件之態度與看法。《左傳》載伍參之言如下：

> 楚子北師次於郔。沈尹將中軍，子重將左，子反將右，將飲馬於河而歸。聞晉師既濟，王欲還，嬖人伍參欲戰。令尹孫叔敖弗欲，曰：「昔歲入陳，今茲入鄭，不無事矣。戰而不捷，參之肉其足食乎？」參曰：「若事之捷，孫叔爲無謀矣。不捷，參之肉將在晉軍，可得食乎？」令尹南轅、反斾，伍參言於王曰：「晉之從政者新，未能行令。其佐先縠剛愎不仁，〔註91〕未肯用命。其三帥者，專行不獲。聽而無上，

〔註90〕〔晉〕杜預注云：「愎，戾也。」（頁100）。楊伯峻《春秋左傳注》云：「《周書·諡法解》：去諫曰愎。此指其不從勿用小駟之諫。」（高雄：復文圖書出版社，民國80年9月再版，頁356。）竹添光鴻《左傳會箋》從杜預注。（臺北：天工書局，民國82年5月出版，頁400。）

〔註91〕〔晉〕杜預注云：「愎，狠也。」（頁162），後《十三經注疏·左傳》、楊伯峻《春秋左傳注》與竹添光鴻《左傳會箋》等皆從之。筆者以爲配合上下文義，

眾誰適從？此行也，晉師必敗。且君而逃臣，若社稷何？」王病之，

告令尹改乘轅而北之，次于管以待之。（宣公十二年，頁 391。）

魯宣公十二年（西元前 597 年），晉景公三年，楚莊王十七年。此年夏季晉、楚兩國交戰於邲。此時晉國的中軍帥為荀林父，其剛任執政卿不久，戰爭前夕晉國內部發生意見不合之情況。各將領對於是否與楚國開戰之事，多數持保留態度，唯中軍佐先縠強力主戰，《左傳》藉言寫人如下：

彘子曰：「不可。晉所以霸，師武、臣力也。今失諸侯，不可謂力；有敵而不從，不可謂武。由我失霸，不如死。且成師以出，聞敵強而退，非夫也。命為軍帥，而卒以非夫，唯群子能，我弗為也。」以中軍佐濟。（宣公十二年，頁 389。）

先縠認為在戰爭方面遇敵而不戰不是勇者所為，因敵軍強大而考慮退兵，更不是大丈夫所為。於是私自率領指揮之軍隊開始渡河。《左傳》在分別記載　等人對戰爭看法後，寫先縠此番不同之言論，又載其私自「以中軍佐濟」，正為塑造其人剛愎之形象。之後透過敵對陣營伍參之言論，再次強調其「剛愎不仁」之性格。依上例慶鄭所言「愎諫、違卜，固敗是求」來判斷，晉軍之敗似乎可以預見。〔註 92〕

又由伍參言論中可見，《左傳》對於戰爭成敗因素之分析，特別強調「人」之重要性。將領之德行、士氣之高下、戰爭過程是否合禮等，都是《左傳》敘戰中所強調影響成敗之因素。不只是邲之戰，其他如韓原之戰（僖公十五年）、城濮之戰（僖公二十八年）、鞍之戰（成公二年）、鄢陵之戰（成公十六年）等戰爭敘述中，皆可見強調人物性格對戰爭成敗影響之觀點。

第三例見於襄公二十八年，關於齊國發生內亂，盧蒲癸、王何攻伐慶氏之事。魯襄公二十五年（西元前 548 年），齊莊公六年。此年夏季，齊國崔杼弒其君。〔註 93〕齊莊公之黨人盧蒲癸、王何等出奔晉與莒。崔杼立景公，自為相，以慶封為左相。魯襄公二十八年（西元前 545 年），齊景公三年。盧蒲癸、王何等人先後返齊，臣於慶封之子慶舍。慶舍有寵盧蒲癸以女妻之，或有言同宗不婚，《左傳》載盧蒲癸之言：「賦詩斷章，余取所求焉，惡識宗？」

除杜預所注之「狠」義外，亦有專行固執之義。

〔註92〕就客觀角度而論，晉軍所以失敗不只此一原因，其他如中軍帥荀林父指揮判斷之誤，及晉國軍隊士氣低落等，都是影響戰爭成敗之因。

〔註93〕崔杼弒君之事，詳請見下文「通而亂模式」分析。此例重心不在此，暫略之。

由其言論，充分表現其唯利是圖之功利性格。〔註94〕後慶氏與公室子雅、子尾發生衝突，欲去之。後發生盧蒲癸、王何攻慶氏之事。依《左傳》記載，當初二子欲攻慶舍之前，曾示之以卜兆，說是爲報讎而卜，慶舍釋其兆，指出必能成功報讎。〔註95〕在盧蒲癸攻伐慶舍之前，《左傳》記載其妻即慶舍之女與盧蒲癸之謀：

> 盧蒲姜（慶舍之女）謂癸曰：「有事而不告我，必不捷矣。」癸告之。姜曰：「夫子愎，〔註96〕莫之止，將不出。我請止之。」癸曰：「諾。」十一月乙亥，嘗于大公之廟，慶舍涖事。盧蒲姜告之，且止之，弗聽，曰：「誰敢者？」遂如公。麻嬰爲尸，慶奊爲上獻。盧蒲癸、王何執寢戈，慶氏以其甲環公宮。陳氏、鮑氏之圉人爲優。慶氏之馬善驚，士皆釋甲束馬，而飲酒，且觀優，至於魚里。欒、高、陳、鮑之徒介慶氏之甲。子尾抽桷，擊扉三，盧蒲癸自後刺子之，王何以戈擊之，解其左肩。猶援廟桷，動於甍。以俎、壺投，殺人而後死。遂殺慶繩、麻嬰。公懼，鮑國曰：「群臣爲君故也。」陳須無以公歸，稅服而如內宮。（襄公二十八年，頁654。）

盧蒲姜知其夫欲藉舉行嘗祭時，攻殺慶氏爲齊莊公報讎。其分析其父「愎」之性格，指出若是出面勸阻其父不要出席嘗祭，必不聽而往，則盧蒲癸等人便有機會下手。事發當日，盧蒲姜果然勸阻，《左傳》以「告之」、「止之」、「弗

〔註94〕 《左傳》載此事如下：齊慶封好田而耆酒，與慶舍政，則以其內實遷于盧蒲嫳氏，易內而飲酒數日，國遷朝焉。使諸亡人得賊者，以告而反之，故反盧蒲癸。癸臣子之，有寵，妻之。慶舍之士謂盧蒲癸曰：「男女辨姓，子不辟宗，何也？」曰：「宗不余辟，余獨焉辟之？賦詩斷章，余取所求焉，惡識宗？」癸言王何而反之，二人皆嬖，使執寢戈而先後之。（襄公二十八年，頁653。）

〔註95〕 《左傳》敘事似多將「愎」與「卜」並列而寫，此事除二子示兆於慶舍外，亦有陳文子召陳無宇返之事，亦與卜有關。《左傳》載之如下：盧蒲癸、王何卜攻慶氏，示子之兆，曰：「或卜攻讎，敢獻其兆。」子之曰：「克，見血。」冬，十月，慶封田于萊，陳無宇從。丙辰，文子使召之，請曰：「無宇之母疾病，請歸。」慶季卜之，示之兆，曰：「死。」奉龜而泣，乃使歸。慶嗣聞之，曰：「禍將作矣。」謂子家：「速歸，禍作必於嘗，歸猶可及也。」子家弗聽，亦無悛志。子息曰：「亡矣！幸而獲在吳、越。」陳無宇濟水，而戕舟發梁。（襄公二十八年，頁654。）

〔註96〕 杜預未注此字，楊伯峻《春秋左傳注》云：「愎，倔強。」竹添光鴻《左傳會箋》云：「夫子性愎，止之則出，使出則止。若無止之者，恐將不出。……」（頁1261至1262）《左傳》塑造慶舍「愎」之人物性格，與前幾例相比較，其內涵除固執、專行外，更加上判逆之特質。

聽」簡單六字，印證盧蒲姜對於父親之認識，同時亦鮮明的表現慶舍固執、專行、叛逆之「愎」形象。

此外由此例中，亦可見《左傳》細節描寫之生動。真實性是細節描寫關鍵所在，愈是接近真實的言行動作描寫，愈能鮮活的刻劃人物形象、表現人物性格。就常理而言，撰史者不在弒殺現場的可能性極高，然《左傳》敘事卻能生動的寫下每位人物之動作，此正歷史想像之法。事件情節如下：慶舍以其甲兵環圍嘗祭現場外圍，陳、鮑二氏之養馬者在場外表演，其設計使慶氏之馬驚而奔，慶氏之甲兵於是釋甲束馬，趁此機會，欒、高、陳、鮑之徒，穿上慶氏甲兵之服控制現場。《左傳》以細節描寫方式，敘述慶舍被殺之場景：當形勢為欒、高、陳、鮑之徒所控制後，子尾抽桷三擊門以為號，盧蒲癸由慶舍之後刺殺之，王何則以戈擊之，斬斷慶舍左肩。《左傳》載慶舍仍能倚著宗廟掾柱，投擲俎與壺投殺人。

統觀整個事件，先是慶封好田嗜酒而使禍之興，其次是慶舍剛愎之性格，使其遭禍。而「愎諫」與「違卜」觀念亦貫穿整件事。總而言之，《左傳》試圖在敘事中，建構「愎則取禍」之敘事模式。

關於「愎」人物性格之描寫，鄭國伯有（良霄）〔註97〕是另一代表人物。其擔任鄭國行人時，曾參與襄公二十六年的澶淵之盟。據《左傳》所載其人嗜酒，性格剛愎好勝，〔註98〕後於襄公三十年時在鄭國氏族內亂中被殺。〔註99〕《左傳》於伯有被殺之前，記載叔向問子產鄭國之政局形勢：

> 子產相鄭伯以如晉，叔向問鄭國之政焉。對曰：「吾得見與否，在此歲也。駟、良方爭，未知所成。若有所成，吾得見，乃可知也。」叔向曰：「不既和矣乎？」對曰：「伯有侈而愎，子晳好在人上，莫能相下也。雖其和也，猶相積惡也，惡至無日矣。」（襄公三十年，頁679。）

魯襄公三十年（西元前543年），鄭簡公二十三年。此年春季子產擔任相輔佐鄭簡公前往晉國。晉國叔向問子產鄭國國內之形勢，子產指出鄭國國內駟氏

〔註97〕 《左傳》中關於良霄（伯有）之記載，各見於：襄公十一年、襄公十三年、襄公十五年、襄公十八年、襄公二十六年、襄公二十七年、襄公二十八年、襄公二十九年、襄公三十年，及昭公二年與昭公七年。

〔註98〕 上例中齊國慶封亦以嗜酒好田獵而致亂興。《左傳》記載嗜酒之例計四見，又見於宣公十五年與昭公十年。整體而言，嗜酒之人皆未有好結果。

〔註99〕 關於伯有與鄭國氏族內亂之事，頗為複雜，因非此處論述重點，暫略之。詳請參考《左傳‧襄公三十年》相關記載。

與良氏爭政激烈，雖試圖調停但恐怕在今年內會有衝突。叔向又問，子產進而指出，伯有性格侈而愎，而子皙個性「好在人上」不肯服人，對於雙方之衝突雖有進行調解，但兩人互不相讓，禍亂恐怕難以避免。

就當時禮制而言，卿大夫之間不應私下探問他國內政。以叔向與子產二人之賢，似不應做出不合禮制之事。但若由歷史想像角度而論，則作者為什麼要特意設計這一段言論，讓叔向與子產討論鄭國與晉國之國內局勢。除基本的預言模式功能外，《左傳》有意凸顯因人物性格而影響事件發展之因果關係，藉以達成其資鑑勸懲之目的。

另一例見於昭公四年，《左傳》載之如下：

> 楚子示諸侯侈。椒舉曰：「夫六王、二公之事，皆所以示諸侯禮也，諸侯所由用命也。夏桀為仍之會，有緡叛之。商紂為黎之蒐，東夷叛之；周幽為大室之盟，戎狄叛之，皆所以示諸侯汰也，諸侯所由棄命也。今君以汰，無乃不濟乎？」王弗聽。子產見左師曰：「吾不患楚矣。汰而愎諫，不過十年。」左師曰：「然。不十年侈，其惡不遠。遠惡而後棄。善亦如之，德遠而後興。」（昭公四年，頁731。）

魯昭公四年（西元前538年），楚靈王三年。此年夏季，楚靈王會各國諸侯於申。蔡、陳、鄭、許、徐、滕、宋、等國皆參與盟會。〔註100〕會中楚靈王一樣表現出驕奢侈汰之本性，對於各與會國態度驕縱。椒舉為此向楚王提出勸諫，指出會盟之事應以禮行之，並舉東夷、戎狄之叛皆因商紂、周幽王態度驕侈所致為例。楚靈王並未接受椒舉之勸。《左傳》又記載子產與左師之言論，子產指出楚靈王「汰而愎諫」之態度，將為楚國帶來災禍。左師進一步預言楚王之將亡。〔註101〕其他如哀公二十六年，文公懿子論衛侯之「愎而虐」，又於哀公二十七年記載鄭駟弘論知瑤「愎而好勝」等都是對人物「愎」性格之描寫。

總結《左傳》所載人物「愎」性格之相關敘述。可見出其試圖建構出「愎則取禍」之模式規律。此外，人物性格剛愎而取禍敘述，亦可由「弗聽」這樣的人物行動中歸納見出。其他如「驕」、「傲」等人物性格請見下章事例分析中論述。整體而言，《左傳》強調人物性格對事件發展與結果之影響力。其

〔註100〕《春秋》載：「夏，楚子、蔡侯、陳侯、鄭伯、許男、徐子、滕子、頓子、胡子、沈子、小邾子、宋世子佐、淮夷會于申。」（昭公四年，頁726）

〔註101〕整體而言，《左傳》預言模式中有「層遞預言」之形式。即先以某人言論進行預言，再輔以另一人對先前的預言進行再進一步或是更精確的預言。此類情況於《左傳》中經常可見。此例亦是其中之一。

書試圖傳達一觀念，擁有正面向善性格之人，其能使事件朝向正面發展，而獲得好結果，反之，驕奢侈汰愎諫違卜之人物性格，終將令事件朝負面結果而發展。

二、人物言行描寫與史義寄託

行動是事件情節構成的基礎要素。而言與行是塑造人物形象的兩大方式。人物之性格、形象、情緒、心理等，必藉外在之行為與言論才能表現。〔註102〕觀察《左傳》敍事，其對人物行為動作之描寫，頗為用心，一般以為《左傳》以事為主，在人物敍寫上較忽略，實則不然，《左傳》透過許多行為細節描寫，許多小動作、小反應，生動的刻劃人物，塑造鮮明形象。

就敍事角度而言，人物行為有以下幾個功能：一、構成情節架構。二、表現人物性格。三、塑造人物形象。四、反應敍事態度。五、寄寓撰史者史義。此外，如前所論，就表達者而言，透過人物行為可以表達寄託撰史者之史義，就接受角度而言，人物行為是屬辭比事之重要連接點。除人物行為外，人物言論亦是《左傳》敍事重要的構成要素。

人物言論相關論述已見前文，以下由比事解讀角度切入，以「通」為例，討論《左傳》人物行為描寫所反映之敍事態度與撰史者史義。《左傳》記載人物「通」之事，計十七見，表列如下：

編號	紀 年	《左傳》敍事	說 明
01	桓公十八年	十八年，春，公將有行，遂與姜氏如齊。申繻曰：「女有家，男有室，無相瀆也。謂之有禮。易此必敗。」公會齊侯于濼，遂及文姜如齊。齊侯通焉。公謫之。以告。	【通→禍興】齊魯兩國為桓公被弒之事發生衝突。
02	閔公二年	初，公傅奪卜齮田，公不禁。秋，八月辛丑，共仲使卜齮賊公于武闈。成季以僖公適邾。共仲奔莒，乃入，立之。以賂求共仲于莒，莒人歸之。及密，使公子魚請。不許，哭而往。共仲曰：「奚斯之聲也。」乃縊。閔公，哀姜之娣叔姜之子也，故齊人立之。 共仲通於哀姜，哀姜欲立之。閔公之死也，哀姜與知之，故孫于邾。齊人取而殺之于夷，以其尸歸，僖公請而葬之。	【通→亂興】慶父通於哀姜

〔註102〕「只有從人物的行動中才能了解人」（趙毅衡《當說者被說的時候——比較敍述學導論》，北京：中國人民大學出版社，1998年10月第1版，頁173。）

03	僖公二十四年	夏，狄伐鄭，取櫟。王德狄人，將以其女爲后。富辰諫曰：「不可。臣聞之曰：『報者倦矣，施者未厭。』狄固貪惏，王又啓之。女德無極，婦怨無終，狄必爲患。」王又弗聽。初，甘昭公有寵於惠后，惠后將立之，未及而卒。昭公奔齊，王復之，又通於隗氏。王替隗氏。頹叔、桃子曰：「我實使狄，狄其怨我。」遂奉大叔以狄師攻王。王御士將禦之，王曰：「先后其謂我何？寧使諸侯圖之。」王遂出，及坎欿，國人納之。秋，頹叔、桃子奉大叔以狄師伐周，大敗周師，獲周公忌父、原伯、毛伯、富辰。王出適鄭，處于氾。大叔以隗氏居于溫。	【通→亂興】王子帶之亂
04	文公十六年	宋公子鮑禮於國人，宋饑，竭其粟而貸之。年自七十以上，無不饋詒也，時加羞珍異。無日不數於六卿之門。國之材人，無不事也；親自桓以下，無不恤也。公子鮑美而豔，襄夫人欲通之，而不可，乃助之施。昭公無道，國人奉公子鮑以因夫人。於是華元爲右師，公孫友爲左師，華耦爲司馬，鱗鱹爲司徒，蕩意諸爲司城，公子朝爲司寇。初，司城蕩卒，公孫壽辭司城，請使意諸爲之。既而告人曰：「君無道，吾官近，懼及焉。棄官，則族無所庇。子，身之貳也，姑紓死焉。雖亡子，猶不亡族。」	【欲通之】
05	宣公九年	陳靈公與孔寧、儀行父通於夏姬，皆衷其衵服，以戲于朝。洩冶諫曰：「公卿宣淫，民無效焉，且聞不令。君其納之！」公曰：「吾能改矣。」公告二子。二子請殺之，公弗禁，遂殺洩冶。孔子曰：「《詩》云：『民之多辟，無自立辟。』其洩冶之謂乎！」	【通→亂興】【通→弒君】（宣公十年）
06	成公四年	晉趙嬰通于趙莊姬。五年，春，原、屏放諸齊。（相關敍事請見後文章節）	【通→亂興】【氏族興廢】
07	成公十六年	楚師還，及瑕，王使謂子反曰：「先大夫之覆師徒者，君不在。子無以爲過，不穀之罪也。」子反再拜稽首曰：「君賜臣死，死且不朽。臣之卒實奔，臣之罪也。」子重復謂子反曰：「初隕師徒者，而亦聞之矣。盍圖之！」對曰：「雖微先大夫有之，大夫命側，側敢不義？側亡君師，敢忘其死？」王使止之，弗及而卒。戰之日，齊國佐、高無咎至于師，衛侯出于衛，公出于壞隤。宣伯通於穆姜，欲去季、孟而取其室。將行，穆姜送公，而使逐二子。公以晉難告，曰：「請反而聽命。」姜怒，公子偃、公子鉏趨過，指之曰：「女不可，是皆君也。」公待於壞隤，申宮、儆備、設守，而後行，是以後。使孟獻子守于公宮。	【通→亂興】叔孫僑如通於穆姜，欲去季、孟二氏。

08	成公十六年	齊聲孟子通僑如，使立於高、國之間。僑如曰：「不可以再罪。」奔衛，亦間於卿。	【通→奔】叔孫僑如又通於齊聲孟子。
09	成公十七年	齊慶克通于聲孟子，與婦人蒙衣乘輦而入于閎。鮑牽見之，以告國武子。武子召慶克而謂之。慶克久不出，而告夫人曰：「國子謫我。」夫人怒。國子相靈公以會，高、鮑處守。及還，將至，閉門而索客。孟子訴之曰：「高、鮑將不納君，而立公子角，國子知之。」秋，七月壬寅，刖鮑牽而逐高無咎。無咎奔莒。高弱以盧叛。齊人來召鮑國而立之。	【通→亂興】【通→叛】聲孟子
10	襄公二十一年	欒桓子娶於范宣子，生懷子。范鞅以其亡也，怨欒氏，故與欒盈為公族大夫而不相能。桓子卒，欒祁與其老州賓通，幾亡室矣。懷子患之。祁懼其討也，愬諸宣子曰：「盈將為亂，以范氏為死桓主而專政矣，曰：『吾父逐鞅也，不怒而以寵報之，又與吾同官而專之。吾父死而益富。死吾父而專於國，有死而已，吾蔑從之矣。』其謀如是，懼害於主，吾不敢不言。」范鞅為之徵。懷子好施，士多歸之。宣子畏其多士也，信之。懷子為下卿，宣子使城著而遂逐之。秋，欒盈出奔楚。宣子殺箕遺、黃淵、嘉父、司空靖、邴豫、董叔、邴師、申書、羊舌虎、叔羆，囚伯華、叔向、籍偃。	【通→亂興】【氏族興廢】
11	襄公二十五年	齊棠公之妻，東郭偃之姊也。東郭偃臣崔武子。棠公死，偃御武子以弔焉。見棠姜而美之，使偃取之。偃曰：「男女辨姓，今君出自丁，臣出自桓，不可。」武子筮之，遇困䷌之大過䷛。史皆曰「吉」。示陳文子，文子曰：「夫從風，風隕妻，不可娶也。且其繇曰：『困于石，據于蒺棃，入于其宮，不見其妻，凶。』困于石，往不濟也；據于蒺棃，所恃傷也；入于其宮，不見其妻，凶，無所歸也。」崔子曰：「嫠也，何害？先夫當之矣。」遂取之。莊公通焉，驟如崔氏，以崔子之冠賜人。侍者曰：「不可。」公曰：「不為崔子，其無冠乎？」崔子因是，又以其間伐晉也，曰：「晉必將報。」欲弒公以說于晉，而不獲間。公鞭侍人賈舉，而又近之，乃為崔子間公。	【通→弒君】
12	襄公三十年	蔡景侯為太子般娶于楚，通焉。太子弒景侯。	【通→弒君】
13	昭公二十年	衛公孟縶狎齊豹，奪之司寇與鄄。有役則反之，無則取之。公孟惡北宮喜、褚師圃，欲去之。公子朝	【通→亂興】

		通于襄夫人宣姜，懼而欲以作亂。故齊豹、北宮喜、褚師圃、公子朝作亂。初，齊豹見宗魯於公孟，為驂乘焉。將作亂，而謂之曰：「公孟之不善，子所知也，勿與乘，吾將殺之。」對曰：「吾由子事公孟，子假吾名焉，故不吾遠也。雖其不善，吾亦知之；抑以利故，不能去，是吾過也。今聞難而逃，是僭子也。子行事乎，吾將死之，以周事子；而歸死於公孟，其可也。」	
14	昭公二十五年	初，季公鳥娶妻於齊鮑文子，生甲。公鳥死，季公亥與公思展與公鳥之臣申夜姑相其室。及季姒與饔人檀通，而懼，乃使其妾抶己，以示秦遄之妻，曰：「公若欲使余，余不可而抶余。」又訴於公甫曰：「展與夜姑將要余。」秦姬以告公之。公之與公甫告平子，平子拘展於卞，而執夜姑，將殺之。公若泣而哀之，曰：「殺是，是殺余也。」將為之請，平子使豎勿內，日中不得；請。有司逆命，公之使速殺之。故公若怨平子。	【通→亂興】
15	昭公二十八年	晉祁勝與鄔臧通室。祁盈將執之，訪於司馬叔游。叔游曰：「鄭書有之：『惡直醜正，實蕃有徒。』無道立矣，子懼不免。《詩》曰：『民之多辟，無自立辟。』姑已，若何？」盈曰：「祁氏私有討，國何有焉？」遂執之。祁勝賂荀躒，荀躒為之言於晉侯。晉侯執祁盈。祁盈之臣曰：「鈞將皆死，慭使吾君聞勝與臧之死也以為快。」乃殺之。夏，六月，晉殺祁盈及楊食我。食我，祁盈之黨也，而助亂，故殺之，遂滅祁氏、羊舌氏。	【通→亂興】【氏族興廢】
16	哀公八年	齊悼公之來也，季康子以其妹妻之，即位而逆之。季魴侯通焉，女言其情，弗敢與也。齊侯怒。夏，五月，齊鮑牧帥師伐我，取讙及闡。	【通→戰興】
17	哀公十五年	衛孔圉取太子蒯聵之姊，生悝。孔氏之豎渾良夫長而美，孔文子卒，通於內。太子在戚，孔姬使之焉。太子與之言曰：「苟使我入獲國，服冕、乘軒，三死無與。」與之盟，為請於伯姬。閏月，良夫與太子入，舍於孔氏之外圃。昏，二人蒙衣而乘，寺人羅御，如孔氏。孔氏之老欒寧問之，稱姻妾以告，遂入，適伯姬氏。既食，孔伯姬杖戈而先，太子與五人介，輿豭從之。迫孔悝於廁，強盟之，遂劫以登臺。欒寧將飲酒，炙未熟，聞亂，使告季子；召獲駕乘車，行爵食炙，奉衛侯輒來奔。	

　　觀察上表，可見《左傳》建構之敘事模式：「通則亂興，通則禍起。」此正上章所論屬辭、比事結構對深層意義解讀之作用。以「通」爲屬辭結構中心，將《左傳》十七例相關敘述比事而觀，則《左傳》所欲傳達「通則亂興禍起」之觀念，清晰可見。上表中若干事例之分析，將於後文章節中有所論述，以下就後文未討論之例說明如之。

　　魯宣公九年（西元前 600 年），陳國因夏姬而發生一連串弒殺事件，《左傳》載之如下：

> 陳靈公與孔寧、儀行父通於夏姬，皆衷其衵服，以戲于朝。洩冶諫曰：「公卿宣淫，民無效焉，且聞不令。君其納之！」公曰：「吾能改矣。」公告二子。二子請殺之，公弗禁，遂殺洩冶。孔子曰：「《詩》云：『民之多辟，無自立辟。』其洩冶之謂乎！」（宣公九年，頁 380）

陳靈公與孔寧、儀行父三人與夏姬（夏徵舒之母、鄭穆公之女）有通淫之事，身著夏姬貼身衣物於朝廷上嬉鬧。洩冶出面勸諫，指出國君與卿大夫公然於朝廷上宣揚通淫之事，則百姓將無所效法，勸諫國君應對自身行爲有所節制。陳靈公將洩冶之語告知孔寧與儀行父，在陳靈公默許下，二子殺害洩冶。若依《左傳》企圖建構之敘事模式與價值觀念，凡殺害忠諫良臣者，皆將不免於難。而此陳靈公等三人日後之下場，正符合《左傳》預言模式所建構之價值體系。

　　隔年魯宣公十年，陳靈公十五年，夏季。陳靈公與孔寧、儀行父三人於夏氏家飲酒，《左傳》載之如下：

> 陳靈公與孔寧、儀行父飲酒於夏氏。公謂行父曰：「徵舒似女。」對曰：「亦似君。」徵舒病之。公出，自其廄射而殺之。二子奔楚。（宣公十年，頁 382。）

陳靈公以夏姬之子夏徵舒貌似儀行父，儀行父則以夏徵舒貌似陳靈公。因二人皆與夏姬有通，此語言外之意則戲謔夏徵舒或許是二人之子。夏徵舒受辱遂生弒君之思，當陳靈公離開時，其由馬房中以箭弒殺陳靈公。孔寧及儀行父則出奔楚，之後楚國於隔年冬季，因夏徵舒弒君之事，出兵伐陳。

　　以上兩段敘述中或帶有歷史想像成分，陳靈公、孔寧與儀行父三人與夏姬有通淫關係是歷史事實，而夏徵舒亦確實有弒君之行爲。但其中洩冶之諫，夏徵舒受辱之事，則有可能出於《左傳》之想像與設計。如第二章所論，歷史想像正是解讀《左傳》敘事的關鍵之一。進一步探究《左傳》對此二情節之設計與其他類似敘事有模式上之相似，正如第三章所論透過屬辭與比事結

構，更能清楚的見出《左傳》敍事背後之因果結構。此例中，洩冶所諫之言論內容，與其他相似情節中人物所諫之內容相近，皆是以國君爲政之道與德禮爲主要內容。就人物類型而論夏徵舒屬於轉折型人物，因其受辱而弒君，因其弒君而亂生，終使楚國出兵伐陳。觀察《左傳》對此事件各人物之敍述與評價，可見其勸懲資鑑之用心。

另一較明確可見作者態度之例，見於魯襄公三十年，是屬於「以事爲主」之客觀記事，《左傳》載：「蔡景侯爲太子般娶于楚，通焉。太子弒景侯。」（襄公三十年，頁681。）蔡景侯爲太子般娶妻於楚國，未料先與之通，之後發生蔡太子弒君之事。對於此事，《左傳》於襄公二十八年蔡侯過境鄭國時，已藉由子產之口先進行預言提示。

另一例見於魯哀公八年，亦是因通而導致戰爭之例，《左傳》記載如下：

> 齊悼公之來也，季康子以其妹妻之，即位而逆之。季魴侯通焉，女言其情，弗敢與也。齊侯怒。夏，五月，齊鮑牧帥師伐我，取讙及闡。（哀公八年，頁1012。）

魯哀公五年（西元前490年），齊景公五十八年。此年秋季齊景公卒，其生前使國惠子、高昭子立鬻姒之子荼爲國君，群公子於是出奔。其中公子鉏與公子陽生〔註103〕奔魯。季康子將其妹嫁給公子陽生。魯哀公八年（西元前487年），齊悼公二年。此年春季，齊悼公派使者欲接回季康子妹，但季氏家族中的季魴侯與康子之妹發生通淫之事，其妹向季康子說明此事，季孫肥不敢讓使者接回其妹。於是齊悼公怒，出兵侵魯。同年秋季又聯合吳國攻打魯國。之後魯國將季姬送返齊國，事件才告一段落。以上則因通而致國家遭侵伐之例。有關「通」之其餘事例見於其他章節，此處不重覆。

三、人物情緒、態度反應與史觀呈現

人物情緒之描寫，一則形象人物性格，另則寄託撰史者史義。作者對人物情緒與反應之描寫，正表現出作者之態度與觀念。《左傳》中關於人物情緒與態度反應之例，除前所論「不敬」外，其他如：喜、怒、懼、怨、憂、哀、畏等，亦是《左傳》常見之情緒描寫。整體而言，《左傳》在人物情緒與態度反應描寫上，多側重於負面情緒與態度之描寫：如因怒而亂興、怒而弒殺、

〔註103〕公子陽生即齊悼公。

懼而亂生、懼而叛、怨而亂興、怨而弒亂等，都是《左傳》中常見的敘事內容。所以多側重於負面情緒之描寫，與其歷史資鑑之目的與功能有關。下以「歎」〔註104〕爲例，說明《左傳》在人物描寫上之細膩，及人物「歎」背後所隱含之撰史者態度。

《左傳》記載人物之「歎」計十九見。魯桓公九年（西元前 703 年），曹太子朝於魯。魯以上卿之禮待之。曹太子於宴飲間歎。魯大夫施父以此預言曹太子將有憂患之事。《左傳》載此事如下：

> 冬，曹太子來朝。賓之以上卿，禮也。享曹太子。初獻，樂奏而歎。
> 施父曰：「曹太子其有憂乎！非歎所也。」（桓公九年，頁 120。）

《左傳》透過施父之言論，預言曹太子將有憂。就敘事情節結構角度而言，是一種預述懸念的製造，其目的在於爲之後的情節發展預先提示讀者。隔年曹桓公卒，曹太子果然有憂。客觀而言，曹桓公之卒與曹太子之歎應無直接關係，然《左傳》在歷史敘事過程中，有意將太子之歎與將有憂進行聯結，目的正爲建構一人物言行與事件發展結局相關之行爲與情節模式。整體觀察《左傳》所記載「歎」相關敘事，或可建構出作者預設之模式。其他諸例分別討論如下。

魯宣公二年（西元前 607 年），晉靈公十四年。此年秋季，晉國趙盾以晉靈公不君多次勸諫，靈公不聽，後遣鉏麑往殺趙盾。《左傳》載此事如下：

> 晉靈公不君：厚斂以彫牆；從臺上彈人，而觀其辟丸也；宰夫胹熊
> 蹯不熟，殺之，寘諸畚，使婦人載以過朝。趙盾、士季見其手，問
> 其故，而患之。將諫，士季曰：「諫而不入，則莫之繼也。會請先，
> 不入，則子繼之。」三進，及溜，而後視之，曰：「吾知所過矣，將
> 改之。」稽首而對曰：「人誰無過，過而能改，善莫大焉！《詩》曰：
> 『靡不有初，鮮克有終。』夫如是，則能補過者鮮矣。君能有終，
> 則社稷之固也，豈惟群臣賴之。又曰：『袞職有闕，惟仲山甫補之』，
> 能補過也。君能補過，袞不廢矣。」猶不改。宣子驟諫，公患之，
> 使鉏麑賊之。晨往，寢門闢矣，盛服將朝。尚早，坐而假寐。麑退，
> 歎而言曰：「不忘恭敬，民之主也。賊民之主，不忠；棄君之命，不
> 信。有一於此，不如死也。」觸槐而死。（宣公二年，頁 364。）

上文敘述中可見歷史想像與細節描寫：晉靈公不願聽士會之諫，《左傳》描寫其

〔註104〕 「歎，吟也，情有所悅，吟歎而歌詠」（〔東漢〕許慎撰、〔清〕段玉裁注《説文解字注・系部》，臺北：藝文印書館，民國 81 年 11 月再版，頁 412。）

行爲「三進，及溜，而後視之」，簡單幾字卻將晉靈公的心情表露無遺，其不願見士會，而士會屢進，不得已在屋簷階間勉強聽士會之言，〔註105〕此其一也。

鉏麑晨往殺趙盾，見其勤於公事，盡忠職守。歎而言：「賊民之主，不忠；棄君之命，不信。」於是觸槐而死。鉏麑之歎正反映其心情，而之後的言論內容，則將其想法具體表述。誠如錢鍾書先生所言，鉏麑之歎與其言，並無史官在場記錄，《左傳》何以知之。實則藉此事而表達其史義也，藉鉏麑之口闡發人臣忠信之道。與其空言道理，藉鉏麑一言一行，則忠與信之典範即獲得確立。此正《左傳》敘事高明之處。就人物類型而言，鉏麑屬於轉折關鍵型人物，趙盾則爲主線發展型人物。

另一例見於魯成公十四年（西元前 577 年），衛定公十二年。此年冬季，衛定公卒。其生前使孔、甯二氏立敬姒之子衎爲太子。《左傳》載夫人姜氏在葬禮場合上，發現太子並不悲哀，對於相關禮節之進行並不用心。其歎而預言衛國將因此人爲君而帶來災禍。〔註106〕《左傳》藉夫人之歎，揭示其對太子其人之態度與看法。運用上文所謂態度解讀，進一步觀察《左傳》寫太子之言行與結局，則可見出撰史者勸懲用心。又如敘述晉國諸氏興廢，襄公二十三年，欒盈在齊國幫助下返回曲沃，其夜見午胥提出欲以曲沃叛之事，《左傳》載之如下：

> 晉將嫁女于吳，齊侯使析歸父媵之，以藩載欒盈及其士，納諸曲沃。欒盈夜見胥午而告之。對曰：「不可。天之所廢，誰能興之？子必不免。吾非愛死也，知不集也。」盈曰：「雖然，因子而死，吾無悔矣。我實不天，子無咎焉。」許諾。伏之而觴曲沃人，樂作，午言曰：「今也得欒孺子何如？」對曰：「得主而爲之死，猶不死也。」皆歎，有泣者。爵行，又言。皆曰：「得主，何貳之有！」盈出，遍拜之。（襄公二十三年，頁 601。）

胥午對於欒盈將叛之事，並不支持，其指出就當時形勢而言，此舉不可能成功，但基於對欒氏之情感，胥午仍願意參與，並說服其他人加入。《左傳》敘事之細膩，正在於人物情緒之刻劃，在胥午一番「得主而爲之死，猶不死也」的忠義陳詞後，《左傳》寫眾人皆歎，有泣者。歎則怨欒氏無辜遭滅，泣則感於忠義者也。胥午又以「得主，何貳之有！」激勵眾人，於是欒盈以曲沃叛

〔註105〕楊伯峻注云：「此則晉靈公不得不視隨會也。」（《春秋左傳注》，高雄：復文圖書出版社，民國 80 年 9 月，頁 657。）
〔註106〕此例論述請見第六章討論，此處暫略之。

晉之事得以進行。在此敘述中，胥午是關鍵人物，情節的發展與轉折皆繫於其一人身上。整體而言，於敘事中握有言論主動權之人物，往往是轉折關鍵之所在。

關於描寫人物「歎」行為之例，又見於魯襄公二十五年（西元前 548 年），齊莊公六年。此年夏季，齊國發生崔杼弒君之事，相關分析已見於前文。崔杼立景公自以為相，以慶封為左相。並要求與國人盟於宗廟。《左傳》載此事如下：

> 盧蒲癸奔晉，王何奔莒。叔孫宣伯之在齊也，叔孫還納其女於靈公，嬖，生景公。丁丑，崔杼立而相之，慶封為左相，盟國人於大宮，曰：「所不與崔、慶者。」晏子仰天歎曰：「嬰所不唯忠於君、利社稷者是與，有如上帝！」乃歃。辛巳，公與大夫及莒子盟。大史書曰：「崔杼弒其君。」崔子殺之。其弟嗣書，而死者二人。其弟又書，乃舍之。南史氏聞大史盡死，執簡以往。聞既書矣，乃還。（襄公二十五年，頁 619。）

面對崔氏之強盟，《左傳》記載晏嬰之仰天而歎，透露其不得已無奈之心情。崔、慶二氏要求國人之忠，晏嬰於盟誓載書時，以「忠於君」、「利社稷」為而盟。藉由對晏嬰仰天而歎，及其與盟時之言論，作者對崔、慶二氏之貶，對晏平仲之褒，已於敘事字裏行間明顯透露，而忠於君、利社稷等觀念是《左傳》於此事敘述中所欲傳達之觀念。同樣的情節《左傳》中常見，通常於弒君事件後，都會安排人物出面進行評論與褒貶，而這類人物正是總結評論型人物。

又如魯昭公十二年（西元前 530 年），此年季氏由季平子繼承，其對費邑宰南蒯態度無禮。又季平子即位之初與叔孫氏有所恩怨，於是「叔仲小、南蒯、公子憖謀季氏。憖告公，而遂從公如晉。南蒯懼不克，以費叛如齊。」（昭公十二年）《左傳》敘述南蒯之叛，特別的運用兩次鄉人之歎與歌來表現其態度。就人物類型而論，鄉人正轉折關鍵型人物。《左傳》載此事如下：

> 南蒯之將叛也，其鄉人或知之，過之而歎，且言曰：「恤恤乎，湫乎攸乎！深思而淺謀，邇身而遠志，家臣而君圖，有人矣哉！」南蒯枚筮之，遇坤之比曰：「黃裳元吉」，以為大吉也。示子服惠伯曰：「即欲有事，何如？」惠伯曰：「吾嘗學此矣，忠信之事則可，不然，必敗。外強內溫，忠也；和以率貞，信也，故曰『黃裳元吉』。黃，中之色也；裳，下之飾也；元，善之長也。中不忠，不得其色；下不共，不得其飾；事不善，不得其極。外內倡和為忠，率事以信為共，

供養三德爲善，非此三者弗當。且夫《易》不可以占險，將何事也？
且可飾乎？中美能黃，上美爲元，下美則裳，參成可筮。猶有闕也，
筮雖吉，未也。」（昭公十二年，頁791。）

雖然魯昭公有意削除季氏勢力，但對於南蒯身爲季氏最大城邑費之宰，而以
私怨欲叛。《左傳》透過鄉人與子服惠伯之口，表達批評之態度。先是描寫鄉
人知南蒯將叛，於是「過而歎」，指出南蒯眼光淺近而無智謀，身爲季氏家臣
卻欲謀魯君之事，鄉人以反諷口氣言歎南蒯之「忠君」。〔註107〕

後敘寫南蒯枚筮與子服惠伯之釋，此例對於了解先秦易筮與解釋意義重
大：一是其卦爻與今所見《易》相近，二是由其中可推知先秦易筮之法。但此
處強調的是子服惠伯對坤之比的解釋，其由人文、德、禮角度來解說，指出所
筮得之卦雖是吉，但若筮卦者本身行事不端正，恐怕也不會有好結果。所謂「忠
信之事則可，不然，必敗。」而子服惠伯於此敘事中擔任總結評論之任務。

對於南蒯之叛，《左傳》又記載鄉人之歌，如下：

將適費，飲鄉人酒。鄉人或歌之曰：「我有圃，生之杞乎！從我者子
乎，去我者鄙乎，倍其鄰者恥乎！已乎已乎！非吾黨之士乎！」（昭
公十二年，頁792。）

南蒯與謀季氏，懼而欲返費，計劃以費叛。行前與鄉人飲酒。鄉人以歌諷諫
之，指出背親棄鄰者不與之。《左傳》設計兩次鄉人之歎與歌，表現對於南蒯
之叛連一般鄉人百姓都覺得不當。一般以《左傳》人物敘寫不重視小人物，
實則理解未深所致。《左傳》對小人物之描寫雖未如《史記》列傳以敘之，但
《左傳》中強調小人物關鍵性之傾向始終見於書中。

敘寫人物之歎者，又見於魯昭公二十一年（西元前521年），此年春季，
蔡平公卒，在葬禮過程中，《左傳》寫叔孫昭子之預言：

三月，葬蔡平公。蔡太子朱失位，位在卑。大夫送葬者，歸見昭子。
昭子問蔡故，以告。昭子歎曰：「蔡其亡乎！若不亡，是君也必不終。
《詩》曰：『不解于位，民之攸墍。』今蔡侯始即位，而適卑，身將
從之。」（昭公二十一年，頁867。）

蔡平公葬禮上，太子朱失位，未能依禮處於正確之位置。叔孫舍由太子朱失

〔註107〕南蒯之事，或可與子路之事相比較。魯哀公十五年，子路爲衛孔氏家宰，聞
難而入，結纓而死，與此例南蒯因私怨而叛，《左傳》敘人物之忠奸，透過比
事而呈現。

位之行爲，預言蔡之將亡，太子朱之不免於難。其判斷之標準在於：養生送死人生大事，況其父國君之葬禮，太子朱懈怠失位，不重視禮之儀，又何言禮之義。由此，叔孫昭子預言蔡悼公之難。依《左傳》預言模式之規律，舉凡預言人物不免於難者，多會應驗。蔡悼公於同年冬季，出奔楚國。《左傳》載此事如下：

> 蔡侯朱出奔楚。費無極取貨於東國，而謂蔡人曰：「朱不用命於楚，君王將立東國。若不先從王欲，楚必圍蔡。」蔡人懼，出朱而立東國。朱愬于楚，楚子將討蔡。無極曰：「平侯與楚有盟，故封。其子有二心，故廢之。靈王殺隱太子，其子與君同惡，德君必甚。又使立之，不亦可乎？且廢置在君，蔡無他矣。」（昭公二十一年，頁870。）

《左傳》載楚國費無極收取蔡悼公叔父東國之財貨，於是設計使蔡人趕走蔡悼公而改立東國。蔡悼公訴於楚平王，費無極指出東國之父隱太子當初爲楚靈王（公子圍）所殺，與楚平王有共同之仇人，立之對楚國較有利。且蔡悼公朱其人不定，故廢之。配合上例與此例則可見出蔡太子朱之形象。而費無極於此敍事中擔任推進情節之角色，但由整體而言，《左傳》對於費無極其人負面形象之塑造，主要爲用以比事見義。

又如魯昭公二十八年（西元前514年），晉頃公十二年。《左傳》記載以歎而諫之例，可說是人物敍寫與細節描寫相當精釆之代表，其事如下：

> 冬，梗陽人有獄，魏戊不能斷，以獄上。其大宗賂以女樂，魏子將受之。魏戊謂閻沒、女寬曰：「主以不賄聞於諸侯，若受梗陽人，賄莫甚焉。吾子必諫！」皆許諾。退朝，待於庭。饋入，召之。比置，三歎。既食，使坐。魏子曰：「吾聞諸伯叔，諺曰：『唯食忘憂。』吾子置食之間三歎，何也？」同辭而對曰：「或賜二小人酒，不夕食。饋之始至，恐其不足，是以歎。中置，自咎曰：『豈將軍食之而有不足？』是以再歎。及饋之畢，願以小人之腹爲君子之心，屬厭而已。」獻子辭梗陽人。（昭公二十八年，頁914。）

此年冬季，梗陽人有訴訟之事，魏戊無法處理，於是上呈魏獻子。訴訟事件中的大宗一支，打算以女樂賄賂魏獻子以取得勝訴。魏戊憂心而找閻沒、女寬商量，希望二人能出面勸阻。二人在於魏獻子一同用餐時，以三歎而勸阻魏獻子收賄。當飯菜送入擺設妥當後，二人連歎三口氣。飯後，魏獻子問其故。二人說明，其昨夜未食，故當飯菜送上時擔心不夠吃，故歎氣。隨著飯

茱不斷擺置，又思以魏獻子正卿身分，豈會讓二位大夫食而不足，因自責而又歎氣。等食物擺置妥當後，覺得可以吃飽就很滿足了，於是又歎氣。二人以「願以小人之腹爲君子之心」爲喻，說明正如吃飯一般，剛好吃飽即可，暗示魏獻子行事應有節度「屬厭」即可。二人之三歎，可謂言語交際高明之手法，魏獻子體知三歎之深義，於是拒絕女樂之賄。而在此敘事中，閻沒、女寬二人正是轉折關鍵之角色，因二人之諫，而改變主線人物之行爲與決定。〔註108〕魏獻子則屬於主線發展型人物，其於此年秋季，繼韓宣子之後成爲晉國執政卿，就《左傳》全書而言，魏獻子於此年後成爲敘事脈絡關注之焦點。

【本章小結】

　　《左傳》敘事內容可別爲記事、記言與寫人三部分。「以人統事」、「人事相濟」是《左傳》敘事之特色。觀察其書之敘事內容與表現形式，可發現其書雖以編年體爲本，以時統事，但在敘事之中，卻有著強烈的「傳人意識」，〔註109〕《左傳》一書可說是編年體史書過渡到紀傳體史書的中介關鍵。

　　編年體以時爲主，如《春秋》其書以編年記事爲主，少見人物描寫與人物對話是典型的編年記事史書。紀傳體以人爲主，如《史記》其敘事以人物爲中心，將其人相關言行事跡進行記載。《左傳》處於編年史書到紀傳史書之過渡時期，雖以編年爲綱，但敘事中亦可見紀事本末與紀傳之雛型。其對人物言行之生動描寫、性格之鮮明刻劃，歷史敘事與歷史想像之巧妙運用，體現由編年紀事至紀傳體例之過渡特色。

　　在人文思維漸興的先秦，史官開始有意識的觀察人物、描寫人物。《左傳》對於人物言行舉止、話語應對、態度反應等之細節描寫，是《左傳》敘事的重要內容，亦是撰史者特意著墨之處。撰史者態度與觀念之表達，正寄寓於人物身上。或藉人物之口以闡發，或寫人物性格而凸顯，或透過對人物形象之評價褒貶反映撰史者態度。總而言之，人物敘寫是敘事性作品重要構成要素，亦是歷史敘事寄託史義之重要手法。又人物對於編年體割裂史事之弊，有著連屬銜接之功能，讀者可透過人物爲連接點，將散見各年間之史事進行

〔註108〕此篇中亦可見歷史想像之成分。魏獻子是否欲收賄不得而知，但《左傳》有意透過二子三歎之情節安排，一則強調「屬厭」之理，二則塑造魏獻子其人之形象。

〔註109〕即自覺的、有意識的對人物進行考察與描寫，以人爲中心而進行敘事。

重組與比事，一則可見《左傳》對該人物性格之描寫與形象之塑造，另則能由人物形象而體會撰史者資鑑勸懲之用心。

　　整體觀察《左傳》人物敘寫之特色，除諸家學者所論外，人物形象塑造以德行觀念爲中心、強調人物態度與反應對事件發展與結果之影響、特重人物言行之細節描寫，透過據事直書將史義寄託於人物言行之間等亦是重要特色。又在人物解讀上，可由比事角度、態度角度與因果角度切入討論。在人物類型上，依敘事功能可將《左傳》人物別爲：主線發展型、轉折關鍵型、總結評論型與比事見義型，透過對人物類型之掌握與理解，可窺見《左傳》對人物典範之塑造，進而解讀人物敘寫背後之深義。

第五章 《左傳》「初」字敘事法與歷史解釋

　　關於《左傳》敘事法之討論，學者成果豐碩。〔註 1〕本論文略人之所詳，詳人之所略，關於《左傳》敘事法之討論，另由敘事與解釋角度切入。《左傳》其書內容豐富，面對眾多敘事法，若欲全面探討恐有雜而不精、淺嘗點綴之弊。在諸多敘事法中，「初」字敘事法廣爲人所知，後世史書如《史記》等亦有所繼承。一般認爲「初」字是一種補敘或追敘的手法，用以補充說明敘事主線所略之細節或因果交待。然針對此敘事法進行全面探討者，則不多見。

　　對史事完整性之割裂是編年體史書之先天限制。《左傳》以編年體爲主，其事散見於各年間，如何使讀者能於其中尋得關聯，進而能對史事有完整、全面之理解，成爲左氏撰史時必須考慮的重要問題。而「初」字敘事法透過追敘與補敘，能將史事之因果關係進行連屬，能將相關事件前後相比，這是「屬辭比事」實際表現手法之一類。透過對「初」字敘事法之探討，能對《左傳》之敘事表現手法有進一步之了解。

　　若回到先秦語境中，則《左傳》敘事之目的，應不在強調其敘事技巧如

〔註 1〕　現代學者如張師高評《左傳之文學價值》一書中，提出正敘、原敘、順敘、逆敘、對敘、類敘、側敘、帶敘、串敘、虛敘、追敘、插敘、暗敘、直敘、婉敘、平敘、言敘、語敘、瑣敘、補敘、陪敘、突敘、預敘、提敘、結敘、拖敘、搭敘、夾敘等三十種敘事法。又如洪順隆《左傳論評選析新編》其評析對於《左傳》敘事法亦有所討論。又如高葆光《左傳文藝新論》亦針對敘事藝術進行探討。其他如馮李驊《左繡》、王崑繩《左傳評》、姜炳璋《讀左補義》、吳闓生《左傳微》等書亦對《左傳》敘事法有所發明。

何巧妙，用字修辭如何精美。就先秦修辭觀念而言，「辭達」才是敘事法之主要意義，而所謂「辭達」正是強調敘事意義精確傳達之重要性。因此，本文討論敘事法，不在於敘事技巧如何巧妙，而是將重點置於這些敘事法如何能傳達敘事意旨，如何能反映敘事態度。進而探討作者企圖透過這些敘事法，所欲傳達的觀念與想法是什麼，這才是敘事法討論之意義所在。

《左傳·襄公二十五年》載鄭子產獻捷於晉事，晉問鄭侵陳之罪，子產以先王之命應之，其辭順而理，士弱不能詰。〔註 2〕仲尼評之曰：「志有之：『言以足志，文以足言。』不言，誰知其志？言之無文，行而不遠。晉爲伯，鄭入陳，非文辭不爲功。愼辭哉！」〔註 3〕仲尼此論，先是徵引重言以爲證，進而強調修辭與敘事藝術之重要性。言以達意爲主，表達主要爲說服溝通，巧言浮詞則失其信，質言無文則喪其功，必文質彬彬而後能收言語交際之效。〔註 4〕

敘事技巧是歷史解釋的基礎，表達技巧是成功溝通的基礎。如前所論，《左傳》敘事主要爲表達撰史者之史觀、史義，爲完成史書之資鑑與教育功能。「史之爲務，必藉於文」，〔註 5〕歷史敘事必須以文字系統爲媒介，在此前提下，就表達一方而言，敘事表達藝術之優劣對於意義傳達與溝通說服，將產生相

〔註 2〕 《左傳》載此事如下：鄭子產獻捷于晉，戎服將事。晉人問陳之罪。對曰：
「昔虞閼父爲周陶正，以服事我先王。我先王賴其利器用也，與其神明之後也，庸以元女大姬配胡公，而封諸陳，以備三恪。則我周之自出，至于今是賴。桓公之亂，蔡人欲立其出，我先君莊公奉五父而立之，蔡人殺之，我又與蔡人奉戴厲公。至於莊、宣皆我之自立。夏氏之亂，成公播蕩，又我之自入，君所知也。今陳忘周之大德，蔑我大惠，棄我姻親，介恃楚眾，以憑陵我敝邑，不可億逞，我是以有往年之告。未獲成命，則有我東門之役。當陳隧者，井堙木刊。敝邑大懼不競而恥大姬，天誘其衷，啓敝邑心。陳知其罪，授手于我。用敢獻功。」晉人曰：「何故侵小？」對曰：「先王之命，唯罪所在，各致其辟。且昔天子之地一圻，列國一同，自是以衰。今大國多數圻矣，若無侵小，何以至焉？」晉人曰：「何故戎服？」對曰：「我先君武、莊爲平、桓卿士。城濮之役，文公布命曰：『各復舊職。』命我文公戎服輔王，以授楚捷——不敢廢王命故也。」士莊伯不能詰，復於趙文子。文子曰：「其辭順。犯順，不祥。」乃受之。（《十三經注疏·左傳》，臺北：藝文印書館，民國 82 年 9 月，頁 622。）
〔註 3〕 《十三經注疏·左傳》，臺北：藝文印書館，民國 82 年 9 月，頁 622。
〔註 4〕 《論語·雍也》載：「質勝文則野，文勝質則史，文質彬彬，然後君子。」（《十三經注疏·論語》，同上註，頁 54）。又關於言語交際相關討論，請見相關論著，或參考筆者碩士論文《語用學與左傳外交辭令》中論述。
〔註 5〕 〔唐〕劉知幾撰、〔清〕浦起龍釋《史通通釋·敘事》，臺北：里仁書局，民國 82 年 6 月 30 日，頁 180。

當之影響。思維觀念想法是以文字語言爲載體，因此，「敘述者之遣辭用字，會直接影響到敘述效果。」〔註6〕不同文字承載之意義與內涵亦有區別，其所表達之意義在語境作用下會產生不同效果。此即春秋書法之一面，「所謂春秋書法，或許不是先有意用一二字以行褒貶，衹不過爲了敘述史實的眞相，所以於所用的字，特別審愼。史實須用字以來表現，用字的正確與否，與史實的眞相關係至大。用字不正確，史實便走樣。孔子作春秋，注重書法，似乎是在愼重地選用正確的字以敘事。」〔註7〕

關於《左傳》之敘事藝術，成公十四年所載之春秋五例是歷代學者討論之焦點，自杜預以下學者成果豐富。所謂春秋五例：「春秋之稱，微而顯，志而晦，婉而成章，盡而不污，懲惡而勸善。」〔註8〕錢鍾書云：「就史書之撰作而言，五例之一、二、三、四示載筆之體，而其五示載筆之用。就史學之演進而言，五例可徵史家不徒紀事傳人，又復垂戒致用……」〔註9〕若由敘事與語言角度探討春秋五例，則「微而顯」之法可由疑問句式討論，「志而晦」則可由判斷句式討論，「婉而成章」可討論篇章銜接之技巧，「盡而不汙」則可論直書見義之法。「懲惡而勸善」則是歷史解釋與歷史資鑑之相關討論。

劉知幾嘗盛贊《左傳》敘事簡要之功，其云：「夫國史之美者，以敘事爲工，而敘事之工者，以簡要爲主。簡要之時義大矣哉。歷觀自古，尙書發蹤，所載務於寡事；春秋變體，其言貴於省文。斯蓋澆淳殊致，前後異跡。然則文約而事豐，此述作之尤美者也。」〔註10〕文約而能事豐者，正賴於敘事法也。而敘事法之運用，特爲敘事意旨之達意也。其又云：「章句之言，有顯有晦。顯也者，繁詞縟說，理盡於篇中；晦也者，省字約文，事溢於句外。然則晦之將顯，優劣不同，較可知矣。夫能略小存大，舉重明輕，一言而巨細咸該，片語而洪纖靡漏，此皆用晦之道也。」〔註11〕就表達一方而言，言外

〔註6〕 龔鵬程《文化符號學》，臺北：學生書局，2001年2月再版，頁275。

〔註7〕 杜維運《與西方史家論中國史學》，臺北：東大圖書公司，民國82年10月三版，頁90至91。

〔註8〕 有關杜預「春秋五例」與敘事藝術之相關探討，張師高評《春秋書法與左傳學史》一書中，有詳細之論述，本文不再贅述。詳請參考之。

〔註9〕 錢鍾書《管錐編‧第一冊‧春秋正義‧一杜預序》，臺北：書林書店，民國七十九年八月出版，頁162。

〔註10〕〔唐〕劉知幾撰、〔清〕浦起龍釋《史通通釋‧敘事》，臺北：里仁書局，民國82年6月30日，頁168。

〔註11〕 同上註，頁173。

之意的寄託是敘事技巧之高明境界；就歷史敘事而言，或因形勢之限，或爲文獄之避，撰史者除一般正常敘事外，多將史觀、史義隱藏於敘事背後。此則用晦之道，微顯志晦之法，而此皆敘事之法。

　　史册之所載，或敘事之因果發展，或述人物之言行對話，看似平常，然若比事屬辭再觀，則能窺得撰史者言外之旨、弦外之音。就接受與閱讀角度而言，此或比興思維之作用，或出於聯想之運作。閱讀之目的在於認知與理解，就閱讀心理而言，除表面意義之理解外，對深層意義之追尋是深入閱讀之發端。而敘事文字之表現形式與敘事技巧，正是深層意義解讀之基礎對象。錢鍾書《管錐編》亦云：「《春秋》之『書法』，實即文章之修詞。」〔註12〕

　　本論文以敘事與解釋爲討論核心，而敘事表現手法與技巧正是作者表達敘事意旨，寄託言外之意的重要方式之一。「初」字敘事法於《左傳》之運用計九十八例，在以編年敘事爲基本結構的前提下，左氏設計「初」字敘事法，目的與功能爲何？此一敘事法除一般常識以爲之補敘、追敘法外，其特色、形式與功能爲何？這樣的敘事手法所欲達到之解釋效果爲何？若「初」字敘事法之運用與記載內容背後蘊含有作者之敘事態度，則其態度與用心爲何？這是更值得探討之課題。以下先將《左傳》所運用之「初」字敘事法整理表列，再針對以上問題，分別討論如下。

第一節　「初」字敘事法整理表

　　《左傳》「初」字計一百三十見，其中與本章討論「初」字敘事法相關者，計九十八例。表列如下：

編號	紀年	《左傳》「初」字敘事法內容	說明與分析〔註13〕
01	隱公元年	初，鄭武公娶于申，曰武姜，生莊公及共叔段。莊公寤生，驚姜氏，故名曰寤生，遂惡之。愛共叔段，欲立之。亟請於武公，公弗許。及莊公即位，爲之請制。公曰：「制，巖邑也，虢叔死焉。佗邑唯命。」請京，使居之，謂之京城大叔。祭仲曰：	【人物出生】 【補充說明功能】 【因果關係揭示】 【追敘】

〔註12〕《管錐編・第三冊・全後漢文卷一》，臺北：書林出版公司，民國79年8月，頁967。

〔註13〕此欄位主要說明內容性質、敘事功能，及表達形式與句型，或筆者簡略之心得或說明等。關於用語之意義請見本章後文論述。

		「都,城過百雉,國之害也。先王之制:大都,不過參國之一;中,五之一;小,九之一。今京不度,非制也,君將不堪。」公曰:「姜氏欲之,焉辟害?」對曰:「姜氏何厭之有?不如早爲之所,無使滋蔓!蔓,難圖也。蔓草猶不可除,況君之寵弟乎?」公曰:「多行不義,必自斃,子姑待之。」	
02	隱公七年	初,戎朝于周,發幣于公卿,凡伯弗賓。冬,王使凡伯來聘。還,戎伐之于楚丘以歸。	【追敍】 【例外】〔註14〕
03	桓公二年	初,晉穆侯之夫人姜氏以條之役生太子,命之曰仇。其弟以千畝之戰生,命之曰成師。師服曰:「異哉,君之名子也!夫名以制義,義以出禮,禮以體政,政以正民,是以政成而民聽。易則生亂。嘉耦曰妃,怨耦曰仇,古之命也。今君命太子曰仇,弟曰成師,始兆亂矣。兄其替乎!」	【人物命名】 【預言】 【追敍】
04	桓公十年	初,虞叔有玉,虞公求旃。弗獻。既而悔之,曰:「周諺有之:『匹夫無罪,懷璧其罪。』吾焉用此,其以賈害也?」乃獻之。又求其寶劍。叔曰:「是無厭也。無厭,將及我。」遂伐虞公。故虞公出奔共池。	【因果關係揭示】 【私怨】 【追敍】
05	桓公十年	冬,齊、衛、鄭來戰于郎,我有辭也。初,北戎病齊,諸侯救之,鄭公子忽有功焉。齊人餼諸侯,使魯次之。魯以周班後鄭。鄭人怒,請師於齊。齊人以衛師助之,故不稱侵伐。先書齊、衛,王爵也。	【因果關係揭示】 【恩怨】(國與國) 【補敍】 【例外】
06	桓公十一年	鄭昭公之敗北戎也,齊人將妻之。昭公辭。祭仲曰:「必取之。君多內寵,子無大援,將不立。三公子皆君也。」弗從。夏,鄭莊公卒。初,祭封人仲足有寵於莊公,莊公使爲卿。爲公娶鄧曼,生昭公。故祭仲立之。宋雍氏女於鄭莊公,曰雍姞,生厲公。雍氏宗,有寵於宋莊公,故誘祭仲而執之,曰:「不立突,將死。」亦執厲公而求賂焉。祭仲與宋人盟,以厲公歸而立之。秋,九月丁亥,昭公奔衛。己亥,厲公立。	【有寵】 【補充說明功能】 【因果關係揭示】 運用「初」字敍事法,指出鄭厲公即位之非正當。揭示之後鄭國十餘年內亂之遠因。 【補敍】

〔註14〕此所謂【例外】是指其敍事内容不爲歷史想像與神異記事之屬,而是客觀的以敍事爲主要。此類例外於九十八例中,計六見。

07	桓公十六年	初，衛宣公烝於夷姜，生急子，屬諸右公子。爲之娶於齊，而美，公取之。生壽及朔。屬壽於左公子。夷姜縊。宣姜與公子朔構急子。公使諸齊。使盜待諸莘，將殺之。壽子告之，使行。不可，曰：「棄父之命，惡用子矣？有無父之國則可也。」及行，飲以酒。壽子載其旌以先，盜殺之。急子至，曰：「我之求也，此何罪？請殺我乎！」又殺之。二公子故怨惠公。十一月，左公子洩、右公子職立公子黔牟。惠公奔齊。	【補充說明功能】 【因果關係揭示】 【私怨】 【追敘】 以追敘帶出弒殺廢立之事。
08	桓公十七年	初，鄭伯將以高渠彌爲卿，昭公惡之，固諫，不聽。昭公立，懼其殺己也，辛卯，弒昭公而立公子亹。君子謂昭公知所惡矣。公子達曰：「高伯其爲戮乎！復惡已甚矣。」	【私怨】 【因果關係揭示】 【初…君子謂】 【追敘】
09	桓公十八年	周公欲弒莊王而立王子克。辛伯告王，遂與王殺周公黑肩。王子克奔燕。初，子儀有寵於桓王，桓王屬諸周公。辛伯諫曰：「並后、匹嫡、兩政、耦國，亂之本也。」周公弗從，故及。	【因果關係揭示】 【有寵】 【補敘】
10	莊公八年	冬，十二月，齊侯游于姑棼，遂田于貝丘。見大豕。從者曰：「公子彭生也。」公怒，曰：「彭生敢見！」射之。豕人立而啼。公懼，隊于車。傷足，喪屨。反，誅屨於徒人費。弗得，鞭之，見血。走出，遇賊于門。劫而束之。費曰：「我奚御哉？」袒而示之背。信之。費請先入。伏公而出，鬭，死于門中。石之紛如死于階下。遂入，殺孟陽于床。曰：「非君也，不類。」見公之足于戶下，遂弒之，而立無知。初，襄公立，無常。鮑叔牙曰：「君使民慢，亂將作矣。」奉公子小白出奔莒。亂作，管夷吾、召忽奉公子糾來奔。	【因果關係揭示】 【補敘】
11	莊公八年	初，公孫無知虐于雍廩。	【追敘】 【例外】
12	莊公十四年	鄭厲公自櫟侵鄭，及大陵，獲傅瑕。傅瑕曰：「苟舍我，吾請納君。」與之盟而赦之。六月甲子，傅瑕殺鄭子及其二子，而納厲公。初，內蛇與外蛇鬭於鄭南門中，內蛇死。六年而厲公入。公聞之，問於申繻曰：「猶有妖乎？」對曰：「人之所忌，其氣燄以取之。妖由人興也。人無釁焉，妖不自作。人棄常，則妖興，故有妖。」	【神異】 【錄異保存功能】 【補敘】

13	莊公十六年	王使虢公命曲沃伯以一軍爲晉侯。初，晉武公伐夷，執夷詭諸。蒍國請而免之。既而弗報，故子國作亂，謂晉人曰：「與我伐夷而取其地。」遂以晉師伐夷，殺夷詭諸。周公忌父出奔虢。惠王立而復之。	【因果關係揭示】 【私怨】 【補敘】
14	莊公十八年	初，楚武王克權，使鬭緡尹之，以叛，圍而殺之。遷權於那處，使閻敖尹之。及文王即位，與巴人伐申，而驚其師。巴人叛楚而伐那處，取之，遂門于楚。閻敖游涌而逸。楚子殺之。其族爲亂。冬，巴人因之以伐楚。	【因果關係揭示】 【恩怨】（族與族） 【追敘】
15	莊公十九年	十九年，春，楚子禦之，大敗於津。還，鬻拳弗納，遂伐黃。敗黃師于踖陵。還，及湫，有疾。夏，六月庚申，卒。鬻拳葬諸夕室。亦自殺也，而葬於絰皇。初，鬻拳強諫楚子。楚子弗從。臨之以兵，懼而從之。鬻拳曰：「吾懼君以兵，罪莫大焉。」遂自刖也。楚人以爲大閽，謂之大伯。使其後掌之。君子曰：「鬻拳可謂愛君矣！諫以自納於刑，刑猶不忘納君於善。」	【人物形象刻劃】 【初…君子曰】 【補敘】
16	莊公十九年	初，王姚嬖于莊王，生子頹。子頹有寵，蒍國爲之師。及惠王即位，取蒍國之圃以爲囿。邊伯之宮近於王宮，王取之。王奪子禽、祝跪與詹父田，而收膳夫之秩，故蒍國、邊伯、石速、詹父、子禽、祝跪作亂，因蘇氏。秋，五大夫奉子頹以伐王，不克，出奔溫。蘇子奉子頹以奔衛。衛師、燕師伐周。冬，立子頹。	【有寵】 【追敘】 以追敘法帶出王子頹之亂。 【例外】
17	莊公二十二年	二十二年，春，陳人殺其大子御寇。陳公子完與顓孫奔齊。顓孫自齊來奔。齊侯使敬仲爲卿。辭曰：「羈旅之臣幸若獲宥，及於寬政，赦其不閑於教訓，而免於罪戾，弛於負擔，君之惠也。所獲多矣，敢辱高位以速官謗？請以死告。詩云：『翹翹車乘，招我以弓。豈不欲往？畏我友朋。』」使爲工正。飲桓公酒，樂。公曰：「以火繼之。」辭曰：「臣卜其晝，未卜其夜，不敢。」君子曰：「酒以成禮，不繼以淫，義也；以君成禮，弗納於淫，仁也。」初，懿氏卜妻敬仲。其妻占之，曰：「吉。是謂『鳳皇于飛，和鳴鏘鏘。有嬀之後，將育于姜。五世其昌，並于正卿。八世之後，莫之與京。』」	【卜筮】 【補充說明功能】 【錄異保存功能】 【補敘】

18	莊公三十二年	初，公築臺，臨黨氏，見孟任，從之。閟。而以夫人言，許之，割臂盟公。生子般焉。雩，講于梁氏，女公子觀之。圉人犖自牆外與之戲。子般怒，使鞭之。公曰：「不如殺之，是不可鞭。犖有力焉，能投蓋于稷門。」公疾，問後於叔牙。對曰：「慶父材。」問於季友。對曰：「臣以死奉般。」公曰：「鄉者牙曰『慶父材』。」成季使以君命命僖叔，待于鍼巫氏，使鍼季酖之，曰：「飲此，則有後於魯國；不然，死且無後。」飲之，歸，及逵泉而卒。立叔孫氏。	【私怨】 【因果關係揭示】 【私下對話】 【追敘】 以追敘帶出廢立之事。
19	閔公元年	晉侯作二軍，公將上軍，太子申生將下軍。趙夙御戎，畢萬為右，以滅耿、滅霍、滅魏。還，為太子城曲沃，賜趙夙耿，賜畢萬魏，以為大夫。……初，畢萬筮仕於晉，遇屯䷂之比䷇。辛廖占之，曰：「吉。屯固、比入，吉孰大焉？其必蕃昌。震為土，車從馬，足居之，兄長之，母覆之，眾歸之，六體不易，合而能固，安而能殺，公侯之卦也。公侯之子孫，必復其始。」	【卜筮】 【氏族興廢】 【補敘】 補充說明畢萬其人之仕晉。此為魏氏之始興也。
20	閔公二年	初，公傅奪卜齮田，公不禁。秋，八月辛丑，共仲使卜齮賊公于武闈。成季以僖公適邾。共仲奔莒，乃入，立之。以賂求共仲于莒，莒人歸之。及密，使公子魚請。不許，哭而往。共仲曰：「奚斯之聲也。」乃縊。閔公，哀姜之娣叔姜之子也，故齊人立之。共仲通於哀姜，哀姜欲立之。閔公之死也，哀姜與知之，故孫于邾。齊人取而殺之于夷，以其尸歸，僖公請而葬之。	【私怨】 【因果關係揭示】 【追敘】
21	閔公二年	冬十二月，狄人伐衛。衛懿公好鶴……初，惠公之即位也少，齊人使昭伯烝於宣姜，不可，強之。生齊子、戴公、文公、宋桓夫人、許穆夫人。文公為衛之多患也，先適齊。及敗，宋桓公逆諸河，宵濟。衛之遺民男女七百有三十人，益之以共、滕之民為五千人。立戴公以廬于曹。許穆夫人賦〈載馳〉。齊侯使公子無虧帥車三百乘、甲士三千人以戍曹。歸公乘馬，祭服五稱，牛、羊、豕、雞、狗皆三百與門材。歸夫人魚軒，重錦三十兩。	【補敘】 前寫懿公好鶴事，後補敘其父惠公之事。
22	僖公四年	初，晉獻公欲以驪姬為夫人，卜之，不吉；筮之，吉。公曰：「從筮。」卜人曰：「筮短龜長，不如從長。且其繇曰：『專之渝，攘	【卜筮】 【補充說明功能】 【追敘】

		公之羭。一薰一蕕，十年尚猶有臭。』必不可！」弗聽，立之。生奚齊，其娣生卓子。及將立奚齊，既與中大夫成謀，姬謂太子曰：「君夢齊姜，必速祭之！」太子祭于曲沃，歸胙于公。公田，姬寘諸宮六日。公至，毒而獻之。公祭之地，地墳。與犬，犬斃。與小臣，小臣亦斃。姬泣曰：「賊由太子。」太子奔新城。公殺其傅杜原款。	以追敍法帶出驪姬之亂。
23	僖公五年	晉侯使以殺太子申生之故來告。初，晉侯使士蒍爲二公子築蒲與屈，不慎，寘薪焉。夷吾訴之。公使讓之。士蒍稽首而對曰：「臣聞之：無喪而慼，憂必讎焉；無戎而城，讎必保焉。寇讎之保，又何慎焉？守官廢命，不敬；固讎之保，不忠。失忠與敬，何以事君？《詩》云：『懷德惟寧，宗子惟城。』君其修德而固宗子，何城如之？三年將尋師焉，焉用慎？」退而賦曰：「狐裘尨茸，一國三公，吾誰適從？」及難，公使寺人披伐蒲。重耳曰：「君父之命不校。」乃徇曰：「校者，吾讎也。」踰垣而走。披斬其袪。遂出奔翟。	【人物形象刻劃】士蒍形象鮮明【補敍】於申生被殺後，補充說明二公子之所處。帶出士蒍亂興之預言。
24	僖公七年	夏，鄭殺申侯以說于齊，且用陳轅濤塗之譖也。初，申侯，申出也，有寵於楚文王。文王將死，與之璧，使行，曰：「唯我知女。女專利而不厭，予取予求，不女疵瑕也。後之人將求多於女，女必不免。我死，女必速行，無適小國，將不女容焉。」既葬，出奔鄭，又有寵於厲公。子文聞其死也，曰：「古人有言曰：『知臣莫若君』，弗可改也已。」	【有寵】【私下對話】【補敍】
25	僖公九年	九月，晉獻公卒。里克、丕鄭欲納文公，故以三公子之徒作亂。初，獻公使荀息傅奚齊。公疾，召之曰：「以是藐諸孤，辱在大夫，其若之何？」稽首而對曰：「臣竭其股肱之力，加之以忠貞。其濟，君之靈也；不濟，則以死繼之。」公曰：「何謂忠貞？」對曰：「公家之利，知無不爲，忠也；送往事居，耦俱無猜，貞也。」及里克將殺奚齊，先告荀息曰：「三怨將作，秦、晉輔之，子將何如？」荀息曰：「將死之。」里克曰：「無益也。」荀叔曰：「吾與先君言矣，不可以貳。能欲復言而愛身乎？雖無益也，將焉辟之？且人之欲善，誰不如我？我欲無貳，而能謂人已乎？」	【補敍】【私下對話】【人物形象刻劃】

26	僖公十五年	戰于韓原……初，晉獻公筮嫁伯姬於秦，遇歸妹䷵之睽䷥。史蘇占之，曰：「不吉。其繇曰：『士刲羊，亦無衁也；女承筐，亦無貺也。西鄰責言，不可償也。』歸妹之睽，猶無相也。震之離，亦離之震。爲雷爲火，爲嬴敗姬。車說其輹，火焚其旗，不利行師，敗于宗丘。歸妹睽孤，寇張之弧。姪其從姑，六年其逋，逃歸其國，而棄其家，明年其死於高梁之虛。」及惠公在秦，曰：「先君若從史蘇之占，吾不及此夫！」韓簡侍，曰：「龜，象也；筮，數也。物生而後有象，象而後有滋，滋而後有數。先君之敗德，及可數乎？史蘇是占，勿從何益？《詩》曰：『下民之孽，匪降自天。僔沓背憎，職競由人。』」	【預言功能】 【補充說明功能】 【錄異保存功能】 【補敘】 前敘秦晉韓原之戰，後補敘秦穆夫人嫁秦之事。一則預言符驗，另則說明晉惠得歸之因。
27	僖公十九年	梁亡，不書其主，自取之也。初，梁伯好土功，亟城而弗處。民罷而弗堪，則曰：「某寇將至，乃溝公宮。」曰：「秦將襲我。」民懼而潰，秦遂取梁。	【追敘】 【因果關係揭示】 藉此事以爲資鑑，點出民爲邦本。
28	僖公二十二年	初，平王之東遷也，辛有適伊川，見被髮而祭於野者，曰：「不及百年，此其戎乎！其禮先亡矣。」秋，秦、晉遷陸渾之戎于伊川。	【預言】 【追敘】
29	僖公二十四年	及河，子犯以璧授公子。……初，晉侯之豎頭須，守藏者也。其出也，竊藏以逃，盡用以求納之。及入，求見。公辭焉以沐。謂僕人曰：「沐則心覆，心覆則圖反，宜吾不得見也。居者爲社稷之守，行者爲羈絏之僕，其亦可也，何必罪居者？國君而讎匹夫，懼者甚眾矣。」僕人以告，公遽見之。狄人歸季隗于晉，而請其二子。文公妻趙衰，生原同、屛括、樓嬰。趙姬請逆盾與其母，子餘辭。姬曰：「得寵而忘舊，何以使人？必逆之！」固請，許之。來，以盾爲才，固請于公，以爲嫡子，而使其三子下之；以叔隗爲內子，而己下之。	【補敘】 前寫晉文公返國，後補敘各人物之事，一則說明人物事跡，另則凸顯晉文公其人之性格。
30	僖公二十四年	夏，狄伐鄭，取櫟。王德狄人，將以其女爲后。富辰諫曰：「不可。臣聞之曰：『報者倦矣，施者未厭。』狄固貪惏，王又啓之。女德無極，婦怨無終，狄必爲患。」王又弗聽。初，甘昭公有寵於惠后，惠后將立之，未及而卒。昭公奔齊，王復之，又通於隗氏。王替隗氏。頹叔、桃子曰：「我實使狄，狄其	【有寵】 【爲亂】 【補敘】

		怨我。」遂奉大叔以狄師攻王。王御士將禦之，王曰：「先后其謂我何？寧使諸侯圖之。」王遂出，及坎欿，國人納之。秋，頹叔、桃子奉大叔以狄師伐周，大敗周師，獲周公忌父、原伯、毛伯、富辰。王出適鄭，處于氾。大叔以隗氏居于溫。	
31	僖公二十八年	（晉、楚城濮之戰）……初，楚子玉自爲瓊弁、玉纓，未之服也。先戰，夢河神謂己曰：「畀余！余賜女孟諸之麋。」弗致也。大心與子西使榮黃諫，弗聽。榮季曰：「死而利國，猶或爲之，況瓊玉乎？是糞土也。而可以濟師，將何愛焉？」弗聽。出，告二子曰：「非神敗令尹，令尹其不勤民，實自敗也。」既敗，王使謂之曰：「大夫若入，其若申、息之老何？」子西、孫伯曰：「得臣將死，二臣止之曰：『君其將以爲戮。』」及連穀而死。晉侯聞之而後喜可知也，曰：「莫余毒也已。蔿呂臣實爲令尹，奉己而已，不在民矣。」	【夢】【異象】【錄異保存功能】【補敘】前寫晉楚城濮之戰，後補充子玉形象。
32	僖公三十年	九月甲午，晉侯、秦伯圍鄭，以其無禮於晉，且貳於楚也。晉軍函陵，秦軍氾南。佚之狐言於鄭伯曰：「國危矣，若使燭之武見秦君，師必退。」公從之。辭曰：「臣之壯也，猶不如人；今老矣，無能爲也已。」公曰：「吾不能早用子，今急而求子，是寡人之過也。然鄭亡，子亦有不利焉。」許之。夜，縋而出。見秦伯曰……秦伯說，與鄭人盟，使杞子、逢孫、揚孫戍之，乃還。子犯請擊之。公曰：「不可。微夫人之力不及此。因人之力而敝之，不仁；失其所與，不知；以亂易整，不武。吾其還也。」亦去之。初，鄭公子蘭出奔晉，從於晉侯伐鄭，請無與圍鄭。許之，使待命于東。鄭石甲父、侯宣多逆以爲太子，以求成于晉，晉人許之。	【補敘】說明公子蘭於此事之態度，爲其後返國預下伏筆。【例外】
33	僖公三十三年	初，臼季使，過冀，見冀缺耨，其妻饁之，敬，相待如賓。與之歸，言諸文公曰：「敬，德之聚也。能敬必有德。德以治民，君請用之！臣聞之：出門如賓，承事如祭，仁之則也。」公曰：「其父有罪，可乎？」對曰：「舜之罪也殛鯀，其舉也興禹。管敬仲，桓之賊也，實相以濟。〈康誥〉曰：『父不慈，子不祗，兄不友，弟不共，不相及也。』《詩》曰：『采葑采菲，無以下體。』君取節焉可	【人物形象刻劃】【氏族再興】【因果關係揭示】【追敘】晉文公返國呂郤偪之，敗後族衰。於此追敘郤氏再興之因。

		也。」文公以爲下軍大夫。反自箕，襄公以三命命先且居將中軍，以再命命先茅之縣賞胥臣，曰：「舉郤缺，子之功也。」以一命命郤缺爲卿，復與之冀，亦未有軍行。	
34	文公元年	初，楚子將以商臣爲太子，訪諸令尹子上。子上曰：「君之齒未也，而又多愛，黜乃亂也。楚國之舉，恆在少者。且是人也，蜂目而豺聲，忍人也，不可立也。」弗聽。既，又欲立王子職，而黜太子商臣。商臣聞之而未察，告其師潘崇曰：「若之何而察之？」潘崇曰：「享江芈而勿敬也。」從之。江芈怒曰：「呼！役夫！宜君王之欲殺女而立職也。」告潘崇曰：「信矣。」潘崇曰：「能事諸乎？」曰：「不能。」「能行乎？」曰：「不能。」「能行大事乎？」曰：「能。」冬，十月，以宮甲圍成王。王請食熊蹯而死。弗聽。丁未，王縊。謚之曰「靈」，不瞑；曰「成」，乃瞑。穆王立，以其爲太子之室與潘崇，使爲大師，且掌環列之尹。	【人物形象刻劃】 【預言】 【追敘】 以追敘法帶出楚成王見弒之事。
35	文公五年	初，鄀叛楚即秦，又貳於楚。夏，秦人入鄀。六人叛楚即東夷。秋，楚成大心、仲歸帥師滅六。冬，楚公子燮滅蓼。臧文仲聞六與蓼滅，曰：「皋陶、庭堅不祀忽諸。德之不建，民之無援，哀哉！」	【追敘】 以追敘法帶出楚滅六與蓼。
36	文公十年	初，楚范巫矞似謂成王與子玉、子西曰：「三君皆將強死。」城濮之役，王思之，故使止子玉曰：「毋死。」不及。止子西，子西縊而縣絕，王使適至，遂止之，使爲商公。沿漢泝江，將入郢。王在渚宮，下，見之，懼而辭曰：「臣免於死，又有讒言，謂臣將逃，臣歸死於司敗也。」王使爲工尹，又與子家謀弒穆王。穆王聞之，五月，殺鬥宜申及仲歸。	【追敘】 以追敘法帶出弒楚穆王之事。
37	文公十一年	鄋瞞侵齊，遂伐我。……初，宋武公之世，鄋瞞伐宋。司徒皇父帥師禦之。耏班御皇父充石，公子穀甥爲右，司寇牛父駟乘，以敗狄于長丘，獲長狄緣斯。皇父之二子死焉，宋公於是以門賞耏班，使食其征，謂之耏門。晉之滅潞也，獲僑如之弟焚如。齊襄公之二年，鄋瞞伐齊。齊王子成父獲其弟榮如。埋其首於周首之北門。衛人獲其季弟簡如。鄋瞞由是遂亡。	【人物形象刻劃】 【補敘】 說明鄋瞞其人。 【例外】

38	文公十四年	楚莊王立，子孔、潘崇將襲群舒，使公子燮與子儀守，而伐舒蓼。二子作亂。城郢，而使賊殺子孔，不克而還。八月，二子以楚子出。將如商密，廬戢梨及叔麋誘之，遂殺鬭克及公子燮。初，鬭克囚于秦，秦有殽之敗，而使歸求成。成而不得志，公子燮求令尹而不得，故二子作亂。	【私怨】 【因果關係揭示】 【補敘】 【例外】
39	文公十六年	宋公子鮑禮於國人，宋饑，竭其粟而貸之。年自七十以上，無不饋詒也，時加羞珍異。無日不數於六卿之門。國之材人，無不事也；親自桓以下，無不恤也。公子鮑美而豔，襄夫人欲通之，而不可，乃助之施。昭公無道，國人奉公子鮑以因夫人。於是華元為右師，公孫友為左師，華耦為司馬，鱗鱹為司徒，蕩意諸為司城，公子朝為司寇。初，司城蕩卒，公孫壽辭司城，請使意諸為之。既而告人曰：「君無道，吾官近，懼及焉。棄官，則族無所庇。子，身之貳也，姑紓死焉。雖亡子，猶不亡族。」	【人物形象刻劃】 【補敘】
40	宣公二年	秋，九月，晉侯飲趙盾酒，伏甲，將攻之。其右提彌明知之，趨登，曰：「臣侍君宴，過三爵，非禮也。」遂扶以下。公嗾夫獒焉，明搏而殺之。盾曰：「棄人用犬，雖猛何為！」鬭且出。提彌明死之。初，宣子田於首山，舍于翳桑，見靈輒餓，問其病。曰：「不食三日矣。」食之，舍其半。問之。曰：「宦三年矣，未知母之存否，今近焉，請以遺之。」使盡之，而為之簞食與肉，寘諸橐以與之。既而與為公介，倒戟以禦公徒而免之。問何故。對曰：「翳桑之餓人也。」問其名居，不告而退，遂自亡也。	【報恩】 【補充說明功能】 藉由因果報恩之記載，傳達資鑑教訓之意義。 【補敘】 點明倒戟以禦之因果。
41	宣公二年	（承上事）……初，麗姬之亂，詛無畜群公子，自是晉無公族。及成公即位，乃宦卿之適而為之田，以為公族。又宦其餘子，亦為餘子；其庶子為公行。晉於是有公族、餘子、公行。趙盾請以括為公族，曰：「君姬氏之愛子也。微君姬氏，則臣狄人也。」公許之。冬，趙盾為旄車之族，使屏季以其故族為公族大夫。	【補敘】 上承趙盾、趙穿弒君之事，補敘群公子之廢立始末。

42	宣公三年	冬，鄭穆公卒。初，鄭文公有賤妾曰燕姞，夢天使與己蘭，曰：「余爲伯鯈。余，而祖也。以是爲而子。以蘭有國香，人服媚之如是。」既而文公見之，與之蘭而御。辭曰：「妾不才，幸而有子。將不信，敢徵蘭乎？」公曰：「諾。」生穆公，名之曰蘭。文公報鄭子之妃曰陳嬀，生子華、子臧。子臧得罪而出。誘子華而殺之南里，使盜殺子臧於陳、宋之間。又娶于江，生公子士。朝于楚，楚人酖之，及葉而死。又娶于蘇，生子瑕、子俞彌。俞彌早卒。洩駕惡瑕，文公亦惡之，故不立也。公逐群公子，公子蘭奔晉，從晉文公伐鄭。石癸曰：「吾聞姬、姞耦，其子孫必蕃。姞，吉人也，后稷之元妃也。今公子蘭，姞甥也，天或啓之，必將爲君，其後必蕃。先納之，可以亢寵。」與孔將鉏、侯宣多納之，盟于大宮而立之，以與晉平。穆公有疾，曰：「蘭死，吾其死乎！吾所以生也。」刈蘭而卒。	【人物命名】 【夢】 【補充說明功能】 【錄異保存功能】 【補敘】 穆公卒後，補敘其名之由來與臨死之異事。
43	宣公四年	初，楚司馬子良生子越椒。子文曰：「必殺之！是子也，熊虎之狀而豺狼之聲；弗殺，必滅若敖氏矣。諺曰：『狼子野心。』是乃狼也，其可畜乎？」子良不可。子文以爲大慼。及將死，聚其族，曰：「椒也知政，乃速行矣，無及於難。」且泣曰：「鬼猶求食，若敖氏之鬼不其餒而！」及令尹子文卒，鬭般爲令尹，子越爲司馬。蒍賈爲工正，譖子揚而殺之，子越爲令尹，己爲司馬。子越又惡之，乃以若敖氏之族，圉伯嬴於轑陽而殺之，遂處烝野，將攻王。王以三王之子爲質焉，弗受。師于漳澨。秋七月戊戌，楚子與若敖氏戰于皋滸。伯棼射王，汰輈及鼓跗，著於丁寧。又射，汰輈，以貫笠轂。師懼，退。王使巡師曰：「吾先君文王克息，獲三矢焉，伯棼竊其二，盡於是矣。」鼓而進之，遂滅若敖氏。	【出生】 【氏族興廢】 【預言】 【錄異保存功能】 【追敘】 以追敘法帶出若敖氏之弒君見滅。
44	宣公四年	（承上事）……初，若敖氏娶於䢵，生鬭伯比。若敖卒，從其母畜於䢵，淫於䢵子之女，生子文焉。䢵夫人使棄諸夢中。虎乳之。䢵子田，見之，懼而歸。夫人以告，遂使收之。楚人謂乳穀，謂虎於菟，故命	【人物出生異事】 【錄異保存功能】 【補敘】 承上事，補充說明。

		之日鬬穀於菟。以其女妻伯比。實爲令尹子文。其孫箴尹克黃使於齊，還及宋，聞亂。其人曰：「不可以入矣。」箴尹曰：「棄君之命，獨誰受之？君，天也，天可逃乎？」遂歸，復命，而自拘於司敗。王思子文之治楚國也，曰：「子文無後，何以勸善？」使復其所，改命曰生。	
45	宣公十五年	秋，七月，秦桓公伐晉，次于輔氏。壬午，晉侯治兵于稷，以略狄土，立黎侯而還。及雒，魏顆敗秦師于輔氏，獲杜回，秦之力人也。初，魏武子有嬖妾，無子。武子疾，命顆曰：「必嫁是。」疾病，則曰：「必以爲殉！」及卒，顆嫁之，曰：「疾病則亂，吾從其治也。」及輔氏之役，顆見老人結草以亢杜回。杜回躓而顛，故獲之。夜夢之曰：「余，而所嫁婦人之父也。爾用先人之治命，余是以報。」	【報恩】 【補敘】 【人物形象刻劃】 除傳達因果資鑑意義外，對於魏顆正面形象之刻劃，亦見作者用心。 【錄異保存功能】
46	成公十五年	晉三郤害伯宗，譖而殺之，及欒弗忌。伯州犁奔楚。韓獻子曰：「郤氏其不免乎！善人，天地之紀也，而驟絕之，不亡何待？」初，伯宗每朝，其妻必戒之曰：「『盜憎主人，民惡其上。』子好直言，必及於難。」	【人物形象刻劃】 【細節刻劃】 【補敘】
47	成公十七年	齊人來召鮑國而立之……初，鮑國去鮑氏而來爲施孝叔臣。施氏卜宰，匡句須吉。施氏之宰有百室之邑。與匡句須邑，使爲宰，以讓鮑國而致邑焉。施孝叔曰：「子實吉。」對曰：「能與忠良，吉孰大焉？」鮑國相施氏忠，故齊人取以爲鮑氏後。仲尼曰：「鮑莊子之知不如葵，葵猶能衛其足。」	【補敘】 補充說明鮑國其人其事。 【預言】 【氏族興廢】
48	成公十七年	（成公十六年）九月，晉人執季文子于苕丘。公還，待于鄆，使子叔聲伯請季孫于晉……（成公十七年）初，聲伯夢涉洹，或與己瓊瑰食之，泣而爲瓊瑰盈其懷，從而歌之曰：「濟洹之水，贈我以瓊瑰。歸乎歸乎，瓊瑰盈吾懷乎！」懼不敢占也。還自鄭，壬申，至于貍脤而占之，曰：「余恐死，故不敢占也。今眾繁而從余三年矣，無傷也。」言之，之莫而卒。	【夢】【異象】 【補敘】 補敘魯國子叔嬰齊之卒。 此補敘雖單獨見於成公十七年，然其應爲成公十六年事之補充。或杜預依經裂傳所致，宜合而觀之爲佳。

49	襄公二年	夏，齊姜薨。初，穆姜使擇美檟，以自爲櫬與頌琴，季文子取以葬。君子曰：「非禮也。禮無所逆。婦，養姑者也。虧姑以成婦，逆莫大焉。《詩》曰：『其惟哲人，告之話言，順德之行。』季孫於是爲不哲矣。且姜氏，君之姑也。《詩》曰：『爲酒爲醴，烝畀祖妣，以洽百禮，降福孔偕。』」	人物特殊行爲 擇美檟 【初…君子曰】 【補敘】
50	襄公四年	秋，定姒薨。不殯于廟，無櫬，不虞。匠慶謂季文子曰：「子爲正卿，而小君之喪不成，不終君也。君長，誰受其咎？」初，季孫爲己樹六檟於蒲圃東門之外，匠慶請木，季孫曰：「略。」匠慶用蒲圃之檟，季孫不御。君子曰：「志所謂『多行無禮，必自及也』，其是之謂乎！」	樹六檟 【初…君子曰】 【補敘】
51	襄公十年	初，子駟與尉止有爭，將禦諸侯之師，而黜其車。尉止獲，又與之爭。子駟抑尉止曰：「爾車非禮也。」遂弗使獻。初，子駟爲田洫，司氏、堵氏、侯氏、子師氏皆喪田焉。故五族聚群不逞之人因公子之徒以作亂。於是子駟當國，子國爲司馬，子耳爲司空，子孔爲司徒。冬十月戊辰，尉止、司臣、侯晉、堵女父、子師僕帥賊以入，晨攻執政于西宮之朝，殺子駟、子國、子耳，劫鄭伯以如北宮。子孔知之，故不死。書曰「盜」，言無大夫焉。	【私怨】 【人物形象刻劃】 【因果關係揭示】 【追敘】 以追敘法帶出五族殺子駟之事。
52	襄公十四年	衛獻公戒孫文子、甯惠子食，皆服而朝，日旰不召，而射鴻於囿。二子從之，不釋皮冠而與之言。二子怒。孫文子如戚，孫蒯入使。公飲之酒，使大師歌〈巧言〉之卒章。大師辭。師曹請爲之。初，公有嬖妾，使師曹誨之琴，師曹鞭之。公怒，鞭師曹三百。故師曹欲歌之，以怒孫子，以報公。公使歌之，遂誦之。蒯懼，告文子。文子曰：「君忌我矣，弗先，必死。」并帑於戚而入，見蘧伯玉，曰：「君之暴虐，子所知也。大懼社稷之傾覆，將若之何？」對曰：「君制其國，臣敢奸之？雖奸之，庸知愈乎？」遂行，從近關出。	【私怨】 【爲亂】 【因果關係揭示】 【補敘】
53	襄公十四年	公使子蟜、子伯、子皮與孫子盟于丘宮，孫子皆殺之。四月己未，子展奔齊，公如鄄。使子行請於孫子，孫子又殺之。公出奔齊，孫氏追之，敗公徒于阿澤，鄄人執之。初，尹公佗學射於庾公差，庾公差學射於公孫丁。二子追公，公孫丁御公。子魚曰：「射爲	【人物形象刻劃】 透過人物對話，鮮明刻劃二人形象。充分體現左氏敘事之妙。 【禮】 【補敘】

		背師，不射爲戮，射爲禮乎？」射兩軥而還。尹公佗曰：「子爲師，我則遠矣。」乃反之。公孫丁授公轡而射之，貫臂。	
54	襄公二十年	蔡公子燮欲以蔡之晉，蔡人殺之。公子履，其母弟也，故出奔楚。陳慶虎、慶寅畏公子黃之偪，愬諸楚曰：「與蔡司馬同謀。」楚人以爲討，公子黃出奔楚。初，蔡文侯欲事晉，曰：「先君與於踐土之盟，晉不可棄，且兄弟也。」畏楚，不能行而卒。楚人使蔡無常，公子燮求從先君以利蔡，不能而死。書曰「蔡殺其大夫公子燮」，言不與民同欲也；「陳侯之弟黃出奔楚」，言非其罪也。公子黃將出奔，呼於國曰：「慶氏無道，求專陳國，暴蔑其君，而去其親，五年不滅，是無天也。」	【補敘】
55	襄公二十一年	（欒氏之難，羊舌氏遭連）秋，欒盈出奔楚。宣子殺箕遺、黃淵、嘉父、司空靖、邴豫、董叔、邴師、申書、羊舌虎、叔羆，囚伯華、叔向、籍偃。……初，叔向之母妒叔虎之母美而不使，其子皆諫其母。其母曰：「深山大澤，實生龍蛇。彼美，余懼其生龍蛇以禍女。女敝族也。國多大寵，不仁人間之，不亦難乎？余何愛焉？」使往視寢，生叔虎，美而有勇力，欒懷子嬖之，故羊舌氏之族及於難。	【預言】【氏族興廢】【補敘】補敘叔向之母當初之預言，以爲呼應。
56	襄公二十三年	四月，欒盈帥曲沃之甲，因魏獻子，以晝入絳。初，欒盈佐魏莊子於下軍，獻子私焉，故因之。趙氏以原、屏之難怨欒氏。韓、趙方睦。中行氏以伐秦之役怨欒氏，而固與范氏和親。知悼子少，而聽於中行氏。程鄭嬖於公。唯魏氏及七輿大夫與之。樂王鮒侍坐於范宣子。或告曰：「欒氏至矣。」宣子懼。桓子曰：「奉君以走固宮，必無害也。且欒氏多怨，子爲政，欒氏自外，子在位，其利多矣。既有利權，又執民柄，將何懼焉？欒氏所得，其唯魏氏乎，而可強取也。夫克亂在權，子無懦矣！」	【因果關係揭示】【補敘】
57	襄公二十三年	公有姻喪，王鮒使宣子墨縗冒絰，二婦人輦以如公，奉公以如固宮。范鞅逆魏舒，則成列既乘，將逆欒氏矣。趨進，曰：「欒氏帥賊以入，鞅之父與二三子在君所矣，使鞅逆吾子。鞅請驂乘。」持帶，遂超乘。右撫劍，左援帶，命驅之出。僕請，鞅曰：	【人物形象刻劃】【補敘】

		「之公。」宣子逆諸階，執其手，賂之以曲沃。初，斐豹，隸也，著於丹書。欒氏之力臣曰督戎，國人懼之。斐豹謂宣子曰：「苟焚丹書，我殺督戎。」宣子喜，曰：「而殺之，所不請於君焚丹書者，有如日！」乃出豹而閉之。督戎從之。踰隱而待之，督戎踰入，豹自後擊而殺之。	
58	襄公二十三年	冬，十月，孟氏將辟，藉除於臧氏。臧孫使正夫助之，除於東門，甲從己而視之。孟氏又告季孫。季孫怒，命攻臧氏。乙亥，臧紇斬鹿門之關以出奔邾。初，臧宣叔娶于鑄，生賈及為而死。繼室以其姪，穆姜之姨子也，生紇，長於公宮。姜氏愛之，故立之。臧賈、臧為出在鑄。臧武仲自邾使告臧賈，且致大蔡焉，曰：「紇不佞，失守宗祧，敢告不弔。紇之罪不及不祀，子以大蔡納請，其可。」賈曰：「是家之禍也，非子之過也。賈聞命矣。」再拜受龜，使為以納請，遂自為也。臧孫如防，使來告曰：「紇非能害也，知不足也。非敢私請。苟守先祀，無廢二勳，敢不辟邑？」乃立臧為。臧紇致防而奔齊。其人曰：「其盟我乎？」臧孫曰：「無辭。」將盟臧氏，季孫召外史掌惡臣而問盟首焉。對曰：「盟東門氏也，曰『毋或如東門遂不聽公命，殺適立庶』。盟叔孫氏也，曰『毋或如叔孫僑如欲廢國常，蕩覆公室』。」季孫曰：「臧孫之罪皆不及此。」孟椒曰：「盍以其犯門斬關？」季孫用之，乃盟臧氏，曰：「毋或如臧孫紇干國之紀，犯門斬關！」臧孫聞之，曰：「國有人焉；誰居？其孟椒乎！」	【私怨】 【氏族興廢】 【錄異保存功能】 【補敘】 魯孟氏因怨欲滅臧氏，讒於季孫。《左傳》以補敘法，一則敘臧氏族內之嗣立，另則敘臧紇與盟之事。其中關於盟辭載書書寫之事，一方面保存當時盟誓情況，其犯門斬關之內容記載，亦有前後呼應，生動形象之功能。
59	襄公二十五年	初，陳侯會楚子伐鄭，當陳隧者，井堙木刊，鄭人怨之。六月，鄭子展、子產帥車七百乘伐陳，宵突陳城，遂入之。陳侯扶其太子偃師奔墓，遇司馬桓子，曰：「載余！」曰：「將巡城。」遇賈獲，載其母妻，下之，而授公車。公曰：「舍而母。」辭曰：「不祥。」與其妻扶其母以奔墓，亦免。子展命師無入公宮，與子產親御諸門。陳侯使司馬桓子賂以宗器。陳侯免，擁社，使其眾男女別而縲，以待於朝。子展執縶而見，再拜稽首承飲而進獻。子美入，數俘而出。祝祓社，司徒致民，司馬致節，司空致地，乃還。	【恩怨】（國與國） 【因果關係揭示】 【追敘】

| 60 | 襄公二十六年 | 衛獻公使子鮮爲復，辭。敬姒強命之。對曰：「君無信，臣懼不免。」敬姒曰：「雖然，以吾故也。」許諾。初，獻公使與甯喜言，甯喜曰：「必子鮮在。不然，必敗。」故公使子鮮。子鮮不獲命於敬姒，以公命與甯喜言，曰：「苟反，政由甯氏，祭則寡人。」甯喜告蘧伯玉。伯玉曰：「瑗不得聞君之出，敢聞其入？」遂行，從近關出。告右宰穀。右宰穀曰：「不可。獲罪於兩君，天下誰畜之？」悼子曰：「吾受命於先人，不可以貳。」穀曰：「我請使焉而觀之。」遂見公於夷儀。反，曰：「君淹恤在外十二年矣，而無憂色，亦無寬言，猶夫人也。若不已，死無日矣。」悼子曰：「子鮮在。」右宰穀曰：「子鮮在，何益？多而能亡，於我何爲？」悼子曰：「雖然，不可以已。」 | 【私下對話】
【補敘】 |
| 61 | 襄公二十六年 | 初，宋芮司徒生女子，赤而毛，棄諸堤下，共姬之妾取以入，名之曰棄。長而美。平公入夕，共姬與之食。公見棄也而視之尤。姬納諸御，嬖，生佐，惡而婉。太子痤美而很，合左師畏而惡之。寺人惠牆伊戾爲太子內師而無寵。秋，楚客聘於晉，過宋。太子知之，請野享之，公使往。伊戾請從之。公曰：「夫不惡女乎？」對曰：「小人之事君子也，惡之不敢遠，好之不敢近，敬以待命，敢有貳心乎？縱有共其外，莫共其內，臣請往也。」遣之。至則欲用牲，加書徵之，而騁告公曰：「太子將爲亂，既與楚客盟矣。」公曰：「爲我子，又何求？」對曰：「欲速。」公使視之，則信有焉。問諸夫人與左師，則皆曰：「固聞之。」公囚太子。太子曰：「唯佐也能免我。」召而使請，曰：「日中不來，吾知死矣。」左師聞之，聒而與之語。過期，乃縊而死。佐爲太子。公徐聞其無罪也，乃亨伊戾。左師見夫人之步馬者，問之。對曰：「君夫人氏也。」左師曰：「誰爲君夫人？余胡弗知？」圉人歸，以告夫人。夫人使饋之錦與馬，先之以玉，曰：「君之妾棄使某獻」。左師改命曰「君夫人」，而後再拜稽首受之。 | 【出生異象】
【錄異保存功能】
【追敘】 |

62	襄公二十六年	初，楚伍參與蔡太師子朝友，其子伍舉與聲子相善也。伍舉娶於王子牟。王子牟爲申公而亡，楚人曰：「伍舉實送之。」伍舉奔鄭，將遂奔晉。聲子將如晉，遇之於鄭郊，班荊相與食，而言復故。聲子曰：「子行也，吾必復子。」及宋向戌將平晉、楚，聲子通使於晉，還如楚。令尹子木與之語，問晉故焉，且曰：「晉大夫與楚孰賢？」對曰：「晉卿不如楚，其大夫則賢，皆卿材也。如杞梓、皮革，自楚往也。雖楚有材，晉實用之。」……子木懼，言諸王，益其祿爵而復之。聲子使椒鳴逆之。	【追敘】 追敘點明聲子說楚復伍舉之因。
63	襄公三十年	初，王詹季卒，其子括將見王，而歎。單公子愆期爲靈王御士，過諸廷，聞其歎，而言曰：「烏乎！必有此夫！」入以告王，且曰：「必殺之！不憾而願大，視躁而足高，心在他矣。不殺，必害。」王曰：「童子何知！」及靈王崩，儋括欲立王子佞夫。佞夫弗知。戊子，儋括圍蒍，逐成愆。成愆奔平畤。五月癸巳，尹言多、劉毅、單蔑、甘過、鞏成殺佞夫。括、瑕、廖奔晉。書曰「天王殺其弟佞夫」，罪在王也。	【人物對話】 【追敘】 以追敘帶出弒殺廢立之事。
64	昭公三年	齊侯使晏嬰請繼室於晉初，景公欲更晏子之宅，曰：「子之宅近市，湫隘囂塵，不可以居，請更諸爽塏者。」辭曰：「君之先臣容焉，臣不足以嗣之，於臣侈矣。且小人近市，朝夕得所求，小人之利也，敢煩里旅？」公笑曰：「子近市，識貴賤乎？」對曰：「既利之，敢不識乎？」公曰：「何貴？何賤？」於是景公繁於刑，有鬻踊者，故對曰：「踊貴，屨賤。」既已告於君，故與叔向語而稱之。景公爲是省於刑。君子曰：「仁人之言，其利博哉！晏子一言，而齊侯省刑。《詩》曰：『君子如祉，亂庶遄已』，其是之謂乎！」	【初…君子曰】 【人物形象刻劃】 【補敘】 補充晏子其人言行事跡。
65	昭公三年	夏，四月，鄭伯如晉，公孫段相，甚敬而卑，禮無違者。晉侯嘉焉，授之以策，曰：「子豐有勞於晉國，余聞而弗忘。賜女州田，以胙乃舊勳。」伯石再拜稽首，受策以出。君子曰：「禮，其人之急也乎！伯石之汰也，一爲禮於晉，猶荷其祿，況以禮終始乎！《詩》曰：『人而無禮，胡不遄死』，其是之謂乎！」	【初…君子曰】 此一事而用二君子曰。一則明禮之要，一則徵引重言。 【人物形象刻劃】 【補敘】 前寫鄭國公孫段（伯

		初，州縣，欒豹之邑也。及欒氏亡，范宣子、趙文子、韓宣子皆欲之。文子曰：「溫，吾縣也。」二宣子曰：「自郤稱以別，三傳矣。晉之別縣不唯州，誰獲治之？」文子病之，乃舍之。二宣子曰：「吾不可以正議而自與也。」皆舍之。及文子為政，趙獲曰：「可以取州矣。」文子曰：「退！二子之言，義也。違義，禍也。余不能治余縣，又焉用州，其以徼禍也？君子曰：『弗知實難。』知而弗從，禍莫大焉。有言州必死！」豐氏故主韓氏，伯石之獲州也，韓宣子為之請之，為其復取之之故。	石，子豐之子）以禮獲賜州縣，後補敘晉國三族之爭州縣，及韓宣子之請歸。
66	昭公四年	初，穆子去叔孫氏，及庚宗，遇婦人，使私為食而宿焉。問其行，告之故，哭而送之。適齊，娶於國氏，生孟丙、仲壬。夢天壓己，弗勝，顧而見人，黑而上僂，深目而豭喙，號之曰：「牛！助余！」乃勝之。旦而皆召其徒，無之。且曰：「志之！」及宣伯奔齊，饋之。宣伯曰：「魯以先子之故，將存吾宗，必召女。召女，何如？」對曰：「願之久矣。」……	【夢】【異象】【追敘】以追敘法帶出弒殺廢立之事。其事請見《左傳》昭公四年與五年記載。
67	昭公五年	（豎牛之亂，昭子之立）……初，穆子之生也，莊叔以《周易》筮之，遇明夷之謙，以示卜楚丘。楚丘曰：「是將行，而歸為子祀。以讒人入，其名曰牛，卒以餒死。明夷，日也。日之數十，故有十時，亦當十位。自王已下，其二為公、其三為卿。日上其中，食日為二，旦日為三。明夷之謙，明而未融，其當旦乎，故曰『為子祀』。日之謙，當鳥，故曰『明夷于飛』。明而未融，故曰『垂其翼』。象日之動，故曰『君子于行』。當三在旦，故曰『三日不食』。離，火也；艮，山也。離為火，火焚山，山敗。於人為言。敗言為讒，故曰『有攸往。主人有言』。言必讒也。純離為牛，世亂讒勝，勝將適離，故曰『其名曰牛。』謙不足，飛不翔；垂不峻，翼不廣。故曰『其為子後乎』。吾子，亞卿也；抑少不終。」	【出生異象】【卜筮】【錄異保存功能】【補敘】前續四年寫豎牛之亂，五年寫昭子之立與豎牛被殺。之後補敘穆子生時之易筮，一則有總結全事之功能，同時亦是有前後呼應之效果。
68	昭公九年	晉荀盈如齊逆女，還，六月，卒于戲陽。殯于絳，未葬。晉侯飲酒，樂。膳宰屠蒯趨入，請佐公使尊，許之。而遂酌以飲工，曰：「女為君耳，將司聰也。辰在子卯，謂之疾日，君徹宴樂，學人舍業，為疾故也。君之卿佐，是謂股肱。股肱或虧，何痛如	【因果關係揭示】【人物形象刻劃】藉膳宰屠蒯之口表達作者對國君近侍之看法。

		之？女弗聞而樂，是不聰也。」又飲外嬖嬖叔，曰：「女爲君目，將司明也。服以旌禮，禮以行事，事有其物，物有其容。今君之容，非其物也；而女不見，是不明也。」亦自飲也，曰：「味以行氣，氣以實志，志以定言，言以出令。臣實司味，二御失官，而君弗命，臣之罪也。」公說，徹酒。初，公欲廢知氏而立其外嬖，爲是悛而止。秋，八月，使荀躒佐下軍以說焉。	【補敘】
69	昭公十年	冬，十二月，宋平公卒。初，元公惡寺人柳，欲殺之。及喪，柳熾炭于位，將至，則去之。比葬，又有寵。	【私怨】 【人物形象刻劃】 【補敘】
70	昭公十三年	他年，芋尹申亥以王柩告，乃改葬之。初，靈王卜曰：「余尚得天下！」不吉。投龜，詬天而呼曰：「是區區者而不余畀，余必自取之。」民患王之無厭也，故從亂如歸。	【卜】 【補敘】
71	昭公十三年	初，共王無冢適，有寵子五人，無適立焉。乃大有事于群望，而祈曰：「請神擇於五人者，使主社稷。」乃遍以璧見於群望，曰：「當璧而拜者，神所立也，誰敢違之？」既，乃與巴姬密埋璧於大室之庭，使五人齊，而長入拜。康王跨之，靈王肘加焉，子干、子晳皆遠之。平王弱，抱而入，再拜，皆厭紐。鬭韋龜屬成然焉，且曰：「棄禮違命，楚其危哉！」	【請神擇嗣】 【補敘】 與70之例連用。前則寫楚靈王雞谿之難，中敘公子比與棄疾之立。全事之後，以補敘法補充靈王與平王之事。(詳見後文)
72	昭公十九年	秋，齊高發帥師伐莒，莒子奔紀鄣。使孫書伐之。初，莒有婦人，莒子殺其夫，已爲嫠婦。及老，託於紀鄣，紡焉以度而去之。及師至，則投諸外。或獻諸子占，子占使師夜縋而登。登者六十人，縋絕。師鼓譟，城上之人亦譟。莒共公懼，啓西門而出。七月丙子，齊師入紀。	【私怨】 【補敘】 補敘說明齊師得以入紀之因。
73	昭公二十年	衛公孟縶狎齊豹，奪之司寇與鄁。有役則反之，無則取之。公孟惡北宮喜、褚師圃，欲去之。公子朝通于襄夫人宣姜，懼而欲以作亂。故齊豹、北宮喜、褚師圃、公子朝作亂。初，齊豹見宗魯於公孟，爲驂乘焉。將作亂，而謂之曰：「公孟之不善，子所知也，勿與乘，吾將殺之。」對曰：「吾由子事公孟，子假吾名焉，故不吾遠也。雖其不善，吾亦知之；抑以利故，不能去，是吾過也。今聞難而逃，是僭子也。子行	【人物形象刻劃】 透過對話刻劃宗魯之忠義形象。 【補敘】 在敘亂過程中，補充宗魯其人性格，爲其後行爲揭示因果關係。

		事乎，吾將死之，以周事子；而歸死於公孟，其可也。」丙辰，衛侯在平壽。公孟有事於蓋獲之門外，齊子氏帷於門外，而伏甲焉。使祝灶寘戈於車薪以當門，使一乘從公孟以出；使華齊御公孟，宗魯驂乘。及閎中，齊氏用戈擊公孟，宗魯以背蔽之，斷肱，以中公孟之肩。皆殺之。	
74	昭公二十五年	初，季公鳥娶妻於齊鮑文子，生甲。公鳥死，季公亥與公思展與公鳥之臣申夜姑相其室。及季姒與饔人檀通，而懼，乃使其妾抶己，以示秦遄之妻，曰：「公若欲使余，余不可而抶余。」又訴於公甫曰：「展與夜姑將要余。」秦姬以告公之。公之與公甫告平子，平子拘展於卞，而執夜姑，將殺之。公若泣而哀之，曰：「殺是，是殺余也。」將為之請，平子使豎勿內，日中不得；請。有司逆命，公之使速殺之。故公若怨平子。……	【私怨】【追敘】以追敘帶出弒殺廢立之事。
75	昭公二十五年	（承上事）……初，臧昭伯如晉，臧會竊其寶龜僂句，以卜為信與僭，僭吉。臧氏老將如晉問，會請往。昭伯問家故，盡對。及內子與母弟叔孫，則不對。再三問，不對。歸，及郊，會逆。問，又如初。至，次於外而察之，皆無之。執而戮之，逸，奔郈。郈魴假使為賈正焉。計於季氏，臧氏使五人以戈楯伏諸桐汝之閭，會出，逐之，反奔，執諸季氏中門之外。平子怒，曰：「何故以兵入吾門？」拘臧氏老。季、臧有惡。及昭伯從公，平子立臧會。會曰：「僂句不余欺也。」	【卜】【人物形象刻劃】【補敘】
76	昭公二十八年	夏，六月，晉殺祁盈及楊食我。食我，祁盈之黨也，而助亂，故殺之，遂滅祁氏、羊舌氏。初，叔向欲娶於申公巫臣氏，其母欲娶其黨。叔向曰：「吾母多而庶鮮，吾懲舅氏矣。」其母曰：「子靈之妻殺三夫、一君、一子，而亡一國、兩卿矣，可無懲乎？吾聞之：『甚美必有甚惡。』是鄭穆少妃姚子之子，子貉之妹。子貉早死無後，而天鍾美於是，將必以是大有敗也。昔有仍氏生女，黰黑而甚美，光可以鑑，名曰玄妻。樂正后夔取之，生伯封，實有豕心，貪惏無饜，忿纇無期，謂之封豕。有窮后羿滅之，夔是以不祀。且三代之亡、共子之廢，皆是物也，女何以為哉？夫有尤物，足以移人。苟非德義，則必有禍。」叔向懼，不敢取。平公強	【預言】【補敘】寫祁氏、羊舌氏之滅，補敘當初

		使取之，生伯石。伯石始生，子容之母走謁諸姑曰：「長叔姒生男。」姑視之。及堂，聞其聲而還，曰：「是豺狼之聲也。狼子野心。非是，莫喪羊舌氏矣。」遂弗視。	
77	定公四年	己卯，楚子取其妹季羋畀我以出，涉睢。鍼尹固與王同舟，王使執燧象以奔吳師。庚辰，吳入郢，以班處宮。子山處令尹之宮，夫概王欲攻之，懼而去之，夫概王入之。左司馬戌及息而還，敗吳師于雍澨，傷。初，司馬臣闔廬，故恥為禽焉，謂其臣曰：「誰能免吾首？」吳句卑曰：「臣賤，可乎？」司馬曰：「我實失子，可哉！」三戰皆傷，曰：「吾不可用也已。」句卑布裳，剄而裹之，藏其身，而以其首免。	【補敘】【私下對話】
78	定公四年	（柏舉之戰，吳軍入郢）……初，伍員與申包胥友。其亡也，謂申包胥曰：「我必復楚國。」申包胥曰：「勉之！子能復之，我必能興之。」及昭王在隨，申包胥如秦乞師，曰：「吳為封豕、長蛇，以荐食上國，虐始於楚。寡君失守社稷，越在草莽，使下臣告急，曰：『夷德無厭，若鄰於君，疆場之患也。逮吳之未定，君其取分焉。若楚之遂亡，君之土也。若以君靈撫之，世以事君。』秦伯使辭焉，曰：「寡人聞命矣。子姑就館，將圖而告。」對曰：「寡君越在草莽，未獲所伏，下臣何敢即安？」立，依於庭牆而哭，日夜不絕聲，勺飲不入口七日。秦哀公為之賦〈無衣〉。九頓首而坐。秦師乃出。	【補敘】前敘柏舉之戰，楚君出奔。後以補敘之法帶出申包胥與伍員一段復楚之言論。一則寫二人形象，另則說明楚能復之因。
79	定公五年	楚子入于郢。初，鬭辛聞吳人之爭宮也，曰：「吾聞之：『不讓，則不和；不和，不可以遠征。』吳爭於楚，必有亂；有亂，則必歸，焉能定楚？」王之奔隨也，將涉於成臼。藍尹亹涉其帑，不與王舟。及寧，王欲殺之。子西曰：「子常唯思舊怨以敗，君何效焉？」王曰：「善。使復其所，吾以志前惡。」王賞鬭辛、王孫由于、王孫圉、鍾建、鬭巢、申包胥、王孫賈、宋木、鬭懷。子西曰：「請舍懷也。」王曰：「大德滅小怨，道也。」申包胥曰：「吾為君也，非為身也。君既定矣，又何求？且吾尤子旗，其又為諸？」遂逃賞。王將嫁季羋，季羋辭曰：「所以為女子，遠丈夫也。鍾建負我矣。」以妻鍾建，以為樂尹。	【補敘】

80	定公十年	晉趙鞅圍衛，報夷儀也。初，衛侯伐邯鄲午於寒氏，城其西北而守之，宵熸。及晉圍衛，午以徒七十人門於衛西門，殺人於門中，曰：「請報寒氏之役。」涉佗曰：「夫子則勇矣；然我往，必不敢啓門。」亦以徒七十人且門焉，步左右，皆至而立如植。日中不啓門，乃退。反役，晉人討衛之叛故，曰：「由涉佗、成何。」於是執涉佗，以求成於衛。衛人不許。晉人遂殺涉佗，成何奔燕。君子曰：「此之謂棄禮，必不鈞。《詩》曰：『人而無禮，胡不遄死？』涉佗亦遄矣哉！」	【因果關係揭示】 【初…君子曰】 【補敘】
81	定公十年	初，叔孫成子欲立武叔，公若藐固諫曰：「不可。」成子立之而卒。公南使賊射之，不能殺。公南為馬正，使公若為郈宰。武叔既定，使郈馬正侯犯殺公若，弗能。其圉人曰：「吾以劍過朝，公若必曰：『誰之劍也？』吾稱子以告，必觀之。吾偽固而授之末，則可殺也。」使如之。公若曰：「爾欲吳王我乎？」遂殺公若。侯犯以郈叛，武叔懿子圍郈。弗克。	【私怨】 【因果關係揭示】 【追敘】
82	定公十三年	初，衛公叔文子朝，而請享靈公。退，見史鰌而告之。史鰌曰：「子必禍矣！子富而君貪，其及子乎！」文子曰：「然。吾不先告子，是吾罪也。君既許我矣，其若之何？」史鰌曰：「無害。子臣，可以免。富而能臣，必免於難。上下同之。戌也驕，其亡乎！富而不驕者鮮，吾唯子之見。驕而不亡者，未之有也。戌必與焉。」及文子卒，衛侯始惡於公叔戌，以其富也。公叔戌又將去夫人之黨，夫人愬之曰：「戌將為亂。」十四年，春，衛侯逐公叔戌與其黨，故趙陽奔宋，戌來奔。	【私下對話】 【預言】 【追敘】 以追敘帶出弒殺廢立之事。
83	哀公二年	初，衛侯遊于郊，子南僕。公曰：「余無子，將立女。」不對。他日又謂之，對曰：「郢不足以辱社稷，君其改圖。君夫人在堂，三揖在下，君命祗辱。」夏，衛靈公卒。夫人曰：「命公子郢為太子，君命也。」對曰：「郢異於他子，且君沒於吾手，若有之，郢必聞之。且亡人之子輒在。」乃立輒。六月乙酉，晉趙鞅納衛太子于戚。宵迷，陽虎曰：「右河而南，必至焉。」使太子絻，八人衰絰，偽自衛逆者。告於門，哭而入，遂居之。	【私下對話】 【追敘】 以追敘帶出廢立之事。

84	哀公二年	（鐵之戰）……初，周人與范氏田，公孫尨稅焉，趙氏得而獻之。吏請殺之。趙孟曰：「為其主也，何罪？」止而與之田。及鐵之戰，以徒五百人宵攻鄭師，取蜂旗於子姚之幕下，獻，曰：「請報主德。」追鄭師，姚、般、公孫林殿而射，前列多死。趙孟曰：「國無小。」既戰，簡子曰：「吾伏弢嘔血，鼓音不衰，今日我上也。」太子曰：「吾救主於車，退敵於下，我，右之上也。」郵良曰：「我兩靷將絕，吾能止之，我，御之上也。」駕而乘材，兩靷皆絕。	【報恩】 【因果關係揭示】 【人物形象刻劃】 【補敘】 補敘鐵之戰中公孫尨報恩之始末。
85	哀公五年	五年，春，晉圍柏人，荀寅、士吉射奔齊。初，范氏之臣王生惡張柳朔，言諸昭子，使為柏人。昭子曰：「夫非而讎乎？」對曰：「私讎不及公，好不廢過，惡不去善，義之經也，臣敢違之？」及范氏出，張柳朔謂其子：「爾從主，勉之！我將止死，王生授我矣，吾不可以僭之。」遂死於柏人。	【人物形象刻劃】 【補敘】
86	哀公六年	（前寫楚昭王之卒）……初，昭王有疾，卜曰：「河為祟。」王弗祭。大夫請祭諸郊。王曰：「三代命祀，祭不越望。江、漢、睢、漳，楚之望也。禍福之至，不是過也。不穀雖不德，河非所獲罪也。」遂弗祭。孔子曰：「楚昭王知大道矣。其不失國也，宜哉！夏書曰：『惟彼陶唐，帥彼天常，有此冀方。今失其行，亂其紀綱，乃滅而亡。』又曰：『允出茲在茲。』由己率常，可矣。」	【卜】 【初…孔子曰】 【補敘】 前寫楚昭王卒事，提及是歲有雲如眾赤鳥，是又補敘當初昭王有疾卜祟弗祭之事。
87	哀公七年	宋人圍曹，鄭桓子思曰：「宋人有曹，鄭之患也，不可以不救。」冬，鄭師救曹，侵宋。初，曹人或夢眾君子立于社宮，而謀亡曹。曹叔振鐸請待公孫強，許之。旦而求之，曹無之。戒其子曰：「我死，爾聞公孫強為政，必去之。」及曹伯陽即位，好田弋。曹鄙人公孫強好弋，獲白雁，獻之，且言田弋之說，說之。因訪政事，大說之。有寵，使為司城以聽政。夢者之子乃行。強言霸說於曹伯，曹伯從之，乃背晉而奸宋。宋人伐之，晉人不救，築五邑於其郊，曰黍丘、揖丘、大城、鍾、邘。	【夢】 【補敘】

88	哀公八年	三月，吳伐我，子洩率，故道險，從武城。初，武城人或有因於吳竟田焉，拘鄫人之漚菅者，曰：「何故使吾水滋？」及吳師至，拘者道之以伐武城，克之。王犯嘗爲之宰，澹臺子羽之父好焉，國人懼。懿子謂景伯：「若之何？」對曰：「吳師來，斯與之戰，何患焉？且召之而至，又何求焉？」吳師克東陽而進，舍於五梧。明日，舍於蠶室。公賓庚、公甲叔子與戰于夷，獲叔子與析朱鉏，獻於王。王曰：「此同車，必使能，國未可望也。」明日，舍于庚宗，遂次於泗上。微虎欲宵攻王舍，私屬徒七百人三踊於幕庭，卒三百人，有若與焉。及稷門之內，或謂季孫曰：「不足以害吳，而多殺國士，不如已也。」乃止之。吳子聞之，一夕三遷。	【私怨】 【補敘】
89	哀公十一年	夏，陳轅頗出奔鄭。初，轅頗爲司徒，賦封田以嫁公女；有餘，以爲己大器。國人逐之，故出。道渴，其族轅咺進稻醴、粱糗、腶脯焉。喜曰：「何其給也？」對曰：「器成而具。」曰：「何不吾諫？」對曰：「懼先行。」	【私怨】 【補敘】
90	哀公十一年	冬，衛大叔疾出奔宋。初，疾娶于宋子朝，其娣嬖。子朝出，孔文子使疾出其妻，而妻之。疾使侍人誘其初妻之娣寘於犁，而爲之一宮，如二妻。文子怒，欲攻之，仲尼止之。遂奪其妻。或淫于外州，外州人奪之軒以獻。恥是二者，故出。衛人立遺，使室孔姞。疾臣向魋，納美珠焉，與之城鉏。宋公求珠，魋不與，由是得罪。及桓氏出，城鉏人攻大叔疾，衛莊公復之，使處巢，死焉，殯於郹，葬於少禘。	【因果關係揭示】 【補敘】 以「初」字敘事法補敘大叔疾之惡行。
91	哀公十一年	（承上）初，晉悼公子慭亡在衛，使其女僕而田，大叔懿子止而飲之酒，遂聘之，生悼子。悼子即位，故夏戊爲大夫。悼子亡，衛人翦夏戊。 孔文子之將攻大叔也，訪於仲尼。仲尼曰：「胡簋之事，則嘗學之矣；甲兵之事，未之聞也。」退，命駕而行，曰：「鳥則擇木，木豈能擇鳥？」文子遽止之曰：「圉豈敢度其私，訪衛國之難也。」將止，魯人以幣召之，乃歸。	【補敘】 承上事，以補敘法寫大叔疾之立與廢。

92	哀公十二年	吳徵會于衛。初，衛人殺吳行人且姚而懼，謀於行人子羽。子羽曰：「吳方無道，無乃辱吾君，不如止也。」子木曰：「吳方無道，國無道，必棄疾於人。吳雖無道，猶足以患衛。往也！長木之斃，無不摽也；國狗之瘈，無不噬也，而況大國乎！」	【補敘】
93	哀公十四年	齊簡公之在魯也，闞止有寵焉。及即位，使為政。陳成子憚之，驟顧諸朝。諸御鞅言於公曰：「陳、闞不可並也，君其擇焉！」弗聽。子我夕，陳逆殺人，逢之，遂執以入。陳氏方睦，使疾，而遺之潘沐，備酒肉焉，饗守囚者，醉而殺之，而逃。子我盟諸陳於陳宗。初，陳豹欲為子我臣，使公孫言己，已有喪而止，既而言之曰：「有陳豹者，長而上僂，望視，事君子必得志，欲為子臣，吾憚其為人也，故緩以告。」子我曰：「何害？是其在我也。」使為臣。他日，與之言政，說，遂有寵，謂之曰：「我盡逐陳氏而立女，若何？」對曰：「我遠於陳氏矣，且其違者不過數人，何盡逐焉？」遂告陳氏。子行曰：「彼得君，弗先，必禍子。」子行舍於公宮。……	【人物形象刻劃】 【補敘】
94	哀公十四年	初，孟孺子洩將圉馬於成，成宰公孫宿不受，曰：「孟孫為成之病，不圉馬焉。」孺子怒，襲成，從者不得入，乃反。成有司使，孺子鞭之。秋，八月辛丑，孟懿子卒，成人奔喪，弗內；袒、免，哭于衢，聽共，弗許；懼，不歸。十五年，春，成叛于齊。武伯伐成，不克，遂城輸。	【私怨】 【追敘】 以追敘法帶出十五年成之叛。
95	哀公十七年	冬，十月，晉復伐衛，入其郛，將入城。簡子曰：「止，叔向有言曰：『怙亂滅國者無後。』」衛人出莊公而與晉平。晉立襄公之孫般師而還。十一月，衛侯自鄟入，般師出。初，公登城以望，見戎州。問之，以告。公曰：「我，姬姓也，何戎之有焉？」翦之。公使匠久。公欲逐石圃，未及而難作。辛巳，石圃因匠氏攻公。公闔門而請，弗許。踰于北方而隊，折股。戎州人攻之，太子疾、公子青踰從公，戎州人殺之。公入于戎州己氏。初，公自城上見己氏之妻髮美，使髡之，以為呂姜髢。既入焉，而示之璧，曰：「活我，吾與女璧。」己氏曰：「殺女，璧其焉往？」遂殺之，而取其璧。衛人復公孫般師而立之。十二月，齊人伐衛，衛人請平，立公子起，執般師以歸，舍諸潞。	【私怨】 【補敘】 補充說明衛出公與戎人之怨，及與己氏之怨。以說明見弒之原因。

96	哀公十七年	宋皇瑗之子麇有友曰田丙，而奪其兄鄖般邑以與之。鄖般慍而行，告桓司馬之臣子儀克。子儀克適宋，告夫人曰：「麇將納桓氏。」公問諸子仲。初，子仲將以杞姒之子非我爲子。麇曰：「必立伯也，是良材。」子仲怒，弗從，故對曰：「右師則老矣，不識麇也。」公執之。皇瑗奔晉，召之。	【私怨】 【補敘】 補充說明子眾與麇之私怨。
97	哀公十八年	巴人伐楚，圍鄾。初，右司馬子國之卜也，觀瞻曰：「如志。」故命之。及巴師至，將卜帥。王曰：「寧如志，何卜焉？」使帥而行。請承，王曰：「寢尹、工尹勤先君者也。」三月，楚公孫寧、吳由于、薳固敗巴師于鄾，故封子國於析。君子曰：「惠王知志。夏書曰：『官占唯能蔽志，昆命于元龜』，其是之謂乎！志曰：『聖人不煩卜筮』，惠王其有焉。」	【卜】 （人文角度銓釋） 【初…君子曰】 【補敘】
98	哀公二十五年	二十五年，夏，五月庚辰，衛侯出奔宋。衛侯爲靈臺于藉圃，與諸大夫飲酒焉，褚師聲子韤而登席，公怒。辭曰：「臣有疾，異於人；若見之，君將殼之，是以不敢。」公愈怒。大夫辭之，不可。褚師出。公戟其手，曰：「必斷而足！」聞之。褚師與司寇亥乘，曰：「今日幸而後亡。」公之入也，奪南氏邑，而奪司寇亥政。公使侍人納公文懿子之車于池。初，衛人翦夏丁氏，以其帑賜彭封彌子。彌子飲公酒，納夏戊之女，嬖，以爲夫人。其弟期，大叔疾之從孫甥也，少畜於公，以爲司徒。夫人寵衰，期得罪。公使三匠久。公使優狡盟拳彌，而甚近信之。故褚師比、公孫彌牟、公文要、司寇亥、司徒期因三匠與拳彌以作亂，皆執利兵，無者執斤。使拳彌入于公宮，而自太子疾之宮譟以攻公。鄄子士請禦之，彌援其手，曰：「子則勇矣，將若君何？不見先君乎？君何所不逞欲？且君嘗在外矣，豈必不反？當今不可，眾怒難犯。休而易間也。」乃出。將適蒲，彌曰：「晉無信，不可。」將適鄄，彌曰：「齊、晉爭我，不可。」將適泠，彌曰：「魯不足與。請適城鉏，以鉤越。越有君。」乃適城鉏。彌曰：「衛盜不可知也，請速，自我始。」乃載寶以歸。	【怨懼而爲亂】 【補敘】 先寫衛出公與褚師聲子之衝突，再補入參與爲亂人物之事跡，最終寫褚師比、公孫彌牟、公文要、司寇亥、司徒期因三匠與拳彌爲亂。 （與 90、91 事相關）

說明：九十八例無法逐一於後文討論，僅能取具代表性者分析。未及論述之例，請參考表中「分析與說明」之簡要說明，又表中敘事内容或有刪動，詳請參考《左傳》。

第二節 「初」字敘事法內容特色及其來源討論

觀察上表發現，《左傳》運用「初」字敘事法來記載之事，其性質多數屬於歷史想像一類，這是《左傳》「初」字敘事法特色之一。《左傳》「初」字敘事法九十八例中，單純記事者計六例，其餘所記載之內容，其性質多數歷史想像或神異記事之類。左氏究竟從何得知這些內容？又其大費周章的記載這些神異事件與歷史想像事跡，只是單純愛奇好異，或者有其言外之旨？

客觀的史事記載與歷史想像如何取得平衡，是歷史敘事是否成功之關鍵。僅是客觀史事記載，一則流於單調呆板，同時也難以表達撰史者之敘事態度與歷史解釋，無法凸顯敘事者之敘事意旨。但若歷史想像成分過多，則易減損歷史敘事之真實性，令史書成爲於小說者流，同樣無法達到敘事目的。《左傳》內容相較下確實帶有較濃的歷史想像色彩，就文學角度而言，文學家盛贊左氏敘事妙，然就歷史與經學角度而言，則以其失誣浮夸。但就敘事與解釋角度而論，歷史想像乃出自作者胸中，正是解讀作者思維與觀念的重要切入點。

整體而言，對於這些帶有較強歷史想像成分之內容，《左傳》設計「初」字敘事法將其與一般歷史敘事稍做區隔。這些不爲外人所知的靈異神奇、私人恩怨、私下對話、出生異象、卜筮異夢等內容，透過「初」字敘事法之設計得以盡情的進行記載，一方面有錄異保存之功能，同時也透過這些敘事表達左氏之敘事態度。以下先說明「初」字敘事法內容特色，進而討論其內容來源。

一、內容多爲奇聞異事或歷史想像

如前所論，「歷史想像」，是撰史者在撰史過程中，爲將片斷割裂之史料進行組合，所運用的一種合情合理的適度聯想與想像，透過歷史想像才能將史料轉化爲歷史，才能使片斷單裂之史料文獻組織成蘊有史識、史觀與史義的歷史。撰史者所進行的歷史想像，一方面將史料進行轉化，組織成歷史。另方面在這過程中，撰史者將其撰史之意圖與觀念，藉由歷史想像之方式進行寄託。因此，歷史想像是解讀撰史者敘事態度與觀念重要切入點。

關於《左傳》「初」字敘事法所載靈異之事，最具代表性者，當屬莊公十四年鄭國內蛇、外蛇鬥一事。討論如下：魯桓公十一年（西元前 701 年），夏季，鄭莊公卒。在鄭國權臣祭仲運作下，由公子突繼位，是爲鄭厲公。原本之世子忽，於此年秋季出奔衛國。魯桓公十五年（西元前 697 年），鄭厲公四年，因祭仲日益專權，鄭厲公聯合雍糾欲殺之，事洩而敗，祭仲殺雍糾，此

年夏季鄭厲公出奔蔡。〔註15〕鄭世子忽返國，是爲鄭昭公。〔註16〕魯桓公十七年（西元前695年），鄭昭公二年，鄭國高渠彌因私怨，於此年秋、冬之際弒殺鄭昭公。對於此事《左傳》運用「初」字敘事法來交代高渠彌弒君之原因。高渠彌弒君後，立公子亹爲君。隔年秋季，兩人參與齊國首止之會，子亹爲齊人所殺，高氏見轘。祭仲自陳國迎子儀爲君。魯莊公十四年（西元前680年），鄭子儀十四年，鄭厲公二十一年。鄭厲公由其所居之櫟侵入鄭國。俘獲傅瑕，傅瑕與厲公盟，謀納之。同年夏季，傅瑕殺子儀，納鄭厲公。

　　《左傳》在鄭國一連串權臣專斷，弒君廢立事件後，以「初」字敘事法，補充說明鄭厲公最後得以返國爲君之理由。《左傳》載之如下：

> 鄭厲公自櫟侵鄭，及大陵，獲傅瑕。傅瑕曰：「苟舍我，吾請納君。」與之盟而赦之。六月甲子，傅瑕殺鄭子及其二子，而納厲公。初，內蛇與外蛇鬬於鄭南門中，內蛇死。六年而厲公入。公聞之，問於申繻曰：「猶有妖乎？」對曰：「人之所忌，其氣燄以取之。妖由人興也。人無釁焉，妖不自作。人棄常，則妖興，故有妖。」厲王入，遂殺傅瑕。……（莊公十四年，頁155。）

《左傳》將鄭厲公最後得勝之原因，歸於神異之內蛇與外蛇鬬。後又記載魯莊公問妖於申繻，左氏之態度由此可見。魯莊公問申繻，鄭厲公最後能返鄭國爲君，是否是因爲外蛇勝內蛇，故能由外而取代內。作者藉申繻之口表達其態度：申繻指出「妖由人興」，人若是捨棄正道常理，則妖將興。張端穗亦云：「自然異象反映了人事的善惡。左傳刻意記載這段話，把它作爲一段故事的結尾，……我們有理由相信左傳贊同這樣的看法。」〔註17〕

　　此所謂妖，近似於《荀子・天論》中所言之「人祅」。其云：「楛耕傷稼，楛耨失薉，政險失民，田薉稼惡，糴貴民飢，道路有死人，夫是之謂人祅；政令不明，舉錯不時，本事不理，夫是之謂人祅；禮義不脩，內外無別，男女淫亂，則父子相疑，上下乖離，寇難並至，夫是之謂人祅。」〔註18〕鄭國因祭仲、高渠彌等權臣爲亂，恣意弒君廢立，造成鄭國十餘年內亂，致使國

〔註15〕同年秋季，鄭厲公「因櫟人殺檀伯」，入居鄭國邊境之櫟。事件《左傳・桓公十五年》，（《十三經注疏・左傳》，臺北：藝文印書館，民國82年9月，頁127。）

〔註16〕《春秋》載曰：「鄭世子乎復歸于鄭」。（《十三經注疏・左傳》，臺北：藝文印書館，民國82年9月，頁126。）

〔註17〕張端穗《左傳思想探微》，臺北：學海出版社，民國76年1月初版，頁34。

〔註18〕李滌生《荀子集釋》，臺北：學生書局，民國83年10月初版第七刷，頁374。

力大幅衰弱。鄭莊公時代，鄭國雖非大國，但仍是中原主要國家，經此內亂後，鄭國成為夾處於晉、楚之間的中等國家。《左傳》認為這一連串的內亂始於鄭厲公，當初（桓公十一年）厲公之立即非正當手段，《左傳》亦運用「初」字敘事法補充此事如下：

> 夏，鄭莊公卒。初，祭封人仲足有寵於莊公，莊公使為卿。為公娶鄧曼，生昭公。故祭仲立之。宋雍氏女於鄭莊公，曰雍姞，生厲公。雍氏宗，有寵於宋莊公，故誘祭仲而執之，曰：「不立突，將死。」亦執厲公而求賂焉。祭仲與宋人盟，以厲公歸而立之。秋，九月丁亥，昭公奔衛。己亥，厲公立。（桓公十一年，頁122。）

鄭莊公卒後，祭仲本欲擁護太子忽繼承。後受宋國雍氏之威脅利誘，改與宋人盟而立公子突。就政治現實面而言，這也許是不得已，但若考慮祭仲個性，及之後專權之行徑，或許祭仲之所以改立公子突，有其出於私心之考慮。《左傳》在敘述其於公子亹被齊人殺後，迎立子儀一事，之後加敘一段旁人與祭仲之對話，或可見出左氏對祭仲之態度。《左傳‧桓公十八年》載之如下：

> 秋，齊侯師于首止，子亹會之，高渠彌相。七月戊戌，齊人殺子亹，而轘高渠彌。祭仲逆鄭子于陳而立之。是行也，祭仲知之，故稱疾不往。人曰：「祭仲以知免。」仲曰：「信也。」（桓公十八年，頁130。）

總結以上論述，《左傳》在此相關敘事中，運用三次「初」字敘事法，基本功能在於補充說明、揭示事件發展之因果關係。同時也藉「初」字敘事法所載靈異內容，表達對鄭國與鄭厲公之態度。其認為鄭國在鄭莊公卒後所發生十餘年之內亂，主要是出於「人祆」，而人祆之興，正在於君臣失德棄道也。

關於「初」字敘事法記載靈異之內容，另有一類是有關人物出生異象者。這些與人物出生異象相關之記載，又多與人物命名或預言氏族興廢有關，如隱公元年，鄭莊公寤生之例；或宣公三年，鄭穆公名蘭之原因等例。此外，關於記載夢境記載或龜卜占筮等內容，亦帶有歷史想像之成分：如穆子之生，易筮遇明夷之謙（昭公五年）；楚靈王卜不吉投龜之事（昭公十三年）；臧會竊寶龜卜信與僭（昭公二十五年）等都是此類例子。

又魯昭公十三年（西元前529年）楚共王卜嗣之事，內容充滿神異色彩與歷史想像成分，最能充分表現《左傳》「初」字敘事法之內容特色。此年夏季，楚靈王（公子圍）被弒於乾谿。公子比糾合與楚靈有私怨之蔿氏、許圍、蔡洧、蔓成然四族，與陳、蔡、不羹、許、葉之師，與楚靈王交戰。靈王兵

敗後自縊而亡。公子比自立爲王，後爲公子棄疾所殺，棄疾即位是爲楚平王。

　　《左傳》於弒君事件主線後，運用「初」字敍事法針對事件兩大主要人物：被弒的楚靈王與最後繼位的公子棄疾，分別補充說明。楚靈王部分，寫其當初野心欲取君位，曾龜卜吉凶，未料不吉，《左傳》生動地寫其投龜而呼：

> 初，靈王卜曰：「余尚得天下！」不吉。投龜，詬天而呼曰：「是區區者而不余畀，余必自取之。」民患王之無厭也，故從亂如歸。（昭公十三年，頁807。）

關於諸公子爭位，最終由公子棄疾取得一事，《左傳》載楚共王當初以神擇嗣位之事如下：

> 初，共王無冢適，有寵子五人，無適立焉。乃大有事于群望，而祈曰：「請神擇於五人者，使主社稷。」乃遍以璧見於群望，曰：「當璧而拜者，神所立也，誰敢違之？」既，乃與巴姬密埋璧於大室之庭，使五人齊，而長入拜。康王跨之，靈王肘加焉，子干、子晳皆遠之。平王弱，抱而入，再拜，皆厭紐。鬬韋龜屬成然焉，且曰：「棄禮違命，楚其危哉！」（昭公十三年，頁807。）

楚共王在無嫡子前提下，無法由五位寵子中選出繼位者，於是徧祭楚國境內各大名山大川，請求神靈替其擇選繼承者。其以玉璧爲徵，以正對玉璧而拜者爲神之所選。依上文所載，在按長幼次序入拜情況下，公子昭（楚康王）兩足跨玉之所埋處，公子圍（楚靈王）手肘及玉之所埋，公子比及公子晳下拜皆未及埋玉之處。公子棄疾年尚幼，在侍者抱入情況下，兩次下拜都正壓玉璧。就歷史發展而言，公子昭與公子圍先後爲楚王，然前後遭弒，最終果然由「當璧而拜者」繼位爲王。這樣的內容記載與情節安排，實則隱含作者態度。君位繼承是國之大事，繼承人選的優劣，直接影響國家盛衰。而楚共王在此事處理上，不以理性判斷，反而訴諸神擇，無怪之後諸公子爭立，弒君之事履見。《左傳》在敍述此事後，即藉鬬韋龜之口，表達：「棄禮違命，楚其危哉」的看法。當然因爲楚共王無嫡子可繼位，或許在無法取捨情況下，轉而訴諸神擇，但就《左傳》全書以人文角度解釋歷史而論，這樣棄人求神的作法，是不被左氏所贊許的。

　　總而言之，《左傳》「初」敍事法記載內容之特色在於，內容多屬歷史想像一類，且多帶有靈異神奇色彩之事，歷史想像之跡是其主要特色。

二、內容取捨與來源探討

　　欲探討《左傳》「初」字敘事內容為何多記靈異神奇與歷史想像之問題，須回到先秦當時文化語境下思考。就先秦思維角度而言，史書的價值與功能，在於教育、資鑑與文化承續。在此前提下，何事應該記載、何事應該詳細敘述等取捨判斷，是以事件內容是否能產生教育、資鑑與文化功能為主要考量，此則屬於客觀語境之考量。而敘事本身就是一種言語行為，其中帶有相當程度的表達主觀意識。《左傳》編纂者主觀之價值判斷與歷史態度、個人好惡等，在敘事內容取捨上，同樣產生相當之影響力。而作者之主觀意識又不可避免會受到所處文化語境之影響。簡而言之，先秦當時的社會環境、文化思維、與價值觀等，都對《左傳》內容取捨有影響。

　　整體而言，先秦時期是中國文化由原始思維、宗教精神轉化為理性思維、人文精神的過渡時期。〔註 19〕當時人一方面仍無法擺脫原始宗教與宗法制度之約束，因此，其觀念與價值觀中仍自覺或不自覺帶有神聖崇拜意識；其言行舉旨仍有意無意受宗法制度制約，此種現象於先秦典籍中或隱或現。《左傳》一書亦帶有這種過渡性之色彩。「初」字敘事法之設計與其內容之取捨，正是此情況之表現。就先秦撰史者而言，其本身之人文意識或許較強，因此，在《左傳》敘事態度與歷史解釋方面，人文角度之詮釋是主要詮釋觀點。但若就當時社會實際情況而言，這些靈異神奇之事對當時一般百姓而言，仍是其思維判斷與價值觀的主要核心。〔註 20〕就撰史者而言，史不可離開現實社會真實情況，否則即失去史之意義，或流於文學、小說。因此，左氏撰史對於當時確實存在，甚至是影響一般社會價值思維之靈異神奇事件，不可不加以記載，但這又與撰史者人文精神有所出入，於是《左傳》設計「初」字敘事法，以追敘、補敘之法，在不影響敘事主線發展的前提下，巧妙地將一些神異事件、歷史想像之內容，滲入史書中。一則真實反映先秦社會文化，同時也藉由對這些事件之敘述、安排、評論，來表現傳達作者之敘事意旨。

　　在內容來源方面，劉知幾嘗云：「昔尼父裁經，義在褒貶，明如日月，持用不刊。而史傳所書，貴乎博錄而已。至於本事之外，時寄抑揚，此乃得失

〔註 19〕徐復觀《兩漢思想史‧卷三‧原史──由宗教通向人文的史學的成立》，臺北：臺灣學生書局，民國 82 年 9 月初版第四刷，頁 225 至 245。

〔註 20〕此情況，不僅在先秦，時至今日，受宗教意識形態或神秘主義影響，甚至被洗腦者，仍是可見。以二十一世紀理性思維與科技發達之今日尚且如此，更何況是先秦時期，未受教育的一般百姓。

槀於片言，是非由於一句，談何容易，可不愼歟。」〔註21〕史書所貴者，一則實錄，一則博采。實錄則信史可鑒，博采則詳備可徵。關於《左傳》作者之問題，歷來爭論未定，客觀而言，在未有新的實物證據出土之前，討論作者問題是較無實際功效之做法。但若就《左傳》記載內容與表達形式而言，再考量春秋戰國著述之情況，則《左傳》一書或非一時一地一人所成。楊向奎〈論左傳之性質及其與國語之關係〉一文中指出：「然書法凡例與《左傳》記事，固非同一來源也。蓋《左傳》之記事本於各國策書舊文，左氏作者取而編裁，再加入當時之禮俗禁忌等以成其所謂書法凡例者。……以左傳來源非一，故有不相協之處。」〔註22〕其又云：「此論自不能完全同意，然其謂左氏傳之來源非一，則可取。蓋凡例書法等亦左傳編者取當時通行禮論加雜紀事中者也。小戴禮記內多有類似左氏凡例之記載。」〔註23〕上引文中所謂此論，主要是指啖助、陸淳《春秋集傳纂例》〈三傳得失議第二〉中之論：

> 予觀左氏傳，自周、晉、齊、宋、楚、鄭等國之事最詳。晉則每一
> 出師，具列將佐；宋則每因興廢，備舉六卿。故知史策之文，每國
> 各異。左氏得此數國之史以授門人，義則口傳，未形竹帛，後代學
> 者，乃演而通之，總而合之，編次年月以爲傳記。又廣采當時文籍，
> 故兼與子產晏子及諸國清佐家傳，並卜書夢書及雜占，縱橫家小說
> 諷諫等，雜在其中。故敘事雖多，釋意殊少，是非交錯，混然難證，
> 其大略皆是左氏舊意。故比餘傳其功最高，博采諸家，敘事尤備，
> 能令百代之下頗見本末，因以求意。〔註24〕

如上所引，《左傳》其書內容之來源，應是多方面的，或參考官方赴告文書、或採自民間風俗謠諺、或徵諸古史人物、或驗諸當代人事。今日撰史亦是多角度、多元地蒐集材料，不僅官方公報文書檔案，其他如：社會風俗、文化傳統、學術思潮等，都是撰史之基本材料。客觀而言，史料蒐集愈是完備多元，其所成之史書，應較客觀而可信。〔註25〕

〔註21〕〔唐〕劉知幾撰、〔清〕浦起龍釋《史通通釋‧浮詞》，臺北：里仁書局，民國82年6月30日，頁158。

〔註22〕于大成、陳新雄主編《左傳論文集》，臺北：木鐸出版社，民國65年5月，頁35。

〔註23〕同上註，頁37。

〔註24〕〔清〕錢儀吉輯《經苑　五‧春秋集傳纂例》，臺北：臺灣大通書局，民國59年6月初版，頁2358。

〔註25〕至於史書所呈現之史觀、史義等則與撰史者本身意識形態相關。以客觀角度

　　承上所論，則《左傳》「初」字敘事法所記載之歷史想像與靈異神奇情況，其源有二：一是撰史者之歷史想像，二是源自民間傳聞。或者，進一步應該說，是撰史者以民間傳聞爲據，依其表達敘事意旨之需要而進行取捨、剪裁後的敘述呈現。

　　這些靈異神怪之事，在後世經學家眼中，被視爲浮誇，失誣。然則就敘事角度而言，《左傳》之所以記載這些內容，應有其欲藉此表達之態度與觀念。而「初」字敘事法，亦是用以對因果關係加以揭示與強調的一種敘事技巧。整體而言，「初」字敘事法是左氏設計用來敘寫一些傳聞奇事，一些較不同於正史或客觀歷史現象之敘事手法。其所寫之內容來源，一則出於作者的想像，這樣的想像是歷史想像而不是文學想像。二則來自於撰史者敘寫當時所聽聞流傳於民間之故事與傳言。尤其是後者，筆者認爲這是撰史者歷史想像的主要來源。班固亦嘗云：「小說家者流，蓋出於稗官。街談巷語，道聽塗說者之所造也。孔子曰：『雖小道，必有可觀者焉，致遠恐泥，是以君子弗爲也。』然亦弗滅也。閭里小知者之所及，亦使綴而不忘。如或一言可采，此亦芻蕘狂夫之議也。」〔註 26〕班固由撰史角度出發，認爲這些道聽塗說之小道，雖然可能是偏激虛誇之雜說，但在某種程度上，也是反映社會現實之一角度。所以雖是小道，亦有可觀者。而司馬遷撰《史記》亦採取類似的作法，探訪各地，博採風俗，訪問遺老，求其人當年之流風佚事。

　　先秦撰史之實際情況今日雖難知其詳，但漢代撰史之情況，可由史記、漢書等相關文獻中，略知一二。司馬遷上距戰國不遠，其撰史應多少保有先秦撰史者遺風。可爲旁證。司馬遷〈太史公自序〉云：「二十而南游江、淮，上會稽，探禹穴，闚九疑，浮於沅、湘；北涉汶、泗，講業齊、魯之都，觀

而論，史料的廣博蒐集，能讓撰史者進行客觀的判斷與撰寫出較接近眞實的歷史。當然，若就後現代歷史敘事學角度而言，可能所有的歷史敘事都是撰史者個人意識形態之表現。但筆者以爲，暫且不論西方史學敘事，就中國歷史敘事而言，實錄精神與良史直書傳統，是中國史學中重要的價值觀念。至少在唐代大量官修正史出現之前，不受政治力影響的直書與實錄，是撰史者堅守的傳統與驕傲。這當然不能保證唐代之前之歷史敘事就一定是客觀、公正、接近眞實的，但相對而言，至少是在帶有希望客觀公正的心態下所進行的敘事活動。上推至先秦，筆者以爲，《左傳》其書之內容大體是可以採信的。無論是客觀上，目前無其他如此詳盡之春秋史記載，或主觀上，以先秦人對史的重視與要求，應不至有一部偏邪歪曲之誣史，能流傳至後代。

〔註 26〕〔漢〕班固《漢書・藝文志第十》，臺北：鼎文書局，民國 83 年 3 月七版，頁 1745。

孔子之遺風，鄉射鄒、嶧；厄困鄱、薛、彭城，過梁、楚以歸。」〔註27〕知其曾遊歷各地，觀民風遺俗，蒐集日後撰史之材料。又「太史公曰」中，亦多提及所觀之民風俗制，如〈留侯世家〉：「太史公曰：學者多言無鬼神，然言有物。至如留侯所見老父予書，亦可怪矣。高祖離困者數矣，而留侯常有功力焉，豈可謂非天乎？……余以爲其人計魁梧奇偉，至見其圖，狀貌如婦人好女。蓋孔子曰：『以貌取人，失之子羽。』留侯亦云。」〔註28〕上論一則敘其遊訪見張良之圖像有所感，同時亦可見司馬遷對鬼神之事是否記載之態度。又如〈信陵君列傳〉：「太史公曰：吾過大梁之墟，求問其所謂夷門。夷門者，城之東門也。」〔註29〕亦可見撰史者實地訪尋之功。〔註30〕

　　總而言之，撰史非裁文於斗室之間，光是文獻材料之剪貼與編排，不能算是良史。先秦撰史者其材料之蒐集，除官方赴告文書、典藏檔案外。其對於民間風俗、異事傳聞等亦多所關注。對於民風之關注，周代有所謂采詩制度，所謂「《詩》可以興，可以觀，可以群，可以怨。」〔註31〕足可證明先秦對於民風之重視。總而言之，《左傳》「初」字敘事法內容中帶有神異色彩或歷史想像之內容，其來源，一則出自撰史者史筆想像，二則博采於民間遺風流俗、傳聞謠諺、街談巷議。

第三節　「初」字敘事法之表現形式與敘事功能

　　錢鍾書《管錐編》云：「《春秋》之『書法』，實即文章之修詞。」〔註32〕敘事藝術技巧，是探討敘事性作品的基本切入角度。敘事法是透過形式表現來產生其效果與功能，以下分別討論《左傳》中所見「初」字敘事法之表現形式，及「初」字敘事法所能產生之敘事功能。

〔註27〕〔漢〕司馬遷《史記》，臺北：商務印書館（百納本二十四史），民國77年1月臺六版，頁1201。
〔註28〕同上註，頁688。
〔註29〕同上註，頁824。
〔註30〕筆者舉司馬遷撰史之觀念與方法，主要說明中國撰史有其考察傳統，並無意以司馬遷況《左傳》，而是指出《左傳》作者在編纂過程中，應有採自民間口傳材料之可能。
〔註31〕《十三經注疏·論語·陽貨》，臺北：藝文印書館，民國82年9月，頁155。
〔註32〕《管錐編·第三冊·全後漢文卷一》，臺北：書林出版公司，民國79年8月，頁967。

一、「初」字敘事法之表現形式

討論「初」字敘事法之表現形式，可由兩使用時機與句式形式兩角度探討。在使用情況方面，有於事前、事中與事後三種情況。〔註33〕在句式方面，除一般單獨使用外，亦有某些固定句式，如「初……君子曰」、「初……及」、「初……乃」等句式是常見之表現形式，討論如下。

（一）句首之追敘多寫弒殺廢立

在文章謀篇方面有所謂「追敘」與「補敘」。所謂追敘，是指因文章主線情節需要，而將時間推回追補敘述之前的事，以帶出主線情節之謀篇布局，追敘通常用於主線敘事之前。所謂補敘，是指在主線敘述中未及說明或不便中斷說明者，於主線敘述後補充說明。「凡無關宏旨的事，爲避免煩瑣傷氣，正文往往省略它，但那事有爲他爲事的起因時，省略了，便事理不全，就不得不因他事以附見，此即補敘的章法。」〔註34〕補敘之功能主要在於因果關係之揭示與釐清，通常用於主線敘述之後，「補敘之文必置於篇中或篇尾，不得置於篇首。」〔註35〕除單一補充外，亦可連續多則補充主線未說明之事。

《左傳》「初」字敘事法之運用情況，用於事前者，屬追敘之例；使用於篇中與事後者，則爲補敘之法。傅隸樸《修辭學》論《左傳·隱公元年》「鄭伯克段於鄢」一例，〔註36〕云：「於文法爲追敘，於史實爲探原。」〔註37〕整體觀察九十八例「初」字敘事法，發現《左傳》運用「追敘」所記載之事，多與弒君、殺伐及氏族廢立有關。此類例子，計二十九例。〔註38〕舉例討論如下：

魯文公元年（西元前 626 年），楚成王四十二年。此年冬季，楚成王被其子商臣所弒，《左傳》記載此事，以「初」字敘事法之追敘帶出：

> 初，楚子將以商臣爲太子，訪諸令尹子上。子上曰：「君之齒未也，而又多愛，黜乃亂也。楚國之舉，恆在少者。且是人也，蜂目而豺聲，忍人也，不可立也。」弗聽。既，又欲立王子職，而黜太子商臣。商臣聞之而未察，告其師潘崇曰：「若之何而察之？」潘崇曰：

〔註33〕關於九十八例之各別屬性，請見上表說明。以下僅舉若干例以爲說明。

〔註34〕傅隸樸《修辭學》，臺北：正中書局，2000 年 5 月初版第四次印行，頁 19。

〔註35〕傅隸樸《修辭學》，臺北：正中書局，2000 年 5 月初版第四次印行，頁 20。

〔註36〕請見上表編號 01 之例。此例爲「初」運用於事前。

〔註37〕傅隸樸《修辭學》，臺北：正中書局，2000 年 5 月初版第四次印行，頁 20。

〔註38〕見於上表編號：01、02、03、04、07、08、11、14、16、18、20、22、27、33、34、35、36、43、51、59、61、62、63、66、74、81、82、83、94。

「享江芈而勿敬也。」從之。江芈怒曰：「呼！役夫！宜君王之欲殺
女而立職也。」告潘崇曰：「信矣。」潘崇曰：「能事諸乎？」曰：「不
能。」「能行乎？」曰：「不能。」「能行大事乎？」曰：「能。」冬，
十月，以宮甲圍成王。王請食熊蹯而死。弗聽。丁未，王縊。諡之
曰「靈」，不瞑；曰「成」，乃瞑。穆王立，以其為太子之室與潘崇，
使為大師，且掌環列之尹。（文公元年，頁 299。）

楚成王多內寵，當初欲立商臣為太子。子上勸阻，認為以當時成王年紀言立
太子之事尚早，且多寵妾，先立後廢恐生變亂。為進一步說服楚成王，又由
面相角度立論，指出商臣「蜂目而豺聲」，子上認為就先秦當時民間相術而言，
具有這樣面相特徵之人，通常是性情殘忍之人。楚成王未聽勸告，仍立商臣
為太子。之後欲改立王子職為太子，商臣在與其傅商量後，最終於十月圍攻
成王，成王自縊身亡。

　　在《左傳》這段敘述取材中，有幾處可見到作者態度之表現。其一，是
子上一番「黜乃亂也」之言，總觀《左傳》所載因太子廢立而致弒君之例，
不只一見，左氏於這些敘事中，總不厭其煩透過類似情節安排與敘事模式，
表達其態度與資鑑意義。其二，文末一段關於諡號之敘述，其文雖短，但其
義卻深。諡曰「靈」，無法瞑目，改諡「成」而後瞑目。這樣的敘述中，隱含
什麼意義，必須先理解諡「靈」與「成」有何不同意義。

　　先秦給諡，主要是「據事給諡」，〔註39〕諡法制度之意義，就在於對其人
一生之德行事跡給定一個歷史評價，「《春秋》和《左傳》中，各種人諡號用
字有：隱、桓、莊、閔、僖、文、宣、成、襄、昭、定、哀、悼、貞、景、
康、懿、敬、聲、惠、齊、穆、獻、武、戴、簡、元、平、共、殤、幽、頃、
靈、靖、懷、孝、厲，共三十七字。」〔註40〕不同的諡號給定有其不同的歷
史評價。童書業以「靈之諡，略近於厲」，而「諡厲者，皆有昏德或不終者。」
〔註41〕《逸周書‧諡法解》對靈與成二字說明如下：「亂而不損曰靈」、「極知
鬼神曰靈」、「不勤成名曰靈」〔註42〕、「安民立政曰成」〔註43〕關於《左傳》

〔註39〕汪受寬《諡法研究》，上海：上海古籍出版社，1995 年 6 月第 1 版，頁 222。
〔註40〕同上註，頁 225。
〔註41〕童書業《春秋左傳研究‧附錄‧周代諡法》，上海：上海人民出版社，1980
　　　　年 10 月第 1 版，頁 384。
〔註42〕以上三者見於劉師培《劉申叔遺書　上冊‧周書補正‧卷四‧諡法解第五十
　　　　四》，江蘇古籍出版社，1997 年 11 月第一版第二次印刷，頁 763。

與《逸周書・諡法解》二書之先後問題，暫不討論。〔註44〕其中之內容亦具有其參考價值。總而言之，諡爲「成」應是正面肯定，而「靈」則帶有負面評價。無論歷史眞象是否如《左傳》所載，但左氏如此安排情節，其懲惡勸善之態度，可以略見。無論《左傳》是否解經，勸懲資鑑始終是中國史學意義之所在。

與此事相關之後續記載，見於文公十年。就「初」字敘事法之功能而言，這可說是對編年體例之一種突破。魯文公十年（西元前 617 年），楚穆王九年。此年夏季，《春秋》載「楚殺其大書宜申」。《左傳》以追敘法，寫范巫矞似一個預言之符驗。

> 初，楚范巫矞似謂成王與子玉、子西曰：「三君皆將強死。」城濮之
> 役，王思之，故使止子玉曰：「毋死。」不及。止子西，子西縊而縣
> 絕，王使適至，遂止之，使爲商公。沿漢泝江，將入郢。王在渚宮，
> 下，見之，懼而辭曰：「臣免於死，又有讒言，謂臣將逃，臣歸死於
> 司敗也。」王使爲工尹，又與子家謀弑穆王。穆王聞之，五月，殺
> 鬭宜申及仲歸。（文公十年，頁 322。）

鬭宜申，就是子西。在城濮戰之前，范地之巫矞似曾預言楚成王、子玉與子西三人終將無病卻死，換言之，類似於死於非命，其預言判斷之標準，未有記載。城濮戰後，子玉爲戰敗負責自殺而亡，子西自殺失敗。據《左傳》所載，楚成王因矞似之預言，而不願讓子西亦死於非命，於是命其爲商公，又任其爲工尹。就內容而言，這亦表現「初」字敘事法多記異事之特色。楚成王如上例所論，於文公元年被子所弑，文公十年，子西與子家謀弑穆王，事洩，五月被穆王所殺。至此，范巫矞似的預言完全符驗。何以《左傳》要花費筆墨來記載這個預言，只爲交代楚成王、子玉、子西三人強卻死之因嗎？若是如此，將三人死因歸於巫之預言，似乎與其書人文詮釋角度有所矛盾。《左傳》一書內容來源不一，作者亦非一時一地一人，內容觀念與解釋角度難免有所矛盾出入，此是解讀《左傳》時必須先釐清之前提。但此處追敘一預言，並說明其符驗，其背後之意義，應由前章所提「屬辭結構」與「比事結構」角度來解讀。

〔註43〕同上註，頁 760。
〔註44〕關於諡法之相關討論，請見汪受寬《諡法研究》，上海：上海古籍出版社，1995
年 6 月第 1 版。

此事爲文公元年之後續，兩事比而觀，則可見其義如下：兩事皆與弑君有關，前者子弑其父，後者臣弑其君。楚穆王弑君，而後其臣謀弑，類似這樣的因果結構在《左傳》敘事中經常可見，此其義之一也。其二，范巫矞似之預言重點在於「皆將強死」，所謂強死，孔穎達正義曰：「強健也，無病而死，謂被殺也。」〔註45〕三人皆是被殺而亡，何故被殺，成爲問題關鍵。子玉因戰敗自殺，子西先是自殺失敗，後以弑君見殺，楚成王被其子商臣所圍，自縊而亡，三人的共同點在於自縊。總而言之，這樣的預言或許來自民間傳聞，左氏取而書之，爲三人因縊而亡之巧合提供一說法。〔註46〕

其他如：莊公十九年，以追敘法帶出王子頹之亂；莊公三十二年，以追敘帶出廢立之事；僖公四年，以追敘法帶出驪姬之亂；僖公三十三年，以追敘法寫郤氏之再興；宣公四年，以追敘法寫若敖氏之弑君見滅；昭公二十五年，以追敘帶出弑殺廢立之事等都是這類例子。總結而言，《左傳》「初」字敘事法中追敘之使用，多用以寫弑殺廢立之事，此其特色之一。

（二）事中之補敘說明因果關係

相對於追敘法之寫弑殺廢立事，《左傳》「初」字敘事法之補敘一類，則主要以因果關係之揭示爲主要內容。或爲事件遠因之交代、或爲近因導火之補充、或敘情節轉折之關鍵原因、或寫人物恩怨之因果關係。整體而言，因果關係之補充、人物關係之說明，是事中補敘之主要內容。透過「初」字敘事法進行補充說明之因果，或以私怨而讎、或因有寵而亂、或寫人物言行、或舉人物德行。此外，對於事件發展之因果關係揭示，也是補敘法主要之內容。說明如下。

魯桓公六年（西元前706年），鄭莊公三十八年，齊僖公二十五年。此年夏季，北戎伐齊，齊請鄭國出兵相救。鄭太子忽，大敗戎師，獻捷於齊。之後，各國大夫協同齊國戍守邊境，齊國依禮饋贈糧食。齊國請魯國協助安排先後次序，魯將鄭國次第排後，引起鄭太子忽不滿。於是桓公十年，有郎之戰。《左傳》載此事如下：

〔註45〕《十三經注疏·左傳》，臺北：藝文印書館，民國82年9月，頁322。
〔註46〕《左傳》敘寫縊而亡之者，計十九例，各見於：桓公十三年、桓公十六年、莊公十四年、閔公二年、僖公四年、文公元年、文公十年、宣公十四年、襄公二十二年、襄公二十六年、襄公二十七年、昭公元年、昭公二年、昭公八年、昭公十三年、昭公二十三年、定公十四年、哀公十六年、哀公二十二年。

> 北戎伐齊，齊侯使乞師于鄭。鄭太子忽帥師救齊。六月，大敗戎師，
> 獲其二帥大良、少良，甲首三百，以獻於齊。於是諸侯之大夫戌齊，
> 齊人饋之餼，使魯為其班。後鄭。鄭忽以其有功也，怒，故有郎之
> 師。（桓公六年，頁111。）

郎之戰發生於魯桓公十年（西元前701年），鄭莊公四十二年。齊、衛、鄭與魯於郎一地發生軍事衝突。《左傳》以「初」字敘事法補充說明，所以發生戰事之原因。

> 冬，齊、衛、鄭來戰于郎，我有辭也。初，北戎病齊，諸侯救之，
> 鄭公子忽有功焉。齊人饋諸侯，使魯次之。魯以周班後鄭。鄭人怒，
> 請師於齊。齊人以衛師助之，故不稱侵伐。先書齊、衛，王爵也。（桓
> 公十年，頁121。）

此例中之「初」字敘事法有兩種功能，一則補充戰爭起因，另則有著連屬功能。對於編年體割裂史事之缺點，透過「初」字敘事法，巧妙的將桓公六年與十年之事，銜接連貫。郎之戰，其起因是否僅是魯後鄭班一事，或另有其他恩怨。若由比事角度觀之：齊僖公原本欲將文姜嫁給鄭太子忽，被拒後，改嫁給魯桓公，事見於桓公三年。桓公六年敗戎之後，齊侯又欲嫁女與鄭公子忽，忽又拒之。由公子忽拒絕之理由，可略見其個性。魯桓公十一年，又載祭仲對齊婚公子忽之事：

> 鄭昭公之敗北戎也，齊人將妻之。昭公辭。祭仲曰：「必取之。君多
> 內寵，子無大援，將不立。三公子皆君也。」弗從。（桓公十一年，
> 頁122。）

《左傳》多次敘寫齊婚鄭公子忽之事，足見此事對之後鄭國君位繼承之影響。鄭莊公於郎之後後隔年卒，鄭國陷入君位繼承之紛爭。《左傳》於此是中，亦以「初」字敘事法，補充祭仲所以能行廢立之因，及其何以先立昭公後立厲公之經過。

> 夏，鄭莊公卒。初，祭封人仲足有寵於莊公，莊公使為卿。為公娶
> 鄧曼，生昭公。故祭仲立之。宋雍氏女於鄭莊公，曰雍姞，生厲公。
> 雍氏宗，有寵於宋莊公，故誘祭仲而執之，曰：「不立突，將死。」
> 亦執厲公而求賂焉。祭仲與宋人盟，以厲公歸而立之。秋，九月丁
> 亥，昭公奔衛。己亥，厲公立。（桓公十一年，頁122。）

由上所載之，祭仲因有寵於鄭莊公，故能行廢立之事。太子忽（昭公）之母，

是祭仲迎之，故本是支持太子忽。後因宋國勢力介入，加上本身利益之考量，改而支持公子突（厲公）。此事之詳細論述，請見後文。〔註47〕

（三）「初…君子曰」之句式討論

觀察「初」字敘事法之形式，似乎有某些固定之使用句式。如「初…及」、「初…君子曰」或「初…乃」、「初…故」等句式。其中「初…君子曰」句式較能反映作者之敘事態度，與本文敘事與解釋討論主題相關，論述如下。

在「初」字敘事法表現形式中，於補敘之事或其後帶出之事件中，有加上「君子曰」評論之形式。此暫稱為「初…君子曰」之句式，〔註48〕計九例，各見於前表編號：08（君子謂）、15、49、50、64、65、80、86（孔子曰）、97。就敘事角度而言，《左傳》「君子曰」是「敘事干預」之一類，即指作者介入敘事之中，來表達其態度與觀念的一種情況。就歷史敘事而言，史評、史論等即為敘事干預之一類。就《左傳》而言，「君子曰」、「書曰」等形式即是敘事干預。敘事干預在文學敘事上為文學批評家所貶抑，認為作者不應以干預的形式來左右讀者閱讀與接受。

但就歷史敘事而言，敘事干預是屬辭結構與比事結構運作的基礎之一，也是撰史者引導讀者閱讀理解的重要設計。讀史首先要掌握的是就是史義，史義可出自讀者閱讀心得，但在此之前，應先把握撰史者之史義，而史評、史論等正是讀者解讀撰史者史義之關鍵。司馬遷之態度與觀念應由「太史公曰」加以掌握，同樣的，欲釐清《左傳》作者之態度與思維，「君子曰」亦是重要的切入點。以下說明「初…君子曰」句式之運用。

襄公二年與四年，《左傳》二次使用「初…君子曰」之句式，對季文子失禮之行為提出評論。《左傳》載其事如下：

> 夏，齊姜薨。初，穆姜使擇美檟，以自為櫬與頌琴，季文子取以葬。
>
> 君子曰：「非禮也。禮無所逆。婦，養姑者也。虧姑以成婦，逆莫大

〔註47〕除上兩例（05、06）外，其他如編號：09、10、12、13、15、17、19、21、23、24、25、26、29、30、31、32、37、38、39、40、41、42、44、45、46、47、48、49、50、52、53、54、55、56、57、58、60、64、65、67、68、69、70、71、72、73、75、76、77、78、79、80、82、84、85、86、87、88、89、90、91、92、93、95、96、97、98 計六十九例，亦是補敘法，其內容亦多以以因果關係之揭示與補充為主。相關分析請見後文或上表說明。

〔註48〕「初…君子曰」句式中所謂「君子曰」本文採廣義之定義，即君子謂、君子是謂、孔子曰、仲尼曰等形式，都以君子曰統稱之。

焉。《詩》曰：『其惟哲人，告之話言，順德之行。』季孫於是爲不
哲矣。且姜氏，君之妣也。《詩》曰：『爲酒爲醴，烝畀祖妣，以洽
百禮，降福孔偕。』」（襄公二年，頁498。）

魯襄公二年（西元前571年），秋季，魯成公夫人齊姜卒。《左傳》以「初」
字敘事法指出，季文子把當初宣公夫人穆姜親自所選以爲內棺與頌琴之櫬
木，移來安葬齊姜。左氏以君子曰對此事提出「非禮也」之評論，指出將婆
婆所選定之櫬木移給媳婦使用，是逆德之行爲。並引詩以爲徵。之後於襄公
四年，與櫬木相關之事見及相同之句式又再被使用：

秋，定姒薨。不殯于廟，無櫬，不虞。匠慶謂季文子曰：「子爲正卿，
而小君之喪不成，不終君也。君長，誰受其咎？」初，季孫爲己樹
六櫬於蒲圃東門之外，匠慶請木，季孫曰：「略。」匠慶用蒲圃之櫬，
季孫不御。君子曰：「志所謂『多行無禮，必自及也』，其是之謂乎！」
（襄公四年，頁503。）

魯成公之妾，魯襄公之生母定姒於襄公四年（西元前569年）秋季卒。魯襄公
尚幼，政權握於季孫行父。定姒之卒後沒有停棺於祖廟，舉行之喪禮沒有使用
內棺，也沒有進行虞禮。由上種種跡象，季文子並未以國君夫人之禮葬定姒。
對此，匠慶提出建議，其指出定姒爲襄公生母，今日不葬以夫人之禮，他日襄
公長大，如何對國君交代。《左傳》以「初」字敘事法帶出季文子自己也有預備
身後之美木，種於蒲圃東門之外。匠慶希望能季文子之木爲定姒備棺，季文子
以爲不需以美木，但匠慶仍取木於蒲圃，季文子也並未阻止。就先秦貴族文化
而言，喪禮是宗法制度維繫的重要關鍵。周文所謂之禮樂制度，在喪禮中表現
的尤爲明顯，不同身分地位者，其喪葬儀制有所區別。季孫行父或因於襄公二
年已以夫人之禮葬齊姜，故於襄公四年時，未以夫人之禮葬定姒。《左傳》透過
「君子曰」形式，對於季文子無禮之行爲，引《志》所云以其將「必自及也」。

其他如鬻拳愛君之例，也是「初…君子曰」句式之使用。魯莊公十八年
（西元前676年），楚文王十四年。此年冬季，巴人叛楚攻伐那處，之後與閻
敖之族一起伐楚。《左傳》以「初」字敘事法追敘當初原委：

初，楚武王克權，使鬭緡尹之，以叛，圍而殺之。遷權於那處，使
閻敖尹之。及文王即位，與巴人伐申，而驚其師。巴人叛楚而伐那
處，取之，遂門于楚。閻敖游涌而逸。楚子殺之。其族爲亂。冬，
巴人因之以伐楚。（莊公十八年，頁159。）

楚文王之父武王時，攻克權地，使鬬緡治理權。後鬬緡叛楚，楚武王圍殺，遷權地之民於那處，權地之民於是有怨於楚。之後派閻敖治理那處。武王卒，楚文王即位，巴人叛楚攻那處，閻敖泅水而逃，遭楚文王所殺，閻敖之族於是亦為亂。以上則「初」字敘事法之追敘，如前所論，追敘法所載，多與殺伐叛亂廢立有關。當然，追敘亦有補充與揭示因果之功能。

面對巴人之叛與閻敖族人之亂，楚文王與之戰於津，勝之。《左傳》載之如下：

> 十九年，春，楚子禦之，大敗於津。還，鬻拳弗納，遂伐黃。敗黃師于踖陵。還，及湫，有疾。夏，六月庚申，卒。鬻拳葬諸夕室。亦自殺也，而葬於絰皇。初，鬻拳強諫楚子。楚子弗從。臨之以兵，懼而從之。鬻拳曰：「吾懼君以兵，罪莫大焉。」遂自刖也。楚人以為大閽，謂之大伯。使其後掌之。君子曰：「鬻拳可謂愛君矣！諫以自納於刑，刑猶不忘納君於善。」（莊公十九年，頁160。）

據上文所載，楚文王勝後返回國都，卻遭負責城門守衛的鬻拳阻擋於門外。不得已轉而伐黃國，勝黃國軍隊後，返國至湫地附近，楚文王因病而卒。鬻拳於文王葬禮後，自殺，葬於文王墓前院中，就《左傳》中所載，鬻拳似欲死後仍為文王守門。對於鬻拳其人，《左傳》以「初」字敘事法補敘之。指出當初鬻拳曾以刀兵強諫楚文王，後自刖，楚王以之為大閽負責守城門。由以上兩件事之敘述，鮮明的描繪鬻拳其人之形象，此亦「初」字敘事法功能之一。左氏之後以君子曰盛贊鬻拳之愛君。

以上《左傳》之敘事，有幾個問題值得提出：其一，以上敘事之文，似已是刪減後之結果，事情始末似未能清楚說明。其二，承上，文中兩大疑點：鬻拳何以「弗納」，若如君子曰所贊「可謂愛君矣」，何故不讓楚文王進城？又其強諫之事為何，竟必須「臨之以兵」來強迫國君接受，之後為表負責又自刖。則其為何事而諫？楚文王又為何弗從。這其中《左傳》似乎刪省許多文字。這整段敘事，似乎主要為配合君子曰「愛君」之主題而敘述。以上問題雖未能解，但由此例亦可見《左傳》敘事當有其目的與敘事意旨，而君子曰更是解讀作者態度之重要切入點。

二、「初」字敘事法之敘事功能

以下由整體宏觀角度，討論「初」字敘事法之敘事功能。補充說明與因

果揭示、錄異保存、刻劃人物是「初」字敍事法的幾個功能。須說明的是，這些功能並非獨立各別發揮作用，而是相輔相成。一事例中，因討論之角度不同，發揮之功能亦有別，以下舉例申論之。

（一）補充揭示史實

補充說明與因果揭示是追敍與補敍的主要功能。對於事件之遠因近果，如主線敍事不便說明者，則透過「初」字敍事法進行補充說明。整體而言，補充說明是「初」字敍事的主要功能，《左傳》九十八例「初」字敍事法基本上都具有補充主線情節所缺之功能。又補充說明依其補充內容側重之不同，又可別為補充因果關係、補充人物生平事跡、人物命名原由、人物言行等。舉例說明如下。

魯桓公十三年（西元前 699 年），衛公子朔即位是為衛惠公。魯桓公十六年（西元前 696 年）衛惠公四年，此年冬季，衛惠公出奔齊國。《春秋》載之曰：「十有一月，衛侯朔出奔齊。」《左傳》運用「初」字敍事法，對於衛惠公何以出奔齊國之原因，進行補充說明。其記載如下：

> 初，衛宣公烝於夷姜，生急子，屬諸右公子。為之娶於齊，而美，公取之。生壽及朔。屬壽於左公子。夷姜縊。宣姜與公子朔構急子。公使諸齊。使盜待諸莘，將殺之。壽子告之，使行。不可，曰：「棄父之命，惡用子矣？有無父之國則可也。」及行，飲以酒。壽子載其旌以先，盜殺之。急子至，曰：「我之求也，此何罪？請殺我乎！」又殺之。二公子故怨惠公。十一月，左公子洩、右公子職立公子黔牟。惠公奔齊。（桓公十六年，頁 128。）

據上述記載，公子朔在即位之前，曾與宣姜合謀構陷公子急子。衛宣公於是使盜欲加害急子，後公子朔之兄弟壽子代替急子出使齊國，遇害，急子於之後亦赴難。換句話說，公子朔為取得君位之繼承權，以讒言構陷公子急子，連帶使壽子亦遇害。衛宣公當初將急子託予右公子職教導，將壽子囑託左公子洩照顧。因為公子朔加害急子與壽子，間接使左公子與右公子對公子朔心生不滿。當衛宣公卒，公子朔繼為衛惠公後，二公子於此年冬季，立公子黔牟，衛惠公出奔齊國。《左傳》運用「初」字敍事法，一則補充當初公子朔加害兄弟之過程，另則點出左右二公子私怨之所由生。此正是「初」字敍事法之補充說明功能與因果揭示功能。

補充人物命名原由之例，如桓公二年，太子仇與其弟成師之命名，《左傳》

載之如下：

> 初，晉穆侯之夫人姜氏以條之役生太子，命之曰仇。其弟以千畝之
> 戰生，命之曰成師。師服曰：「異哉，君之名子也！夫名以制義，義
> 以出禮，禮以體政，政以正民，是以政成而民聽。易則生亂。嘉耦
> 曰妃，怨耦曰仇，古之命也。今君命太子曰仇，弟曰成師，始兆亂
> 矣。兄其替乎！」（桓公二年，頁96。）

魯桓公三年（西元前709年），晉哀公九年，曲沃武公七年。此年春季，曲沃
武公伐翼，擄獲晉哀侯。桓公七年冬，「曲沃伯誘晉小子侯殺之」，至此，晉
國大半爲曲沃所掌握。桓公八年周天子「立晉哀侯之弟緡」爲晉侯。二十七
年後，魯莊公十六年（西元前678年），曲沃正式以小宗而取代大宗，周天子
「命曲沃伯以一軍爲晉侯」。曲沃武公稱即晉獻公之父，晉文公之祖父。曲沃
勢力爲亂，早在《左傳》記事前二十三年，即魯惠公二十四年時已開始。爲
補充追敘這段《左傳》編年範圍外之史事，左氏以「初」字敘事法，由公子
仇與成師之命名說起。之後帶出魯惠公二十四年與三十年時晉之內亂，再下
接桓公三年曲沃伐翼之事。《左傳》敘事設計之妙，可謂高明矣。

　　由上引文，可知公子仇與成師之命名，乃與出生時發生之戰爭有關。據《左
傳》所載，公子仇出生時正好是晉穆公與周宣王伐條之役，王國維《今本竹書
紀年疏證》載：「三十八年，王師及晉穆侯伐條戎、奔戎，王師敗逋。」〔註49〕
周宣王有中興之稱，其在位時對周邊諸戎多次征伐。此次與條戎、奔戎之戰失
敗，晉師亦敗，晉穆侯於是將其嫡子之名命爲仇。關於千畝之戰，學者多有討
論。〔註50〕總之，因戰爭勝利，將公子仇之弟命名爲成師。對此，晉大夫師服
提出其憂，其指出命名有其應守之準則，「仇」爲怨耦之意，以之名嫡子，而以
嘉名成師名其弟，師服憂慮亂之將生。其預言之後果然符驗，但若就歷史敘事
角度而言，這應是撰史者爲敘述《左傳》範圍外之史事所作的情節安排。

　　因果關係是歷史敘事首要重點，透過因果關係之揭示才能完成歷史資鑑之

〔註49〕楊家駱主編《竹書紀年八種・今本竹書紀年疏證》，臺北：世界書局，民國78
　　　年4月四版，頁396。
〔註50〕楊伯峻以千畝其地有二，一爲周地，一爲晉地，因此千畝之戰亦有二。關於
　　　前者，王國維《今本竹書紀年疏證》載周宣王三十九年事：「三十九年，王師
　　　伐姜戎，戰于千畝，王師敗逋。」（同上註，頁396。）關於後者，《史記・晉
　　　世家》載：「十年伐千畝，有功，生少子，名曰成師。」（臺北：商務印書館
　　　（百衲本二十四史），民國77年1月臺六版，頁524。）

功能。「初」字敘事法之運用可對某些因果關係,進行強調與揭示。此外,對於紛亂複雜之事,運用「初」字敘事法,也有提綱挈領、首尾相應、畫龍點睛之效果。其他如:桓公十年,齊、衛、鄭與魯戰於郎,《左傳》以「初」字揭示魯於桓公六年「魯以周班後鄭。鄭人怒」爲此戰之起因。又如莊公十八年,巴人叛楚,後又與闍敖之族伐楚一事,《左傳》以「初」字敘事法揭示亂起之遠因在於楚武王時。又如僖公十九年,透過「初」字敘事法,揭示梁亡之因在於梁伯好土功失民心。又如僖公三十三年,以「初」字揭示郤氏衰而後再興之因等都屬此類例證。整體而言,大部分的「初」字敘事法都有補充與揭示功能。

(二)錄異保存史料

實錄精神是中國史學之重要特色。對歷史人、事、物真實性之強調與追尋,歷史敘事與文學敘事之區別。史以求眞資鑑爲要,文則以尚美抒情爲本。《穀梁傳》以《春秋》之義:「信以傳信,疑以傳疑。」〔註51〕《史記‧三代世表》太史公曰亦云:「五帝、三代之記,尚矣。自殷以前諸侯不可得而譜,周以來乃頗可著。孔子因史文次春秋,紀元年,正時日月,蓋其詳哉。至於序尚書則略,無年月;或頗有,然多闕,不可錄。故疑則傳疑,蓋其慎也。」〔註52〕撰史者所見之文獻材料,或有神異浮誇不容於撰史成例者,然此類材料亦能反映某些文化思潮,對此《左傳》運用「初」字敘事法來處理這些對過於神異、過於浮誇之材料。其或秉於傳信錄疑,或出於好奇愛異,先秦許多社會生活面貌,藉此而獲得保存。此則其錄異保存之功能。

以下以鄭穆公名蘭及其刈蘭而卒一事爲例,〔註53〕說明「初」字敘事法錄異保存之功能,《左傳》載此事如下:

> 冬,鄭穆公卒。初,鄭文公有賤妾曰燕姞,夢天使與己蘭,曰:「余爲伯鯈。余,而祖也。以是爲而子。以蘭有國香,人服媚之如是。」既而文公見之,與之蘭而御之。辭曰:「妾不才,幸而有子。將不信,

---

〔註51〕《十三經注疏‧穀梁傳‧桓公五年》,(臺北:藝文印書館,民國82年9月,頁32。)另司馬遷《史記‧卷十三‧三代世表》表後張夫子問褚先生曰,亦論及「信以傳信,疑以傳疑」之觀念。(臺北:商務印書館(百衲本二十四史),民國77年1月臺六版,頁184。)

〔註52〕司馬遷《史記》,臺北:商務印書館(百衲本二十四史),民國77年1月臺六版,頁181。

〔註53〕《左傳》載公子蘭之事,計二見,各見於僖公三十年與宣公三年。詳請見上表,編號32與編號42。

敢徵蘭乎？」公曰：「諾。」生穆公，名之曰蘭。文公報鄭子之妃曰陳媯，生子華、子臧。子臧得罪而出。誘子華而殺之南里，使盜殺子臧於陳、宋之間。又娶于江，生公子士。朝于楚，楚人酖之，及葉而死。又娶于蘇，生子瑕、子俞彌。俞彌早卒。洩駕惡瑕，文公亦惡之，故不立也。公逐群公子，公子蘭奔晉，從晉文公伐鄭。石癸曰：「吾聞姬、姞耦，其子孫必蕃。姞，吉人也，后稷之元妃也。今公子蘭，姞甥也，天或啓之，必將爲君，其後必蕃。先納之，可以亢寵。」與孔將鉏、侯宣多納之，盟于大宮而立之，以與晉平。穆公有疾，曰：「蘭死，吾其死乎！吾所以生也。」刈蘭而卒。（宣公三年，頁 367 至 368）

魯宣公三年（西元前 606 年），鄭穆公二十二年。此年冬季，鄭穆公卒。《左傳》藉鄭穆公卒之事，運用「初」字敘事法追敘鄭穆公一生幾件帶有神異色彩之重要事件。首先公子蘭之命名，因於文公夢天使與蘭，並預言其將興。其次，記載群公子紛紛遭遇不幸，或眞有其事，但其敘事帶有傳奇色彩：文公誘殺子華、使盜殺子臧、公子士遭鴆等事之敘述，確實帶有歷史想像成分在其中。最後以「姬、姞耦，其子孫必蕃」及「天或啓之，必將爲君」等帶有預言性質之話語爲理由，說明公子蘭之即位。

　　若就現實面而言，公子蘭所以能即位，一則與晉文公及晉國勢力有關，另則與鄭國國內局勢有關。魯僖公三十年（西元前 630 年），鄭文公四十三年。此年秋季，晉與秦聯合出兵伐鄭。正式的出兵理由，左氏記爲「以其無禮於晉，且貳於楚也。」〔註 54〕實際上是因僖公二十八年城濮戰後，晉、楚、秦三國勢力發生新變化，晉文公恐秦穆公因勤王之事不滿晉國，加上鄭國因軍事地理位置重要，其向背對於晉國日後霸業十分關鍵，於是晉文公聯秦伐鄭。鄭文公後聽佚之狐所言，請燭之武說秦，成功退秦師。面對此局勢變化，晉國乃與鄭國達成協議：鄭國納公子蘭爲太子，晉國退兵。在此次圍鄭軍事行動中，公子蘭之表現爲左氏所贊，其載曰：「初，鄭公子蘭出奔晉，從於晉侯伐鄭，請無與圍鄭。許之，使待命于東。鄭石甲父、侯宣多逆以爲太子，以求成于晉，晉人許之。」（僖公三十年，頁 284）公子蘭不願侵伐祖國之舉，亦可見其人性格之一面，此事《史記・鄭世家》亦有相關記載可爲參考。〔註 55〕

〔註 54〕僖公三十年，頁 284。
〔註 55〕《史記卷四十二・鄭世家第十二》記載如下：四十一年，助楚擊晉。自晉文公

　　另一值得討論之問題：爲什麼《左傳》要在鄭穆公卒一事後，追敘其出生、即位與臨死之事？因爲鄭穆公之即位，對於之後整個春秋局勢產生重大影響，亦對鄭國國內政治產生深遠影響。對於這樣關鍵性之人物，《左傳》藉此機會，將其生平事跡進行回顧。此類例子亦見於晉文公、秦穆公等人。公子蘭於魯僖公三十三年（西元前 627 年）即位，是爲鄭穆公。即位後鄭國外交政策由較爲親楚轉成較爲親晉。同年晉文公卒，由其子驩即位，是爲晉襄公。同年晉襲秦師於殽，晉秦關係破裂，展開三十餘年的相互攻伐。同年冬季，因鄭穆公採親晉政策，楚國伐鄭。晉、楚兩國以鄭爲中心之相爭抗衡形勢，逐漸形成。以上是鄭穆公即位後對春秋局勢之影響。

　　就鄭國國內政治而言，鄭穆公的十三子成爲日後鄭國政治上主要勢力。其中公子夷於鄭穆公卒後即位爲鄭靈公，同年因楚獻黿，鄭靈公無禮於子公，見弒。後由公子堅繼位，是爲鄭襄公。襄公即位第一件事，即「將去穆氏」〔註56〕所謂穆氏即指襄公之兄弟，鄭穆公其餘公子。後因子良之諫乃止，使穆氏皆爲大夫。此後，穆氏逐漸成爲掌握鄭國政權的主要勢力。有所謂「七穆」〔註57〕之稱。相較於鄭國之前幾位國君之表現，鄭穆公在位二十二年，算是不錯的國君，親晉之外交政策，雖造成晉、楚相衡之勢，但也延長了鄭國的國祚。

　　另一可以討論的問題是：若要回顧公子蘭一生之事跡，可以如晉文公一般敘述其人其事，何以其內容多記神異之事？這或許是公子蘭之生平事跡於史料文獻中未見，或殘缺未詳，左氏於是運用「初」字敘事法，將其所聞見、所蒐集之民間傳聞與奇聞佚事，透過此敘事法加以記錄。一則有存異之功，

之過無禮，故背晉助楚。四十三年，晉文公與秦穆公共圍鄭，討其助楚攻晉者，及文公過時之無禮也。初，鄭文公有三夫人，寵子五人，皆以罪蚤死。公怒，溉逐群公子。子蘭奔晉，從晉文公圍鄭。時蘭事晉文公甚謹，愛幸之，乃私於晉，以求入鄭爲太子。晉於是欲得叔詹爲僇。鄭文公恐，不敢謂叔詹言。詹聞，言於鄭君曰：「臣謂君，君不聽臣，晉卒爲患。然晉所以圍鄭，以詹，詹死而赦鄭國，詹之願也。」乃自殺。鄭人以詹尸與晉。晉文公曰：「必欲一見鄭君，辱之而去。」鄭人患之，乃使人私於秦曰：「破鄭益晉，非秦之利也。」秦兵罷。晉文公欲入蘭爲太子，以告鄭。鄭大夫石癸曰：「吾聞姞姓乃后稷之元妃，其後當有興者。子蘭母，其後也。且夫人子盡已死，餘庶子無如蘭賢。今圍急，晉以爲請，利孰大焉！」遂許晉，與盟，而卒立子蘭爲太子，晉兵乃罷去。（頁 1766）

〔註56〕《左傳·宣公四年》，頁 370。
〔註57〕「七穆」一詞見於《左傳·襄公二十六年》叔向云：「鄭七穆，罕氏其後亡者也⋯⋯」，頁 632。所謂「七穆」是指鄭穆公之子：子罕、子駟、子豐、子游、子印、子國、子良，及其後代。

同時也提供讀者另一角度之參考資料。

其他如，莊公二十二年，陳完奔齊，左氏以「初」載懿氏卜妻敬仲一事，其保留春秋卜筮情況與當時易之卦爻辭。相同例子如閔公元年，畢萬筮仕於晉一事，亦可見春秋易筮之操作與詮釋情況。僖公四年，晉獻公欲以驪姬爲夫人，先卜不吉又改用筮之例，可見先秦龜與筮之運用情況。而僖公十五年，晉獻公筮嫁伯姬於秦，史蘇之釋，亦保留先秦釋易之實況。其他如前所論神異記事等內容，亦可見「初」字敘事法錄異保存之功。

（三）刻劃人物形象

人物形象刻劃是《左傳》敘事十分重視之處。透過人物形象，一則能藉人物之言行推動敘事情節發展，另則能藉對人物形象之塑造，表達作者之敘事態度。「初」字敘事法，如上述幾功能外，在人物形象塑造上，亦能發揮深刻完整之功能。因爲「初」字敘事法所載之內容，或取自民間傳聞、或出於撰史者想像，無論其來源如何，其內容多爲細節之描寫或私下之對話，這些內容對於人物形象刻劃都能產生不同角度之意義，能讓人物形象更生動、更完整，能使人物性格更深刻。

具代表性之例子如魯襄公十四年，尹公佗、庾公差射公孫丁一例。《左傳》載其事如下：

> 公使子蟜、子伯、子皮與孫子盟于丘宮，孫子皆殺之。四月己未，子展奔齊，公如鄄。使子行請於孫子，孫子又殺之。公出奔齊，孫氏追之，敗公徒于阿澤，鄄人執之。初，尹公佗學射於庾公差，庾公差學射於公孫丁。二子追公，公孫丁御公。子魚曰：「射爲背師，不射爲戮，射爲禮乎？」射兩靷而還。尹公佗曰：「子爲師，我則遠矣。」乃反之。公孫丁授公轡而射之，貫臂。（襄公十四年，頁561。）

魯襄公十四年（西元前559年），衛獻公十八年。衛獻公無禮於孫文子與甯惠子，加上樂人師曹歌〈巧言之卒章〉以怒孫文子。此年夏季，衛獻公與孫文子發生衝突，衛獻公出奔齊。《左傳》以「初」字敘事法，補敘衝突過程中一件師生之情與君臣之義相牴觸之事。公孫丁於此事件中擔任衛獻公之御，替獻公駕車。公孫丁於射箭方面是庾公差的老師，而尹公佗則是庾公差之學生。在此次衝突中，庾公差、尹公佗二人追擊衛獻公車騎，庾公差因爲是老師駕車，面對此情況，《左傳》藉寫其言而形其神。庾公差認爲，學射於師而射之是爲背師，但若遇敵不射，亦難以交代。於是射車旁曲木而返。其學生尹公

佗，見此情況，以其與公孫丁之關係為師祖與徒孫，關係較遠，於是反車追擊。公孫丁授轡而後射尹公佗，一箭射穿其臂。

　　短短數十字，卻寫活三個人物。三人箭術之高下與人物性格，透過簡短的對話與行動，生動鮮明呈現讀者眼前。庾公差在不忍背師與現實壓力間掙扎，最後選擇「射兩軥而還」，兼顧尊師與職責，可謂知禮者也。相對的，其學生尹公佗以「我則遠矣」，欲射師祖，反被貫臂。左氏敘事之態度，在三人言行與結果間表露無疑。

　　又如，魯昭公二年（西元前 540 年），晉平公十八年，齊景公八年。此年夏季，「韓須如齊逆女」，晉國韓須替晉平公到齊國迎接少姜，晉平公十分喜愛少姜。同年冬季，少姜卒。隔年春季，齊景公派遣晏嬰出使晉國，希望能再送女子至晉國。晏嬰完成使命後，在事後宴飲場合與叔向論及齊、晉兩國之政治情況。《左傳》載二人論政如下：

> 既成婚，晏子受禮，叔向從之宴，相與語。叔向曰：「齊其何如？」
> 晏子曰：「此季世也，吾弗知齊其為陳氏矣。公棄其民，而歸於陳氏。
> 齊舊四量，豆、區、釜、鍾。四升為豆，各自其四，以登於釜。釜
> 十則鍾。陳氏三量皆登一焉，鍾乃大矣。以家量貸，而以公量收之。
> 山木如市，弗加於山；魚、鹽、蜃、蛤，弗加於海。民參其力，二
> 入於公，而衣食其一。公聚朽蠹，而三老凍餒，國之諸市；屨賤踴
> 貴。民人痛疾，而或燠休之。其愛之如父母，而歸之如流水。欲無
> 獲民，將焉辟之？箕伯、直柄、虞遂、伯戲，其相胡公、大姬已在
> 齊矣。」叔向曰……（昭公二年，頁721。）

晏嬰指出齊國之民心已歸於陳氏，陳氏在三種度量器上增加容量，以大的家量貸給百姓，而以小的公量收回。此外在物價平衡上亦十分重視，使林木及漁貨之價格，不會因地異價。晏子進而指出，齊景公徵斂過盛「公聚朽蠹」，使百姓生活困苦，加上濫刑於民，致使市場上「屨賤踴貴」，即鞋子的價格不及義肢持杖。對於「屨賤踴貴」一事，《左傳》作者認為值得深入討論，以此事能表達其看法與態度，於是在此事記載之後，運用「初」字敘事法，補充說明之。其記載如下：

> 初，景公欲更晏子之宅，曰：「子之宅近市，湫隘囂塵，不可以居，
> 請更諸爽塏者。」辭曰：「君之先臣容焉，臣不足以嗣之，於臣侈矣。
> 且小人近市，朝夕得所求，小人之利也，敢煩里旅？」公笑曰：「子

　　近市，識貴賤乎？」對曰：「既利之，敢不識乎？」公曰：「何貴？
　　何賤？」於是景公繁於刑，有鬻踊者，故對曰：「踊貴，屨賤。」既
　　已告於君，故與叔向語而稱之。景公爲是省於刑。君子曰：「仁人之
　　言，其利博哉！晏子一言，而齊侯省刑。《詩》曰：『君子如祉，亂
　　庶遄已』，其是之謂乎！」（昭公三年，頁 723。）

《左傳》先述齊景公欲更晏子宅之事，進而指出其宅近市之事，再帶出「識
貴乎」之問，而使晏子答以「踊貴，屨賤」。最後藉晏子之口表達其對繁刑、
濫刑之反對態度。依《左傳》所載，齊景公聽從晏嬰之諫，於是省刑。左氏
藉君子之口，盛贊晏子之仁。就敘事角度而言，這段以「初」字敘事法所表
達之內容，主要爲補充說明前文中「國之諸市，屨賤踊貴」，在此同時，也對
晏嬰人格特質與人物形象產生深入刻劃與完整充實之效果。附帶也使齊景公
與陳桓子之形象得到進一步之描寫。一「初」字敘事法之補敘而，寫三人之
形象，此正《左傳》敘事之妙也。其他如寫人物出生異象之例，或人物間恩
怨作亂之例等，也都具有深刻人物性格，完整人物形象之功能。

　　其他如莊公十九年鬻拳之愛君。或魯昭公三年，晉國三子爭州縣例，透過
「初」字敘事法，將事件細節內容詳細說明，一則有補充之功能，同時也使范、
趙、韓三子之形象更爲充實完整。又如昭公九年，膳宰屠蒯之論君側。又如哀
公五年，王生與張柳朔之私讎例等，都能發揮深刻人物完整形象之功能。

　　除上述主要功能外，「初」字敘事法因其所處篇章結構位置之不同，有時
亦有預示、呼應、懸念等功能。其中呼應功能，對於突破編年體史事割裂之
限制，有其一定之作用，討論如下。

三、「初」字敘事法對編年體例限制之突破

　　除上述幾個敘事功能外，就敘事結構角度而言，「初」字敘事法對於編年體
史事割裂之弊，亦稍能救之。「初」字之運用，或補敘或追敘，補敘則有銜接轉
化之功能，追敘則有前後呼應之效果。特別是對於延續數年之事件，《左傳》往
往於該事完整結束後，透過「初」字敘事法進行回顧或呼應。如桓公十年郎之
戰一例，《左傳》敘此年齊、衛、鄭等國與魯戰於郎，運用「初」字敘事法，補
充說明其原因在於鄭太子忽之怨，而此事《左傳》則載於魯桓公六年。

　　又如，魯昭公十年（西元前 532 年），宋平公四十四年。此年冬季宋平公
卒。《春秋》載曰：「十有二月甲子，宋公成卒。」之後由平公太子佐繼位，

是爲宋元公。《左傳》藉「初」字敘事法補充說明新即位宋平公其人：

> 冬，十二月，宋平公卒。初，元公惡寺人柳，欲殺之。及喪，柳熾
> 炭于位，將至，則去之。比葬，又有寵。（昭公十年，頁784。）

《左傳》透過「初」字敘事法寫宋元公與寺人柳。一則深入刻劃二人之性格，同時也表達其對國君寵佞負面之態度。在宋元公仍是太子時，討厭寺人柳，曾動過殺人的念頭。《左傳・昭公六年》載其事如下：

> 宋寺人柳有寵，太子佐惡之。華合比曰：「我殺之。」柳聞之，乃坎、
> 用牲、埋書，而告公曰：「合比將納亡人之族，既盟于北郭矣。」公
> 使視之，有焉，遂逐華合比。合比奔衛。（昭公六年，頁751。）

由上敘述可見寺人柳其人性格。華合比雖亦非德，但寺人柳較之更惡。其僞埋載書以讒陷他人之手法，可謂甚矣，無怪太子佐惡之。而之後在宋平公的喪禮上，寺人柳事先在太子佐之座位上用炭火溫席，等宋元公到達時，才撤去炭火。喪禮結束後，寺人柳又得到宋元公之寵信。[註58]

　　《左傳》於此運用「初」字敘事法，一則突破編年體割裂史事之限制，將昭公六年與宋平公卒，宋元公又寵寺人柳等事，透過此處的「初」字敘事法進行銜接。另僅以短短二十七字，便卻生動的寫活了二個人物性格：其一，宋元公仍是太子時對於其父親過於寵信寺人柳一事不滿，厭惡寺人柳，其厭惡之程度，《左傳》以「欲殺之」三字，精簡卻深刻地表現出。其二，寺人柳所以能得國君之寵信，果有其故，宋平公之喪禮在冬十二月舉行，寺人柳於是「熾炭于位」預先將公子佐之座位溫熱。更生動的是，「將至，則去之」，寺人柳之溫席動作故意讓公子佐看見，在其「將至」時，才將炭火撤去。宋元公即位後，寺人柳果然又得新君寵信。整體觀察《左傳》書中，記載許多寵臣讒佞之言行事跡，左氏對這些人抱持負面評價明顯可見。相對於書中所記載的忠義之臣、仁孝之子之修德有禮，《左傳》敘寫這些寵佞奸邪之事跡，以達比事見義之效果，以致歷史資鑑之功能。又此亦是《左傳》提供完整語境以爲歷史解釋基礎之一例。

　　又如襄公二十一年，《左傳》載晉欒氏之亂及羊舌氏遭累之事。事末，以叔向之母爲銜接點，與昭公二十八年羊舌氏見滅事進行比事與呼應。《左傳》載之如下：

〔註58〕杜預注：「言元公好惡無常。」（《春秋經傳集解》（相臺岳氏本），臺南：第一
　　　　書局，民國69年1月初版，頁315。）

秋，欒盈出奔楚。宣子殺箕遺、黃淵、嘉父、司空靖、邴豫、董叔、
邴師、申書、羊舌虎、叔羆，囚伯華、叔向、籍偃。……初，叔向
之母妒叔虎之母美而不使，其子皆諫其母。其母曰：「深山大澤，實
生龍蛇。彼美，余懼其生龍蛇以禍女。女敝族也。國多大寵，不仁
人間之，不亦難乎？余何愛焉？」使往視寢，生叔虎，美而有勇力，
欒懷子嬖之，故羊舌氏之族及於難。（襄公二十一年，頁 592。）

此次叔向雖遭牽連，但事後獲釋。關於晉國欒氏與羊舌氏見滅事件之始末，
請見第六章討論。此處要指出的是，《左傳》透過叔向之母，表達其敘事態度：
一是婚娶對氏族興廢之影響重大，二是過美之女子，往往是亂生取禍之根源。
前者可見出先秦貴族間對婚嫁之態度，及當時貴族擇偶之條件；後者則表現
左氏勸懲態度。就突破編年體割裂史事限制而言，叔向之母是關鍵人物，而
兩次「初」字敘事法則是呼應之表現手法。《左傳・昭公二十八年》載：

夏，六月，晉殺祁盈及楊食我。食我，祁盈之黨也，而助亂，故殺
之，遂滅祁氏、羊舌氏。初，叔向欲娶於申公巫臣氏，其母欲娶其
黨。叔向曰：「吾母多而庶鮮，吾懲舅氏矣。」其母曰：「子靈之妻
殺三夫，一君、一子，而亡一國、兩卿矣，可無懲乎？吾聞之：『甚
美必有甚惡。』是鄭穆少妃姚子之子，子貉之妹。子貉早死無後，
而天鍾美於是，將必以是大有敗也。……夫有尤物，足以移人。苟
非德義，則必有禍。」叔向懼，不敢取。平公強使取之，生伯石。
伯石始生，子容之母走謁諸姑曰：「長叔姒生男。」姑視之。及堂，
聞其聲而還，曰：「是豺狼之聲也。狼子野心。非是，莫喪羊舌氏矣。」
遂弗視。（昭公二十八年，頁 910。）

觀察叔向之母，在前後兩次「初」字敘事中，表現類似的行為模式與態度。襄
公二十一年時，叔向之母以叔虎之母美，而不讓其接近羊舌職（叔向之父），左
氏藉其口指出：美麗女子，往往易生亂子。這樣的觀念，就今日而言屬無稽之
談。但就先秦當時人而言，或許是觀察許多弒亂事件後，左氏得出這樣的結論。
就《左傳》全書而言，其敘美女多與禍亂相關聯，如孔父嘉之妻（桓公元年）、
衛宣公爲急子娶於齊之女（桓公十六年）、公孫敖所見之莒女（文公七年）、叔
虎之母（襄公二十一年）、棠姜（襄公二十五年）、鄭徐吾犯之妹美（昭公元年）、
夏姬（成公二年）、夏姬之女〔註59〕（昭公二十八年）等，都因美而致禍。

〔註59〕即上引文中所謂申公巫臣氏。夏姬最後爲申公巫臣所娶，關於夏姬之事，各

　　而在此例之前後兩次「初」字敘事中，叔向之母對美麗之女子，表達負面態度，這多少也表達作者之隱含態度。就敘事模式角度而言，因美而致亂正是《左傳》諸多敘事模式之一類型。〔註60〕又兩次皆與人物出生有關，叔虎是「美而有勇力」，伯石（食我）則是與楚國商臣一樣，是「豺狼之聲也。狼子野心」。〔註61〕關於人物出生異象及其歷史解釋之討論，請見下節。

　　其他如：昭公十三年透過「初」敘述楚共王請神擇嗣之事，將長達數十年之楚國王位爭奪之事，作一總結與呼應。讀者在逐一閱讀過散見於各年之楚國相關記載後，最後由「初」字敘事法所載之神異事件，獲得一總結。左氏亦透過這樣的敘事安排，寄託其史義。

第四節　「初」字敘事法內容與歷史解釋

　　由今日眼光來看，《左傳》具有史料保存功能，如前所論，「初」字敘事法之內容，記載許多靈異神奇、卜筮、夢異之事，在傳信存疑觀念下，將之記錄保存。若就敘事角度而言，左氏對於這些神異之事，是經過取捨與剪裁，以能夠表達其敘事意旨與反映其敘事態度為取捨標準。因此，細讀這些神異記事，會發現某些情節內容似乎已有所刪省，又若由詮釋角度觀察，會發現《左傳》記載這些神異之事，有某些是單純錄異保存，但有更多卻是為其人文角度詮釋來服務。

　　如前所論，《左傳》「初」字敘事法所載之內容，可別為兩大類：其一，是較單純之事件因果之補充說明。如編號04桓公十年，虞叔有玉之例，針對虞公出奔一事，說明其因果關係。又如編號05桓公十年之例，《左傳》敘此年（西元前）多季齊、衛、鄭等國與魯戰於郎，何以會發生此戰，左氏運用「初」字敘事法，補充說明其原因在於魯桓公六年各國聯合戍齊退北戎，事後魯定班次時，將鄭國排於後，於是引起鄭國不滿，而有此戰。又如編號10莊公八年，鮑叔牙奉公子小白出奔莒一例，其「初」字敘事法之運用，也是對當初之背景環境進行補充說明。其二，則是帶有神怪靈異傾向之神異記事。如人物出生之異象，或人物命名之特殊原因，或關於龜卜占筮之相關記載等。

　　　見於：宣公九年、成公二年、成公七年及襄公二十六年。
〔註60〕關於美而致禍之討論，請見人物形象一章。
〔註61〕此則《左傳》比事見義之手法表現之一隅。

關於單純因果補充說明事例內容之來源較無爭議，應是屬於歷史發展之一環。較值得討論的是，《左傳》「初」字敘事法中所記載這些靈異神怪之事，內容來源爲何？又《左傳》爲什麼要記載這些事？而刻意設計「初」字敘事法來記載這些神異內容，其用心與目的爲何？「初」字敘事法所記載之靈異神怪事件，主要源自當時民間流傳，左氏取而錄之，爲避免與其他正常敘史相混雜，而運用「初」字敘事法來敘述。以下針對「初」字敘事法之內容與作者敘事態度與觀念表達，進行討論。

一、報恩補敘與歷史解釋

《左傳》「初」字敘事法記載報恩之事，能反映作者態度，共三例，〔註62〕討論如下。魯宣公二年（西元前 607 年），晉靈公十四年。因晉靈公不君，趙盾與士會多次勸諫無效，後靈公欲殺趙盾，先是遣鉏麑賊殺，鉏麑因趙盾之忠觸槐而死。同年秋季，晉靈公伏甲於飲宴場合，欲殺趙盾。《左傳》載之如下：

> 秋，九月，晉侯飲趙盾酒，伏甲，將攻之。其右提彌明知之，趨登，曰：「臣侍君宴，過三爵，非禮也。」遂扶以下。公嗾夫獒焉，明搏而殺之。盾曰：「棄人用犬，雖猛何爲！」鬥且出。提彌明死之。初，宣子田於首山，舍于翳桑，見靈輒餓，問其病。曰：「不食三日矣。」食之，舍其半。問之。曰：「宦三年矣，未知母之存否，今近焉，請以遺之。」使盡之，而爲之簞食與肉，寘諸橐以與之。既而與爲公介，倒戟以禦公徒而免之。問何故。對曰：「翳桑之餓人也。」問其名居，不告而退，遂自亡也。（宣公二年，頁 364。）

晉靈公之陰謀爲趙盾車右提彌明所察覺，在其掩護下，趙盾得以脫離危險。《左傳》運用「初」字敘事法補敘在這過程中所發生的一件報恩之事。晉靈公甲兵中，名爲靈輒之人，在關鍵時刻倒戟對抗晉靈公其他甲士，保護趙盾逃離。因爲趙盾之前在首山打獵時，曾幫助處於饑餓困境的靈輒母子。《左傳》特別記載報恩之事，實已反映其強調人文精神之敘事態度。同樣報恩之例又見於宣公十五年。《左傳》載之如下：

〔註62〕各見於宣公二年、宣公十五年與哀公二年。兩次報恩事皆見於宣公，不知是否是史官特別喜愛報恩之事，或者此時民間風俗強調報恩。又襄公二年與四年，運用「初+君子曰」句式載與檟相關之事，也是特別之情況。總之，由「初」敘事法所載內容，或許多少可見史官取捨與撰史風格。

> 秋，七月，秦桓公伐晉，次于輔氏。壬午，晉侯治兵于稷，以略狄
> 土，立黎侯而還。及雒，魏顆敗秦師于輔氏，獲杜回，秦之力人也。
> 初，魏武子有嬖妾，無子。武子疾，命顆曰：「必嫁是。」疾病，則
> 曰：「必以爲殉！」及卒，顆嫁之，曰：「疾病則亂，吾從其治也。」
> 及輔氏之役，顆見老人結草以亢杜回。杜回躓而顛，故獲之。夜夢
> 之曰：「余，而所嫁婦人之父也。爾用先人之治命，余是以報。」（宣
> 公十五年，頁 409。）

魯宣公十五年（西元前 594 年），晉景公六年，秦桓公十一年。此年秋季，秦桓公出兵伐晉。此次軍事衝突，魏顆於輔氏一地擊敗秦軍，擄獲秦軍力士杜回。《左傳》運用「初」字敘事法補充揭示魏顆所以能擄獲杜回之因。左氏將其因歸於老人結草之亢杜回。老人之所以報恩，是因爲當初魏顆之父魏犨在生病時，要求將其嬖妾改嫁，但臨死前，卻又要求將嬖妾殉葬。魏顆選則讓嬖妾改嫁而不是殉葬。人文精神是《左傳》解釋歷史的主要觀點。在關於人牲人殉的相關敘事上，左氏總是以人文角度來詮釋。此例亦然，正因魏顆未使殉葬，而遵從其父清醒時之「治命」，故嬖妾之父，結草報之。

就歷史眞實角度而言，老人於戰場上結草亢力士杜回之事，似乎不太可能發生。杜回既是秦軍之勇士，又何會被老人所礙。當然左氏之情節設計有其合理性，其敘述因老人結草致使杜回「躓而顛」，終爲魏顆所獲。總而言之，《左傳》所以花費筆墨敘述此事，或是當時廣爲流傳之故事，但在取捨之中亦反映作者之態度。

另一報恩事例見於魯哀公二年。魯定公十三年（西元前 497 年），此年秋季，晉國趙氏發生內部紛爭。趙鞅執殺趙午，此事在加入氏族恩怨與政治爭鬥後，擴大爲氏族興廢之事。此年冬季，荀躒、韓不信、魏曼多以晉定公之命出兵討伐范氏、中行氏。之後荀寅、士吉射奔朝歌，而趙鞅則因韓、魏二氏之請，而得以入絳與晉定公盟。隔年（西元前 496 年）夏季，晉圍朝歌，齊、魯、衛等國會盟商討救范氏與中行氏。冬十二月，晉師於潞擊敗范氏、中行氏軍隊，又於百泉擊敗鄭國軍隊。西元前 493 年（哀公二年）秋季八月，齊、鄭軍隊與晉軍戰於鐵，晉軍先餒後勝，此戰令朝歌陷入補給困窘之境。《左傳》以「初」字敘事法，補敘鐵之戰中一件報恩之事：

> 鄭人擊簡子中肩，斃于車中，獲其蠭旗。太子救之以戈。鄭師北，
> 獲溫大夫趙羅。太子復伐之，鄭師大敗，獲齊粟千車。……初，周

人與范氏田，公孫尨稅焉，趙氏得而獻之。吏請殺之。趙孟曰：「爲
其主也，何罪？」止而與之田。及鐵之戰，以徒五百人宵攻鄭師，
取蜂旗於子姚之幕下，獻，曰：「請報主德。」（哀公二年，頁996。）

《左傳》敘述鐵之戰，就敘事角度而言，是相當精彩之敘事作品，其情節安排、
人物形象刻劃等，皆生動鮮明。在晉軍與鄭軍交戰過程中，晉趙軮爲鄭軍擊中
肩膀，跌於車中，趙軮之旗──蠭旗被奪走。幸有衛太子蒯聵救之，鄭軍敗退。
趙軮之蠭旗之後被公孫尨奪回，《左傳》補敘其當初范氏出奔後，公孫尨出面替
范氏收稅，爲趙氏所擄獲。趙軮以其盡職爲主，不但沒殺他還給予土地。公孫
尨於鐵之戰率五百步兵夜襲鄭師，替趙軮奪爲蠭旗。爲主盡忠是左氏特別補敘
此事之中心主題，公孫尨不因范氏出奔而棄職，仍爲主收稅。後得趙軮知遇，
於鐵之戰中爲主奪旗。公孫尨其人之形象，正是左氏所肯定者。

二、恩怨敘述與因果資鑑

　　人與人、國與國間之恩怨關係，是最能體現因果結構之敘事內容。對於
私人恩怨之補充說明，及私怨對事件發展之因果關係揭示，是「初」字敘事
法內容重點之一。在先秦書寫不易的情況下，《左傳》卻花費筆墨來記載一些
恩怨事件，足見左氏期待能透過對人物間私怨之敘述，或國與國間恩怨之因
果揭示，來完成其敘事目的，傳達其敘事意旨。《左傳》以「初」字敘事法補
敘人物間私怨之例，見於編號：04、07、08、13、18、20、38、51、52、58、
60、69、72、74、81、88、94、95、96 等例。而關於國與國間（族與族間）
之恩怨，見於編號：05、14、59。人與人間私怨之例如，襄公十四年師曹之
例，《左傳》載之如下：

衛獻公戒孫文子、甯惠子食，皆服而朝，日旰不召，而射鴻於囿。二
子從之，不釋皮冠而與之言。二子怒。孫文子如戚，孫蒯入使。公飲
之酒，使大師歌〈巧言〉之卒章。大師辭。師曹請爲之。初，公有嬖
妾，使師曹誨之琴，師曹鞭之。公怒，鞭師曹三百。故師曹欲歌之，
以怒孫子，以報公。公使歌之，遂誦之。蒯懼，告文子。文子曰：「君
忌我矣，弗先，必死。」幷帑於戚而入，見蘧伯玉，曰：「君之暴虐，
子所知也。大懼社稷之傾覆，將若之何？」對曰：「君制其國，臣敢
奸之？雖奸之，庸知愈乎？」遂行，從近關出。（襄公十四年，頁560。）

魯襄公十四年（西元前559年），衛獻公十八年。此年夏季，衛獻公出奔齊。

事件起因在於衛獻公無禮於臣子。其與孫文子、甯惠子約期共餐，期至卻「射鴻於囿」，讓二子等到太陽下山。二子往見又不禮焉，與身著正式朝服之卿士言，應釋冠以示禮，衛獻公「不釋皮冠而與之言」。孫、甯二子有怨怒於衛侯，孫文子將家人遷至其封邑戚。之後衛獻公於飲宴中欲請大師〔註63〕歌〈巧言之卒章〉，〔註64〕以喻孫文子遷居家室是否將爲亂。大師不願歌以成亂，推辭，師曹卻出面歌之。孫文子因其歌而懼，遂與衛獻公發生衝突。《左傳》與「初」字敍事法補充說明，何以師曹明知歌〈巧言之卒章〉將激生內亂，卻仍歌之的原因，在於當初衛獻公曾因師曹鞭其寵妾而鞭師曹，師曹於是怨於衛獻公。此則因個人私怨而致國家內亂者。

就實際歷史而言，師曹之歌應是引發孫文子爲亂的導火線。衛獻公之不君，孫甯二氏之專權，非一二日，雙方衝突只是遲早之事。《左傳》將衝突爆發之因，歸於師曹怨而歌，一則見其細節描寫之生動，更重要的是，在這樣的敍事安排中，帶有作者勸懲資鑑之態度。因私怨而致亂生之例，《左傳》書中反覆出現，透過這樣的敍事模式，提醒爲君爲臣者，應以德禮行事，才不致因小怨而遭大亂。

上一例是客觀形勢上，衝突有其必然性。另有一些例子，是單純個人私怨報復者，如定公十年，叔孫武叔對公若之私怨一例可爲代表，《左傳》載之如下：

> 初，叔孫成子欲立武叔，公若藐固諫曰：「不可。」成子立之而卒。公南使賊射之，不能殺。公南爲馬正，使公若爲邱宰。武叔既定，使邱馬正侯犯殺公若，弗能。其圉人曰：「吾以劍過朝，公若必曰：『誰之劍也？』吾稱子以告，必觀之。吾偽固而授之末，則可殺也。」使如之。公若曰：「爾欲吳王我乎？」遂殺公若。侯犯以邱叛，武叔懿子圍邱。弗克。（定公十年，頁977年。）

魯定公十年（西元前500年），此年夏季，在齊、魯夾谷之會後，魯國叔孫氏發生內部衝突。秋季，叔孫氏所屬最大之邑邱，叛魯歸齊。《左傳》以追敍法，點明此事件之起因，在於叔孫武叔對公若之私怨。當初叔孫成子（不敢）欲立叔孫武叔爲繼承人（州仇），公若反對。其反對之原因爲何？左氏沒有說明，

〔註63〕衛國朝廷樂官之長，而師曹當爲其所屬之樂人或琴師。
〔註64〕《詩・小雅・巧言》其卒章內容如下：「彼何人斯？居河之麋。無拳無勇，職爲亂階。」（頁420）

因為這不是此處敘事之重點。雖然公若反對但叔孫武叔仍立而繼承叔孫氏。武叔繼立後，展開對公若的報復，當時公若為郈宰，叔孫武叔使郈馬正侯犯殺之。《左傳》寫侯犯手下之圉人獻計，模仿鱄諸殺吳王僚之模式，提出「以劍過朝」的計策。此計成功的殺了公若。

就敘事角度而言，左氏所寫帶有強烈的歷史想像成分。昭公二十七年鱄諸刺吳王之事，左氏於此仿之，以為公若見殺之過程，似乎過於巧合。此外，叔孫武子僅因公若反對其立，而處心積慮欲除之，似乎也過於簡單。就實際情況而言，叔孫氏憂慮郈邑過於強大之事，非一朝一夕。正如魯公憂慮三桓勢力日盛一般。叔孫武子藉此機會，正可處理此問題。公若雖被殺，但侯犯卻以郈叛齊。最後齊仍將郈歸還魯。二年後，魯定公十二年（西元前 498 年），《春秋》載「叔孫州仇帥師墮郈」，《左傳》載：「仲由為季氏宰，將墮三都，於是叔孫氏墮郈。……」〔註65〕

總結而言，《左傳》此處之敘事，主要為說明因私怨而致亂與叛之理，因此對於公若為何反對叔孫武子之立，以及侯犯在殺公若後何以叛魯之原因，皆略而不寫。反而著重在凸顯叔孫武子對公若之怨，以及侯犯叛魯過程中一些謀略與細節之描寫。由此敘事之情節安排與內容取捨，可見左氏欲藉此以明資鑑之態度。

又如昭公十九年，嫠婦獻繩之例。此例帶有歷史想像之成分，其將齊軍攻陷紀鄣之因，歸於一婦人之獻繩。《左傳》載此事如下：

> 秋，齊高發帥師伐莒，莒子奔紀鄣。使孫書伐之。初，莒有婦人，莒子殺其夫，已為嫠婦。及老，託於紀鄣，紡焉以度而去之。及師至，則投諸外。或獻諸子占，子占使師夜縋而登。登者六十人，縋絕。師鼓譟，城上之人亦譟。莒共公懼，啟西門而出。七月丙子，齊師入紀。（昭公十九年，頁 844 年。）

魯昭公十九年（西元前 523 年），此年秋季，齊國高發出兵攻打莒。〔註66〕莒子出奔至紀鄣。七月丙子，齊師攻入紀鄣。《左傳》以「初」字敘事法指出齊師所以能順利登城攻入，在於當初莒子殺了一位婦人之丈夫，此婦人正好於紀鄣養老，知此事後，乃結繩繫於城牆，獻於齊師，使齊國子占「夜縋而登」，

〔註65〕上二引文皆見於《十三經注疏·左傳》，臺北：藝文印書館，，頁 980
〔註66〕杜預注：「莒不事齊故。」（《春秋經傳集解》（相臺岳氏本），臺南：第一書局，民國 69 年 1 月初版，頁 337。）

鼓譟於牆上，令莒子懼而奔逃。客觀而言，《左傳》記載齊伐莒之事，可以不寫老婦獻繩之事。此事平心而論，或出於當時民間之傳聞，然而《左傳》卻詳細加以敘述，甚至連「登者六十人，縋絕」的細節都鮮明描繪。若就嚴謹歷史敘事而言，這是不合史書撰寫成例的，是失之誣、浮誇不實的。值得討論的是，何以左氏要詳細的記下此事，若僅以好奇愛異來解釋，似難以成立。這類不寫為佳，細寫則失誣之事，「初」字敘事法中比比皆是。如前所論，左氏細寫這些帶有神異色彩或歷史想像之事件內容，其目的正在於揭示因果結構，正為懲惡勸善。

又如哀公十七年衛莊公見弒一例。魯哀公十五年（西元前 480 年），衛出公十三年。此年冬季，衛太子蒯聵與孔氏之豎渾良夫合謀，圍攻孔氏，強迫孔悝與之盟，衛出公於是出奔魯國。孔悝立蒯聵為君，是為衛莊公。在此次衝突事件中，子路以「不辟其難」、「必救其患」之態度，「結纓而死」。衛莊公即位後盡去其父衛出公之臣。魯哀公十七年（西元前 478 年）十月，晉國伐衛，衛莊公出奔，晉國立衛襄公之子般師為君後退兵。十二月，衛莊公又返國欲取君位，後為戎州己氏所殺。《左傳》連用兩「初」字敘事法，刻劃衛莊公之惡。《左傳》載之如下：

> 冬，十月，晉復伐衛，入其郭，將入城。簡子曰：「止，叔向有言曰：『怙亂滅國者無後。』」衛人出莊公而與晉平。晉立襄公之孫般師而還。十一月，衛侯自鄄入，般師出。初，公登城以望，見戎州。問之，以告。公曰：「我，姬姓也，何戎之有焉？」翦之。公使匠久。公欲逐石圃，未及而難作。辛巳，石圃因匠氏攻公。公閘門而請，弗許。踰于北方而隊，折股。戎州人攻之，太子疾、公子青踰從公，戎州人殺之。公入于戎州己氏。初，公自城上見己氏之妻髮美，使髠之，以為呂姜髢。既入焉，而示之璧，曰：「活我，吾與女璧。」己氏曰：「殺女，璧其焉往？」遂殺之，而取其璧。衛人復公孫般師而立之。十二月，齊人伐衛，衛人請平，立公子起，執般師以歸，舍諸潞。（哀公十七年，頁 1046。）

《左傳》載，當初衛莊公登城樓遠望，見城下戎州己氏之聚落，以衛為姬姓，境內不容有戎人，於是破壞己氏聚落。又寫其虐用其民，不讓工匠休息。之後，在衛莊公欲除石圃之事件中，石氏「因匠氏攻公」，衛莊公翻牆而逃，戎州人亦於此時圍攻衛莊公，後逃至戎州己氏處，衛莊公欲以璧賄之，使其救之。《左傳》

再以「初」字敘事法，寫衛莊公當初見己氏妻之髮美，強絞取以爲呂姜假髮一事。多怨之所積聚，衛莊公遂爲戎州己氏所殺。若由屬辭比事角度而觀，衛莊公之言行正合「多行不義，必自斃」〔註67〕之理。整體而言，左氏敘衛莊之惡行，以兩「初」字敘事法補敘加強，其懲惡勸善之態度，明白可見。

其他如桓公十六年，衛左右二公子怨之例；桓公十七年，高渠彌弒昭公而立公子亹之例；莊公十六年，晉武公伐夷，執夷詭諸。蔿國請而免之例；莊公三十二年，子般怒鞭圉人犖之例；閔公二年，公傅奪卜齮田之例；襄公十年子駟與尉止爭怨之例；昭公十年，宋元公與寺人柳之關係，由怨惡而有寵等，都是「初」字敘事法寫私怨之例。

三、人物異象與興廢弒亂

如前所論，人物異象之記載，是「初」字敘事法內容特色之一。「古人作書，漆文竹簡，或著縑帛，或以刀削，繁重不勝。是以文詞簡嚴，章無贅句，良由文字艱難，故不得已而作書取足達意而止，非第不屑爲冗長，且亦無暇爲冗長也。」〔註68〕若如此，《左傳》爲什麼要花費筆墨來記載這些，可能源自民間傳聞，或出於撰史者想像之事。觀察《左傳》敘事內容與情節安排取捨，則其藉以勸懲之用心，隱約可見。整體而言，「初」字敘事法所記載關於人物異象相關事跡，多與氏族之興廢或國家治亂有關。例如《左傳·隱公元年》，「初」字敘事法寫鄭莊公寤生之事，正因其寤生，故其母「遂惡之」。既惡莊公乃寵共叔段，於是有之後鄭伯克段之事。客觀而論，鄭莊公是否寤生不得而知，就算是而遭其母所惡，這與共叔段之亂似乎沒有必然關係。就算不補充這段寤生之事，對於史事發展亦不致有重大影響。左氏所以特敘此事，主要爲與共叔段之有寵相對比。因寵而致亂，是《左傳》敘亂的模式之一，特寫莊公寤生見惡，共叔有寵而亂，《左傳》作者欲藉兩者之對比，提出上位者不應過寵濫惡之觀念。

其他如宣公四年，楚司馬子良生子越椒，「熊虎之狀而豺狼之聲」；宣公四年，鬬穀於菟虎乳之；襄公二十六年，宋芮司徒生女子，赤而毛等，都是以「初」字敘事法補敘人物異象之例。觀察人物異象之敘事內容，隱約可見

〔註67〕　《十三經注疏·左傳·隱公元年》，臺北：藝文印書館，民國 82 年 9 月，頁 35。
〔註68〕　〔清〕章學誠《章氏遺書·中冊·乙卯箚記》，臺北：漢聲出版社，民國 62 年 1 月初版，頁 857。

一敘事模式：不平凡之人其出生或容貌必有異於常人者，此人或將使其族興，或將致其族廢。而這不平凡人物必有異象之觀念，對後世產生影響，成爲中國政權轉移過程中，領袖人物號召群眾的基礎之一。又在這類人物異象敘事中，亦隱隱可見先秦由宗教思維朝人文思維發展之趨勢。這類敘事以宣公四年連用兩「初」字敘事法，先寫若敖氏（越椒）之見滅，再補敘若敖氏（子文）出生與命名之異事，最終回到楚王復克黃之職並改其名爲「生」。此整段文章以出生與命名爲主軸，繞若敖氏之廢與興。《左傳》載其事如下：

> 初，楚司馬子良生子越椒。子文曰：「必殺之！是子也，熊虎之狀而豺狼之聲；弗殺，必滅若敖氏矣。諺曰：『狼子野心。』是乃狼也，其可畜乎？」子良不可。子文以爲大慼。及將死，聚其族，曰：「椒也知政，乃速行矣，無及於難。」且泣曰：「鬼猶求食，若敖氏之鬼不其餒而！」及令尹子文卒，鬭般爲令尹，子越爲司馬。蒍賈爲工正，譖子揚而殺之，子越爲令尹，己爲司馬。子越又惡之，乃以若敖氏之族，圉伯嬴於轑陽而殺之，遂處烝野，將攻王。王以三王之子爲質焉，弗受。師于漳澨。秋七月戊戌，楚子與若敖氏戰于皋滸。伯棼射王，汰輈及鼓跗，著於丁寧。又射，汰輈，以貫笠轂。師懼，退。王使巡師曰：「吾先君文王克息，獲三矢焉，伯棼竊其二，盡於是矣。」鼓而進之，遂滅若敖氏。（宣公四年，頁 369。）

魯宣公四年（西元前 605 年），楚莊王九年。此年秋季，楚國發生內亂，鬭越椒與楚莊王戰於皋滸。此事之起因，在於鬭越椒藉由蒍賈之譖，殺令尹鬭般[註69]而取代之。後又與蒍氏發生衝突，囚殺蒍賈。進而欲攻楚莊王。楚王欲以人質止戰，子越不受。雙方交戰後，鬭氏先勝。《左傳》載楚王以楚文王克息之事鼓舞士氣，再戰則勝，滅若敖氏。觀察事件敘事之焦點，一則爲鬭越椒出生時子文之預言，一則是楚王士氣鼓舞之轉折。另一次要敘事則在於鬭椒射王一事。

客觀而言，《左傳》記載此事件十分模糊，很多重點未作交代，而將整件事歸咎於鬭越椒「熊虎之狀而豺狼之聲」。鬭越椒與蒍賈之關係如何，爲何蒍賈願譖鬭般而助子越爲令尹，此未明之一。其二，子越與蒍賈之後因何原因而交惡，

〔註69〕楊伯峻注云：「據僖二十三年傳，子文讓令尹於成得臣子玉。子玉死後，蒍呂臣繼之，見僖二十八年。其後子上又繼之，見僖三十三年及文公元年傳。成大心又繼子上。成大心卒于文十二年，成嘉繼之。鬭般爲令尹，蓋繼成嘉也。」（《春秋左傳注》，高雄：復文圖書出版社，民國 80 年九月再版，頁 680。）

竟使子越最後殺蒍賈。最關鍵的是，子越在殺蒍賈後，爲什麼要出兵攻王。或
有以此時若敖氏之勢力過大，致使楚王欲除之。然若鬭般僅因蒍賈之譖而見殺，
鬭氏之勢力似仍未凌駕於王權。如此，子越何故欲與楚王戰。總結而言，《左傳》
以「初」帶出子越出生時異於常人之狀與聲，子文以此正「狼子野心」之相，
一再要求子良殺其子。子良未從，左氏以此爲若敖氏見滅之因。此事之後，又
以「初」字敘事法補敘子文出生異事以爲對比，《左傳》載之如下：

> 初，若敖氏娶於䢵，生鬭伯比。若敖卒，從其母畜於䢵，淫於䢵子
> 之女，生子文焉。䢵夫人使棄諸夢中。虎乳之。䢵子田，見之，懼
> 而歸。夫人以告，遂使收之。楚人謂乳穀，謂虎於菟，故命之曰鬭
> 穀於菟。以其女妻伯比。實爲令尹子文。其孫箴尹克黃使於齊，還
> 及宋，聞亂。其人曰：「不可以入矣。」箴尹曰：「棄君之命，獨誰
> 受之？君，天也，天可逃乎？」遂歸，復命，而自拘於司敗。王思
> 子文之治楚國也，曰：「子文無後，何以勸善？」使復其所，改命曰
> 生。（宣公四年，頁370。）

子文之父鬭伯比與母在䢵，後與䢵子之女私通，生下子文。䢵夫人棄子文於
雲夢澤中，欲害之，未料卻有老虎以乳餵之。䢵子獵於雲夢見此狀，後使人
收養子文。左氏接著說明「鬭穀於菟」命名之由。此段主要寫命名之故，或
因前越椒出生異象，左氏於此將子文出生異象比事而敘之。隱約有以子文之
賢與子越之惡作比較。

　　若敖氏見滅後，子文之孫克黃當時正出使齊國，《左傳》透過言行塑造其
忠之形象。當若敖氏與楚王衝突遭滅時，克黃正由齊返國至宋，隨從建議他
不要回楚國，以免受累。克黃一席「君，天也，天可逃乎？」之言論，充分
表現其觀念，其實也是作者藉言敘事。其返國向上級交代出使任務相關事項
後，「自拘於司敗」。之後楚王以「子文無後，何以勸善」之由，恢復克黃職
位。《左傳》寫此事，實與之前子文預言「鬼猶求食，若敖氏之鬼不其餒而！」
之事相互呼應。

　　其他如：文公元年，楚商臣立之事；宣公三年，鄭穆公蘭之命名；襄公
二十六年，宋芮司徒生女子；昭公五年，叔孫穆子之生；昭公二十八年，伯
石之生等例都可見人物異象與氏族興廢之關聯。這些以「初」寫弒亂關鍵人
物之異象之敘事，一則表現先秦當時對這些異象態度，同時也反映當時對於
弒亂事件主角，喜附會異象以爲弒亂因果之情況。《左傳》將這些事取材記載，

提供對弒亂主角人物另一角度之註解。並欲藉由這些異象之記載，反映左氏
之懲惡勸善之敘事意旨。

四、卜、筮、夢異與敘事態度

　　如前所論，「初」字敘事法中多載卜、筮、夢異之內容。〔註70〕天與人之
關係，一直是中國文化中重要的觀念追尋。先秦是中國思想發展由宗教思維
轉為人文思維的關鍵過渡時期，《左傳》中所見對天人（民）關係之敘述、對
卜筮之詮釋、對夢異之說法、對疾病之態度等，都呈現一種過渡色彩。時而
見原始宗教之解釋態度，時則以人文角度進行詮釋。《左傳》「初」字敘事法
所載有關卜筮夢異之內容，亦呈現此特色。但將這些記載與《左傳》全書配
合而看，人文觀點之詮釋角度，仍是《左傳》歷史解釋之主要方向。

　　關於夢異與卜筮之例，豎牛之亂最具代表性。魯成公十六年（西元前575
年），叔孫僑如與成公之母穆姜私通，出奔齊國，叔孫氏改立叔孫豹繼承。在
此事發生之前，叔孫豹因故離開魯國至齊國，在庚宗一地，曾與一婦人「私
為食而宿」，此婦人後生一子，名為牛。《左傳》載曰：

> 初，穆子去叔孫氏，及庚宗，遇婦人，使私為食而宿焉。問其行，
> 告之故，哭而送之。適齊，娶於國氏，生孟丙、仲壬。夢天壓己，
> 弗勝，顧而見人，黑而上僂，深目而豭喙，號之曰：「牛！助余！」
> 乃勝之。旦而皆召其徒，無之。且曰：「志之！」及宣伯奔齊，饋之。……
> （昭公四年，頁733。）

叔孫豹於齊國時，夢見天塌壓己，有一人出面救之，叔孫豹夢中呼其名曰牛，
使救之。夢醒後使人尋之未得，《左傳》載豎牛之形貌特異：皮膚黑而肩前彎，
深眼而凸嘴。〔註71〕叔孫豹返魯後，庚宗婦人獻雉以其子牛委於叔孫豹，正
是夢中所見之人。叔孫豹以之為近侍，是為豎牛，或因夢而有寵，豎牛後掌

〔註70〕關於《左傳》中卜、筮與夢之相關研究，歷來為學者所重視，研究成果亦豐
　　　碩。除民國初年學者由神話角度探討外，近代學者如張師高評《春秋書法與
　　　左傳學史》、張端穗《左傳思想探微・左傳對超自然的看法》、熊道麟《先秦
　　　夢文化探微》等人多有論述。
〔註71〕此則，《左傳》之寫人也。又關於先秦典籍中出現許多黑皮膚、深眼凸嘴之人
　　　物形貌描寫。學者或有討論，或以為是矮黑人，或以其為經中亞入中國之非
　　　洲大陸人。亦有以墨子正為此類人之說。此外，唐傳奇中亦有崑崙奴一類亦
　　　是類似形貌。

握叔孫氏實權。魯昭公四年（西元前 538 年），此年冬季叔孫豹在丘蕕田獵時，染病而卒。豎牛「置虛命徹」使叔孫豹不食而死。《左傳》在豎牛設計陷害叔孫豹二子及餓死叔孫穆子之事如下：

> （叔孫豹）田於丘蕕，遂遇疾焉。豎牛欲亂其室而有之，強與孟盟，不可。叔孫爲孟鐘，曰：「爾未際，饗大夫以落之。」既具，使豎牛請日。入，弗謁；出，命之日。及賓至，聞鐘聲。牛曰：「孟有北婦人之客。」怒，將往，牛止之。賓出，使拘而殺諸外。牛又強與仲盟，不可。仲與公御萊書觀於公，公與之環，使牛入示之。入，不示；出，命佩之。牛謂叔孫：「見仲而何？」叔孫曰：「何爲？」曰：「不見，既自見矣，公與之環而佩之矣。」遂逐之，奔齊。疾急，命召仲，牛許而不召。杜洩見，告之飢渴，授之戈。對曰：「求之而至，又何去焉？」豎牛曰：「夫子疾病，不欲見人。」使實饋于個而退。牛弗進，則置虛命徹。十二月癸丑，叔孫不食；乙卯，卒。牛立昭子而相之。（昭公四年，頁 733。）

由上記載可見豎牛其人之性格與形象，可爲惡而不孝之代表。依《左傳》其書之歷史解釋觀點，這類人必將有所報應，且多是死於非命。豎牛在成功殺害孟丙、仲壬二子後，立叔孫婼繼承叔孫氏。同時亦討好季孫氏，支持其去中軍之謀。〔註72〕叔孫婼繼承後，以豎牛之爲亂，欲殺之，牛懼而奔齊，在齊魯邊境上，爲孟丙、仲壬二人之子所殺，《左傳》特別描寫「投其首於寧風之棘上」的最終畫面，以示懲惡勸善之功。並於事後以仲尼曰贊叔孫婼之直孝。《左傳》仲尼曰：「叔孫昭子之不勞，不可能也。周任有言曰：『爲政者不賞私勞，不罰私怨。』《詩》云：『有覺德行，四國順之。』」此事告一段落後，又以「初」字敘事法寫叔孫穆子（叔孫豹）出生時，莊叔所筮遇明夷之謙之事。爲此事做總結，一則有前後呼應之效果，同時再次揭示因果勸懲之態度。《左傳》載之：

> 初，穆子之生也，莊叔以《周易》筮之，遇明夷之謙，以示卜楚丘。楚丘曰：「是將行，而歸爲子祀。以讒人入，其名曰牛，卒以餒死。明夷，日也。日之數十，故有十時，亦當十位。自王已下，其二爲

〔註72〕魯昭公五年（西元前 537 年），此年春季，魯三桓爲加強對政權之掌控，廢除國君公室所屬之中軍，季孫氏取其二，叔孫、仲孫二氏各取其一，至此魯國政權爲三桓所握，其中又子季孫氏爲最強。

－249－

公、其三爲卿。日上其中，食日爲二，旦日爲三。明夷之謙，明而
未融，其當旦乎，故曰『爲子祀』。日之謙，當鳥，故曰『明夷于飛』。
明而未融，故曰『垂其翼』。象日之動，故曰『君子于行』。當三在
旦，故曰『三日不食』。離，火也；艮，山也。離爲火，火焚山，山
敗。於人爲言。敗言爲讒，故曰『有攸往。主人有言』。言必讒也。
純離爲牛，世亂讒勝，勝將適離，故曰『其名曰牛。』謙不足，飛
不翔；垂不峻，翼不廣。故曰『其爲子後乎』。吾子，亞卿也；抑少
不終。」（昭公五年，頁 743。）

引錄易筮之文，主要爲說明前所論錄異保存之功能。在上段敘述中，可見先秦
釋易之實際情況，莊叔以「純離爲牛」，點出豎牛之名，又以「離爲火」、「艮爲
山」之象，配合明夷初九爻辭：「有攸往，主人有言」〔註73〕指出叔孫豹終因讒
言小人，雖壽而不善終。《左傳》補敘此段，與事件主軸關係較淺，表面而言似
乎可有可無。然則，在書寫不便之先秦，左氏又何以特別記載莊叔之筮。其解
讀重點，就敘事結構設計而言，主要爲強調「因果結構」，就敘事藝術手法而言，
爲收前後呼應之效。筆者以爲，此段莊叔易筮之敘述，正是《左傳》態度之寄
託。觀察重點在於莊叔之釋易：其一，何以所筮得之卦爲明夷之謙。其二，莊
叔解釋除象數角度外，最終仍回到「敗言爲讒」、「謙不足，飛不翔；垂不峻，
翼不廣」之人文角度。又如，楚昭王之弗祭河崇一例（哀公六年），左氏以孔子
曰：「楚昭王知大道矣」，亦表現其人文詮釋之態度。〔註74〕

　　總結而言，《左傳》透過「初」字敘事法所記載之卜、筮、夢異之內容，
除有揭示因果關係與錄異保存功能外，左氏亦多少企圖藉由這些敘事，表達
勸懲資鑑之態度。正所謂「左氏喜談神怪，然止借以蕩寫胸臆瑰奇之趣耳，
其本意則決不惑妖祥也。」〔註75〕

　　除上述外，「初」字敘事法中亦有記寵而爲亂之例：如桓公十一年，鄭祭仲
侍寵而亂；桓公十八年，周子儀爲亂；莊公十九年子頹有寵後亂等例。《孟子·

〔註73〕《左傳》中所論之卦象、爻辭等解釋，與易傳中所論多所相近。學者或以
　　　　易傳或取自《左傳》。關於《左傳》中所見易筮及其相關解釋，亦是學者討
　　　　論之焦點：如李鏡池〈左傳、國語中易筮之研究〉、尚秉和〈左傳、國語易
　　　　象釋〉、高亨〈左傳、國語的周易說通解〉等文（收錄於《周易研究論文集·
　　　　第二輯》，北京：北京師範大學出版社，1989 年 8 月第 1 版，頁 96 至 153。）
〔註74〕關於《左傳》中記載夢之探討，學者已有專著：熊道麟《先秦夢文化探微》，
　　　　本文不再贅述。
〔註75〕吳闓生《左傳微》，合肥：黃山書社，1995 年 12 月第 1 版，頁 576。

滕文公下》云：「孔子成《春秋》而亂臣賊子懼」〔註76〕《左傳》之作，其目的亦在懲惡勸善，而弒君叛亂之相關事件記載，是最能提供歷史資鑑之敘事內容。

【本章小結】

　　春秋戰國是中國文化由原始宗教思維轉化為人文思維的過渡階段，在此時期之史冊典籍，多表現出迷信與理性衝突調和之特色。《左傳》整體之詮釋觀點主要以人文精神為本，但對於存在於當時社會中，流傳於民間的種種神異記事，《左傳》透過「初」字敘事法，秉持傳信存疑之撰史態度，一方面詳盡的記載這些神怪靈異之事，一方面藉此進行人文角度之詮釋。

　　敘事即解釋，敘事法之表達即是一種解釋。〔清〕顧炎武：「古人作史，有不待論斷，而于序事之中即見其指者。」〔註77〕學者論敘事之法：「有議論文字，有序記文字。議論可以憑空著筆，記序則必與其人其事之情曲折相赴。如化工之肖物，雖不著議論，要使讀者自能得其旨於言外。其感人處，更勝於議論。此文章用筆之妙也。……其篇法有提挈綱領處，有分寫處，有倒敘處，有補敘處，而其用筆之妙，全在一字一句中，顯出事之真情，而議論即在其中。」〔註78〕補敘、追敘所以能寄議論者，正在於真情者也。透過補敘與追敘將事件之原委、本末、因果，進行首尾呼應之總結，以使讀者明其條理，同時亦能抒寫作者心中情志。

　　「初」字敘事法之內容，或自民間傳聞、或出撰史者想像。其中包含之神異內容，對後人而言，或為失誣浮誇，然在先秦語境下，當時人相信這些神異內容對事件發展與人物遭遇，有一定影響力，左氏撰史自然要將這類事件加以記錄。其他內容如：不為人知的私人恩怨、私人對話、宮苑床第之語、氏族政爭之謀、人物恩怨情仇、寵嬖讒陷之語等，表面似乎僅為撰史者想像所記，但若細讀分析其情節安排、人物形象、敘事模式等，亦隱約可見左氏藉歷史解釋與資鑑勸懲之用心。

〔註76〕　《十三經注疏・孟子》，臺北：藝文印書館，民國82年9月，頁117。
〔註77〕　〔清〕顧炎武撰、黃汝成集釋《日知錄集釋・史記于序事中寓論斷》，臺北：中華書局，民國73年3月臺四版，（卷二十六，葉二右）。又白壽彝《中國史學史論集・司馬遷寓論斷于序事》一文亦有相關論述。（北京：中華書局，1999年4月第1版，頁80至98。）
〔註78〕　宋文蔚《評註文法津梁》，高雄：復文圖書出版社，民國82年2月修訂二版，頁80。

第六章 《左傳》之歷史敘事與興廢禍福之史觀——以晉國諸氏興廢、晉楚弭兵與禍福敘事爲例

　　《左傳》爲中國史書之初，經由實際歷史事件之載敘，清楚鮮明地傳達道德價值觀。因有史事爲據，說服性大大提升，效果更能深入人心。所謂「欲載之空言，不如見之於行事之深切著明也。」[註1] 討論《左傳》敘事與解釋相關問題，亦應以實例分析爲基礎。又編年體史書體例將史事割裂，致使讀者於散見史事間難窺左氏意旨，以下以主題方式，將史事重新組織，以利全面性理解與分析。

　　侵伐爭戰、朝聘會盟、氏族興廢、外交辭令等是《左傳》敘事的主要內容。關於敘戰之敘事討論，學者論述頗多；朝聘會盟與外交辭令之相關討論亦有之；唯各國諸氏興廢相關敘事討論，學者著墨較少。本文詳人所略，略人所詳，以氏族興廢爲歷史解釋分析之例。又晉國與楚國兩次弭兵對，春秋局勢產生深遠影響，由敘事角度討論者亦較少，故取之以爲討論事例。此外，吉凶禍福是《左傳》敘事中「預言模式」重要之內容，而預言模式又是揭示因果結構之重要模式，故以《左傳》中禍福相關敘事爲例進行討論。

[註1] 《百納本二十四史・史記・十二諸侯年表》，臺北：臺灣商務印書館（宋慶元黃善夫刊本），民國 77 年臺六版，頁 1202。關於此文，司馬貞索隱指太史公引春秋緯以成說，或有說司馬遷本之《春秋繁露》而論。（張高評《春秋書法與左傳學史》，臺北：五南圖書公司，2002 年 1 月初版，頁 22。）

第一節　晉國諸氏興廢之敘事與解釋

關於晉國諸氏興廢之始末請參考附錄。以下由敘事角度切入，討論《左傳》載敘晉諸氏興廢之敘事結構及其中之歷史解釋意義。〔註2〕

徐復觀先生在《兩漢思想史・卷三》中提出《左傳》「以史傳經」的重要意義與成就，強調《左傳》的解經方式是「讓歷史自己講話」。〔註3〕在討論《左傳》所載巫卜鬼神之事時指出：「左氏只是把此一段歷史中交錯交替的現象，隨其在歷史上所發生的影響，而判別其輕重，如實的紀錄下來；言巫，乃歷史人物之言巫；言人事，乃歷史人物之言人事，與左氏個人的是非好惡，毫不相干，……。」〔註4〕徐氏所言，主要針對自范甯以來諸多學者對《左傳》中記載巫卜、占夢、災異等，所謂「左傳豔而富，其失也巫」的批評進行釐清。

這當中有幾個值得討論的問題，其一「以史傳經」是讓歷史自己講話，但歷史如何能自己講話？此問題前已論述，要言之就是必須透過語言文字符號作爲媒介載體來進行。其二《左傳》在載敘史事時，是否如徐復觀所言，

〔註2〕晉國是《左傳》中重要的大國之一，關於載記晉諸氏興衰之事，計其篇幅約一萬七千多字，約佔全書近十分之一。〔清〕高士奇《左傳紀事本末・晉卿族廢興・發明》指出：「晉之卿族，魏氏、趙氏、狐氏、胥氏、先氏、欒氏、郤氏、韓氏、知氏、中行氏、范氏，凡十一族。」本文主要針對趙氏、郤氏、欒氏、祁氏、羊舌氏、中行氏（荀氏）、范氏（士氏）等之興衰進行討論。知氏雖爲晚期重要民族，但其事《左傳》未全備，故暫略之。而韓、趙、魏三氏後滅知氏而分晉，史已入戰國，其事亦未備於《左傳》，故本文亦暫略之。又關於本文主要討論內容，其分別見於《左傳》如下之記載。「趙氏之難」見於：僖公二十四年、二十八年、三十一年、文公五年、六年、九年、宣公二年、十五年、成公四年、五年。「三郤見尸」分別見於：成公十一年、十六年、十七年、十八年。「欒氏之亡」分見於：襄公二十一年、二十二年、二十三年、二十四年。「祁氏、羊舌氏之亡」主要見於昭公二十八年。「范氏、中行氏之亡」則分別見於：昭公二十九年、定公三年、五年、十三年、十四年、哀公元年、二年、三年、四年、五年、六年。此外本文暫不論述之「知氏之亡」則見於：哀公二十三年、哀公二十四年、哀公二十七年、悼公四年。知氏之亡雖非主要論述對象，但仍於文章有所對照說明。只因其事未備故暫略論之。因討論文獻頗多，於後文論述時無法逐一例舉，未竟之文獻請參閱《左傳》。

〔註3〕徐復觀指出：左傳在「以義傳經」方面主要有四種形式，其一是以補春秋者傳春秋，即透過補充春秋所未載之史事來解釋春秋。其二是以書法的解釋傳春秋。其三是以簡捷的判斷傳春秋。其四是以「君子曰」的形式，發表自己的意見。(《兩漢思想史・卷三・原史—由宗教通向人文的史學的成立》，頁270至271。)

〔註4〕徐復觀《兩漢思想史　卷三》，〈原史——由宗教通向人文的史學的成立〉，臺北：臺灣學生書局，民國82年9月初版四刷，頁268至269。

是「如實的」、「與作者個人是非好惡毫無相干的」來載敘史事？或者在文字符號表達過程中，《左傳》作者已自覺或不自覺地將某些歷史評斷，寄寓於文字表層意義之下的深層含義。其三若是如此，則我們如何能探知這些寄託蘊意？《文史通義》云：「才、學、識三者，得一不易，而兼三尤難。……非識無以斷其義，非才無以善其文，非學無以練其事。」〔註5〕史以事著，事以文具，撰史者以文字符號系統敘載史事過程中，融進史家史觀與評斷自無可避免，要注意的是史家撰史時的思想是否端正，其敘載史事是否能盡可能地忠實客觀，而不受政治干擾或其他外在因素的脅迫與影響，為此章實齋特標史德之重要以明之。〔註6〕

而史識的裁斷與取捨，正是史家觀念之體現，亦即史義之所在。史書若無史識史義，則與史料文獻無異，有時更遜於客觀史料；若充斥史家主觀意識，則流於誇大、武斷、附會，〔註7〕亦難以稱史。但無論如何，由於歷史敘事必須以文字為媒介，因此其行文之間或多或少都可見出史家觀念，則讀史者如何能見出史義？史家的觀念與價值體系如何能體現？這就需借助文學、語言符號學等相關學科來探究。

錢鍾書先生《管錐編》云：「《春秋》之『書法』，實即文章之修詞。」〔註8〕張師高評針對《左傳》「據事直書」、「以史傳經」提出四項手法：以敘為議、屬辭比事、藉言作斷、側筆烘托。其論述舉要如下：「就史料之剪裁運化來說，以敘為議，表現為事理圓融；屬辭比事，表現為前後相形；藉言作斷，表現為虛實相生；側筆烘托，表現為舉一概餘。」〔註9〕在敘事與解釋中，最重要的關鍵問題在於如何讓意義呈現，即在敘事中如何能顯現出意義。這意義包含兩層面，

〔註5〕見《文史通義・內篇・史德》，（〔清〕章學誠著、葉瑛校注《文史通義校注》，臺北：里仁書局，民國73年9月，頁219。）

〔註6〕章實齋本身有編撰史志經驗，故能明撰史之實情。其《文史通義》主要說明文史會通相輔相成之觀念，因其了解文學（或文字符號系統）在撰史過程中的功能與意義，故知史家德行對史書編纂影響之深，乃於劉知幾所論「才、學、識」之外，特別強調史德之重要性。

〔註7〕梁啟超討論史德時指出，撰史者若過於主觀，不能客觀忠實，則易有誇大、附會、武斷的毛病。《中國歷史研究法・中國歷史研究法補編》，台北：里仁書局，民國83年12月初版，頁194至197。

〔註8〕錢鍾書《管錐編・第三冊・全後漢文卷一》，臺北：書林出版公司，民國79年8月，頁967。

〔註9〕張師高評之論述請見其《春秋書法與左傳學史》，臺北：五南圖書公司，2002年1月初版，頁22至35。

一是文字符號本身所帶有的意義，另一層則是文字符號背後所寄蘊的深層意義。如何讓意義透顯？成爲本文討論的主要焦點。

　　史書筆法正在於詳略、輕重、取捨之間，換言之，即在敘事之設計與安排中，以下由敘事角度切入，討論《左傳》在記載晉國諸氏興廢相關事件中，於始末設計、情節安排、人物形象塑造等，其中是否寓含史家史義或反映史家態度。

一、始末設計與歷史解釋

　　《左傳》性質爲史書，就傳統史學角度而言，事件之開始與結局是敘史與讀史的重點所在。歷史事件之發生與結果，原因決非單一，經常是諸多因素複雜交錯而致，後世由不同角度觀察，是有不同的側重。例如，若由政治角度觀察，則晉諸卿氏族之廢，乃出於政治鬥爭，則通、淫、私、怨或許並非諸氏衰廢的主因，但左氏敘寫諸氏之廢之起因，多歸諸通、淫、私、怨，這樣的設計正是史家有意爲之，寓有史家史義。若由敘事角度討論，則在這始與末的敘述設計安排中，就敘事結構或敘事態度而言，這當中都寄寓諸多作者的深層含意。〔註10〕

　　歸納《左傳》敘寫晉國諸氏衰亡事件之開始與結局，有以下幾點值得論述。其一，《左傳》載敘晉諸氏之興與廢以德禮道德史觀貫穿其中。試觀其敘族之興，多以「才德禮義」；其載族之廢，多由「私怨通欲」。〔註11〕其二，左傳載諸氏之事，於衰亡過程載敘詳盡，於其興則略筆而已，此則史家史觀所致。大抵左氏之作爲後世褒貶資鑑，故詳盡諸氏衰廢之因與過程，能收經驗教訓，資鑑致用之效。以下分別說明之。

〔註10〕換言之，即作者在敘事過程中，如何設計事件的開端，如何安排事件最終的結局，這當中便已帶有作者主觀的價值判斷。依後現代歷史敘事學者們的看法，歷史是因被詮釋而呈現的，吾人今日於史書中所見之歷史事件與人物形象等等，都是經過史書編纂者對史料的取捨、設計、安排與詮釋而呈現出的。因此，在敘事的開端與結局安排上，多少可見作者的思維與觀念。

〔註11〕「才德禮義」等道德觀念，爲《左傳》反覆強調之重要思想觀念，左氏以德、禮爲衡量之準繩明矣。所謂「私怨通欲」，各指如下：私，指自私。或爲私利、私怨、私欲。怨，指氏族間的恩怨，晉國諸氏間的爭鬥激烈，《左傳》載之頗詳，而氏族間的恩怨往往因小事爲由而演變成興廢之事。通，指淫亂之事，或通室、或通姦。欲，指欲望、私欲、貪欲，如春秋晚期的知氏之亡，正起於知氏之貪欲。或如晉厲公之侈欲，而滅三郤。

（一）才德禮義以興

德、禮爲《左傳》論史量人的主要標準，相關討論學者成果頗多，本文不縷述。〔註 12〕《左傳》載敘晉諸氏之漸興，主因正在於能知禮有德，忠信仁義，如郤縠以「說禮樂而敦詩書」被趙衰舉薦爲晉中軍帥；又如先軫亦以知禮有德而見重於晉國。〔註 13〕此外士會於令狐戰後隨先蔑奔秦，亦見其有德知禮。

其中以趙氏與韓氏爲最顯之例。趙氏之興見於閔公元年（西元前 661 年），晉獻公以趙夙御戎。夙之子趙衰（成季成子）隨公子重耳出奔，後在晉文公霸業建立上功勞頗豐，晉國有所謂「狐、衰之勳」。觀察趙衰之言行，確爲德禮君子，〔註 14〕趙衰之子趙盾亦能承繼德禮之風，使趙氏之族日益興盛，其德禮之事《左傳》載之頗多，下舉二例以明之。其一，見於宣公二年晉靈公不君，趙盾屢諫，靈公患之乃遣鉏麑刺殺趙盾，鉏麑晨往見趙盾盛服將朝憂煩國事，敬佩其德禮忠信，乃觸槐而死。〔註 15〕其二，晉靈公見弒後，趙盾迎立晉成公，成公有意恢復公族。趙盾乃請以趙括爲公族大夫，而自退居旄車之族，足可明其有德知禮。《左傳・宣公二年》載之如下：

> 初，麗姬之亂，詛無畜群公子，自是晉無公族。及成公即位，乃宦卿之適而爲之田，以爲公族。又宦其餘子，亦爲餘子；其庶子爲公行。晉於是有公族、餘子、公行。趙盾請以括爲公族，曰：「君姬氏之愛子也。微君姬氏，則臣狄人也。」公許之。冬，趙盾爲旄車之族，使屏季以其故族爲公族大夫。（宣公二年，頁 365。）

〔註 12〕 詳或可見拙著《語用學與左傳外交辭令》〈第四章　第三節、德禮制約與左傳外交辭令〉（臺北：萬卷樓，2000 年 12 月初版），頁 244 至 314。

〔註 13〕 先軫之智略於城濮之戰與殽之戰中皆有鮮明描寫。《左傳・僖公三十三年》載先軫因晉襄公釋回殽之戰所俘獲的孟明視、西乞術、白乙丙三秦將而唾於君前，先軫事後對此事深感後悔。《左傳》載其云：「匹夫逞志於君，而無討，敢不自討乎」，後於伐白狄過程中，免冑入狄師而死。由先軫言行確知其知禮者也。

〔註 14〕 關於趙衰之事，篇幅所限，未能詳論，請參見《左傳》與《國語・晉語四》相關記載。此僅舉二例爲代表：其一，晉楚城濮之戰前謀中軍帥，文公本欲命趙衰，衰辭以郤縠，此可見其德也。其二，後文公命趙衰爲卿，其又讓於欒枝、先軫，此可見其禮也。

〔註 15〕 此例眾所周知，故不徵引原文。又此例之敘事，正是歷史想像之一例。左氏作者未見趙盾與鉏麑何以知其言？何以知其觸槐而死？錢鍾書《管錐編》正以此爲例以說明歷史想像。

趙盾當時為政於晉國，趙同、趙括、趙嬰皆為趙盾異母弟。但盾卻以長子身分讓公族大夫於趙括，而退居公行大夫。趙盾以同、括、嬰為晉文公之女所生，其則為趙衰隨重耳流亡狄時娶叔隗所生，又以趙括為其母所愛者，故欲將氏族統治權讓予趙括。由其言行可知其思維與觀念，正出於德、禮、孝、義。而趙括也不負其兄所讓，在發生趙嬰與趙莊姬通亂之事時，能依禮處理。後雖導致趙氏之難，但其責不在趙括。

關於郤氏興廢之始末請參見附錄，以下舉郤至因禮而復之例以說明諸氏之興以才德禮義。《左傳‧僖公三十三年》：

> 初，臼季使，過冀，見冀缺耨，其妻饁之，敬，相待如賓。與之歸，言諸文公曰：「敬，德之聚也。能敬必有德。德以治民，君請用之！臣聞之：出門如賓，承事如祭，仁之則也。」公曰：「其父有罪，可乎？」對曰：「舜之罪也殛鯀，其舉也興禹。管敬仲，桓之賊也，實相以濟。〈康誥〉曰：『父不慈，子不祗，兄不友，弟不共，不相及也。』《詩》曰：『采葑采菲，無以下體。』君取節焉可也。」文公以為下軍大夫。反自箕，襄公以三命命先且居將中軍，以再命命先茅之縣賞胥臣，曰：「舉郤缺，子之功也。」以一命命郤缺為卿，復與之冀，亦未有軍行。（僖公三十三年，頁 291。）

胥臣經過冀地見郤缺與其妻相敬如賓，認為郤缺為有德者，於是帶回推薦給晉文公，讓郤氏能再回政治舞臺。胥臣那句「敬，德之聚也。能敬必有德。德以治民」正反映當時人對德、禮之重視。又史家特載此事，亦暗寓史家史觀於其中。由上文所載知晉文公仍對郤氏後人不放心，因為當初反對晉文公返國最力者正有郤氏一族。經過胥臣一番說服後，文公勉強以郤缺為下軍大夫，但仍不讓他有軍事指揮權。上引文中，一方面可見胥臣之德，另方面可見郤缺之敬。

總而言之，《左傳》載敘晉諸氏之興，多申明其以才德禮義。又如魏氏一族，其人多有才，或將才或治才。較之趙、韓二氏，魏氏於德禮方面上較缺，然論其才則或勝二氏。魏氏經過長期經營後，亦成為春秋晚期晉國政治上主要氏族之一。

（二）私怨通欲致廢

諸氏之興以才德禮義，諸氏廢則多以私怨通欲。《左傳》載記諸氏衰廢之事尤詳，蓋因資鑑史觀之故。《左傳》載敘晉諸氏之滅廢之因，一則亂興於通、

一則禍起於怨、一則難因於私。以下分別論述之。

1、亂之興始於通

《左傳》載敘因通淫而導致亂興之例，共十七見。〔註16〕晉趙氏之難、欒氏之亡、祁氏羊舌氏之滅正起於通淫。《左傳》載趙氏之難始末如下：

> 晉趙嬰通于趙莊姬。（成公四年，頁439。）
>
> 五年，春，原、屏放諸齊。嬰曰：「我在，故欒氏不作。我亡，吾二昆其憂哉。且人各有能、有不能，舍我，何害？」弗聽。（成公五年，頁439。）
>
> 晉趙莊姬爲趙嬰之亡故，譖之于晉侯，曰：「原、屏將爲亂。」欒、郤爲徵。六月，晉討趙同、趙括。武從姬氏畜于公宮。以其田與祁奚。韓厥言於晉侯曰：「成季之勳，宣孟之忠，而無後，爲善者其懼矣。三代之令王皆數百年保天之祿。夫豈無辟王？賴前哲以免也。周書曰：『不敢侮鰥寡』，所以明德也。」乃立武，而反其田焉。（成公八年，頁446。）

趙盾之子趙朔娶晉成公女爲妻，是爲趙莊姬。趙朔（莊子）亡後，其叔趙嬰與趙莊姬通，趙同、趙括於是打算放逐趙嬰。趙嬰出奔齊國之前，指出因其在晉國，才能讓欒氏不起禍於趙氏，若其出奔，亂必將興。此時欒書將中軍，是爲政晉國。趙嬰奔齊後，成公八年趙氏果因欒氏之故而見滅。

欒氏之亡初起於「欒祁與其老州賓通」，加上氏族間的恩怨及個人私怨，終使事件擴大，由氏族家務事演變成氏族間的傾壓。而祁氏之滅也起因於「祁勝與鄔臧通室」，《左傳》載其事如下：

> 晉祁勝與鄔臧通室。祁盈將執之，訪於司馬叔游。叔游曰：「鄭書有之：『惡直醜正，實蕃有徒。』無道立矣，子懼不免。《詩》曰：『民之多辟，無自立辟。』姑已，若何？」盈曰：「祁氏私有討，國何有焉？」遂執之。祁勝賂荀躒，荀躒爲之言於晉侯。晉侯執祁盈。祁盈之臣曰：「鈞將皆死，憖使吾君聞勝與臧之死也以爲快。」乃殺之。夏，六月，晉殺祁盈及楊食我。食我，祁盈之黨也，而助亂，故殺

〔註16〕 各見於《左傳》：桓公十八年、閔公二年、僖公二十四年、文公十六年、宣公九年、成公四年、成公十六年、成公十七年、襄公二十一年、襄公二十五年、襄公三十年、昭公二十年、昭公二十五年、昭公二十八年、哀公八年、哀公十五年。

之，遂滅祁氏、羊舌氏。（昭公二十八年，頁910。）

魯昭公二十八年（西元前 514 年）春季，祁盈的家臣祁勝與鄔臧兩家通室，祁盈以氏族領導身分執收祁勝與鄔臧。祁勝賄賂知躒，使其進讒言於晉頃公，晉侯於是執收祁盈。後祁盈家臣殺勝與臧，同年夏六月，晉侯亦殺祁盈及其黨楊食我。祁氏為晉獻侯之後，是晉國公族，其實此次事件並沒有嚴重要到滅族的程度，正如祁盈自己所言這是「祁氏私有討，國何有焉？」家臣通室之淫，祁盈出面處置是應該的，何以最後竟至祁氏見滅並累及羊舌氏。〔註17〕這與當時晉國諸卿氏族間的爭鬥有密切關係，也與晉頃公本身對於公族的態度有關。〔註18〕此事件後，祁氏與羊舌氏遂滅。

以上則晉諸氏因通淫而致衰廢之例。如前所論，由不同角度觀察則有不同的看法，通淫或只是趙氏、欒氏、祁氏遭禍的導火線，但《左傳》特書此例，或有資鑑之用意。

2、禍之擴起於怨

如上所言，通淫或僅是導火線，晉國諸氏間激烈的傾壓鬥爭往往才是諸氏衰廢的重要因素。晉國諸氏之盛，一則因晉國公族不盛，致使國君弱勢；另則諸氏族人才出眾，遠勝國君之資，故能久持政務。諸氏族間的磨擦私怨經過時間累積後，成為宿怨世仇，形成朋黨派系，此情況往往令氏族成員間私人衝突擴大，使家務事演變為氏族間的鬥爭而致滅亡。趙氏之難、三郤見尸、欒氏之亡、祁氏羊舌氏見滅、范氏中行氏之亡等皆屬此類。〔註19〕說明如下：

> 欒桓子娶於范宣子，生懷子。范鞅以其亡也，怨欒氏，故與欒盈為公族大夫而不相能。桓子卒，欒祁與其老州賓通，幾亡室矣。懷子患之。祁懼其討也，愬諸宣子曰：「盈將為亂，以范氏為死桓主而專政矣，曰：『吾父逐鞅也，不怒而以寵報之，又與吾同官而專之。吾父死而益富。死吾父而專於國，有死而已，吾蔑從之矣。』」其謀如是，懼害

〔註17〕關於羊舌氏之亡，《左傳》特別敘寫叔向娶妻時與其母之對話，及叔向之子出生時其母親聞其聲而言羊舌氏之將亡事。此與本文內容關係較淺，篇幅所限，本文略之。又此記載或為歷史想像之一隅。

〔註18〕如前所論，趙文子卒後，晉公室漸卑，政權旁落於卿家氏族。故晉頃公及之後定公即位後，似有意剷滅氏族大家，如祁氏、羊舌氏、范氏、中行氏等皆因事而遭滅。此部分非本文討論重點，暫不論之，詳或請見他文論述。

〔註19〕其中趙氏之難、欒氏之亡、祁氏羊舌氏見滅三事通淫是禍事的導火線，其遠因則多與氏族間私怨有關，此處強調論述此點。

於主，吾不敢不言。」范鞅爲之徵。懷子好施，士多歸之。宣子畏其
多士也，信之。懷子爲下卿，宣子使城著而遂逐之。秋，欒盈出奔楚。
宣子殺箕遺、黃淵、嘉父、司空靖、邴豫、董叔、邴師、申書、羊舌
虎、叔羆，囚伯華、叔向、籍偃。（襄公二十一年，頁 590。）

晉公族欒書之子欒黶（桓子）卒後，欒氏由黶之子欒盈（懷子）繼承。魯襄公
二十一年（西元前 552 年）夏季，欒黶之妻欒祁與欒氏家臣州賓通淫，且將欒
氏財產大半佔走，欒祁之子欒盈以此爲患打算出面處理。欒祁爲士匄（范宣子）
之女，士匄此時爲晉國執政，[註 20] 其女懼欒氏之討，控訴於士匄，以欒氏與
范氏間的恩怨爲由，指控欒盈將爲亂；加上士鞅與欒黶有私怨，[註 21] 士鞅藉
此機會僞證欒氏確將爲亂。又士匄本身爲范氏利益考量，以欒盈「好施」「多士」
爲憂懼，於是藉口將欒盈逐出晉國。《左傳》載敘欒氏之亡情節安排深刻，請見
後文論述。

　　除欒氏之亡外，觀察前文所引趙氏之難與祁氏羊舌氏之滅，其中皆涉及氏
族間的恩怨。如趙莊姬以趙同、趙括將爲亂控訴於晉景公，欒氏與郤氏藉機僞
證，《左傳》載「欒、郤爲徵」，致使趙氏一族見滅。在祁氏見滅過程中，「祁勝
賂荀躒，荀躒爲之言於晉侯。晉侯執祁盈。」何以知氏（荀躒）會接受祁勝之
賂？其受祁勝之賂而向晉頃公游說，卻沒有救出祁勝，反而使事件由氏族家務
事擴大成氏族間的傾壓。《左傳》雖未載荀躒言於晉頃公之語，但觀察之後晉大
收諸大夫十數人可知，這明顯是氏族政治角力，荀躒所爲，蓋出於私怨也。

　　除以上所言外，狐氏之亡亦因於私怨。說明如下：[註 22]

六年，春，晉蒐于夷，舍二軍。使狐射姑將中軍，趙盾佐之。陽處父
至自溫，改蒐于董，易中軍。陽子，成季之屬也，故黨於趙氏，且謂
趙盾能，曰：「使能，國之利也。」是以上之。宣子於是乎始爲國政，……

[註 20] 范宣子爲政自襄公十九年至襄公二十五年。關於晉國爲政卿之興替，請見附
　　　錄之註 2。

[註 21] 士鞅爲士匄之子，其於襄公十四年晉、秦「遷延之役」中與欒黶之弟欒鍼爲
　　　戰爭無功負責，而馳入秦師，欒鍼戰死，但士鞅生還。士鞅返國後，《左傳》
　　　載欒黶謂士鞅曰：「余弟不欲往，而子召之。余弟死，而子來，是而子殺余之
　　　弟也。弗逐，余亦將殺之。」士鞅迫欒氏之逼於是出奔秦國。

[註 22] 狐氏之亡其性質與前幾例稍有不同，雖亦因私怨而見廢，但涉及氏族間傾壓
　　　成分較低，基本上是較單純的恩怨問題，故以補充方式論述。狐、趙二氏爲
　　　晉文公霸業成就之兩大支柱，然狐氏二傳而不見於晉；趙氏則六傳終分晉地。
　　　兩氏後嗣之別如此，狐射姑以私怨而使「狐之勳」終矣。

賈季怨陽子之易其班也，而知其無援於晉也，九月，賈季使續鞫居殺
陽處父。書曰「晉殺其大夫」，侵官也。十一月丙寅，晉殺續簡伯。
賈季奔狄。宣子使臾駢送其帑。（文公六年，頁 312 至 315。）

狐射姑（賈季）為狐偃（子犯）之子，西元前 621 年（晉襄公七年），此年春
季，晉國將清原之蒐（僖公三十一年）時擴編的新上軍與新下軍重新整編，
恢復為中、上、下三軍。任命狐射姑為中軍帥、趙盾為中軍佐。後因陽處父
之故，重新改動人事命令，改以趙盾為中軍帥、狐射姑為中軍佐。表面理由
是趙盾才能優於狐氏，所謂「使能，國之利也」，實則因陽處父早年曾受趙衰
提拔，今日才能為太傅，故《左傳》載「陽子，成季之屬也，故黨於趙氏」。
此亦氏族恩怨之一例。

此年八月，晉襄公卒，晉國在君位繼承問題上產生不同意見。趙盾一派
欲立公子雍；狐射姑一派則欲立公子樂，諸氏欲藉立君以取得權利明顯可見。
趙盾派遣先蔑、士會前往秦國迎回公子雍；狐射姑亦遣使由陳國迎回公子樂。
公子樂於返國途中被趙盾之使所殺，至此狐射姑對趙氏之怨深矣。後因穆嬴
之故，趙盾迫於形勢改立夷皋是為晉靈公，秦、晉二國為此發生令狐之戰，
先蔑、士會為此奔秦。

狐射姑於公子樂見殺後，怨陽處父之「易中軍」，於此年九月派遣其弟續
鞫居殺陽處父。此年十一月，晉殺續鞫居，狐射姑奔狄，狐氏此後不見於晉
國政治舞臺。這事件之末，《左傳》刻意塑造臾駢不以私怨害公、不積怨於後
嗣的形象，用以對比狐氏之失德。

此外有因私欲、貪欲而導致氏族滅亡者。如范氏中行氏之衰，起因為趙
鞅與趙午在「衛貢五百家」處理上之誤會衝突，由於氏族姻親之故，最終擴
大造成范氏中行氏之出奔。另有一類是國君私心而藉故討滅氏族者，如郤氏
之亡，一方面是三郤言行失德無禮，另方面則由於晉厲公欲立其嬖。《左傳》
載此事如下：

晉厲公侈，多外嬖。反自鄢陵，欲盡去群大夫，而立其左右。胥童
以胥克之廢也，怨郤氏，而嬖於厲公。郤錡奪夷陽五田，五亦嬖於
厲公。郤犫與長魚矯爭田，執而梏之，與其父母妻子同一轅。既，
矯亦嬖於厲公。欒書怨郤至，以其不從己而敗楚師也，欲廢之。使
楚公子茷告公曰：「此戰也，郤至實召寡君，以東師之未至也，與軍
帥之不具也，曰：『此必敗，吾因奉孫周以事君。』」公告欒書，書

曰：「其有焉。不然，豈其死之不恤，而受敵使乎？君盍嘗使諸周而

察之？」郤至聘于周，欒書使孫周見之。公使覘之，信。遂怨郤至。

屬公田，與婦人先殺而飲酒，後使大夫殺。郤至奉豕，寺人孟張奪

之，郤至射而殺之。公曰：「季子欺余！」（成公十七年，頁483。）

魯成公十六年（西元前575年），晉、楚戰於鄢陵。由《左傳》載敘鄢陵之戰晉
國各將領意見分歧，戰時混亂的情況，可知晉國諸氏間之政爭此時十分嚴重。
此可以士文子（士燮）之言爲代表：「吾先君之亟戰也，有故。秦、狄、齊、楚
皆強，不盡力，子孫將弱。今三強服矣，敵楚而已。惟聖人能外內無患。自非
聖人，外寧必有內憂，盍釋楚以爲外懼乎？」士燮反對與楚軍交戰，最大理由
正在於擔心勝楚後晉國諸氏內鬥將更甚。鄢陵之戰晉勝楚，戰後果如士文子所
料，諸氏爭鬥愈烈，晉厲公欲剪滅諸氏勢力，提拔其寵臣，乃先由郤氏下手。

　　如上《左傳》所載，除晉厲公本身私心外，胥臣之孫胥童，因其父胥克
蠱疾之故，見廢於郤至而怨之；夷陽五因郤錡奪其田而怨之；長魚矯亦與郤
犨有爭田之怨。以上三人此時正爲晉厲公寵臣，加上欒書與郤至於鄢陵戰中
有所結怨，於是設計郤至聘於周見於公子孫，以此爲其謀逆之藉口，進而將
三郤剪滅。關於諸氏見廢之結局，主要有幾種情況：或奔或逐，或殺滅之。
這方面因歷史事件之結局已見於史料，所以《左傳》著墨較少。

　　觀察晉國諸氏禍亂之所由生，不外二者：一則起於通淫，一則出於怨私。
對此前文有已論。進一步觀察《左傳》載敘事件發展過程中相關人物的言論，
可發現其話語內容，與史家所欲傳達之史觀有緊密的關聯：如祁氏羊舌氏之禍
起於通淫，《左傳》則藉叔向母親之口，申論婚姻子嗣相關問題。〔註23〕又如狐
射姑之奔、欒氏之亡、范氏中行氏之衰皆與君臣氏族私怨有關，《左傳》於載敘
之間，各借臾騈之行、叔向祁奚之救、王生之口，以闡明私不害公之態度。以
下就幾位人物之言論內容，闡明《左傳》載敘晉諸氏興廢過程中所寄蘊之史觀。

二、情節安排與歷史解釋

　　除時間順序性外，情節安排是敘事文學中重要的部分之一。其載敘諸氏興
廢情節安排手法大體如下：主要則是運用插敘、補敘方式，於人物形象塑造上

〔註23〕叔向母親的兩番言論，皆論及先秦婚姻觀念與子嗣問題，然因與本文主題較
　　　遠，加上篇幅所限，暫略之。其事請參見《左傳・襄公二十一年》（頁592）
　　　與《左傳・昭公二十八年》（頁911）。

進行補充，另則是有意強調「比事」的情節安排。《禮記・經解》：「屬辭比事，《春秋》教也。……屬辭比事而不亂，則深於《春秋》者也。」〔註24〕關於「屬辭比事」之論述，前文第三章已有論述。要言之，所謂屬辭比事就是「指連屬前後之文辭，以比次其相類或相反之史事……其特色為前後參看，有無相較。其慣用手法為夾寫、並敍、正映、反襯、舉一例餘、小中見大。其敍事手法與效用為『上下相形，而得失見；彼此相絜，而是非昭』。」〔註25〕

《左傳》載敍晉國諸氏興廢之情節安排，整體而言可由兩端觀之：其一為諸氏衰廢過程之安排，另則為事件發展過程中人物之描寫塑造。有關始末設計部分已見前文，以下則針對後者討論。所謂情節安排，一方面受限於歷史既定之發展，但另方面也取決於敍史者對史事之取捨。氏族衰亡過程不可能僅如《左傳》所載幾件事，何以左氏特別選取這些事來載敍？這當中便寓有史家史義。以下由幾個角度來討論情節安排及歷史解釋。

（一）由整體角度析論晉國諸氏衰亡之情節安排

析論《左傳》載敍晉國諸氏衰亡過程，情節安排模式大抵如下：其一、於事之前或先載敍氏族成員之言行，明其德禮與否，為後文伏筆。如敍郤氏之亡，則於成公十一年先載三郤失德無禮之言行，以為成公十七年禍興之預敍。又如欒氏之亡，《左傳・襄公十四年》則先載秦伯問士鞅之語以預示之，此事與前所論士鞅與欒黶私怨有關，略述如下：

> 秦伯問於士鞅曰：「晉大夫其誰先亡？」對曰：「其欒氏乎！」秦伯
> 曰：「以其汰乎？」對曰：「然。欒黶汰虐已甚，猶可以免，其在盈
> 乎！」秦伯曰：「何故？」對曰：「武子之德在民，如周人之思召公

〔註24〕孔子曰：「入其國，其教可知也。其為人也：溫柔敦厚，《詩》教也；疏通知遠，《書》教也；廣博易良，《樂》教也；絜靜精微，《易》教也；恭儉莊敬，《禮》教也；屬辭比事，《春秋》教也。故《詩》之失，愚；《書》之失，誣；《樂》之失，奢；《易》之失，賊；《禮》之失，煩；《春秋》之失，亂。其為人也：溫柔敦厚而不愚，則深於《詩》者也；疏通知遠而不誣，則深於《書》者也；廣博易良而不奢，則深於《樂》者也；絜靜精微而不賊，則深於《易》者也；恭儉莊敬而不煩，則深於《禮》者也；屬辭比事而不亂，則深於《春秋》者也。」（《禮記・經解》）（《十三經注疏・禮記》，臺北：藝文印書館，民國82年9月，頁845。）

〔註25〕其進而論述如下：史料經過剪裁運化，敍事經過安排措注，史實的呈現固然從「據事直書」得來；而褒諱抑損之案斷，亦由「具文見意」衍生化成。所以敍事藝術採取屬辭比事，遂不勞辭費，而毀譽顯然。（張師高評《春秋書法與左傳學史》，臺北：五南圖書公司，2002年1月初版，頁27至28。）

爲，愛其甘棠，況其子乎？欒黶死，盈之善未能及人，武子所施沒
矣，而黶之怨實章，將於是乎在。」秦伯以爲知言，爲之請於晉而
復之。（襄公十四年，頁 560。）

魯襄公十四年（西元前 559 年），士鞅因遷延之役出奔秦國，秦景公問其晉國
諸氏何者會先衰亡。士鞅以爲欒氏當先亡，理由是欒氏自欒書於成公四年爲
政晉國後漸興，欒書（武子）治國以德，深受人民支持。傳至書之子黶時，
欒氏勢力最盛，雖仍多士得民，但也結怨不少，所謂「汰虐已甚」，士鞅之奔
正是迫於欒黶之威脅。其進一步指出，至欒盈時，欒氏恐怕無法繼續維持勢
力。一則執政者非欒氏；另則欒黶早逝，其子欒盈雖有意承繼父志，但一時
恐難深刻；加上欒氏多士，爲當時執政士匄所患。其後果如士鞅所言，欒盈
爲士匄所逐。此例中可見人物性格與言行對事件情節發展之影響。

　　其二、載敘諸氏衰亡過程中，小人、女子、權臣讒譖之言，氏族大夫僞
證之舉，左氏特重之，特敘此類事件，蓋有寄託者也。如趙氏之難，趙莊姬
以晉公室女而譖於晉景公，加上欒氏、郤氏的僞證，致使趙氏一族見誅。又
如郤氏見滅，欒書使楚公子筏言郤至將扶立公子孫，並以執政身分設計郤至
聘周獻捷，以此爲由誅滅三郤。又如欒氏之亡，欒祁以士宣子之女身分愬之，
加上士鞅爲證，及士宣子畏欒氏之多士，於是將欒盈逐出。又如范氏、中行
氏衰亡過程中，知文子（荀躒）以「始禍者死」爲由，多次言於晉君，終始
趙鞅與趙午之族內衝突，擴大成爲邯鄲之叛與范氏中行氏之衰。

（二）由比事角度析論范氏中行氏衰滅情節設計

　　如前所論，「屬辭比事」是《春秋》、《左傳》重要敘事手法。以下由此角
度，討論祁氏羊舌氏與范士中行氏之亡的情節安排及其中史義之呈現。其中
范氏中行氏之衰其事起自定公十三年（西元前 497 年）至哀公五年（西元前
490 年）荀寅、士吉射奔齊才告一段落。《左傳》載其事如下：

> 晉趙鞅謂邯鄲午曰：「歸我衛貢五百家，吾舍諸晉陽。」午許諾。歸
> 告其父兄。父兄皆曰：「不可。衛是以爲邯鄲，而寘諸晉陽，絕衛之
> 道也。不如侵齊而謀之。」乃如之，而歸之于晉陽。趙孟怒，召午，
> 而囚諸晉陽，使其從者說劍而入，涉賓不可。乃使告邯鄲人曰：「吾
> 私有討於午也，二三子唯所欲立。」遂殺午。趙稷、涉賓以邯鄲叛。
> 夏，六月，上軍司馬籍秦圍邯鄲。邯鄲午，荀寅之甥也；荀寅，范
> 吉射之姻也，而相與睦，故不與圍邯鄲，將作亂。董安于聞之，告

趙孟，曰：「先備諸？」趙孟曰：「晉國有命，始禍者死，爲後可也。」
安于曰：「與其害於民，寧我獨死。請以我説。」趙孟不可。秋七月，
范氏、中行氏伐趙氏之宮，趙鞅奔晉陽，晉人圍之。（定公十三年，
頁981。）

就情節安排角度而論，此事具代表性。事之起因於趙鞅私欲。衛國於三年前進
貢五百家於邯鄲趙氏，其用意在於與之盟親。此年趙氏大宗繼承者趙鞅〔註26〕
欲取衛貢五百家，將之遷至其領地晉陽。如《左傳》所載，趙午本已答應，後
又因考量趙、衛關係，而先伐齊再遷歸晉陽，其意本佳，但趙鞅以趙午違命，
於是囚之於晉陽，後殺之。趙午之子趙稷於是以邯鄲爲根據地，不服趙鞅之執
政。此則禍起於私欲之例，又此事之性質爲氏族內部衝突，所謂「吾私有討於
午也」。

　　同年六月，趙鞅派上軍司馬圍攻邯鄲。此本爲單純事件，但趙午爲荀寅
（中行文子）外甥，荀寅又爲士吉射（范昭子）的女婿。於是范氏與中行氏
出面維護邯鄲趙午一系，不願出兵伐邯鄲。范氏、中行氏此爲晉國大族，兩
氏聯合加上邯鄲趙稷，於七月伐趙鞅，趙鞅奔回領地晉陽。事件發展至此，
仍屬於氏族間的私鬥，且趙鞅無故殺趙午，無怪范氏中行氏合而討之。

　　事件的轉折與擴大，在於范氏與中行氏內部出現衝突。《左傳》載之如下：

范皋夷無寵於范吉射，而欲爲亂於范氏。梁嬰父嬖於知文子，文子
欲以爲卿。韓簡子與中行文子相惡，魏襄子亦與范昭子相惡。故五
子謀，將逐荀寅，而以梁嬰父代之；逐范吉射，而以范皋夷代之。
荀躒言於晉侯曰：「君命大臣，始禍者死，載書在河。今三臣始禍，
而獨逐鞅，刑已不鈞矣。請皆逐之。」冬十一月，荀躒、韓不信、
魏曼多奉公以伐范氏、中行氏，弗克。二子將伐公。齊高強曰：「三
折肱知爲良醫。唯伐君爲不可，民弗與也。我以伐君在此矣。三家
未睦，可盡克也。克之，君將誰與？若先伐君，是使睦也。」弗聽，
遂伐公。國人助公，二子敗，從而伐之。丁未，荀寅、士吉射奔朝
歌。韓、魏以趙氏爲請。十二月辛末，趙鞅入于絳，盟于公宮。（定
公十三年，頁981。）

首先范吉射側室之子皋夷不得父親寵信，有意爲亂；其次梁嬰父有寵於知文

〔註26〕趙鞅（簡子）爲趙成（景子）之子，趙武（文子）之孫。趙武爲趙朔（莊子）
　　　之子，趙盾（宣子）之孫。趙鞅爲趙無恤（襄子）之父。

子（荀躒），知文子以私心想立其爲卿。加上韓不信（簡子）與荀寅交惡，魏曼多（襄子）與士吉射交惡。在諸多恩怨私欲交錯下，此五人聯合利用此機會，將事端擴大，假晉定公名義，於此年十一月，出兵討伐士吉射與荀寅。兩方勢力交戰後，范氏與中行氏因爲得國人之助而失敗，於是奔回荀寅領地朝歌；而趙鞅則在韓簡子與魏襄子力保下，重返政治舞臺。由上情節安排，可見左氏著墨多在於禍亂之起因，及小人權臣之私怨貪欲。

趙鞅返回後，對朝歌進行圍攻；而齊、衛、鄭、魯等國開始對范氏與中行氏進行援助。之後趙鞅之軍與齊國輸粟之隊及鄭國子姚、子般軍隊交戰於鐵，齊、鄭之師戰敗，此次失敗令朝歌陷入困境，後荀寅殺出，奔入邯鄲。〔註27〕發展至哀公四年（西元前 491 年）七月，齊國出兵圍五鹿以救范氏。九月趙鞅軍隊再圍攻邯鄲，十一月攻入邯鄲，荀寅先奔鮮虞、後入柏人，趙稷則先奔臨、後入齊國。隔年春季，趙鞅攻破柏人，荀寅與士吉射出奔齊國。中行氏至荀寅而斷；范氏本由范皋夷繼立，但趙鞅返政後已於哀公三年殺之，故范氏在士吉射奔齊後，亦衰廢於晉。

事件情節說明如上，值得注意的是，《左傳》在情節設計上運用比事之法：其載敘荀寅、士吉射援邯鄲之義及齊衛鄭魯援范氏之義，以對比范皋夷、梁嬰父、荀躒、韓不信、魏曼多五子之私欲無禮。其特書范氏之臣王生「私讎不及公，好不廢過，惡不去善，義之經也」之語，以對比五子之失德無義。其載記齊、鄭多次援范，對比趙鞅屢屢圍攻趕盡殺絕。

觀察左氏載敘其他諸氏衰滅情節之安排，亦可見比事褒貶之義。如敘三郤見尸，則詳載郤犨奪婦、郤至爭田之事，以明三郤之失德；又書胥童、長魚矯之私怨、惡行，再寫欒書、中行偃之弒君，用以對比士匄、韓厥之辭。又如趙氏之難，左氏敘寫之後韓厥之復趙武，對比當初欒、郤爲徵，致使趙氏見誅。又如欒氏之亡情節中，左氏先載士鞅僞證、士匄妒士，致令欒盈出奔。後載叔向、祁奚相援之公、義，前後對比其意明顯可知。

此外，左傳敘寫諸氏興亡，狐氏之衰則隨趙氏之盛；先氏之亡則伴范氏之興；知氏之衰則韓趙魏之起，此或亦所謂屬辭比事之一端。

（三）欒氏以曲沃叛之情節析論

欒氏之亡是《左傳》載敘晉諸氏衰廢中，情節敘述較詳者。欲討論情節

〔註27〕　《左傳》對鐵之戰敘述亦頗有深意，其敘事藝術與史義寄託頗值得探討。

安排除范氏中行氏之例，欒氏之亡亦當論述之。

如前所述，欒盈因患其母欒祁與家老州賓通淫一事，欲執討之，未料欒祁先愬於其父士匄，迫使欒盈出奔楚國。欒氏之黨十數人或見殺或被囚，這當中亦包括叔向；有些欒氏黨人如知起、中行喜、州綽、邢蒯等則出奔齊國。欒盈之後由楚國前往齊國，請求齊莊公助其返國。其間雖有晏子勸阻，但齊莊公仍於魯襄公二十二年（西元前 550 年）春季，藉嫁女於吳國的機會，幫助欒盈返回其封地曲沃。《左傳》載之如下：

> 晉將嫁女于吳，齊侯使析歸父媵之，以藩載欒盈及其士，納諸曲沃。欒盈夜見胥午而告之。對曰：「不可。天之所廢，誰能興之？子必不免。吾非愛死也，知不集也。」盈曰：「雖然，因子而死，吾無悔矣。我實不天，子無咎焉。」許諾。伏之而觴曲沃人，樂作，午言曰：「今也得欒孺子何如？」對曰：「得主而為之死，猶不死也。」皆歎，有泣者。爵行，又言。皆曰：「得主，何貳之有！」盈出，遍拜之。（襄公二十三年，頁 601。）

上文主要載敘欒盈與胥午（胥臣之孫）的對話，藉由對話左氏一方面寫胥午以欒盈之再叛為不義，但在道義交情上仍助其取得曲沃舊屬之民心。這樣的情節描寫，正是歷史想像之一類，史家藉由這樣的描寫，一方面以胥午之知天命，另方面則嘆胥午之義。欒盈穩定曲沃後，同年四月在魏舒的幫助下，[註28] 攻入首都絳。《左傳》載：「四月，欒盈帥曲沃之甲，因魏獻子，以晝入絳。」但由於趙氏、中行氏有怨於欒氏，加上各諸氏間微妙的平衡制約關係，以致幫助欒盈者僅「唯魏氏及七輿大夫」。之後《左傳》細寫雙方交戰情節，錄之如下：

> 樂王鮒侍坐於范宣子。或告曰：「欒氏至矣。」宣子懼。桓子曰：「奉君以走固宮，必無害也。且欒氏多怨，子為政，欒氏自外，子在位，其利多矣。既有利權，又執民柄，將何懼焉？欒氏所得，其唯魏氏乎，而可強取也。夫克亂在權，子無懈矣！」公有姻喪，王鮒使宣子墨縗冒絰，二婦人輦以如公，奉公以如固宮。范鞅逆魏舒，則成列既乘，將逆欒氏矣。趙進，曰：「欒氏帥賊以入，鞅之父與二三子

[註28] 魏舒之所以幫助欒盈，主要是其與欒盈為故舊之交，另方面則是出於氏族利益考量。魏氏自城濮之戰，魏武子因僖負羈之故而見貶。後至魏莊子（魏絳），再至魏獻子（魏舒），其族始終未能擔任中軍將，故魏獻子或有意以助欒氏之復，而大其族。

在君所矣，使鞅逆吾子。鞅請驂乘。」持帶，遂超乘。右撫劍，左
援帶，命驅之出。僕請，鞅曰：「之公。」宣子逆諸階，執其手，賂
之以曲沃。初，斐豹，隸也，著於丹書。欒氏之力臣曰督戎，國人
懼之。斐豹謂宣子曰：「苟焚丹書，我殺督戎。」宣子喜，曰：「而
殺之，所不請於君焚丹書者，有如日！」乃出豹而閉之。督戎從之。
踰隱而待之，督戎踰入，豹自後擊而殺之。范氏之徒在臺後，欒氏
乘公門。宣子謂鞅曰：「矢及君屋，死之！」鞅用劍以帥卒，欒氏退，
攝車從之。遇欒樂，曰：「樂免之。死，將訟女於天。」樂射之，不
中；又注，則乘槐本而覆。或以戟鉤之，斷肘而死。欒魴傷。欒盈
奔曲沃。晉人圍之。（襄公二十三年，頁 602 至 603。）

以上《左傳》所載計三百五十三字，其字雖少，但其間所敘之事頗多，
所塑造之人物形象生動鮮明：如記樂王鮒之鎮定對比范宣子之始懼；又寫樂
王鮒之多謀，使宣子奉公以拒欒氏，此舉已先取得名義之正，以奠定勝利基
礎。再寫士鞅逆魏舒之事，「持帶」、「超乘」、「撫劍」、「援帶」、「驅出」、「之
公」等細節描寫，將當時場面鮮明呈現；宣子逆魏舒於階執手之敘，亦見晉
諸氏爭鬥與平衡之實況。再寫斐豹擊殺督戎之事，「踰隱而待之」頗見史家敘
事想像。末敘士鞅「用劍帥師」遂退欒氏；再寫欒樂、欒魴之死傷。所謂左
氏之長於敘事，或可見諸此文。欒盈後奔回曲沃，晉軍圍克後，「盡殺欒氏之
族黨」，此後，晉公族大家欒氏，遂滅之。

仔細體會左氏文字所敘，於欒盈將叛之前，便已先借胥午之口說出：「天
之所廢，誰能興之？」之言，這言論中透顯出史家對「天命」之看法。所謂
天命一方面是指民心向背，所以胥臣助欒盈收取民心；另方面則帶有道德價
值觀，如前一年晏子所言「忠、信、篤、敬，上下同之，天之道也」，〔註29〕
這樣天命觀念朝道德轉變的情況，在《左傳》敘事中經常可見。

三、人物形象塑造與歷史解釋

人物是構成史事的基礎，是構成歷史的主體。有人才有事，有事才有史。
就宏觀角度而言，中國文化是以人爲本的文化。中國文化中最關心的焦點始
終在人，無論思想、史學、經學、文學等都圍繞著人的問題而討論，都以解

〔註29〕《十三經注疏・左傳》，臺北：藝文印書館，民國82年9月，頁598。

決人的問題爲主要目的。

就歷史敘事而言，人物形象的塑造，往往最能表現史家之史觀。歷史人物的形象塑造，主要由其言語行爲中來呈現。但史家敘史多以後世而敘前世之史，若史料未載人物詳細言行，則史家何以知之，此正是所謂歷史想像之處。就敘事角度而言，此類人物言論之內容，無論出於記言史官之實錄、或合理之歷史想像，當口語表達以文字爲媒介而載錄時，此過程或多或少已滲入敘事者主觀之判斷與態度。本段主要就《左傳》敘寫晉諸氏興衰情節中，其人物形象之塑造，及此形象在整體敘事結構中之作用與意義進行討論。

（一）先蔑、士會、荀林父之形象

晉襄公卒後，晉國在趙盾與狐射姑爭立公子雍與公子樂過程中，最後趙盾迫於形勢，立公子夷皋爲晉靈公。當初被趙盾派往秦國迎回公子雍的先蔑與士會，在晉楚令狐之戰後，出奔秦國。〔註30〕《左傳》載此事如下：

> 己丑，先蔑奔秦，士會從之。先蔑之使也，荀林父止之，曰：「夫人、太子猶在，而外求君，此必不行。子以疾辭，若何？不然，將及。攝卿以往，可也，何必子？同官爲寮，吾嘗同寮，敢不盡心乎？」弗聽。爲賦〈板〉之三章，又弗聽。及亡，荀伯盡送其帑及其器用財賄於秦，曰：「爲同寮故也。」士會在秦三年，不見士伯。其人曰：「能亡人於國，不能見於此，焉用之？」士季曰：「吾與之同罪，非義之也，將何見焉？」及歸，遂不見。（文公七年，頁317。）

先蔑爲迎立公子雍之主事者，本隨秦軍護送公子雍返國，不料趙盾改立靈公，先蔑之立場尷尬。雖不得已於令狐之戰中仍將下軍，但於戰事結束後，自認有罪於晉國及新即位的晉靈公，於是隨即出奔秦國。對於先蔑奔秦之事，《公

〔註30〕《左傳》關於此事之記載如下：秦康公送公子雍于晉，曰：「文公之入也無衛，故有呂、郤之難。」乃多與之徒衛。穆嬴日抱太子以啼于朝，曰：「先君何罪？其嗣亦何罪？舍適嗣不立而外求君，將焉寘此？」出朝，則抱以適趙氏，頓首於宣子曰：「先君奉此子也而屬諸子曰：『此子也才，吾受子之賜；不才，吾唯子之怨。』今君雖終，言猶在耳，而棄之，若何？」宣子與諸大夫皆患穆嬴，且畏偪，乃背先蔑而立靈公，以禦秦師。箕鄭居守。趙盾將中軍，先克佐之；荀林父佐上軍；先蔑將下軍，先都佐之。步招御戎，戎津爲右。及堇陰。宣子曰：「我若受秦，秦則賓也；不受，寇也。既不受矣，而復緩師，秦將生心。先人有奪人之心，軍之善謀也。逐寇如追逃，軍之善政也。」訓卒，利兵，秣馬，蓐食，潛師夜起。戊子，敗秦師于令狐，至于刳首。（《左傳・文公七年》，頁316）又由上文中所載令狐戰前晉國各軍將、佐之敘述，亦約略可見出諸氏勢力之消長。

羊》、《穀梁》二傳或貶抑其人，或以爲逃軍，惟《左傳》載敘其奔秦之始末。左氏敘寫當初先蔑將出使秦國之前，荀林父以夫人與太子皆在，不需外迎公子，勸阻先蔑，並賦詩明之，先蔑未聽仍前往秦國迎立公子雍。之後先蔑奔秦，荀林父念在同僚情誼，設法幫先蔑之妻兒與財物運送至秦國，此描寫則見荀林父之德與禮。而荀林父於宣公十二年時，繼郤缺成爲晉國執政。

由所載荀林父之言，可知士會在迎立公子雍之事上並非主事者，仍隨先蔑奔秦。之後隨員問既然追隨先蔑奔秦，爲何三年不往見之，左氏載士會之言曰：「吾與之同罪，非義之也，將何見焉？」由士會之言可見其人之德、義也。其雖非主事者，但自以爲罪同，故自我放逐奔秦。士會於魯文公十三年返晉，後活躍晉國，於宣公十六年成爲晉國執政，是范氏興盛之關鍵人物。左氏之載敘，亦以明德禮能興之史義者也。

（二）三郤形象塑造與意義

三郤失德無禮是郤氏遭滅的原因之一。所謂三郤，是指郤錡、郤犨與郤至。[註31] 其中郤至的形象較複雜，在某些事件上表現無禮，但在某些事件處理上其表現卻受德禮觀念之制約。至於郤錡與郤犨之形象較單純，左氏所敘主要在其失德無禮，奪人婦、侵人田的形象。《左傳》載郤犨奪施氏婦之事如下：

> 聲伯之母不聘，穆姜曰：「吾不以妾爲姒。」生聲伯而出之，嫁於齊管于奚，生二子而寡，以歸聲伯。聲伯以其外弟爲大夫，而嫁其外妹於施孝叔。郤犨來聘，求婦於聲伯。聲伯奪施氏婦以與之。婦人曰：「鳥獸猶不失儷，子將若何？」曰：「吾不能死亡。」婦人遂行。生二子於郤氏。郤氏亡，晉人歸之施氏。施氏逆諸河，沈其二子。婦人怒曰：「己不能庇其伉儷而亡之，又不能字人之孤而殺之，將何以終？」遂誓施氏。（成公十一年，頁456。）

魯國公孫嬰齊的母親，在生下他之後因穆姜之故改嫁於齊國管于奚。生一男一女而後守寡，其母將此二子交給聲伯（公孫嬰齊）照顧。聲伯以其異父弟爲大夫，而將其異父妹嫁給魯國的施孝叔。晉國郤犨遣使聘問於聲伯，聲伯打算將已嫁給施氏的妹妹改嫁給郤犨。而其夫施氏既不敢反抗，也不願出奔，而依照聲伯之意將其妻讓予郤犨。

觀察上文，左氏特敘郤氏遭滅後，施氏婦之言與誓，以明其知禮，贊其有

〔註31〕郤錡爲郤克之子，郤缺之孫。郤犨爲郤步揚之子，郤至爲郤犨之子。

德，並與郤犫奪人婦之無禮及施氏不能死亡之無能，形成強烈對比。此亦比事屬辭之例也。上文雖短，但人物形象已鮮明可見，此則左氏敘事之精妙者也。

關於郤至形象《左傳》載之大體如下：

> 晉郤至與周爭鄇田，王命劉康公、單襄公訟諸晉。郤至曰：「溫，吾故也，故不敢失。」劉子、單子曰：「昔周克商，使諸侯撫封，蘇忿生以溫爲司寇，與檀伯達封于河。蘇氏即狄，又不能於狄而奔衛。襄王勞文公而賜之溫，狐氏、陽氏先處之，而後及子。若治其故，則王官之邑也，子安得之？」晉侯使郤至勿敢爭。（成公十一年，頁 457。）

晉景公於成公十年六月夢大厲食新不成陷廁而亡。〔註 32〕此年晉厲公剛即位，郤氏自郤缺於宣公八年爲政後，宣公十七年郤克又繼士會成爲執政，發展至此時，郤氏成爲晉國最大之族。如下文胥童所言，此時的郤氏因族大故所爲多怨。除前述郤犫強奪施氏婦外，此處郤至以諸侯之卿、天子陪臣的身分竟與周王室爭田，其無禮無紀可見一般。在郤至與劉康公、單襄公愬訟過程中，雙方各自表述對鄇地的所有權。後晉厲公出面令郤至勿爭。由此事件可略知，無論在權威象徵意義上，或是在實際領土上，周王室日漸衰微是不爭的事實；而郤至以諸國卿大夫身分與周天子爭地，其無禮形象可見。

但在某些時候，《左傳》卻載郤至「人所以立，信、知、勇也。」之言，其形象較複雜。《左傳》載晉厲公欲去三郤以立所嬖：

> 厲公將作難，胥童曰：「必先三郤。族大，多怨。去大族，不逼；敵多怨，有庸。」公曰：「然。」郤氏聞之，郤錡欲攻公，曰：「雖死，君必危。」郤至曰：「人所以立，信、知、勇也。信不叛君，知不害民，勇不作亂。失茲三者，其誰與我？死而多怨，將安用之？君實有臣而殺之，其謂君何？我之有罪，吾死後矣。若殺不辜，將失其民，欲安，得乎？待命而已。受君之祿，是以聚黨。有黨而爭命，罪孰大焉？」壬午，胥童、夷羊五帥甲八百將攻郤氏，長魚矯請無用眾，公使清沸魋助之。抽戈結袵，而偽訟者。三郤將謀於榭，矯以戈殺駒伯、苦成叔於其位。溫季曰：「逃威也。」遂趨。矯及諸其車，以戈殺之。皆尸諸朝。（成公十七年，頁 483。）

上文中，胥童所言「必先三郤。族大，多怨。去大族，不逼；敵多怨，有庸。」

〔註 32〕關於晉景公之亡，大抵或出於史家歷史想像，用意或爲資鑑警惕。詳請見《左傳·成公十年》，頁 450。

一句話值得注意。這當中點出郤氏遭滅的主因，也說明何以要將三郤尸諸朝的原因。同時左氏透過胥童之口，反映郤氏在當時人眼中的看法與評價。因其族大故所爲多怨，怨者多則敵者益，胥童建議晉厲公欲剪滅諸氏勢力，當由郤氏開始。

觀察左氏所敘，當郤錡打算攻殺晉厲公與之玉石俱焚時，郤至卻說出一番信知勇所以立的言論，並進而指出不能不願叛君、害民、作亂。這與之前其設計欒書、與天子爭田、射殺寺人孟張等行爲，形成強烈對比。其既然知曉道理，何以所爲多怨？左氏如此載敘一或爲此正是郤至眞實矛盾之形象，一則爲左氏有意形成對比用意。無論其理如何，經過《左傳》的敘寫，郤氏一族形象明矣，此形象正說明三郤見尸之因。

（三）欒盈形象塑造與意義

欒盈就人物類型而言是屬於土線發展型。欒盈的形象在上段欒氏之亡中已有呈現，此處補充在出奔楚國過程中，經過周王畿時所發生之事。《左傳》載此事如下：

> 欒盈過於周，周西鄙掠之。辭於行人曰：「天子陪臣盈得罪於王之守臣，將逃罪。罪重於郊甸，無所伏竄，敢布其死：昔陪臣書能輸力於王室，王施惠焉。其子黶不能保任其父之勞。大君若不棄書之力，亡臣猶有所逃。若棄書之力，而思黶之罪，臣戮餘也，將歸死於尉氏，不敢還矣。敢布四體，唯大君命焉。」王曰：「尤而效之，其又甚焉。」使司徒禁掠欒氏者，歸所取焉，使候出諸輾轅。（襄公二十一年，頁 592。）

欒盈奔楚途經周，於周王畿西境遭到劫掠，欒盈向周王室反映此情況，王室派遣小行人來處理。雙方的外交辭令相當值得注意，這當中反映了欒盈的心情與周天子對晉放逐欒盈的看法，同時也反映左氏的敘事態度。

欒盈之外交辭令見上引文，其內容主要訴諸情：欒盈指出其祖父欒書、其父欒黶對周王室多有功勞，今欒氏之後不得已而出奔，過境周地，竟遭劫掠。末句所謂「若棄書之力，而思黶之罪，臣戮餘也，將歸死於尉氏，不敢還矣。敢布四體，唯大君命焉」鏗鏘有力。其指出若周天子已不念舊情，欒盈以遭逐見棄之身分，周天子乾脆殺之，何必令野人劫略其財貨。此語委婉而有力的表達對周天子縱容周人劫掠一事的不滿之情。

周王室答以「尤而效之，其又甚焉」，此話亦含意深遠。杜預注云：「晉

逐欒而自掠之是效尤」，〔註33〕楊伯峻先生說解云：「杜注謂晉之逐盈，周王以爲非，已不能再效而掠奪之。」其論確矣，客觀觀察欒盈出奔，確實是因晉國內部氏族爭鬥及欒祁慝譖所害。欒盈以族之繼承者出面解決家族內部通淫之事，是理所當然，並無過失。周王室這樣的回答，同時顯示對欒盈見逐之同情，於是周天子下令禁止劫掠欒氏，並將之前所掠財貨歸還，同時遣使護送欒盈至其離開王畿。

左氏敘寫欒氏之亡，何以特載敘此事件。一則以明欒盈出奔之蒙冤，另則以記天子與陪臣之辭令與德禮。總而言之，欒盈的出奔在當時爲大家所同情，但其後返國以曲沃叛，並攻殺晉君之事，則爲左氏所批評。

（四）董安于之忠義形象

《左傳》載敘范氏、中行氏之亡過程中，特別形塑董安于形象，前後兩事。其一見於上文比事以析論范氏中行氏衰亡情節一段，另則載之如下：

> 梁嬰父惡董安于，謂知文子曰：「不殺安于，使終爲政於趙氏，趙氏必得晉國，盍以其先發難也討於趙氏？」文子使告於趙孟曰：「范、中行氏雖信爲亂，安于則發之，是安于與謀亂也。晉國有命，始禍者死。二子既伏其罪矣，敢以告。」趙孟患之。安于曰：「我死而晉國寧，趙氏定，將焉用生？人誰不死？吾死莫矣。」乃縊而死。趙孟尸諸市，而告於知氏曰：「主命戮罪人安于，既伏其罪矣，敢以告。」
> 知伯從趙孟盟，而後趙氏定，祀安于於廟。（定公十四年，頁983。）

當初范氏、中行氏不願出兵伐邯鄲之際，董安于勸告趙鞅須有所防備，指出也許范氏、中行氏會聯合幫助趙稷，討伐趙鞅。趙鞅以「始禍者死，爲後可也」爲由，不願先發制人。董安于云：「與其害於民，寧我獨死。請以我說。」其言表示願意負全責，只求能阻止晉國內亂爭鬥，但趙鞅還是不接受。之後趙鞅果然在范氏與中行氏逼迫下，奔回晉陽。當事件告一段落，范氏、中行氏因五子之謀，在與晉君軍隊交戰失敗後，出奔，而趙鞅在韓、魏二氏說情下得以重返政治武臺。此時，知文子的心腹梁嬰父以私人恩怨，藉知文子之勢，間接要求趙鞅殺董于安。董于安以「我死而晉國寧，趙氏定，將焉用生？」於是自殺而保晉國安定與趙氏續繼。

在范氏中行氏之亂過程中，所發生之事件極多，而左氏特書董安于前後

〔註33〕 〔晉〕杜預《春秋經傳集解》，（相臺岳氏本）臺南：利大出版社，民國60年1月初版，頁241。

言論與行事,主要正爲贊頌其忠信恤民之風範。同時也藉董安于君子形象對比梁嬰父小人之惡。

除以上所論幾人形象外,其他如晉厲公、趙盾、韓厥、胥臣、賈季、魏舒、趙鞅等人亦鮮明而有寓意。篇幅所限,此暫略之。總而言之,《左傳》於載敘晉諸氏興衰過程中,形塑許多人物形象,這些人物形象皆有其對比寄託之用意。所謂屬辭比事,除事件前後對比外,人物形象之對照亦是一端。

(五)臾駢不以私害公

以下論述趙盾家臣臾駢不以私害公之舉。《左傳》相關載敘如下:

> 十一月丙寅,晉殺續簡伯。賈季奔狄。宣子使臾駢送其帑。夷之蒐,賈季戮臾駢,臾駢之人欲盡殺賈氏以報焉。臾駢曰:「不可。吾聞前志有之曰:『敵惠敵怨,不在後嗣,忠之道也。』夫子禮於賈季,我以其寵報私怨,無乃不可乎?介人之寵,非勇也。損怨益仇,非知也。以私害公,非忠也。釋此三者,何以事夫子?」盡具其帑與其器用財賄,親帥扞之,送致諸竟。(文公六年,頁315。)

魯文公六年(西元前 621 年)九月,狐射姑因個人私怨殺害陽處父後,出奔狄。趙盾派遣大夫臾駢護送狐射姑的妻兒與財貨前往狄。臾駢在此年春季晉蒐於夷時,曾與狐射姑有所衝突。此時其部屬提議趁此機會,殺害狐射姑的妻兒以報仇。由《左傳》特敘臾駢之語,可見出其敘事態度。臾駢認爲長輩間的私人恩怨不應延及後輩,這才是忠信之道,所謂「敵惠敵怨,不在後嗣,忠之道也。」又云其受趙宣子之命護送賈季妻兒前往狄,此是公務,若藉此機以逞私怨報私仇,並非君子所爲。

左氏進而藉臾駢之口,申論勇、知、忠的觀念:指出藉著別人的寵信而殺害無辜者不可稱爲勇,將私仇積累令仇恨日增是不明智的,因爲私人恩怨而壞害公務,是不忠的表現。既然部屬出現這樣的聲音,臾駢恐下屬失控,於是親自領隊護送賈季妻兒財貨出國境,左氏特載其「親帥扞之,送致諸竟」以明臾駢君子之行。又臾駢所說勇、知、忠之論,亦正左氏史義之所在。

(六)叔向見囚與祁奚之救

魯襄公二十一年(西元前 552 年),晉國欒盈在士宣子逼迫下,出奔楚國。士匄對晉國內欒氏之黨進行逮補與殺害。《左傳》載記遭到逮補與殺害之大夫如下:「秋,欒盈出奔楚。宣子殺箕遺、黃淵、嘉父、司空靖、邴豫、董叔、

邴師、申書、羊舌虎、叔羆，囚伯華、叔向、籍偃。」（《左傳・襄公二十一年》，頁590）這當中也包括當時以德禮見稱的羊舌肸（叔向）。叔向之弟羊舌虎已被殺，此時，范宣子的心腹〔註34〕樂王鮒往見叔向，表達願意救出叔向，左氏於此特敘叔向拒絕。《左傳》載此事始末如下：

> 樂王鮒見叔向，曰：「吾爲子請。」叔向弗應。出，不拜。其人皆咎叔向。叔向曰：「必祁大夫。」室老聞之，曰：「樂王鮒言於君，無不行，求赦君子，吾子不許。祁大夫所不能也，而曰必由之，何也？」叔向曰：「樂王鮒，從君者也，何能行？祁大夫外舉不棄讎，內舉不失親，其獨遺我乎？《詩》曰：『有覺德行，四國順之。』夫子覺者也。」晉侯問叔向之罪於樂王鮒。對曰：「不棄其親，其有焉。」於是祁奚老矣，聞之，乘馹而見宣子，曰：「《詩》曰：『惠我無疆，子孫保之。』書曰：『聖有謨勳，明徵定保。』夫謀而鮮過、惠訓不倦者，叔向有焉，社稷之固也，猶將十世宥之，以勸能者。今壹不免其身，以棄社稷，不亦惑乎？鯀殛而禹興；伊尹放大甲而相之，卒無怨色；管、蔡爲戮，周公右王。若之何其以虎也棄社稷？子爲善，誰敢不勉？多殺何爲？」宣子說，與之乘，以言諸公而免之。不見叔向而歸，叔向亦不告免焉而朝。（襄公二十一年，頁591。）

叔向何以不願被樂王鮒所救，卻期待已經退休多年的祁奚出面營救？左氏雖未明言，但由上下敘事中可見，其關鍵處正在於公私之義。樂王鮒爲士匄心腹，而叔向之所以被囚，正因士匄畏欒氏之多士，若此時被樂桓子所救，叔向何以面對同事件被補被殺之人。此外，《左傳》載叔向對樂桓子的看法，以其爲「從君者也」，即凡事順從上意者，若士匄執意殺叔向，樂桓子恐怕也不會盡力相救。經過現實面與道德面考量後，叔向拒絕樂桓子，而期待祁奚得知此事後，必定會出面營救，因叔向認爲祁奚是「外舉不棄讎，內舉不失親」公正德義之人。〔註35〕

正如叔向所料，當晉平公與范宣子問樂桓子如何處置叔向時，其云「不棄其親，其有焉」，指出羊舌虎助欒氏爲亂，叔向或許也是同謀。而祁奚得知

〔註34〕何以知樂桓子爲范宣子心腹，可由叔向室老所言：「樂王鮒言於君，無不行」中見出。

〔註35〕關於祁奚相關載敘，各見於《左傳》成公八年、成公十八年、襄公三年、襄公十六年及襄公二十一年。叔向謂其「外舉不棄讎，內舉不失親」之事見於襄公三年，祁奚請老之時。

此事，左氏敘其「聞之，乘馹而見宣子」。馹是一種傳車，乘馹之敘寫出祁奚急至之情。〔註36〕左氏何以於載敘欒氏之亡過程中，特別詳盡插敘此事，此正是屬辭比事之法。以叔向、祁奚二人之公義德禮，對比士匄、士鞅、欒祁之不義失德無禮。祁奚之所以往救叔向，乃是因爲叔向於此事中實屬無辜受牽連者，乃是出於爲國保賢之動機。

所以《左傳》在敘寫過程中，特別強調，叔向與祁奚二人自始至終未曾見面，叔向被救後也無意往謝祁奚。這樣的描寫，除說明二人沒有特別交情外，同時也反映左氏的敘事態度——對公義之褒揚。〔註37〕

（七）王生論私讎不及公

《左傳》在載敘范氏、中行氏衰亡過程中，於哀公五年事件結束之前，特別以補敘法載記王生與張柳朔其人之言行：

> 初，范氏之臣王生惡張柳朔，言諸昭子，使爲柏人。昭子曰：「夫非而讎乎？」對曰：「私讎不及公，好不廢過，惡不去善，義之經也，臣敢違之？」及范氏出，張柳朔謂其子：「爾從主，勉之！我將止死，王生授我矣，吾不可以僭之。」遂死於柏人。（哀公五年，頁1000。）

魯哀公五年（西元前490年），范吉射與荀寅（中行文子）在前一年冬十一月邯鄲失守後，於此時轉進至柏人，這時治理柏人一地，擔任柏人宰者是張柳朔。由上文可知，張柳朔是王生所推薦，而王生與張氏之前曾有衝突過節。當初范吉射曾有「夫非而讎乎？」之疑問，而王生以私讎不及公之論答之。《左傳》又載張氏謂其子之言，以王生公正薦之，此時其應盡責死守柏人才不負王生之薦。

《左傳》特別補敘此事，其意深遠。析論如下：其一，范氏、中行氏之亡，其事前後歷經八年多。相關史事散見於各年，習史者讀至此，恐已不明事件始末因果。《左傳》於事件結束之前，特別藉由此事之載敘，有意將整件史事作一總結。

其二，王生所論私讎不及公，正是左氏史義寄託之所在。觀察范氏、中行氏之亡，其事之擴大，正起於氏族間的私怨。左氏於此特書王生之論，乃藉言作斷、屬辭比事之法。以王生之公、張氏之忠對比五子之以私害公、失德不義。

〔註36〕楊伯峻注云：「當此時祁奚所居或距離晉新都新絳遠，故乘馹，取其快速。」
（《春秋左傳注》，高雄：復文圖書出版社，民國80年9月再版，頁1060。）
〔註37〕而祁氏與羊舌氏間的關係，也因此事無形中密切。這重下日後祁氏遭禍而羊舌氏受牽連之遠因。

其三、晉國諸氏之衰，至范氏、中行氏告一段落。此二氏血食斷於晉後，晉國氏族僅剩韓、趙、魏、知四家爲主。而春秋之史亦將盡矣。

由以上幾位人物言論內容所反映的史觀，再配合前文有關情節安排與人物形象部分之論述，若整體由敘事頻率角度討論，則私不害公，忠義信禮等觀念不斷重覆出現，是《左傳》記載晉國諸氏興廢事件始末中所強調的部分，亦是其史義史觀之所在。又「始禍者死」一語三次見於范氏、中行氏見廢過程，亦反映晉國時人對亂興始禍批評之態度。

此外，《左傳》歷史敘事中亦可見中國史學傳統中所謂實用資鑑史觀之寄蘊。如前所論，中國文化關注的是人的問題，中國史書之編纂，在相當程度上，主要是爲提供後人歷史經驗教訓與資鑑意義。這是中國史學特色所在，而《左傳》正是繼《書》、《詩》後將資鑑意義發揮擴大者。〔註38〕

第二節　「晉楚弭兵」之敘事與解釋

外交盟會是《左傳》敘事重要內容，以下以《左傳》所載晉、楚弭兵相關敘事爲例，分析其敘事與解釋。須先說明，何以取晉、楚弭兵爲討論之例。如前所論，所謂的敘事文學，必須具備順序性與連貫性。《左傳》體例爲編年體，因此時間順序性是符合的；晉、楚弭兵在春秋當時，是國際上重大事件，對於晉、楚兩國，乃至齊、秦、魯、鄭、宋等國之後的發展，都有相當重大之意義。〔註39〕《左傳》載記晉、楚弭兵前後二次，第一次是魯成公十二年（西元前 579 年），宋國大夫華元，奔走於晉、楚之間，勉強說服兩國達成停戰協議。雙方盟約於宋西門之外，此盟約本身基礎薄弱，加上晉、楚各懷鬼胎，互不信任，僅維持三年便告破裂，晉、楚兩國再次處於相爭之勢。

第二次是魯襄公二十七年（西元前 546 年），宋國大夫向戌以其本身與晉、

〔註38〕《左傳》歷史敘事與其中史觀對中國後世史書的影響，主要表現在兩方面：一是在表現藝術上，一是在史觀上。司馬光《資治通鑑》亦云上承左氏之義。除史學外，這樣的歷史敘事觀念與藝術技巧也影響中國的散文觀念與藝術技巧。

〔註39〕晉、楚長年敵對抗衡，對兩國而言都是相當沉重的負擔。對於夾處於兩國間的小國而言，亦是一大難題，其中尤以鄭國爲最。鄭國處於晉、楚間的交通要衝，成爲晉、楚相衡形勢下必爭之地。這樣的背景環境，也正是鄭國積極促成弭兵的重要因素。弭兵之議達成後，晉國內部的鬥爭轉而檯面化，卿大夫間的爭權日益嚴重，內部的爭鬥使晉國國力損耗，間接加速卿大夫的專權，更是之後三家分晉的遠因。

楚兩國執政之交情爲基礎，進而說服兩國弭兵。表面上是向戌與二人交情之故，實際上是晉、楚兩國經過近九十年的爭戰，雙方國力消耗，確實有休養生息之需求。此外，晉國國內卿大夫間的傾壓鬥爭日益嚴重，而楚國面對新興的吳國，亦疲於奔命。在這樣的主、客觀形勢下，向戌順勢提出弭兵之議，打著德義的名號，成功說服兩國達成協議。此次弭兵，帶來近四十年的和平。《左傳》對於晉、楚弭兵之始末有詳細的敘述，對其前因後果交代清楚，基本上符合敘事文學連貫性的要求。以下由情節、人物等角度進行分析。

一、晉、楚弭兵情節與人物討論

《左傳》原文頗多，無法完整列舉。〔註40〕但探討敘事文學，情節是十分重要的關鍵。作者往往經由對情節故事之安排，來傳達其創作目的。以下對晉、楚弭兵之事作約略之敘述，一方面由情節角度進行分析，另方面亦爲後文探討隱含作者之基礎。

（一）兩次弭兵情節比較分析

《左傳》前後二次記載晉、楚兩國之弭兵，兩次記載側重之點截然不同，頗有討論價值。魯成公十二年，宋國大夫華元極力促成兩國停戰。其所以能促成兩國議和，一方面與其本身與兩國執政的交情有關，另方面是晉、楚兩國也有求成之意，《左傳·成公十一年》載：「宋華元善於令尹子重，又善於欒武子，聞楚人既許晉糴茷成，而使歸復命矣。冬，華元如楚，遂如晉，合晉、楚之成。」〔註41〕文中記載華元在聽聞楚國與晉國互遣使求成之事後，便出面促成弭兵之議。這樣的敘事手法同樣出現在魯襄公二十七年第二次弭兵中。《左傳·襄公二十七年》載：「宋向戌善於趙文子，又善於令尹子木，欲弭諸侯之兵以爲名。」〔註42〕我們發現作者在處理兩次弭兵時，對於居間促成兩國議和之關鍵人物，都明確記載其個人與晉、楚兩國執政之交誼。若由《穀梁傳》所云，大夫無私交的觀點出發，則華元、向戌之行爲，或有可

〔註40〕可參見《左傳·成公十二年》與《左傳》襄公二十五年至襄公三十一年及昭公元年中相關之記載。或可參看洪順隆編著《左傳論評選析新編（下）》之第六節之八、宋華元克合晉楚之成及第七節之九、弭兵之會。（臺北：中國文化大學出版部，民國71年10月初版）。

〔註41〕《十三經注疏·左傳》，臺北：藝文印書館，民國82年9月，頁457。

〔註42〕同上註，頁643。

議之處。但《左傳》所記者，主要是反映當時的實際狀況。

事實上，春秋當時各國大夫間的私人情誼，是普遍之事。有必要討論的是：《左傳》兩次記載弭兵，都因宋國大夫「善」於晉、楚執政而開端，這樣的敘事方式，一方面指出了當時各國大夫間私人往來之情況；另方面也反映春秋中晚期的政治實權，已由諸侯下落至執政卿大夫手中，像弭兵如此重要之大事，竟由各國的幾位卿大夫以私人之誼爲基礎而促成。

關於政權下落之事，第二次弭兵相關記載中，魯國的例子亦可以互證。當晉、楚兩國代表到達宋國，協調解決雙方歧見與互不信任而將盟約之際，魯國的執政季武子派人以魯侯的名義，要求魯國代表叔孫豹比照邾國與滕國來完成弭兵之事。《左傳》載其事如下：「季武子使謂叔孫公命曰：『視邾、滕。』既而齊人請邾，宋人請滕，皆不與盟。叔孫曰：『邾、滕，人之私也；我，列國也，何故視之？宋、衛，吾匹也。』乃盟。故不書其族，言違命也。」〔註43〕關於季武子爲何要求叔孫豹比照邾、滕兩小國來辦理弭兵，歷來學者多有論述。此處舉例之目的，其一是爲印證前文所論，春秋中晚期政權旁落之事實。其二是《左傳》記載晉、楚兩國弭兵之過程，參加此次盟會的國家有十四個，何以特別記載魯國的情況？又季武子既握大權，爲何以魯侯之名義來要求叔孫豹？

《春秋》是孔子以魯史爲據加以刪定而成的，然其書微言而寓大義，文字過於簡鍊，非知春秋之史事者難以了解孔子之意。因此《左傳》作者，遂以記事方式來解釋《春秋》。關於此事《春秋》載：「秋七月辛巳，豹及諸侯之大夫盟於宋。」〔註44〕如此簡要之記載，怎知其中發生何事，治春秋者指出，何以不書叔孫而書其名豹？認爲這就是孔子的微言之筆。〔註45〕暫不論此一問題，《左傳》之所以載錄魯國之事，正是爲解釋《春秋》中所載。若由敘事角度而言，《左傳》作者寫作動機主要爲替《春秋》作解，《春秋》既錄此事，《左傳》亦當載其事以釋之。由這樣的敘事策略，《左傳》以事解經之事實，或可見之。

〔註43〕同上註，頁 646。

〔註44〕《十三經注疏‧左傳》，臺北：藝文印書館，民國 82 年 9 月，頁 642。

〔註45〕關於此問題的討論，學者多有論述。筆者較認同傅隸樸《春秋三傳比義》之說法。其論如下：「季氏欲輕魯之貢賦，寧願自降於邾滕附庸之列，惟恐叔孫不同意，故假借魯侯名義以命叔孫豹，叔孫豹爲保持國家尊嚴，抗不從命，而加盟諸侯，這一種尊國家，尊爵位的赤忱，乃撥亂反正的春秋所當宏獎，夫子豈有貶之之理？」詳請見其書頁 841 至 842。（臺北：臺灣商務印書館，民國 72 年 5 月初版）。

〔註46〕

　　此外，另一個問題是，季武子何以要假托魯襄公之名義，就當時實際情況而言，政權已由季氏掌握，但季武子卻以襄公之名命叔孫豹「視邾、滕」。試觀魯國政治發展，莊公之後魯國的政權逐漸被三桓（孟孫氏、叔孫氏、季孫氏）所掌握。宣公之後，魯國的外交事務逐漸專由叔孫氏負責。季孫氏雖是此時政權的主掌者，但對於孟孫、叔孫之勢力仍無法完全掌握，〔註47〕其對叔孫氏之勢力仍有顧忌。叔孫氏向來以德、禮聞名，季武子知其必不聽令，故雖是己意，乃假托魯公之名。雖然如此，但叔孫氏還是違令，將魯國比照宋、衛等國的地位，達成盟會。

　　另一值得注意的是《左傳》記載兩弭兵，僅成公十二年對於兩國的盟辭，作完整的摘錄。其載成公十二年晉、楚之成如下：

> 華元克合晉、楚之成，夏，五月，晉士燮會楚公子罷、許偃。癸亥，盟于宋西門之外，曰：「凡晉、楚無相加戎，好惡同之，同恤菑危，備救凶患。若有害楚，則晉伐之；在晉，楚亦如之。交贄往來，道路無壅；謀其不協，而討不庭。有渝此盟，明神殛之，俾隊其師，無克胙國。」鄭伯如晉聽成，會于瑣澤，成故也。（成公十二年，頁457。）

何以《左傳》要對此次弭兵之盟辭作詳細的摘錄？若對照襄公二十七年兩國第二次的弭兵，《左傳》記載之重點不在盟辭上，對於雙方盟會之敘述，反而將焦點置於楚人衷甲與晉、楚爭先上。事實上，晉、楚第一次弭兵之正式完成，並不在上文所載的夏五月，而是在同年的冬十二月。〔註48〕文中所載僅是兩國代表初步的協商，由於這是晉、楚兩國第一次進行正式的和平之議，因此，雙方對於和議盟辭之內容，必須經過協商討論。《左傳》完整記錄此次雙方商議盟約之內容，這樣的敘事手法，確有其深層含義。一方面表彰兩國議和，另方面記下盟約內容以爲後人借鏡。〔註49〕

〔註46〕當然此處孤證無法成立，但縱觀《左傳》全文，這樣替《春秋》解釋的敘事策略，隨處可見。篇幅所限，請見他文論述。

〔註47〕這樣的情況，可由之後季孫氏與魯君之鬥爭中，其對叔孫氏、孟孫氏之態度可知。

〔註48〕此年夏五月，晉楚雙方應宋華元之請，晉國以士燮爲代表，與楚國公子罷、許偃於宋國的西門之外，進行初步的協商，達成議和的共識。同年秋季晉郤至出使聘於楚國，同年冬季，楚國公子罷如晉聘，至此雙方的盟約才算完成。詳見《左傳》成公十二年至十三年所載。

〔註49〕如《孟子》書中便曾多次論及春秋盟辭相關文獻。此外《左傳》中亦見載盟

（二）《左傳》敘述向戌弭兵之功過與敘事態度

魯僖公二十八年（西元前 632 年）晉、楚城濮之戰後，國際形勢主要以晉、楚南北抗衡爲主。晉、楚爭勝歷經九十餘年，雙方各有成敗，終未能專主中原盟主之位。在兩國相爭過程中，位處晉、楚之間的諸小國，如鄭、宋等成爲最主要的受害者。面對如此的形勢，魯成公十二年，宋國大夫華元首先促成晉、楚弭兵之議，雙方雖初步達成協定，但雙方互不信任，僅三年兩國便再次發生衝突。晉、楚爭勝之時，東方的齊國與西方的秦國亦圖強發展，至魯襄公時期，晉、楚、齊、秦，成爲國際上主要的強國。

襄公二十五年（西元前 548 年），晉國由趙文子繼任執政，其人本身有德，加上衡量國際形勢，一上任便採取「薄諸侯之幣而重其禮」的政策。〔註 50〕襄公二十六年，由於晉國趙文子的努力，使晉國與齊、宋、鄭、曹等國達成盟約，也與秦國達成初步的協議。同一時間，楚國也完成陳、蔡等國的盟約。以晉與楚爲主軸之兩大陣營重心獲得整合。襄公二十七年，春季，宋國大夫向戌以其本身與晉、楚兩國執政者之交情爲基礎，對兩國提出弭兵停戰之建議。《左傳》載其事如下：

> 宋向戌善於趙文子，又善於令尹子木，欲弭諸侯之兵以爲名。如晉，告趙孟。趙孟謀於諸大夫。韓宣子曰：「兵，民之殘也，財用之蠹，小國之大菑也。將或弭之，雖曰不可，必將許之。弗許，楚將許之，以召諸侯，則我失爲盟主矣。」晉人許之。如楚，楚亦許之。如齊，齊人難之。陳文子曰：「晉、楚許之，我焉得已？且人曰『弭兵』，而我弗許，則固攜吾民矣，將焉用之？」齊人許之。告於秦，秦亦許之。皆告於小國，爲會於宋。（襄公二十七年，頁 643。）

以上內容主要敘述宋國向戌提出弭兵之動機，及晉、楚、齊、秦等國對弭兵的看法。值得注意的是：《左傳》在敘述中明確點出向戌提出弭兵，主要是「欲弭諸侯之兵以爲名」。如此之敘事，實則已含作者負面態度於其中。事實上，此次弭兵之國際形勢，與魯成公十二年時華元所提議弭兵時之形勢類似，晉、楚兩

之記載，各於：襄公九年、襄公十年、襄公十一年、昭公二十五年、定公四年、定公十年、定公十三年、哀公二十六年。

〔註 50〕《左傳》載之如下：趙文子爲政，令薄諸侯之幣，而重其禮。穆叔見之，謂穆叔曰：「自今以往，兵其少弭矣。齊崔、慶新得政，將求善於諸侯。武也知楚令尹。若敬行其禮，道之以文辭，以靖諸侯，兵可以弭。」（《十三經注疏‧左傳》，臺北：藝文印書館，民國 82 年 9 月，頁 621。）

國之執政者本身或有弭兵之思，華元、向戌等順勢促成。稍相異處在於，襄公二十七年弭兵議和提出之際，晉、楚雙方經過長期的國力消耗及諸國內外因素，已無力無意再起爭端，這也是此次弭兵能成功維持近四十年的重要因素。

　　依據《左傳》敘事，「欲以為名」是向戌弭兵之動機，《左傳》如此敘寫，其意為何？為要名譽而促成弭兵之議，《左傳》對此事之看法如何？僅僅由此處所載，似無法看出《左傳》作者的態度，此時透過比事結構，將此敘述配合後文有關宋左師（向戌）請賞一事之記載，則作者對向戌之褒貶與態度，或稍可解。《左傳》載其事如下：

> 宋左師請賞，曰：「請免死之邑。」公與之邑六十，以示子罕。子罕曰：「凡諸侯小國，晉、楚所以兵威之，畏而後上下慈和，慈和而後能安靖其國家，以事大國，所以存也。無威則驕，驕則亂生，亂生必滅，所以亡也。天生五材，民並用之，廢一不可，誰能去兵？兵之設久矣，所以威不軌而昭文德也。聖人以興，亂人以廢。廢興、存亡、昏明之術，皆兵之由也，而子求去之，不亦誣乎！以誣道蔽諸侯，罪莫大焉。縱無大討，而又求賞，無厭之甚也。」削而投之。左師辭邑。（襄公二十七年，頁648。）

由上之記載，《左傳》透過子罕之口，對於向戌弭兵之事提出評論。此或真實記錄宋國司城子罕部分言論內容，但更多成分應是作者透過歷史想像改寫而成。子罕指出，「兵之設久矣」，說明兵戰有其存在之意義，事實上就春秋當時情況而言，軍事力量是霸主主盟的後盾，沒有軍事力量便無法「威不軌而昭文德」。其進一步指出，兵戰是否消弭，關鍵在於當時形勢與各國的軍事平衡，與向戌本人並無直接關聯，此點前文已論述。

　　因此，向戌今以弭兵之功而欲求賞，出示封賞的簡冊公文給司城子罕，子罕數其罪大幸免於是將簡冊「削而投之」，否定這次的封賞，向戌聽聞子罕之言，亦有所悟，於是推辭不受賞。《左傳》作者之褒貶，似乎可以由此了解。

二、晉、楚弭兵敘事之「核心情節」討論

　　敘事情節中有所謂「核心情節」者，即事件情節發展之主要核心所在，其或為一言、一行、一物，整體而言，敘事結構以核心情節為主軸來設計。〔註51〕

〔註51〕此類敘事手法後於傳奇、話本小說中亦常見。

就晉、楚弭兵敘事而言，整體敘事中有三個核心情節，透過這三個情節核心，作者成功將讀者閱讀焦點聚集，同時透過這三件核心事件，一則聯繫敘事整體，另則藉此來寄託言外之旨。就接受一方而言，敘事「核心情節」之掌握與理解，是破譯表達者敘事態度與歷史解釋之關鍵。

以襄公二十七年晉、楚第二次弭兵爲例，〔註52〕《左傳》記載此次晉、楚弭兵，主要將敘述焦點置於三個核心情節上：其一是楚國子木提出「請晉、楚之從交相見」一事；其二是弭兵會盟之時「楚人衷甲」一事；其三是會盟當時晉、楚兩國爭先主盟一事。〔註53〕若就敘事與歷史解釋角度而言，《左傳》特意對此三事作詳細之敘述與細節描寫，其以敘事進行解釋之用心明白可見。以下依序分析此三事件，並討論其敘事文字背後之深層解釋。

（一）晉、楚之從交相見

魯襄公二十七年春季末，宋國大夫向戌提出弭兵之議，初步得到晉、楚、齊、秦四國的支持。同年五月晉國執政到達宋國，六月魯國、齊國、陳國、衛國的外交代表亦到達宋國。六月中旬楚國先行代表公子黑肱到達宋國，同時楚國令尹亦至陳國境內。六月下旬，向戌前往陳國迎接楚國令尹子木，並協商弭兵相關事項。

此時，子木提出了「請晉、楚之從交相見」的要求。這樣的要求是之前所未有的，弭兵之前，各小國夾處於晉、楚之間，不歸晉則從楚，未有同時相從兩國者。子木提出這樣的要求，等於是要求與晉國同處平等位置，即晉國的從盟國也等於楚國的從盟國，而楚國的從盟國亦有向晉國朝貢之義務。《左傳》載此事如下：

> 五月甲辰，晉趙武至於宋。丙午，鄭良霄至。六月丁未朔，宋人享趙文子，叔向爲介。司馬置折俎，禮也。仲尼使舉是禮也，以爲多文辭。戊申，叔孫豹、齊慶封、陳須無、衛石惡至。甲寅，晉荀盈從趙武至。丙辰，邾悼公至。壬戌，楚公子黑肱先至，成言於晉。丁卯，宋向戌如陳，從子木成言於楚。戊辰，滕成公至。
>
> 子木謂向戌，請晉、楚之從交相見也。庚午，向戌復於趙孟。趙孟

〔註52〕 晉、楚兩國於魯成公十二年所達成的第一次弭兵，維持時間僅三年，《左傳》並未多加敘述，若以前文所論之敘事形式，是屬於「以事爲主」之客觀敘事。

〔註53〕 基本上此三事之發生有先後順序與因果關聯，《左傳》在敘述過程中，亦注意其先後與關聯，故如前所述，由敘事角度來探討《左傳》應是可以接受的。

曰：「晉、楚、齊、秦，匹也，晉之不能於齊，猶楚之不能於秦也。
楚君若能使秦君辱於敝邑，寡君敢不固請於齊？」壬申，左師復言
於子木，子木使馹謁諸王。王曰：「釋齊、秦，他國請相見也。」秋
七月戊寅，左師至。是夜也，趙孟及子晳盟，以齊言。庚辰，子木
至自陳。陳孔奐、蔡公孫歸生至。曹、許之大夫皆至。以藩爲軍。（襄
公二十七年，頁 644。）

對於子木這樣的提議，向戌告知晉國趙孟，趙孟指出，晉、楚、齊、秦基本
上是處於平等地位，因此，晉國無法令齊國向楚國朝貢，正如楚國也無法令
秦國向晉國朝貢一般。由趙孟這番言論，再配合襄公二十五年至二十六年所
載，晉、楚兩國花費不少心力，才各自與齊、秦二國訂下盟約可知，晉、楚
長年的爭戰，已使兩國國力大大消耗。就外交謀略角度而言，晉國提出因其
無法讓齊國向楚國臣服，故「交相見」之提議有其實際執行上之困難。向戌
再將此事轉告子木，子木遣使者徵詢楚王意見後，同意將齊、秦二國除外，
而其他各國可納入「交相見」提議之實施範圍。

　　由敘事角度而言，《左傳》在敘述此事的過程中，強調的是晉、楚兩國與齊、
秦兩國的關係，對其他小國是否同意「交相見」這不合理之提議，隻字未提。
如前所論，請從國交相見是前所未有的事，《左傳》作者在此特意強調齊、秦二
國與晉、楚兩國地位、國力之平等，一方面是其史書性質，必須將當時實際情
況如實記載，另方面其敘寫晉國趙孟指出「晉、楚、齊、秦匹也」，隱約反映出
晉楚南北抗衡的時代逐漸過去，轉而發展成爲四國鼎立之勢。事實上，趙孟之
言一方面指出當時國際形勢，另方面亦反映出晉國對齊國無奈之態度。〔註54〕

　　此外，另一值得注意的是《左傳》特別記載，七月初各與會國皆到達後，
各國軍隊駐地「以藩爲軍」。所謂藩是指藩籬，即以籬笆編織爲牆，而不以壘
塹。楊伯峻指出，這樣的作法「以示不相忌」。〔註55〕楊氏所言是此事的表象，
其實《左傳》所以如此敘述，正隱約反映出各國間的互不信任，尤其楚國，
處心積慮想取得中原盟主之位，想擴張楚國領地，對於弭兵之事，實出於形
勢所迫。此一觀點，可有下文楚人衷甲一事獲得印證。

〔註54〕整體觀察《左傳》可發現，自晉文公主盟以來，齊國與晉國的關係，常是亦
　　　　敵亦友。晉文公的霸業是繼齊桓公而起，齊國雖經內亂而國力日減，但其在
　　　　位的多爲君主，心中亦常有重振霸業之思，因此，與晉國不時發生糾紛。
〔註55〕楊伯峻《春秋左傳注》，高雄：復文圖書出版社，民國80年9月再版，頁1131。

（二）「楚人衷甲」事件分析

魯襄公二十七年（西元前 546 年）七月，參與弭兵的十四個國家齊聚宋國，將於宋國西門之外進行弭兵之會。就在此時，發生楚國將參與會盟的軍隊於外衣之下暗著甲衣的情況。《左傳》載其事如下：

> 晉、楚各處其偏。伯夙謂趙孟曰：「楚氛其惡，懼難。」趙孟曰：「吾左還，入於宋，若我何？」辛巳，將盟於宋西門之外。楚人衷甲。伯州犁曰：「合諸侯之師，以為不信，無乃不可乎？夫諸侯望信於楚，是以來服。若不信，是棄其所以服諸侯也。」固請釋甲。
>
> 子木曰：「晉、楚無信久矣，事利而已。苟得志焉，焉用有信？」大宰退，告人曰：「令尹將死矣，不及三年。求逞志而棄信，志將逞乎？志以發言，言以出信，信以立志。參以定之。信亡，何以及三？」趙孟患楚衷甲，以告叔向。叔向曰：「何害也？匹夫一為不信，猶不可，單斃其死。若合諸侯之卿，以為不信，必不捷矣。食言者不病，非子之患也。夫以信召人，而以僭濟之，必莫之與也，安能害我？且吾因宋以守病，則夫能致死。與宋致死，雖倍楚可也，子何懼焉？又不及是。曰弭兵以召諸侯，而稱兵以害我，吾庸多矣：非所患也。」
>
> （襄公二十七年，頁 644。）

《左傳》於記載弭兵過程中，特別點出此事，除是事件事實外，必然有其含義。對於楚人衷甲的情況，楚國大夫伯州犁向子木進言，指出各國盟會弭兵主要以信，今日楚國不信，他日恐無法信服於各國。因此，請求子木下令「釋甲」。沒想到子木開宗明義指出，「晉楚無信久矣，事利而已，苟得志焉，焉用有信？」其指出，晉楚九十年來的爭鬥，兩國間已無信義可言，凡是只要有利楚國，何必遵循信義。子木之所以有這樣的言論，一方面是其本身性格因素，另方面正如前所述，楚國對此次弭兵之會，是迫於形勢而成，因此，其本身並沒有強烈想要弭兵之欲望。

若比較成公十二年（西元前 579 年）第一次弭兵時，楚國子反的態度與此次子木之態度，有異曲同工之妙。魯成公十二年秋季，晉國郤至〔註 56〕前往楚國，交換同年夏季兩國於宋西門外所達成的盟約。楚共王設宴款待郤至，子反令樂工奏天子宴享之樂，郤至聽聞急忙避走，《左傳》載其與子反一番對

〔註 56〕關於郤至其人分析，請見上一節，晉國諸氏興廢之敘事與解釋中之討論。

談，頗具深意。

> 晉郤至如楚聘，且涖盟。楚子享之，子反相，爲地室而縣焉。郤至
> 將登，金奏作於下，驚而走出。子反曰：「日云莫矣，寡君須矣，吾
> 子其入也！」賓曰：「君不忘先君之好，施及下臣，貺之以大禮，重
> 之以備樂。如天之福，兩君相見，何以代此？下臣不敢。」
>
> 子反曰：「如天之福，兩君相見，無亦唯是一矢以相加遺，焉用樂？
> 寡君須矣，吾子其入也！」賓曰：「若讓之以一矢，禍之大者，其何
> 福之爲？世之治也，諸侯間於天子之事，則相朝也，於是乎有享宴
> 之禮。享以訓共儉，宴以示慈惠。共儉以行禮，而慈惠以布政。政
> 以禮成，民是以息。百官承事，朝而不夕，此公侯之所以扞城其民
> 也。故《詩》曰：『赳赳武夫，公侯干城。』及其亂也，諸侯貪冒，
> 侵欲不忌，爭尋常以盡其民，略其武夫以爲己腹心、股肱、爪牙。
> 故《詩》曰：『赳赳武夫，公侯腹心。』天下有道，則公侯能爲民干
> 城，而制其腹心。亂則反之。今吾子之言，亂之道也，不可以爲法。
> 然吾子，主也，至敢不從？」遂入，卒事。歸以語范文子。文子曰：
> 「無禮，必食言，吾死無日矣夫！」（成公十二年，頁 458。）

除去雙方的外交語言，這次的對談中，子反已明顯透露出對於弭兵的不信任
與楚國擴張之野心。郤至指出今日子反用天子享諸侯之樂來招待自己，則他
入若兩國國君相見，當用何樂以示敬意？子反卻回答：「兩君相見，無亦唯是
一矢以相加遺，焉用樂？」其意是指，兩國國君相見之日，應是兩國兵戎相
見之時，到時候應該無須奏樂，因此郤至所擔心的問題不成立。今日，我們
無法判斷子反這樣的回答是否含有開玩笑的成分，但正式外交場合如此對
答，在某些程度上，已反映出其本身與楚國對於弭兵的看法。《左傳》透過對
此事的記載，也隱含對子反之批判。〔註 57〕

　　相對與子木的態度，《左傳》對照敘述了晉國趙孟與叔向的態度，其描寫
趙孟聽聞楚人衷甲之事，心中有所顧慮，便找叔向商量，叔向回答：「何害也」，
並進一步指出，兩國盟會主要建立在互信的基礎上，如果楚國想藉機從事無
信之事，必將受各國之唾棄，所謂「以信召人，而以僭濟之，必莫之與也」。
叔向指出，宋國基本上是晉國的盟國，若楚國利用弭兵之會而起兵事，宋國

─────────────────

〔註 57〕有關此次外交辭令之交際，請參見拙著《語用學與左傳外交辭令》，臺北：萬
　　　　卷樓圖書公司，民國 89 年 12 月初版。

人民亦會拼死抗楚，楚國於此當中佔不到多少的利益。經由這樣的對照敘寫中，《左傳》對於叔向之褒美，著實可見。又其強調德、禮、信、義之隱含作者形象，亦約略浮現。

（三）「晉楚爭先」事件分析

楚人最終是否有釋甲，《左傳》未述。此事件之後，《左傳》插敘一段魯國季武子令叔孫豹比照邾、滕二國以成盟約之事，此事已見前文論述。之後便是盟會當天晉、楚爭先之事。關於春秋盟會之儀式，學者多有專著論述。〔註58〕整體而言，春秋時人認為，盟會歃血之次序，具有某種象徵意義。即先飲者為盟主，或執牛耳者為盟主。弭兵之會當日，《左傳》載晉國與楚國皆欲爭先歃飲以主盟，其記載如下：

> 晉、楚爭先。晉人曰：「晉固為諸侯盟主，未有先晉者也。」楚人曰：
> 「子言晉、楚匹也，若晉常先，是楚弱也。且晉、楚狎主諸侯之盟也
> 久矣，豈專在晉？」叔向謂趙孟曰：「諸侯歸晉之德只，非歸其尸盟
> 也。子務德，無爭先。且諸侯盟，小國固必有尸盟者，楚為晉細，不
> 亦可乎？」乃先楚人。書先晉，晉有信也。（襄公二十七年，頁646。）

對於晉、楚爭先之事，《左傳》作者將兩方欲主盟的說法分別記載，此正比事之手法。透過對寫晉人與楚人之言，將雙方欲主盟之意見進行對照說明。晉國指出其本為中原盟主，今日弭兵理應主盟。楚國則言，晉、楚今日之國力相當，且如晉國所云，其本為盟主，如果今日又是晉先楚後，則是楚國示弱之舉，楚國無法同意。此外，長期以來晉國為北方盟主，楚國則稱霸南方，兩國勢力相當，豈能讓晉國先盟。《左傳》客觀記載雙方說辭，並無偏袒，但其後藉晉國叔向之口，表達其對當時盟會與主盟之態度與看法。

叔向對趙孟進言，指出盟會之精神在於以德信服人，至於誰先誰後並不是重點，只要能以德禮對待他國，就算不先盟亦能獲得各國之實際支持。其勸趙武子「務德，無爭先」。趙武子接受了叔向之建議，於是此次弭兵由楚國先盟。

值得說明的是，叔向的這番言論，無論是叔向當時之言論，或是作者透過叔向之口借言敘事，表達某些觀念。我們可以由其說辭中強烈感受到，《左傳》作者對於德、禮、信、義觀念的強調。叔向「子務德，無爭先」之語，正反映出《左傳》由人文角度進行歷史解釋之傾向。

〔註58〕如劉伯驥《春秋會盟政治》書中對春秋會盟之情況有詳細之論述。（臺北：中
　　　　華書局，民國51年3月印行）。

三、晉、楚弭兵之敘事與解釋

以上針對《左傳》記敘晉楚弭兵之事進行分析。若由敘事角度而言，某一事件的發展，過程十分繁複，非片言可以盡述。因此，作者在記敘事件的過程中，必然會有所取捨，有所偏重，而這樣的取捨與側重正是作者意旨之所在。以晉、楚弭兵為例，弭兵過程複雜，但《左傳》只取其中若干事件記載，這樣的取捨，正透露出作者的用意。以下先歸納《左傳》敘述弭兵事件之幾點敘事特色，即其取捨與側重之處，進而由此切入討論其中所表現之敘事態度與歷史解釋。

觀察《左傳》載記載晉楚弭兵相關事件的取捨與側重之處，可發現以下幾個敘事特色：其一，《左傳》於敘述弭兵過程中，特別偏重在敘述楚國不合作之態度。由令尹子木至楚人衷甲到晉、楚爭先，由這樣的敘述過程中，在在反映出《左傳》對於楚國態度之褒貶。

其二、在人物形象描寫與塑造上，《左傳》對於向戌、趙孟、子木、叔孫豹、叔向、伯州犁、子罕等人，都有不同角度的描寫，也經由對這些人物形象之塑造，表達出作者某些深層含意。

其三、無論對事件或對人物言行，由《左傳》敘述中可發現，其特別強調評論與褒貶，透過事件人物之口，申述其對事件或人物的價值判斷，而這樣的價值判斷正是其隱含作者之所在。

總觀《左傳》敘述晉楚弭兵事件，對楚國不合作的態度多所著墨。前文所述之子木要求晉楚之從交相見、楚人衷甲及晉楚爭先事件中，《左傳》多採取對照的寫法，一面寫楚國之不信無禮，另面寫晉國之信禮求全。經由這樣的敘事手法，成功突顯晉、楚兩國的不同，楚國處處以利為考量，對於德、禮、信、義等觀念，僅利用作為爭勝取霸之工具，而這樣的描寫在兩次的弭兵記載中，都明顯可見。反觀晉國，無論是執政卿如趙孟，或其他大夫如叔向等人，或是外交使節如郤至等人，處處以德禮為要，隨時強調以信義服人。晉國上下對德禮信義之要求，經由《左傳》對比敘述手法呈現，其中的寓意更加明顯。《左傳》文字中所隱含之作者形象，強調德、禮、信、義之重要。

此外，《左傳》所以特重楚國不合作態度之敘寫，其中或許含有某些程度的華夷之別，楚國向來被中原諸國以蠻夷視之，加上其本身的所作所為，《左傳》作者在取捨之間，似乎也反映出對楚國蠻夷之貶抑。

觀察《左傳》所載弭兵事件之文字，可發現其中特別偏重某些人物形象

之描寫。向戌、趙孟、子木、叔孫豹、叔向、伯州犁、子罕等人。經由對這些人物的描寫，透顯出作者的用意，同時也間接描繪出隱藏於文本文字中的「隱含作者」。以下針對叔向、叔孫豹二人進行討論。

　　叔向與叔孫豹在《左傳》之整體形象，皆屬有德知禮。叔向爲晉國大夫，長期負責晉國的外交事務；叔孫豹爲魯國大夫，亦是魯國外交之主要負責人。此二人常見於會盟之場合，或國有大事時，亦常見二人之發言。除君子曰、仲尼曰、書曰的敘事干預形式外，藉言敘事是《左傳》表達觀念、塑造人物的敘事手法之一。就敘事學理論而言，當有些話語不符合故事人物角色或特性時，這往往就是作者透過歷史想像並藉言敘事之處。叔向與叔孫豹二人在晉、楚弭兵相關敘事中，形象與言論內容有其一貫性，所以，我們無法判斷二人之言論，是其本身所述或是作者刻意的安排。不過，這並不妨害讀者對於敘事文本背後隱含作者之推斷。因爲，當事件發生時，對該事件發表言論者必定不只此二人，然《左傳》卻獨載二人之言，由這樣的取捨，其價值觀已昭然可見。

　　例如，當晉、楚爭先之時，叔向以德禮信義說服趙武子務與楚爭先。叔向之言長達一百零九字，幾乎佔該事件二分之一，《左傳》詳細摘錄，且叔向言論內容圍繞德禮信義，反覆論述，《左傳》徵引之時，或未見刪減，由以上種種敘事策略，可知，《左傳》文字中的隱含作者，在在強調德禮信義之要。

　　《左傳》載記弭兵事件，其中許多人物或發言或行事，《左傳》多在事後，藉他人言談之際，託他人之口對該人物之言行及其興衰進行評斷。統計晉楚弭兵事件相關記載中，這類的敘述即多達八次。大多是出現在弭兵會後，各國遣使互聘的過程中。例如鄭伯享趙孟於垂隴，鄭國諸大夫賦詩言志一事，子展、伯有、子西、子產、子大叔及二位子石，在外交宴飲場合中，各自賦詩以言志。其中伯有賦詩不當，會後叔向預言其之將亡。又如，向戌以弭兵之功請賞，子罕一番批評，使向戌有所徹悟。又如襄公二十七年楚蓮罷如晉蒞盟，晉侯設宴款待，蓮氏將出賦〈既醉〉，叔向評論其「承君命，不忘敏」，預言其之將興。又如，襄公二十八年，蔡侯在由晉歸國的途中，經過鄭國，鄭簡公享之，蔡侯態度不敬。《左傳》借子產之口，預言蔡國之將衰。又如鄭國游吉出使楚國，被楚人所拒，令其折返。子大叔回國後說出「楚子將死矣」的言論。〔註59〕

〔註59〕以上有關外交賦詩或外交辭令之相關論述，請參見拙著《語用學與左傳外交賦詩》及《語用學與左傳外交辭令》二書，其中對這些事件與辭令皆有詳細

第三節　《左傳》禍福敍事與人文史觀

　　禍福敍事是《左傳》「預言模式」重要內容之一。人面對禍福吉凶的態度與宗教觀念關係密切。在原始思維的宗教觀念下，福禍吉凶之降獲是出自於天、神、鬼。隨著人文精神與理性思維的發展，春秋戰國時期，人們對於禍福吉凶的看法，已由逐漸人文化。《左傳》相關敍事正反映這人文化的過程。

　　《左傳·文公十四年》載周頃王崩後，周公閱與王孫蘇爭政一事，其中有「禍、福，不告，亦不書。」〔註60〕可知，禍福、死生之事亦是春秋史官所關注的焦點之一。《左傳》「福」字共65見，「禍」字共109見。〔註61〕整體而言，《左傳》敍述禍福降獲之情況，主要有以下幾特點：其一、多以禍福並舉，言福之獲多以禍之降對比之，此正是《左傳》敍事中比事結構之設計。透過這樣的比事對舉結構，能使正反關係一目了然，更能凸顯敍事者欲表達的史觀、史義，讓歷史敍事的資鑑功能更具說服力。使讀者閱讀後記取獲福之道，而以降禍之因爲戒。〔註62〕此亦正是《左傳》歷史敍事在宗教人文化過程中之功能。

　　其二、強調獲福與降禍之原因。歷史敍事與文學敍事的區別之一，在於對因果關係的強調。資鑑意義是歷史敍事的重要特徵，如何能使讀者由歷史

　　　　　之論述，因非本文重點，故不贅言。

〔註60〕　《十三經注疏·左傳》，臺北：藝文印書館，民國82年9月，頁335。杜預注以奔亡爲禍，以復歸爲福。楊伯峻以爲失之狹，以禍福泛指一切災禍、喜慶。杜注以奔、復爲禍福，確實令人不解。觀察《左傳》「奔」字計398見，出奔之書與不書是其關注焦點之一，似無須以禍福替代之。筆者比較傾向此處所指，是與生死相關之禍福吉凶。《左傳》此則全文：「十四年春，頃王崩。周公閱與王孫蘇爭政，故不赴。凡崩、薨，不赴，則不書。禍、福，不告，亦不書。懲不敬也。」上述重點其一是赴告問題，只要不赴告，便不書記於本國史書之中，此觀點於左傳中不斷被提出。此年周頃王崩，但由於周王室內部政爭以致沒有進行赴告之事，於是《春秋》未載此周頃王之崩，《左傳》對此作出不赴不書的解釋，並在文末加上「懲不敬也」的價值判斷。其二，此事以周頃王崩爲主，故云崩、薨，不赴則不書，之後又補充，禍、福，不告亦不書。「亦」字在解讀中相當重要，崩、薨乃言天子國君之生死，對舉禍、福則或指諸侯卿士之吉凶死生相關問題。此與宗教觀、生死觀有關，亦是本文討論之主要對象。

〔註61〕　《公羊傳》「福」字未見，「禍」字3見；《穀梁傳》「福」字2見，「禍」字1見。

〔註62〕　《左傳》禍福並舉之情況，主要有二大形式：一爲明比事，即文字表達中明白將禍福二者並舉對比之。另爲暗比事，即文字表達中未見禍福對舉，但就歷史事件本質而言，確實是對比敍寫禍福之道，此類多見於「徼福」之例。當國家或人物面對禍事之時，行人辭令中多見「徼福」一詞之使用，常見於外交辭令交際。

中記取教訓，是《左傳》敘事設計的指導原則。在此原則下，《左傳》敘事特別強調事件本末因果的釐清，特別重視人物性格與言行對禍福吉凶的影響；並在歷史敘事中寄寓議論，一方面表達敘事者的觀念，同時也希望說服接受者接受其觀念。《左傳》敘述禍福相關事件，主要由人文思維角度切入，對於獲天、神之福與取禍之因果關係特別側重。其情節安排與人物言行設計，多以此為中心。

其三、對禍福相關敘事進行人文化的解釋。如前所述，人文思維是《左傳》敘述禍福的主要角度。強調德、禮、敬、仁則天神福之；若失德、無禮、傲，正是速取禍之道。在歷史敘事上是以此為中心進行取捨、設計與安排，在歷史解釋上亦以人文精神為本，對敘事進行以德、禮為依歸的重新詮釋。

其四、出現「徼福」、「天禍某國」等的固定外交辭令用法。此類固定用法中亦透顯出對天命的人文化現象。

《左傳》歷史敘事中，「比事結構」與「屬辭結構」是具代表性的兩個結構類型。由敘事效果而言，比事以顯史義，屬辭以寓寄託。《禮記‧經解》：「屬辭比事，《春秋》教也。……屬辭比事而不亂，則深於《春秋》者也。」〔註63〕以下由敘事結構與敘事態度角度探討《左傳》禍福相關敘事。

一、比事結構與禍福因果——禍福由人之歷史觀察

《左傳》敘事多以正反對舉的結構來設計，就文章角度而言，大體可別為內比事與外比事兩大類型。〔註64〕敘事題材與內容的取捨，反映敘事者的敘事態度。所謂「敘事態度」是指作者在內容取材與表達過程中，所呈現出正面、負面、肯定、否定的價值判斷與態度。〔註65〕觀察《左傳》禍福敘事相關資料，發現在內容取捨上，敘事者明顯以人文精神為取捨標準。進一步由比事角度比較各則敘事之表達形式與內容，則可窺見敘事者人文化的敘事

〔註63〕《十三經注疏‧禮記‧經解》，臺北：藝文印書館，民國82年9月，頁845。
〔註64〕內比事，是指在同一事件敘事中，對舉正反為例，並以此為中心，安排人物言行，來配合比事結構，以凸顯敘事者隱藏之史義。外比事，則是指前後不同紀年，所敘性質相似或相關之事件，其敘事情節設計、人物形塑與言行描寫上，往往出現類似雷同的情況。若將之比而觀之，會發現敘事者在這當中，隱含某些觀念與批判。
〔註65〕董小英《敘述學》定義如下：「敘述的態度是指敘述者對所敘述的事物是抱著肯定的態度還是否定的態度。（北京：社會科學文獻出版社，2001年6月第1版，頁95至97。）

態度，以下析論之。

（一）禍福無門，唯人所召

魯襄公二十三年（西元前 550 年），魯國季武子無嫡子，公鉏年長而季氏愛悼紇，欲立之。後臧紇利用宴飲爲上賓之時機，「召悼子，降，逆之」造成大夫皆起的場面，順利使悼紇成爲季武子繼承人。而召公鉏以士禮待之，事後季武子任命公鉏爲馬正，公鉏「慍而不出」。《左傳》載此事如下：

> 季氏以公鉏爲馬正，慍而不出。閔子馬見之，曰：「子無然。禍福無門；唯人所召。爲人子者，患不孝不患無所。敬共父命，何常之有？若能孝敬，富倍季氏可也。姦回不軌，禍倍下民可也。」公鉏然之，敬共朝夕，恪居官次。季孫喜，使飲己酒，而以具往，盡舍旃。故公鉏氏富，又出爲公左宰。〔註66〕（襄公二十三年，頁 604。）

對於季武子未依無嫡立長之慣例，而立悼子，公鉏心有不滿，怨而不任馬正。閔子馬示之以「禍福無門，唯人所召」之理，指出若能孝父敬命，恪守本分，必能招福。〔註67〕公鉏聞之，乃「敬共朝夕，恪居官次」，果然，獲得季武子喜愛，日後並在魯國政治上有其影響力。禍福之降，本是天帝神鬼才具備之能力，閔馬父此番論述，正是宗教人文化觀念的體現。又《左傳》敍述魯國季氏與孟氏繼承問題，特取閔馬父之言記之，並給於正面肯定，亦反映其人文精神之敍事態度。

整體而言，「禍福無門，唯人所召」的觀念，是《左傳》敍述禍福相關事件的基本態度，而這一態度上的轉變，正是人文化的體現。《左傳》既然強調人對禍福吉凶的主動性，則如何能召福，如何會召禍，即成爲《左傳》禍福敍事的重點。藉由吉凶禍福的敍事態度，《左傳》表達其史觀以達成資鑑之目的。

（二）禮則有福，傲則取禍

透過比事結構觀察《左傳》敍述禍福降獲之原因，可發現敍事者主要欲表達禮則有福，傲則取禍的觀念。以下先針對傲則取禍部分進行論述。歸納

〔註66〕《十三經注疏・左傳》，臺北：藝文印書館，民國 82 年 9 月，頁 605。

〔註67〕禍福相關敍事中，昭公十五年周景王與籍談的對話中，對於福有如下的定義：「夫有勳而不廢，有績而載，奉之以土田，撫之以彝器，旌之以車服，明之以文章，子孫不忘，所謂福也。」（《十三經注疏・左傳》，頁 823）周景王於宴享間問晉國何以不進貢周王室，籍談對以晉遠王室，拜戎不暇，故不獻器。周景王示以諸侯爵祿皆由周王所封，數典忘祖豈有福哉。在此語境下，周景王定義的福，是指爵祿財貨等封賞。此與此閔馬父與公鉏對福的看法相近。

《左傳》禍福相關敘事，發現態度驕傲、言行不慎正是導致禍害降臨的主因，以下依序說明之。

魯文公九年（西元前 618 年），楚穆王八年。此年冬季，楚國派遣越椒爲使，聘於魯。《左傳》載曰：

> 冬，楚子越椒來聘，執幣傲。叔仲惠伯曰：「是必滅若敖氏之宗。傲其先君；神弗福也。」（文公九年，頁 321。）

《左傳》描寫越椒「執幣傲」的態度。並藉叔仲惠伯之口，論斷越椒必將導致若敖氏滅亡。關於越椒《左傳》敘述其出生之時「熊虎之狀而豺狼之聲」（宣公四年），令尹子文以爲必滅若敖氏。越椒於西元前 605 年，與楚莊王戰於皋澨，終如叔仲惠伯所預言，導致若敖氏在楚國政治上失勢。

魯成公十四年（西元前 577 年），晉厲公四年，衛定公十二年。此年春季，衛定公前往晉國，晉厲公欲勉強衛侯與七年前奔晉的孫林父見面，遭衛侯拒絕。之後晉厲公以郤犨爲使，將孫林父送回衛國，在定姜說服下，衛定公接受孫林父返國並恢復其職位與采邑。《左傳》載之如下：

> 十四年，春，衛侯如晉，晉侯強見孫林父焉。定公不可。夏，衛侯既歸，晉侯使郤犨送孫林父而見之。衛侯欲辭。定姜曰：「不可。是先君宗卿之嗣也，大國又以爲請。不許，將亡。雖惡之，不猶愈於亡乎？君其忍之！安民而宥宗卿，不亦可乎？」衛侯見而復之。衛侯饗苦成叔，甯惠子相。苦成叔傲。甯子曰：「苦成家其亡乎！古之爲享食也，以觀威儀、省禍福也，故《詩》曰：『兕觥其觩，旨酒思柔。彼交匪傲，萬福來求。』今夫子傲；取禍之道也。」（成公十四年，頁 464。）

在衛侯宴饗場合上，《左傳》敘寫郤犨態度傲慢，並藉甯殖之口引詩爲徵，預言郤犨一族之將亡。三郤於晉、楚鄢陵之戰後，西元前 574 年冬，在晉厲公欲去群大夫而立其嬖的內部鬥爭中，成爲主要目標。郤錡、郤犨與郤至三人以「族大，多怨」被殺，尸諸朝。

魯成公十六年（西元前 575 年），此年夏季，晉、楚戰於鄢陵。范文子（士燮）於戰前即不主張與楚作戰，認爲晉國內部氏族的爭鬥日趨激烈，「外寧必有內憂」，若戰勝楚國，則晉國內部必將動亂。《左傳》載其自戰場返回後之言論：

> 晉范文子反自鄢陵，使其祝宗祈死，曰：「君驕侈而克敵；是天益其疾也；難將作矣。愛我者唯祝我，使我速死，無及於難——范氏之福也。六月戊辰，士燮卒。（成公十七年，頁 482。）

范文子指出晉厲公個性「驕侈」，如今加上戰勝楚國，勢必將在晉國國內掀起內部爭鬥，因此，范文子要求祝史詛咒其速死，以免范氏於政爭中被牽連。如前所言，晉厲公於同年冬季「欲去諸大夫，而立其左右」，三郤在胥童、夷陽五與長魚矯等人的挾怨報復下，成爲政爭的犧牲者。驕侈任嬖的晉厲公，則在隔年（西元前 573 年）爲欒書、中行偃所殺。驕侈取禍，正反映左傳之敘事態度。

以傲而取禍之例子，又見於《左傳・襄公二十八年》：

> 蔡侯歸自晉，入于鄭。鄭伯享之，不敬。子產曰：「蔡侯其不免乎！日其過此也，君使子展迋勞於東門之外，而傲。吾曰猶將更之。今還受享而惰，乃其心也。君小國，事大國，而惰傲以爲己心；將得死乎？若不免，必由其子。其爲君也，淫而不父。僑聞之：如是者，恆有子禍。」（襄公二十八年，頁 652。）

蔡景公如晉，二次經過鄭國。蔡侯態度始終惰傲，言行失當。《左傳》透過子產之口，指出小國國君若以惰傲爲心，必將取禍。子產言談中，說明蔡侯前往晉之時，過鄭而傲；今會而後返，以惰傲爲己心。加上蔡景公與兒媳通淫，失爲人父，子產預言，蔡侯必將有禍。二年後的夏季，魯襄公三十年（西元前 543 年），因爲蔡侯通淫之故，「蔡世子般弒其君固」。又如《左傳・定公十三年》記載衛史鰌論公叔文子之子，將以驕而見亡。

> 初，衛公叔文子朝，而請享靈公。退，見史鰌而告之。史鰌曰：「子必禍矣！子富而君貪，其及子乎！」文子曰：「然。吾不先告子，是吾罪也。君既許我矣，其若之何？」史鰌曰：「無害。子臣，可以免。富而能臣，必免於難。上下同之。戌也驕，其亡乎！富而不驕者鮮，吾唯子之見。驕而不亡者，未之有也。戌必與焉。」及文子卒，衛侯始惡於公叔戌，以其富也。公叔戌又將去夫人之黨，夫人愬之曰：「戌將爲亂。」（定公十三年，頁 982。）

公叔文子家富，史鰌指出衛靈公性貪，而公叔文子家富，必將有禍。唯富而能臣、富而不驕者能免於禍。史鰌肯定公叔文子是富而不驕者，但指出其子公叔戌，個性驕，日後必召致災禍。果然如史鰌所預言，公叔文子卒後，衛靈公以戌之富而惡之。魯定公十四年春（西元前 496 年），衛靈侯逐公叔戌與其黨，公叔戌奔魯。其他如《左傳・成公十三年》，劉康公以成肅公「受脤于社，不敬」預言其之將亡，亦是傲則取禍之例。

整體比較以上諸例，可見《左傳》歷史敘事之模式與敘事態度。以上諸例的敘事模式類似，皆透過某人物之口，對於態度驕傲之人，進行預言。因其惰傲，《左傳》敘事預言其將取禍，並在之後敘事中，印證此預言。或有學者以左氏預言多符驗，而疑其成書，惡其浮誇。但若由歷史敘事角度而論，則《左傳》如此刻意、重複地安排同樣情節不斷出現，正為比事以顯其義。而其敘事態度，正是強調德、禮以獲福，驕傲必取禍。其它尚有，哀公五年鄭駟秦富而侈之例，與僖公六年秦穆公云「孤實貪以禍夫子」等例。〔註68〕

二、屬辭結構與隱含作者——以禮為依歸的人文解釋

所謂「屬辭結構」，是指《左傳》敘事內容之取捨、敘事結構之設計與人物言行之安排，往往以某些中心觀念為主軸，圍繞這主軸觀念以進行敘事設計。常見者如「德」、「禮」、「忠」、「信」、「義」、「敬」等觀念，細讀《左傳》敘事發現，其人物言行、事件始末、情節安排、歷史評論安排多運用屬辭結構來連接。就敘事效果而言，屬辭所以寓寄託，所以明史義也。

所謂「隱含作者」，〔註69〕即文本中的作者。當真實作者創作完成一部作品後，在這部作品的文本中，便產生一個獨立的作者形象，這一文本作者介於實際作者與作品敘述者之間，亦即位於真實作者與文本敘述者之間。而其意義在於，此一隱含作者，往往反映真實作者潛意識中的某些觀念，或透顯出文本內容所欲表達的某些深層含意。因此，若能對隱含作者有所認識，將

〔註68〕此外有關「小國無文德而有武功，禍莫大焉」之敘事，亦為《左傳》禍福敘事重點之一，因與宗教人文化無關，但亦是禍福人文化之例，本文暫略不論。相關敘述各見於：僖公二十一年「小國爭盟，禍也」、僖公二十一年宋襄公會諸侯、僖公二十二年宋襄公伐鄭，子魚曰：「所謂禍在此矣。」、襄公八年子產論鄭之侵蔡、襄公二十二年晏子「禍將作矣」、襄公二十八年、昭公五年、哀公十一年「小勝大，禍也」。

〔註69〕此觀念是美國文學批評家 W.C.布斯（Wayne C. Booth）（1912～？）於其《小說修辭學》一書中提出。書中主要討論作者、敘述者、人物及讀者間的關係，在這當中，布斯提出介於作者與敘述者間存有一「隱含作者」的觀念，其指出作者在寫作時，不是創造一個理想的、非個性的「一般人」，而是一個「他自己」的隱含作者。換言之，當作者在寫作過程中，往往會發現，作品本身在寫作過程中，會建構出屬於作者，且適合作品的某種敘述形象，或稱為「正式書記員」或稱為「作者的第二自我」。須注意的是，此一隱含作者是讀者了解真實作者與作品內涵很重要的媒介。關於布斯之論述，請見 W.C.布斯著，華明、胡蘇曉、周憲譯《小說修辭學》，北京：北京大學出版社，1987 年 10 月第一版，頁 77 至 86。本文借鏡布斯隱含作者觀念，進一步由接受角度擴大解釋。

有助於對眞實作者與文本內容深層思想的了解。整體而言，隱含作者的形象是在讀者閱讀過程中，根據其所閱讀文本的內容所整理建構而成的。簡言之，就是「通過作品的整體構思，通過各種敘事策略，通過文本的意識形態和價值標準來顯示自己的存在。」〔註70〕

　　觀察《左傳》對於禍、福的敘述，主要以德、禮爲中心，由此出發對禍、福進行相關敘述，透過這樣的敘事，來形構隱含作者。使接受者在閱讀過程中接受其思維與觀念，從而達到人文化的目的。「《左傳》由禮以推定人吉凶禍福，說得幾乎是其應如響。」〔註71〕以下依序討論之，或可見出觀念的演進。

　　魯隱公四年（西元前719年），衛桓公十六年。此年春季，衛州吁弒桓公而立。《左傳・隱公三年》記載當年公子州吁「有寵而好兵，公弗禁。」石碏爲此向衛莊公提出勸諫：

> 石碏諫曰：「臣聞愛子，教之以義方，弗納於邪。驕、奢、淫、泆，所自邪也。四者之來，寵祿過也。將立州吁，乃定之矣；若猶未也，階之爲禍。夫寵而不驕，驕而能降，降而不憾，憾而能眕者，鮮矣。且夫賤妨貴，少陵長，遠間親，新間舊，小加大，淫破義，所謂六逆也；君義，臣行，父慈，子孝，兄愛，弟敬，所謂六順也。去順效逆，所以速禍也。君人者，將禍是務去，而速之，無乃不可乎？」弗聽。
> 其子厚與州吁游，禁之，不可。桓公立，乃老。（隱公三年，頁53。）

石碏提出「六順」、「六逆」，指出「去順效逆，所以速禍也」。《左傳》藉石碏之口，屬辭以寓寄託。試觀六順、六逆之內容，正是以人文精神爲基礎的道德史觀。石碏認爲若能「義、行、慈、孝、愛、敬」則能遠禍，反之，則必將加速禍難之至。

　　另有一值得探討者，即石碏認爲能做到「寵而不驕，驕而能降，降而不憾，憾而能眕者」很少見，此與之前史鰌指出「富而不驕者鮮」態度相似。其他如「能補過者鮮矣」（宣公三年）、「喜怒以類者鮮，易者實多」（宣公十七年）、「喪君而能守者鮮矣」（昭公十一年）等亦爲相關例證。《左傳》敘事一方面對人性抱持較偏向負面的態度，同時也更凸顯出德禮謙讓等品性之可貴。

　　魯莊公十九年（西元前675年），周惠王二年，鄭厲公二十六年。此年秋

〔註70〕羅鋼《敘事學導論》，昆明：雲南人民出版社，1994年5月第1版，頁214。
〔註71〕徐復觀《中國人性論史——先秦篇》，臺北：臺灣商務印書館，1969年1月初版，頁50。

季，周王室發生王子頹之亂。隔年鄭厲公嘗試調停周惠王與王子頹，失敗。
周惠王入成周。《左傳》載之如下：

> 二十年，春，鄭伯和王室，不克。執燕仲父。夏，鄭伯遂以王歸。
> 王處于櫟。秋，王及鄭伯入于鄔。遂入成周。取其寶器而還。冬，
> 王子頹享五大夫，樂及徧舞。鄭伯聞之，見虢叔曰：「寡人聞之：哀
> 樂失時，殃咎必至。今王子頹歌舞不倦，樂禍也。夫司寇行戮，君
> 爲之不舉，而況敢樂禍乎？奸王之位，禍孰大焉？臨禍忘憂，憂必
> 及之。盍納王乎？」虢公曰：「寡人之願也。」（莊公二十年，頁 161。）

鄭厲公得知王子頹「樂及徧舞」，認爲王子頹哀樂失時，必有禍至，並以此說
服虢叔，共勤王室。所謂「樂及徧舞」，是指舞六代之樂。時值王室內亂，王
子頹犯上奸位，不思謹慎，反而淫樂爲樂。鄭厲公指其「歌舞不倦，樂禍也」，
「臨禍忘憂」必有憂患，鄭伯這樣的思想觀念，正是以禮爲依歸的人文詮釋。
無論鄭伯之言是否出自鄭厲公，《左傳》取材之，特書之，正反映其人文思維。
虢公之共勤王室，多少也爲《左傳》敘事態度，增加正面的註解。

　　魯僖公二十四年（西元前 636 年），周襄王十七年，鄭文公三十七年。此
年春季，鄭文公出兵伐滑。周襄王遣使調停，鄭文公以怨而不聽王命，執周
王室使者，周襄王怒，將以狄伐鄭，富辰諫阻。《左傳》載之如下：

> 富辰諫曰：「不可。臣聞之：太上以德撫民，其次親親，以相及也。……
> 今天子不忍小忿以棄鄭親，其若之何？庸勳、親親、暱近、尊賢，
> 德之大者也。即聾、從昧、與頑、用嚚，奸之大者也。棄德崇奸，
> 禍之大者也。鄭有平、惠之勳，又有厲、宣之親，棄嬖寵而用三良，
> 於諸姬爲近，四德具矣。耳不聽五聲之和爲聾，目不別五色之章爲
> 昧，心不則德義之經爲頑，口不道忠信之言爲嚚。狄皆則之，四奸
> 具矣。……今周德既衰，於是乎又渝周、召，以從諸奸，無乃不可
> 乎？民未忘禍，王又興之，其若文、武何？」王弗聽，使頹叔、桃
> 子出狄師。（僖公二十四年，頁 255。）

富辰此番言論，在《左傳》人文化觀念上，具有相當之代表性，亦是屬辭結
構之表現。全篇以德禮爲主軸，配合周鄭關係，進行敘述。其言強調「棄德
崇奸，禍之大者也」，並進一步對於德與奸之實質內容，進行明確的界定。能
酬勳有功，能親賢遠嬖，尊德任賢者，乃符合德之要求。反之，若不聽五聲，
不辨五色，不則德義，不道忠信，則爲大奸。仔細分析富辰對德、奸的定義，

發現其是配合說服語境而發的。鄭與周之關係，正是有功而未得勳，周王嬖滑而伐鄭，正乃禍之大者也。

周王室於魯僖公十一年（西元前 649 年），發生王子帶召戎入王城之事件。王子帶於魯僖公二十二年被召返周王室。由於周襄王不聽富辰之諫，執意以狄師伐鄭，後引發頹叔、桃子奉王子帶以伐師攻王之亂，周師大敗，周襄王「出適於鄭，處于氾」。周襄王由於不聽勸諫，最終「出居於鄭」。《左傳》藉富辰之口，論述德、姦之定義，並強調棄德崇姦必將取禍，此正隱含作者形象之形塑。

又如，西元前 587 年，晉趙氏發生通淫之事，進而導致趙氏的滅亡。〔註72〕趙盾之子趙朔娶晉成公女是為趙莊姬。趙朔（莊子）亡後，其叔趙嬰與趙莊姬通「晉趙嬰通于趙莊姬」（成公四年，頁 439。）趙同、趙括為此放逐趙嬰。趙嬰奔齊前指出因有其在晉國，才能讓欒氏不起禍於趙氏。《左傳・成公五年》載其言：「我在，故欒氏不作。我亡，吾二昆其憂哉。且人各有能、有不能，舍我，何害？」此時欒書將中軍，為政晉國。趙嬰奔齊後，魯成公八年趙氏見滅。之後《左傳》記載趙嬰之夢：

> 嬰夢天使謂己：「祭余，余福女。」使問諸士貞伯。貞伯曰：「不識也。」既而告其人曰：「神福仁而禍淫。淫而無罰，福也。祭，其得亡乎？」祭之，之明日而亡。（成公五年，頁 493。）

趙嬰夢見天使要求以祭祀換取降福。問於士貞伯，貞伯表面佯稱不知，私下指出，「神福仁而禍淫」。趙嬰通於趙莊姬，此正淫之大者也，「淫而無罰，福也。」貞伯以為，依趙嬰通淫之罪，未罰已算是有福，還想以祭祀來換取降福，不亦甚乎。依《左傳》以禮為中心的人文詮釋，勢必要對趙嬰的言行與態度有所懲治。「懲惡而勸善」正春秋書法也。果然，趙嬰於祭祀後便卒。無論趙嬰真正的死因為何，《左傳》透過這樣的敘事安排，正為凸顯其隱含作者之形象。而「神福仁禍淫」則成為禍福敘事中民本觀念體現相關敘述之屬辭主軸。

魯成公十三年（西元前 578 年），周簡王八年，晉厲公三年，秦桓公二十七年。此年三月，魯成公前往京師朝見周天子，之後與周師會同晉軍伐秦。晉厲公此次伐秦行動，即所謂「麻隧之戰」。《左傳》載之如下：

> 三月，公如京師。宣伯欲賜，請先使。王以行人之禮禮焉。孟獻子從。王以為介而重賄之。公及諸侯朝王，遂從劉康公、成肅公會晉侯伐秦。成子受脤于社，不敬。劉子曰：「吾聞之：民受天地之中以

〔註72〕關於趙氏之亡與晉國各氏族間之關係，請見上一節。

生，所謂命也。是以有動作禮義威儀之則，以定命也。能者養以之
福，不能者敗以取禍。是故君子勤禮，小人盡力。勤禮莫如致敬，
盡力莫如敦篤。敬在養神，篤在守業。國之大事，在祀與戎。祀有
執膰，戎有受脈，神之大節也。今成子惰，棄其命矣，其不反乎！」
（成公十三年，頁 460。）

在過程中，《左傳》擇取成肅公「受脈不敬」一事加以敍寫，並藉劉康公之言，
對禍福與禮義之關係進行詮釋。劉子指出，人的禍福命運主要決定於「動作
禮義之則」，能勤於禮、敬於神之君子，自然能獲福。劉子見成子之受脈之不
敬，遂有此論。此言論，正顯示春秋宗教人文化的發展，體現出人們對於神
的態度，由原始宗教思維逐漸導入人文精神。《左傳》透過歷史敍事的方式，
對人神關係，進行一禮爲依歸的重新詮釋。

此外如魯昭公三年（西元前 539 年），晉平公十九年，鄭簡公二十七年。
此年夏季，公孫段陪同鄭簡公前往晉國，由於其知禮敬卑，加上其父親子豐
有功於晉。晉平公乃以州田賜之。《左傳》以君子曰，強調禮之重要性，其云
「禮，其人之急也乎！」之後《左傳》追述州縣之歷史：

初，州縣，欒豹之邑也。及欒氏亡，范宣子、趙文子、韓宣子皆欲
之。文子曰：「溫，吾縣也。」二宣子曰：「自郤稱以別，三傳矣。
晉之別縣不唯州，誰獲治之？」文子病之，乃舍之。二宣子曰：「吾
不可以正議而自與也。」皆舍之。及文子爲政，趙獲曰：「可以取州
矣。」文子曰：「退！二子之言，義也。違義，禍也。余不能治余縣，
又焉用州，其以徼禍也？君子曰：『弗知實難。』知而弗從，禍莫大
焉。有言州必死！」豐氏故主韓氏，伯石之獲州也，韓宣子爲之請
之，爲其復取之之故。（昭公三年，頁 724。）

晉平公賜給公孫段的州田，本爲欒豹之邑。當年欒氏見滅後（襄公二十三年），
范氏、趙氏與韓氏皆欲取州縣。趙武提出州縣本由溫縣而分出，溫爲趙氏之
邑，因此欒豹的州縣亦當屬於趙氏。士匄與韓起則指出，州縣自郤稱爲政時，
由溫縣中分出，後傳於趙氏，三傳於欒豹。晉國中類似一縣別爲二者，不僅
溫、州一例，若趙武欲以此理由而強取州縣，其不能同意。二宣子之言，實
則暗指趙武此說法與作法，失德無禮。趙武以爲愧，於是放棄州縣的爭奪。《左
傳》進而記載士匄與韓起，亦感不當，於是三家皆舍之。

之後，當趙武成爲晉國執政時，趙武之子趙獲一度曾興起取州縣之心。《左

傳》載記趙文子之言：「退！二子之言，義也。違義，禍也。」〔註73〕由趙武言論可見出《左傳》以德禮為依歸之隱含作者形象。趙文子進而指出，面對禍患，憂其不知從何而起，若已知禍之所興，仍行失德無禮之事，則是最大的災禍。

其他如：「效尤，禍也」（《左傳·文公元年》）、「禮，國之幹也。殺有禮，禍莫大焉。」（《左傳·襄公三十一年》）、「鄭有禮，其數世之福也」（《左傳·襄公三十一年》）、「敬逆來者，天所福也。」（《左傳·昭公三年》）、「苟非德義，則必有禍」（《左傳·昭公二十八年》）等例，亦可由其歷史敘事中，見出《左傳》以德、禮為依歸之隱含作者形象。

三、禍福敘事中體現之人文史觀——恤民行道則神降福

觀察《左傳》禍福敘事，除敘寫個人因禮而有福，因傲而取禍外，更多敘事著重在強調眾人與國家之禍福，強調人民在國家興亡禍福中之重要意義。人文精神的進一步發展，即是由個人擴及到眾人，由關注自身禍福推及國家、民眾之禍福，而此趨勢在《左傳》歷史敘事中明顯可見。民本觀念正是宗教人文化後，人民自覺意識的集體表現，亦是《左傳》禍福敘事中特別強調的觀念。天帝神鬼透過禍福之降，以察人事，以正天道。就個人而言，修德禮敬的態度，是天神所以降福之因。擴大到國家而言，國君之明德恤民，厚生養民，正是天神所悅而降福者。而以「神福仁而禍淫」為屬辭中心的敘事，是《左傳》敘述民與禍福關係時的主線結構。以下順序說明之。

相關敘事中，以桓公六年隨季梁之言論，最具代表性。〔註74〕西元前706年，春季楚武王欲擴張領土，出兵入侵隨國。楚將鬥伯比獻計，認為若能「羸師以張隨」，則能對漢東諸小國進行離間，有利日後楚國吞併諸小國。楚王接受此計，於隨國少師觀楚師時，示之以疲兵，隨少師返國後，果然主張追擊楚軍。《左傳》載之如下：

少師歸，請追楚師。隨侯將許之。季梁止之，曰：「天方授楚，楚之

〔註73〕關於「義」字，《左傳》計112見。其或與禮並舉，或有其獨立指涉內容。以之與孟子所言「義」相比較，可見出《左傳》在人文觀念發展與過渡過程中之軌跡。

〔註74〕季梁於此例中出面阻止隨侯，此正轉折關鍵之角色，因其言行而使情節產生新的轉折與發展。此外，關於季梁對於民、神關係之言論內容，張端穗《左傳思想探微·左傳對超自然的看法》中亦有相關論述，可參考之。（臺北：學海出版社，民國76年1月初版，頁25至26。）

贏，其誘我也。君何急焉？臣聞小之能敵大也，小道大淫。所謂道，
忠於民而信於神也。上思利民，忠也；祝史正辭，信也。今民餒而
君逞欲，祝史矯舉以祭，臣不知其可也。」公曰：「吾牲牷肥腯，粢
盛豐備，何則不信？」對曰：「夫民，神之主也，是以聖王先成民而
後致力於神。……故務其三時，修其五教，親其九族，以致其禋祀，
於是乎民和而神降之福，故動則有成。今民各有心，而鬼神乏主；
君雖獨豐，其何福之有？君姑修政，而親兄弟之國，庶免於難。」
隨侯懼而修政，楚不敢伐。（桓公六年，頁 110。）

面對隨侯的自我膨脹，季梁直指此乃楚國誘我之計。進而指出，小國之所以
能在大國環伺惡劣條件下生存，正在於「小道大淫」。相對於大國的淫志以逞，
小國若能行道則必有福，季梁以為「忠於民而信於神」正是道之內容。國君
能利民，行事正當，則祝史不誣，神鬼福之。隨侯祭祀豐備，神鬼自然信而
降福，與利民似無關係。隨侯這樣的觀念，是宗教人文化之前思維的體現。
同樣的觀念亦出現在《左傳‧莊公十年》曹劌論戰之時，魯莊公也有類似的
想法，其云：「犧牲玉帛，弗敢加也，必以信。」曹劌以為：「小信未孚，神
弗福也。」認為以此仍不足以與齊對抗。魯莊公之後提出「小大之獄，雖不
能察，必以情。」曹劌以此為「忠之屬」，認為可以一戰。由曹劌與季梁之言
論，可見到春秋人文精神之發展與宗教人文化之軌跡。

對於隨侯之認知，季梁對於宗教祭祀與神民關係提出新的詮釋，一種人
文化的詮釋，其云「夫民，神之主也，是以聖王先成民而後致力於神。」季
梁以民為神之主的看法，正反映當時人文精神的漸興。既然民為神之主，則
恤民、利民、養民才是神所悅之事，才能使神降福，所謂「民和而神降之福」。
隨侯接受季梁之勸，《左傳》以「楚不敢伐」的敘事加以正面的肯定。

魯僖公十年（西元前 650 年），齊桓公三十六年，秦穆公十年。此年春
季，晉公子夷吾在齊國與秦國幫助下，返國即位為晉惠公。魯僖公十三年（西
元年 647 年），此年冬季晉國再次出現穀物不熟之饑荒情況，《左傳》載其事
如下：

冬，晉薦饑，使乞糴于秦。秦伯謂子桑：「與諸乎？」對曰：「重施
而報，君將何求？重施而不報，其民必攜；攜而討焉，無眾必敗。」
謂百里：「與諸乎？」對曰：「天災流行，國家代有。救災恤鄰，道
也。行道有福。」丕鄭之子豹在秦，請伐晉。秦伯曰：「其君是惡，

其民何罪？」秦於是乎輸粟于晉，自雍及絳相繼，命之曰「汎舟之役」。（僖公十三年，頁223。）

晉惠公向秦穆公求援，秦國謀臣子桑（公孫枝）、百里等人主張援晉，丕豹則主張趁機伐晉。其中百里之言論，提出「行道有福」的觀念，而其所謂道，於上段季梁所謂道，可相互配合。百里認爲，救災恤鄰，乃國與國相處之正道。秦穆公以「其民何罪」否決丕豹伐晉之主張後，輸粟於晉，成就救災恤鄰之典範，史書稱爲「汎舟之役」。由上敘述，可發現，無論是秦穆公、公孫枝或與百里，其觀念中人文精神確實已啓蒙。春秋時人在觀察與累積歷史經驗教訓後，發現民爲國之本，民爲神之主。可以說，這種恤民、利民的民本思想，正是春秋宗教人文化之體現。

魯成公十六年（西元前575年），晉厲公六年，楚共王十六年，鄭成公十年。此年夏季，晉欲出兵伐鄭，鄭求援於楚。同年六月晉、楚戰於鄢陵。《左傳》在敘述鄢陵之戰前，先敘述子反見申叔時的一番對話，對話預言楚軍將敗。《左傳》載之如下：

> 鄭人聞有晉師，使告于楚，姚句耳與往。楚子救鄭。……過申，子反入見申叔時，曰：「師其何如？」對曰：「德、刑、詳、義、禮、信，戰之器也。德以施惠，刑以正邪，詳以事神，義以建利，禮以順時，信以守物。民生厚而德正，用利而事節，時順而物成，上下和睦，周旋不逆，求無不具，各知其極。……是以神降之福，時無災害，民生敦厖，和同以聽，莫不盡力以從上命，致死以補其闕，此戰之所由克也。今楚內棄其民，而外絕其好；瀆齊盟，而食話言，奸時以動，而疲民以逞。民不知信，進退罪也。人恤所底，其誰致死？子其勉之！吾不復見子矣。」姚句耳先歸，子駟問焉。對曰：「其行速，過險而不整。速則失志，不整，喪列。志失列喪，將何以戰？楚懼不可用也。」（成公十六年，頁474。）

申叔時爲楚之賢者，[註75]子反爲此次作戰之總指揮，路過申地時，以軍事之道請益於申叔時。申叔時提出「德、刑、詳、義、禮、信」六項德目，並

〔註75〕申叔時於《左傳》中整體之形象，偏向於總結評論型人物。其於此例中，一方面發揮轉折關鍵型人物之功能，《左傳》透過其與子反之對話，推動情節發展；另方面申叔時言論中亦帶有預言吉凶之內容，此則兼有總結評論類型人物揭示因果之功能。

對六德目內容進行定義與說明，用以說明軍事之道。事實上，申叔時以德行論戰，正是人文精神影響下的觀念。其進而強調，能以此六德而能利民厚生，使上下和睦，則神必降福。這樣以德、禮為神降福標準的觀念，正是宗教人文化之體現。

申叔時以為，此時的楚國，失此六德，疲民以逞欲，背盟而食言，其判斷楚軍之將敗。《左傳》敘事者，於此番對話後，又加記鄭國使者姚句耳對於楚軍「志失列喪」的評論，更說明楚國當時失德無禮之情況。正如申叔時所預言，晉、楚交戰於鄢陵，楚軍以子反「醉而不能見」之故，宵遁而返。申叔時以德禮論軍事成敗，正是人文精神之體現。其強調德禮利民則神降之福的觀點，正是宗教人文化之展現。

又如，西元前 566 年，晉國韓厥告老致仕，《左傳》載韓氏之繼承：

> 冬，十月，晉韓獻子告老，公族穆子有廢疾，將立之。辭曰：「……無忌不才，讓其可乎？請立起也。與田蘇游，而曰『好仁』。……恤民為德，正直為正，正曲為直，參和為仁。如是則神聽之，介福降之。立之，不亦可乎？」庚戌，使宣子朝，遂老。晉侯謂韓無忌仁，使掌公族大夫。（襄公七年，頁 519。）

韓厥告老，計畫由長子韓無忌繼承，穆子（無忌）由於本身有廢疾，辭讓繼承，其辭讓之言論，正是宗教人文化觀念之呈現。其指出能兼具德、正、直三德性者可稱為「仁」。具備仁德者，是神所願意溝通之人，亦是神將降大福之對象。穆子認為其弟韓起具備「仁」，因此推薦韓起繼承韓厥。晉悼公以穆子能讓，亦是仁之表現，於是命其為韓氏公族大夫之首。

其他如《左傳・襄公十年》子產：「專欲無成，犯眾興禍」、《左傳・哀公元年》陳國逢滑對於國家禍福與人民關係之論述：「國之興也，視民如傷，是其福也；其亡也，以民為土芥，是其禍也。」等例，亦是民本觀念之體現。此外，舉賢任能與禍福之關係，亦見於《左傳》禍福敘事。《左傳・襄公二十九年》吳公子季札聘魯，以叔孫穆子「好善而不能擇人」預言其將有禍，季札云：「吾聞君子務在擇人。吾子為魯宗卿，而任其大政，不慎舉，何以堪之？禍必及子！」類似觀念見於襄公二十六年，蔡國聲子說楚復伍舉一事，聲子以「楚材晉用」說服楚康王，以「湯所以獲天福」〔註76〕正在於能「賞不僭

〔註76〕《十三經注疏・左傳・襄公二十六年》，臺北：藝文印書館，民國82年9月，頁635。

而刑不濫」〔註77〕能夠舉賢任能。

　　《左傳》禍福敘事中所體現之民本思想，一方面是宗教人文化之結果，另方面則展現中國宗教與政治密切相關之特色。

四、禍福敘事與天命觀、神鬼觀之人文化

　　《左傳》敘事者對於天神鬼的態度，一方面不否認天命神鬼對於人事的影響，但另方面更強調人的吉凶禍福，往往是取決於本身的德、禮修為。「天命思想是春秋時代普遍流行的觀念，但在這時代也有許多人對天命表示懷疑。《左傳》對這兩方面的看法都如實記載，這或許是史家忠於史實的精神顯現。」〔註78〕以下就禍福相關敘事，討論其中反映的天命觀與神鬼觀。

（一）「天禍某國」與天命觀

　　《左傳》禍福敘事中，出現一種外交場合固定之辭令用法。一是「徼福」，〔註79〕一是「天禍某國」。「天禍某國」計七見：隱公十一年「天禍許國」、僖公二十八年「天禍衛國」、成公十三年「天禍晉國」、成公十四年「天禍衛國」、襄公九年「天禍鄭國」、昭公二十八年「天禍魯國」、昭公三十二年「天降禍於周」。

　　以上七例多見於外交場合之對話中，基本上是一種固定的辭令用法。且多是處於劣勢的國家會使用，或是出於禮貌而使用。這一固定用法的出現，在某些程度上，多少體現當時人們對天命的看法。就人文化之前的宗教天命觀而言，天主宰萬物，人之命運與國家之禍福，皆由天來決定。因此，當國家面臨危難無法解決時，自然將此困境歸咎於天。這是《左傳》敘事中所呈現天命觀之一面。「天禍某國」的用法一方面表達國家處境之困難，同時放低身段，以加強辭令的說服效果。若以《左傳》全書為對象，透過比事結構來觀察會發現，這些外交辭令使用背後，敘事者更強調人文精神的超越性。在「天禍某國」的敘述之後，多配之以德禮判斷，進行以禮為依歸的人文詮釋。說明之所以遭天禍，正在於人謀之不善、失德無禮。

　　此外，孟懿子、陽虎伐鄆一例，亦多少反映禍福與天命觀。《左傳》載之：

〔註77〕同上註。
〔註78〕張端穗《左傳思想探微》，臺北：學海出版社，民國76年1月初版，頁16。
〔註79〕所謂「徼福」，即求福之意，共八見，各載於僖公四年、文公十二年、宣公十二年、成公二年、成公十六年、昭公三年、昭公三十二年、定公二十四年。

> 孟懿子、陽虎伐鄆，鄆人將戰。子家子曰：「天命不慆久矣，使君亡
> 者，必此眾也。天既禍之，而自福也，不亦難乎！猶有鬼神，此必
> 敗也。嗚呼！為無望也夫！其死於此乎！」公使子家子如晉。公徒
> 敗于且知。（昭公二十七年，頁 909。）

魯昭公二十五年（西元前 517 年），齊景公三十一年。因為三桓勢力日益強大，加上昭公與季氏之恩怨，此年秋季，魯昭欲去季氏而與季平子發生衝突。後因孟孫氏與叔孫氏助季孫，魯昭公出至齊，居於鄆。〔註80〕魯昭公二十七年，季氏家宰陽虎，因昭公居鄆之故，欲出兵討伐。子家子（子家羈）之前曾多次勸諫魯昭公，昭公弗聽，以致今日遭逐。子家子對於「陽虎伐鄆，鄆人將戰」一事，認為就當時形勢來看，天命似乎在於季孫氏。若天將降禍於魯昭公，雖欲以鄆人與陽虎對抗，子家子認為，昭公將敗。其云「猶有鬼神，此必敗也」，指出就當時形勢而言，無論是否相信鬼神，此戰將敗幾乎可以確定。

子家子之言論，多少透露當處於困境之時，人們總將最後希望寄託於天帝神鬼。「天既禍之，而自福也，不亦難乎」一句，反映原始宗教之天命觀念；「猶有鬼神，此必敗也」一句，則可看出子家子對於當時形勢之悲觀。

（二）禍福敘事中之神鬼觀

人與神鬼的關係及人對於神鬼的理解與態度，構成宗教神鬼觀。《左傳》禍福敘事中與神鬼觀相關資料主要有三例，一是哀公六年敘述楚昭王對於神鬼與禍福的態度，二是對於人牲人殉與神鬼祭祀之問題，〔註81〕三是《左傳·昭公二十年》記載有關祝史詛咒與神鬼、禍福之關係。〔註82〕以下暫就第一例說明如下：

魯哀公六年（西元前 489 年），楚昭王二十七年。此年，春季吳國出兵伐陳，楚昭王出兵救陳。此年七月楚昭王〔註83〕於救陳過程中卒於城父。《左傳》

〔註80〕關於季平子逐魯昭公之事，請見《左傳》相關記載。或參考韓席籌《左傳分國集注·季孫意如逐君》，臺北：華世出版社，民國 64 年 10 月，頁 101 至 119。

〔註81〕關於人牲、人殉之討論，請參張端穗《左傳思想探微·左傳對人牲人殉的看法及其意義》，頁 49 至 79。或參考筆者〈周代人文思想之漸興——以《左傳》中所載人牲、人殉為例〉一文。

〔註82〕關於祝史詛咒與神鬼禍福之問題，應涉及巫術、宗教儀式、咒語相關等問題，以筆者目前對宗教學之學力，暫無法進行正確的論述，請容他日另文討論。

〔註83〕楚昭王依本論文對人物之類型分類，屬於主線發展型人物。以楚昭王為敘事主線，《左傳》敘事一些事件，透過其人，可建構屬於楚昭王一系列相關之敘事脈絡，此外在相關敘事中，作者藉以表達其觀念與態度。就禍福敘事而言，

進而再記敘兩事，以凸顯楚昭王之人文精神，並藉此表達《左傳》敘事者之
敘事態度。《左傳》記載如下：

> 是歲也，有雲如眾赤鳥，夾日以飛三日。楚子使問諸周大史。周大
> 史曰：「其當王身乎！若禜之，可移於令尹、司馬。」王曰：「除腹
> 心之疾，而寘諸股肱，何益？不穀不有大過，天其夭諸？有罪受罰；
> 又焉移之？」遂弗禜。（哀公六年，頁 1006。）

在楚昭王未出兵救陳之前，這一年楚國天空曾出現異象，有赤色雲如眾鳥般，
夾繞太陽達三日之久。楚昭王遣使者問於周大史，周大史判斷是楚昭王將有
災禍之預兆。其建議進行禳祭，將災禍轉移到令尹或司馬身上。昭王認爲將
自身之禍疾，轉嫁給股肱重臣，並不適當。又進一步指出，若是天神以昭王
本身失德有過，而欲降災禍以爲懲罰，那就算以禳祭轉嫁給他人，也沒有意
義，於是「弗禜」。此事之後《左傳》又補敘「弗祭」一事：

> 初，昭王有疾，卜曰：「河爲祟。」王弗祭。大夫請祭諸郊。王曰：
> 「三代命祀，祭不越望。江、漢、睢、漳，楚之望也。禍福之至，
> 不是過也。不穀雖不德，河非所獲罪也。」遂弗祭。孔子曰：「楚昭
> 王知大道矣。其不失國也，宜哉！夏書曰：『惟彼陶唐，帥彼天常，
> 有此冀方。今失其行，亂其紀綱，乃滅而亡。』又曰：『允出茲在茲。』
> 由己率常，可矣。」（哀公六年，頁 1007。）

在楚昭王初有疾之時，曾卜問吉凶。卜官認爲昭王之疾乃是「河爲祟」，建議
進行祭祀以去疾。楚昭王認爲疾病與河祟無關，因此並沒有進行祭祀。《左傳》
透過孔子之口，表達其對楚昭王人文精神之肯定，所謂「楚昭王知大道矣」。

（三）災異與禍福關係之人文詮釋

自然天象的異常變化，常引起人對禍福吉凶之關注。西元前 521 年，秋
七月的朔日，在魯國觀察到日食。《左傳》載之如下：

> 秋，七月壬午朔，日有食之。公問於梓慎曰：「是何物也？禍福何爲？」
> 對曰：「二至二分，日有食之，不爲災。日月之行也，分，同道也；
> 至，相過也。其他月則爲災，陽不克也，故常爲水。」於是叔輒哭
> 日食。昭子曰：「子叔將死，非所哭也。」八月，叔輒卒。（昭公二
> 十一年，頁 868。）

《左傳》透過楚昭王其人，表達對某些神異事件的人文角度解釋。

對於出現日食，魯昭公問梓愼。梓愼其人九見於《左傳》，〔註84〕皆與天文氣象陰陽之敘事相關，杜預注其爲「魯大夫」，楊伯峻以爲「魯之日官」，〔註85〕由《左傳》敘事來看應是掌理天文之事的大夫。

魯昭公問日食之成因與是否對吉凶禍福有影響。梓愼由自然天文角度回答，指出日食乃日、月運行軌道交錯所產生日月相遮蔽的現象。其指出若出現在夏至、冬至、春分、秋分之時，則無災。此外，因月影蔽日，爲陰勝陽，所以會出現水災。梓愼由陰陽觀念出發，說明日食與禍福吉凶之關係。由其言論，可知春秋時人已對日食成因或有理解，但受陰陽觀念影響，以日食與水災有關。梓愼一方面指出，日食若出現於二至二分則無災，另方面又以他月則常水，反映理性思維與陰陽觀念之矛盾交雜。

《左傳》在客觀敘述梓愼看法後，加敘叔輒哭日一事，以表達其敘事態度。昭子以叔輒「非所哭」，而預言叔輒之將死。這樣的預言敘事，正說明《左傳》敘事者對日食災異之人文思維，禍福由人是《左傳》隱含作者所表現之觀念。

相關之例又如，前一年，「梓愼望氛」之記載：

> 二十年，春，王二月己丑，日南至。梓愼望氛，曰：「今茲宋有亂，
> 國幾亡，三年而後弭。蔡有大喪。」叔孫昭子曰：「然則戴、桓也。
> 汏侈；無禮已甚；亂所在也。」（昭公二十年，頁 852。）

此年冬至之日出現在二月，〔註86〕梓愼登臺望氛，指出此年宋國將有亂事，三年後蔡國將有大喪。梓愼望氛以預言禍福之法，今日不得而知，但《左傳》於此事後，藉叔孫昭子之口，表達態度。昭子指出，宋國之華氏（戴）與向氏（桓）二族，言行「汏侈」，失德無禮，正是宋國亂源之所在。依《左傳》敘事模式，此年冬季，宋國華亥、華定與向寧，與宋元公發生衝突後出奔陳國。

魯昭公二十六年（西元前 516 年），齊景公三十二年。此年冬季，齊國觀察到彗星。《左傳》載：

> 齊有彗星，齊侯使禳之。晏子曰：「無益也，祇取誣焉。天道不慆，

〔註84〕 各見於：襄公二十八年、昭公七年、昭公十五年、昭公十七年、昭公十八年、昭公二十年、昭公二十一年、昭公二十四年。梓愼於此例中，屬於轉折關鍵型人物。

〔註85〕 楊伯峻《春秋左傳注》，高雄：復文圖書出版社，民國 80 年 9 月，頁 1407。

〔註86〕 古之曆法，以正月朔旦冬至爲歲首。歷代學者對此多所探討，杜預與孔穎達、王韜等人皆有考證，請見相關論著。

不貳其命，若之何禳之？且天之有彗也，以除穢也。君無穢德，又
何禳焉？若德之穢，禳之何損？《詩》曰：『惟此文王，小心翼翼。
昭事上帝，聿懷多福。厥德不回，以受方國。』君無違德，方國將
至，何患於彗？詩曰：『我無所監，夏后及商。用亂之故，民卒流亡。』
若德回亂，民將流亡，祝、史之爲，無能補也。」公說，乃止。（昭
公二十六年，頁 905。）

古以彗星將帶來災禍，於是齊景公準備舉行禳祭以消除災禍。《左傳》透過晏子
來表達其對天文災異與禍福關係之看法。晏子指出，若相信天命既定，則彗星
出，災將至，就算進行禳祭也無法消除天命既定之災，正所謂「天道不諂，不
貳其命，若之何禳之？」晏子進而由人文角度來詮釋，提出「君無違德，方國
將至，何患於彗」的觀點。若國君行事有德合禮，則各國自然信服，福則自至，
又何必懼於彗星之出現。反之「若德回亂，民將流亡」就算派再多的祝、史，
進行再多的禳祭，一樣無濟於事。齊景公接受晏子說法，取消禳祭。

　　由以上諸論述，可見《左傳》敘事者強調禍福由人的態度，及其以禮爲
詮釋依歸的隱含作者形象。在原始宗教思維中，禍福是天帝神鬼所降，《左傳》
透過歷史敘事方式，將人文思維寄託於文字敘述之中，藉由隱含作者與敘事
態度對讀者觀念潛移默化之功能，將宗教加以人文化。

　　春秋時期宗教的人文化之內容大體如下：其一，關於天的性質，春秋時
期「原有宗教性的天，在人文精神激盪之下，演變而成爲道德法則性的天」。
〔註87〕此現象於《左傳》記載中明顯可見，觀察《左傳》全文，「天」字共 359
見，其中與宗教相關者計 168 筆，其中對天態度的轉變，與對天人相應關係
的人文詮釋，可爲佐證。〔註88〕其二，對於天命觀與神鬼觀的轉變。〔註89〕
隨著人文精神的漸興，春秋時期天命觀與神鬼觀的內容，轉而與人文精神中
的道德觀念相結合，並將天命與民命相結合。例如：「夫民，神之主也，是以

〔註87〕 徐復觀《中國人性論史——先秦篇》，臺北：臺灣商務印書館，1969 年 1 月初
　　　　版，頁 51。
〔註88〕 關於「天」與天人關係之相關討論，因牽涉甚廣。加上前輩學者多所著墨，
　　　　本文暫不討論。
〔註89〕 此方面論著，前輩學者亦多所討論。如張端穗《左傳思想探微》（臺北：學海
　　　　出版社，民國 76 年 1 月初版）中〈左傳對超自然的看法〉與〈左傳對人牲人
　　　　殉的看法及其意義〉二文對天人與神鬼問題及祭祀問題有所論述。晚近如柳
　　　　秀英〈《左傳》的神鬼觀〉（《美和技術學院學報第二十期》，臺灣：屏東，民
　　　　國 91 年 4 月，頁 25 至 40。）

聖王先成民而後致力於神」（《左傳‧桓公六年》）、「鬼神非人實親，惟德是依。……如是，則非德，民不和，神不享矣。神所馮依，將在德矣」（《左傳‧僖公五年》）等可爲佐證。此外《左傳》中亦有將「神、德、人」三者並舉之敘述：「於神爲不祥，於德爲愆義，於人爲失禮」（《左傳‧定公十年》）反映在天命觀、神鬼觀人文化過程中，顯示一套新的天人關係詮釋體系正在建構。

其三，對於祭祀態度的轉變。「神既接受當時人文精神的規定，所以祭神也從宗教的神秘氣氛中解脫出來，而成爲人文的儀節；即祭祀乃成爲人文成就的一種表現。」〔註90〕其四，對於宗教中「永生」與「彼岸」的追求，轉而以人文道德中的「不朽」來替代。《左傳》關於不朽之記載，共九見。〔註91〕其中以襄公二十四年叔孫豹所論立德、立功、立言「三不朽」爲明顯之例。總而言之，「在上述轉化中，人更確立了自己的主體性，認吉凶是決定於人而非決定於神。」〔註92〕《左傳》相關記載如「吉凶由人」（僖公十六年）、「禍福無門，唯人所召」（襄公二十三年）等。

整體而言，《左傳》敘事中反映的宗教人文化觀念，主要體現在：對天的態度、天人關係、神鬼觀念、人神關係、聖賢崇拜、對祭祀的態度、禍福降獲的原因、災祥因果的解釋與卜筮吉凶的解釋等方面的敘述上。

【本章小結】

整體觀察《左傳》載敘晉諸氏興亡之事，其歷史想像與敘事態度之體現主要可有兩角度切入：一爲敘事頻率，一爲人物言行。前者又可分別討論特定字句詞彙之出現頻率，與特定情節模式之出現頻率；後者則主要著重於人物言談內容。如前所述，許多史料中所未見之人物言論，《左傳》作者何以知之，這言論正是出於史家歷史想像，而欲探究史家史觀與寄蘊之史義，正可由此入手。

《左傳》載敘諸氏之興多強調其才德禮義，無論狐氏、趙氏、欒氏、荀氏、范氏、韓氏或魏氏等，其族之興必因於其人之才德禮義，這類敘事反覆出現，正說明左氏史觀。又如《左傳》載記諸氏之衰廢，多強調亂之興始於

〔註90〕徐復觀《中國人性論史——先秦篇》，臺北：臺灣商務印書館，1969 年 1 月初版，頁 55。
〔註91〕各見於僖公三十三年、成公三年、成公十六年、襄公二十四年、昭公三十一年。
〔註92〕徐復觀《中國人性論史——先秦篇》，臺北：臺灣商務印書館，1969 年 1 月初版，頁 2。

通，禍之作起於怨，這樣的情節模式反覆出現，亦可見左氏之褒貶。又如《左傳》載敘諸氏衰廢事件多記小人女子讒譖、權臣大夫僞證之情節，致使禍亂擴大，史家之歷史論斷，正見於敘事情節之中。就敘事態度角度而言，《左傳》載敘晉諸氏興廢之事，態度大抵強調道德人文之重要，闡明德禮信義、重民安民爲治國之本、興盛之道。

試觀《左傳》全書思想，大抵歸結於德禮觀念與民本思想。就《左傳》載敘晉國諸氏興衰爲例，內容所載強多調德禮以興，虐私以亡。如趙氏之興，起於趙衰之德、趙盾之禮、趙武之忠；韓氏之起，出自韓萬之能、韓厥之義、韓起之忠；欒氏之盛，則因於武子之德、桓子之仁。中行氏、知氏則皆淵源於荀林父，荀林父之起亦以知禮有德，才德兼備。至若郤氏、魏氏，左氏書之則毀譽參之。

經由對晉、楚弭兵相關記載之分析，發現《左傳》在描寫該事件過程中，先後將焦點置於子木請晉楚之從交相見、楚人衷甲與晉楚爭先三事件上，其中又特別強調楚國的態度問題。此外，在《左傳》敘事過程中，作者對於某些人物進行深入的刻畫，而這樣的形象塑造，某種程度上亦反映作者所欲傳達之意含。又總觀《左傳》敘述晉、楚弭兵，有相當的部份作者藉由某些有德望之人，對人物言行、事件發展進行價值判斷，在這樣的判斷過程中，作者之敘事態度隱約可見。

中國文化是以人爲本的文化，史書所關注者，亦在於人。有人始有事，有事方成史，而人物與史事之具體呈現，正在其言行舉止之間，這當中又以記言爲要。言爲心聲，經由史書所載敘人物言論之內容，一方面可以形象人物，推展史事；另方面，這大部分經過史家歷史想像而建構之言論內容，正是反映史家對歷史的解釋與評價，即所謂史義。

史義是史家精神所在。史書編撰其字裏行間若無史觀寄託，則與史料文獻何異；但若過於主觀則易流於誇大、附會、武斷，又非信史也。因此，如何在主觀價值評斷與客觀史事載敘間取得平衡，正是衡量其是否爲良史的重要標準。《左傳》敘史能寓議論於敘事，能兼主客於一內，故後世以之爲良史典範。

然則史義如何寄託？章學誠云：「史所貴者義也，而所具者事也，所憑者文也。」人的世界是依靠符號系統而建構的，所有的思維、想法、觀念與邏輯推理等等，皆以符號系統爲基礎。歷史必須藉由語言文字符號系統來表達，史家的歷史評判與解釋亦在運用語言文字符號系統敘事中體現。「歷史敘事與

歷史解釋須藉文章，同時須靠思想作動力。如何運用文章與思想，以進行敘事與解釋，是撰寫歷史能否成功的最大關鍵。」〔註93〕

　　《左傳》歷史敘事觀念與藝術之釐清，有助於中國小說敘事之討論。《左傳》歷史解釋理論之建構與說明，對春秋經學與中國史學之研究亦能有所貢獻。

〔註93〕杜維運《史學方法論》，臺北：三民書局，2003 年 2 月十五版，頁 227。

第七章　結　論

　　「以事解經」、「以史傳經」是《左傳》對《春秋》解釋之主要方法。暫不論經學層面《左傳》是否解經之問題，若客觀探討《左傳》文本，則敘事與歷史解釋是合理可行且值得探討的切入角度。《左傳》是中國早期敘事文學之代表，釐清其敘事藝術與敘事觀念與歷史解釋，是探討中國歷代敘事文學作品的基礎研究。探討《左傳》敘事與歷史解釋後，對中國歷代敘事觀念之發展與變化，或能有較深刻之認識。

　　本文由敘事、閱讀與理解角度，探討《左傳》如何藉敘事以進行歷史解釋之問題。分別由敘事形式、敘事結構、人物敘寫、「初」字筆法及興廢禍福史例分析等方面，嘗試建構具有中國特色之經典閱讀與解讀方法，歸納幾點結論如下：

　　其一、關於敘事形式與敘事解讀：敘事態度是解讀《左傳》敘事意旨之關鍵，而歷史想像則是理解史家態度的重要切入點。《左傳》敘事由表現形式層面觀察，可歸納為「以事為主」之客觀記事，與「言事相兼」之歷史敘事兩者。前者以事件為主軸，簡要清楚記載史事，對於人物言論或行為細節著墨較少。其內容多記各國朝聘、盟會、弑、殺、奔、叛，或災變、土功等事，其或源自史籍簡冊，或錄自各國赴告。後者則是人物言論與事件情節相輔相成，採取藉言敘事方式，透過適當之歷史想像，細節刻劃人物之言行舉止，並藉人物對話推進情節發展，以塑造人物形象、反映敘事態度，進而達到「寓議論於敘事」之目的。

　　完整語境之提供與敘事脈絡之維繫，是「以事為主」客觀記事在歷史解釋層面所能發揮之功能。而語境之提供、史義之寄託與藉言敘事，則是「言

事相兼」歷史敘事在解釋層面之三個功能。透過藉言敘事之形式，在人物言語交際過程中，完成刻劃性格、塑造形象、寄託議論等功能。此外，在人物言談內容中，亦可反映出當時社會各階層之生活面貌，及當時之人們的觀念與思維方式，對於讀者在解讀《左傳》敘事時，能發揮基礎語境之功能。

所謂歷史想像，是指歷史文獻材料所無者，撰史者以本身的才、學、識及價值觀為判斷基礎，設身處地的運用聯想與想像力，將片斷殘缺之史料進行重組、填補與建構的一種工作。而「敘事態度」是指作者於敘述過程中所呈現出正面、負面、肯定、否定的敘述態度。

面對殘缺、片斷之史料文獻，史家透過歷史想像之方式將之重組與建構，只有經過史家之重新敘述，歷史才能成立。而組織史料文獻、豐富敘事內容、表現與刻劃、敘事與解釋是歷史想像之功能。就敘事與解讀角度而言，歷史想像與敘事態度是解讀《左傳》敘事的兩大關鍵。出於史家胸臆之歷史想像是理解史家觀念與想法的可靠切入點。而敘事態度則是敘事意旨在敘事表現中之體現，掌握敘事態度則能解讀史家寄託於文字背後之深層含義。本文以此為本，由結構、模式、人物、字法等角度，探討《左傳》敘事與歷史解釋。

其二、關於敘事結構與深層解讀：結構是敘事性作品之基礎，功能在於將片斷的敘事表達，統一架構在作者敘事意旨之下。結構設計即是一種態度表現，敘事結構既然是作者設計所得，其中自然隱含作者之敘事意圖與敘事主旨。就閱讀角度而言，敘事結構具有：聚焦、感染、理解等功能。《左傳》之內部脈絡結構可歸納為：因果結構、屬辭結構與比事結構三者。透過此三結構之交互作用，《左傳》作者藉此表達敘事意圖、傳遞主題訊息、寄寓言外之意、進行文化傳播與溝通，進而達成史書敘事資鑑勸懲之目的。而閱讀《左傳》之讀者，亦可透過此三結構之引導，於敘事中尋得脈絡，進而破譯敘事文字背後之史家用心。

所謂因果結構，是指《左傳》敘事對歷史事件因果關係揭示之策略設計。主要表現在情節、人物與觀念等層面。而「預言模式」與「勸諫模式」是《左傳》表現因果結構的重要模式。因果結構是作者寄敘事意旨的重要方式。透過對《左傳》敘事因果關係之分析，可進一步解讀其隱含於文字表層意義背後之深層意義。《左傳》透過預言、勸諫等敘事模式，將事件內部之因果關係加以揭示與闡明，進而達到其歷史資鑑之目的。

　　《左傳》之屬辭結構，包含外部敘事形式與內部敘事脈絡兩層次。前者是指屬辭在文句連屬、段落銜接與篇章語用方面之功能。後者則指屬辭在《左傳》敘事脈絡建構上之意義。本論文主要針對內部敘事脈絡之建構及其在意義解讀上之功能進行探討。將史事並列排比，以觀察其同異，顯明其隱義，此為比事。比事觀念貫穿《左傳》全書，在敘事結構層面：內容主題之對照比較，可見出左氏敘事取捨之標準；而情節模式之對比，能凸顯隱藏於情節設計背後之深層史義；對各人物形象之比較研究，可察覺左氏之敘事態度與敘事意旨；以觀念為中心，進行比較研究，更可見出左氏對人文精神之強調。在敘事表達形式層面：人物與人物間之對比，情節與情節間之對比，言論與言論間之衝突，判斷與決策間之矛盾，都可見比事觀念之運用。在觀念層面亦可見《左傳》之比事結構。例如，對吉凶禍福之敘事，觀察《左傳》敘述人事之吉凶禍福，總是採取「吉——凶」，「禍——福」相對之表現結構。

　　《左傳》敘事並非僅是單純的將歷史文獻材料依年月編排，而是在取捨、編排、敘述之間，試圖寄寓其史觀、史識與史義。因此，史家如何在敘事結構上進行設計，以便於讀者能由敘事間見出隱含於字面下之深層含義，成為《左傳》敘事結構設計之重點。《左傳》為編年體史書，依年月順序記事之體例，是其優點亦是缺點。因果結構、屬辭結構與比事結構之設計，正為解決編年體割裂史事之缺點，使讀者在閱讀過程中，能透過敘事結構設計所預留之線索，建構敘事脈絡，進而解讀、體會作者敘事之意圖與主旨，達成觀念溝通與傳播之效果。

　　《左傳》之屬辭結構，除形式聯結功能外，透過敘事間相關性，將散見各年間之事進行屬合，進而呈現提示解讀線索，建構敘事脈絡，此則是《左傳》屬辭結構設計之深層用心。比事結構是以屬辭結構為基礎。運用閱讀接受心理，使敘事間之意義能夠凸顯的一種結構設計。因果結構是歷史敘事之重心，透過對因果關係之揭示與探討，能反映敘事態度、寄寓史家史觀、強調成敗得失，進而完成敘事意旨之傳達與交際。

　　其三、關於人物敘寫與史義解讀：史以事為主，事以人為本。歷史所涉及的是人事，其重心在人。隨著先秦人文思想之發展，《左傳》敘事對人十分重視。人物正是連貫歷史事件與史學意義成立之關鍵。《左傳》依著編年體史書體例，依時記事、隨時寫人，一人之事分見於數年之間，就表現形式而言，人物敘寫是被切割的，是不完整的。但就閱讀理解角度而言，人物反而成為

將各年事件統整組織之聯接樞紐。《左傳》對於史事遭割裂，設計屬辭與比事結構加以因應，此兩結構在人物敘寫解讀上亦有其功能。逆而論之，人物亦是屬辭、比事結構運作之基礎。

人物形象塑造以德行觀念為中心、強調人物態度與反應對事件發展與結果之影響、特重人物言行之細節描寫，透過據事直書將史義寄託於人物言行之間，是《左傳》人物敘寫之特色。其對人物之描寫其用意主要有二：一是強調人的關鍵性。就歷史發展而言，人本身是歷史發展的主體與中心。史因人而生，因此，人在歷史事件發展中有著關鍵性的作用。無論客觀環境是有利或不利，整體形勢是好是壞，歷史事件最終的決定者，仍在人身上。二是藉由寫人來表達敘事態度與敘事意旨。而比事解讀、態度解讀、因果解讀，是解讀《左傳》人物敘寫的幾個切入角度。在人物類型方面，主線發展型、轉折關鍵型、總結評論型、比事見義型等是《左傳》人物敘寫幾個重要之類型。主線型人物除是事件發展主軸外，同時亦有建構敘事脈絡之功能；轉折關鍵型人物有著推動情節發展與觸發事件變化的重要功能；總結評論型人物則是史家之代言者，史家藉此類人物闡述胸臆、寄託史義；比事見義型人物則是史家設計用以對照比較，以凸顯強調史義之人物類型。

其四、關於「初」字敘事法與歷史解釋：敘事法是敘事解釋的基礎，學者對此多有論述，本論文選擇少人探討之《左傳》「初」字敘事法為例，由內容形式、來源、敘事功能與歷史解釋等角度進行討論。《左傳》運用「初」字敘事法或補充說明事件因果始末，或記載帶有較強的歷史想像成分之神異記事，透過此法《左傳》將過於神異之事與一般歷史敘事進行區隔。

《左傳》「初」字敘事法所記載之歷史想像與靈異神奇情況，其源或有二：一則出自史家之歷史想像，二是源自民間傳聞。要言之，是史家以民間傳聞為據，依其表達敘事意旨之需要而進行取捨、剪裁後的敘述呈現。「初」字敘事法用於句首之追敘，多寫弒、殺、廢、立之事；用於事中之補敘，則以因果揭示與補充說明功能為主。此外，錄異保存與深入刻劃人物，亦是「初」字敘事法之功能，又就結構角度而言，「初」字敘事法對於編年體史事割裂之弊，亦稍能救之。其或補敘或追敘，補敘則有銜接轉化之功能，追敘則有前後呼應之效果。特別是對於延續數年之事件，《左傳》往往於該事完整結束後，透過「初」字敘事法進行回顧或呼應。在歷史解釋方面，「初」字敘事法內容記載報恩、恩怨、人物異象、卜筮夢異等，能寓史家議論與態度於敘事之中。

　　其五、關於晉國諸氏興廢、晉楚弭兵與禍福敘事之分析：歸納《左傳》敘寫晉國諸氏衰亡事件之開始與結局，特色如下：首先《左傳》載敘晉諸氏之興與廢以德禮道德史觀貫穿其中。試觀其敘族之興，多以「才德禮義」；其載族之廢，多由「私怨通欲」。其次《左傳》載諸氏之事，於衰亡過程載敘詳盡，於其興則略筆而已，此則史家史觀所致。大抵左氏之作爲後世褒貶資鑑，故詳盡諸氏衰廢之因與過程，能收經驗教訓，資鑑致用之效。而由晉、楚弭兵敘事分析中，可見左氏對晉、楚不同之褒貶態度，整體而言，強調會盟當以信、禮、德、義爲本是《左傳》歷史解釋的基本觀點。

　　禍福敘事是《左傳》「預言模式」重要內容之一。《左傳》敘述禍福降獲有以下幾特點：一、多以禍福並舉，此是《左傳》敘事中比事結構之運用。透過這樣的比事對舉結構，能使正反關係一目了然，更能突顯敘事者所欲表達的史觀、史義，讓歷史敘事的資鑑功能正具說服力。使讀者閱讀後記取獲福之道，而以降禍之因爲戒。

　　二、強調獲福與降禍之原因。資鑑意義是歷史敘事的重要功能，如何使讀者由歷史敘事獲記取經驗教訓，是《左傳》敘事設計之指導原則。因此，《左傳》敘事特別強調事件本末因果的釐清，特別重視人物性格與言行對禍福吉凶的影響。並在歷史敘事中寄寓議論，一方面表達敘事者的觀念，同時也希望說服接受者接受其觀念。《左傳》敘述禍福相關事件，主要由人文思維角度切入，對於獲天、神之福與取禍之因果關係特別側重。其情節安排與人物言行設計，多以此爲中心。

　　三、對禍福相關敘事進行人文化的解釋。強調德、禮、敬、仁則天神福之；若失德、無禮、傲，正是速取禍之道。在歷史敘事上是以此爲中心進行取捨、設計與安排，在歷史解釋上亦以人文精神爲本，對敘事進行以德、禮爲依歸的重新詮釋。

　　敘事研究是今後中國文學研究的重要課題，無論是史傳文學、古典小說、詩歌（敘事詩、詠史詩）、散文或戲劇，敘事角度之探討有其意義與重要性。而探討中國之敘事性文學作品，除借鏡西方敘事觀念外，更重要的是要能建構具有中國特色的敘事觀念與研究方法。筆者學力有限，於論述中嘗試由結構、模式、人物、字法等角度，建構屬於中國經典閱讀之方法，文中見解疏漏或多，尚請師長指教。

　　關於《左傳》敘事與解釋之討論，除本文中所論述幾方面外，仍有值得

進一步探討者。如由語法、句法、詞彙、語境、語用等角度討論敘事之表達、理解、詮釋、接受等問題。例如：《左傳》「謂語動詞」與敘事、《左傳》「判斷句」之敘事功能、《左傳》「反意問句」與史家態度、《左傳》「使動句」與敘事態度等，都是可以探討之論題。又敘事形式與意義呈現之問題，或由漢語構建語法角度探討《左傳》敘事表達與意義傳遞之問題，或由接受角度探討《左傳》敘事與歷史解釋在歷代之發展與轉化等等都是可進一步研究之課題。

此外，由中國小說評點探討中國敘事觀念之發展，或由史書體例角度討論中國歷史敘事之表達與解釋，即探討編年體、紀傳體、紀事本末體或官修、私修史書等，不同歷史敘事體例，在敘事表達與歷史解釋之上之異同。例如探討《左傳》敘事與《史記》敘事、《左傳》敘事與《資治通鑑》敘事等。在思想方面之論題，如《左傳》敘事與中國神話解讀、《左傳》敘事與宗教人文化、神話歷史化等，亦是有趣而值得討論者。而關於敘事模式方面，除本文論及「預言模式」、「勸諫模式」外，其他如《左傳》「敘戰模式」與歷史解釋、《左傳》「弒殺廢立模式」與史家筆法、《左傳》「問答模式」與史觀史義等，都是可進一步發揮探討之論題，亦是筆者今後將持續努力之方向。

參考文獻

【說明】以下就寫作過程中，有所參考或啟發之書目羅列以供參考。書目排列，典籍依作者生年先後，其他則依出版年月先後。

一、春秋、左傳

1. 《十三經注疏・左傳》，臺北：藝文印書館，1993 年 9 月十二刷。

2. 〔晉〕杜預《春秋經傳集解》（相臺岳氏本），臺南：利大出版社，1980 年 1 月初版。

3. 〔晉〕杜預《春秋釋例》，臺北：中華書局，1980 年 11 月臺二版。

4. 〔清〕馬驌著、徐連城校點《左傳事緯》，山東：齊魯書社，1992 年 6 月一版。

5. 〔清〕高士奇《左傳紀事本末》，臺北：里仁書局，1981 年 12 月出版。

6. 〔清〕王源《左傳評》，臺北：新文豐出版公司，1979 年 8 月初版。

7. 〔清〕方苞口授、王兆符傳述《左傳義法舉要》，臺北：廣文書局，1977 年 1 月初版。

8. 〔清〕顧棟高《春秋大事表》，北京：中華書局，1993 年 6 月一版。

9. 〔清〕劉文淇《春秋左傳舊注疏證》，香港：太平書局，1966 年 10 月版。

10. 〔清〕林紓選《左傳擷華》，臺北：文光圖書公司，1957 年 2 月初版。

11. 〔瑞典〕高本漢著、陳舜政譯《高本漢左傳注釋》，臺北：國立編譯館，1972 年 2 月。

12. 韓席籌編註《左傳分國集注》，臺北：華世出版社，1975 年 10 月臺一版。

13. 陳新雄、于大成編《左傳論文集》，臺北：木鐸出版社，1976 年 5 月出版。

14. 戴君仁等《春秋三傳研究論集》，臺北：黎明文化，1981 年 1 月初版。

15. 張高評《左傳導讀》，臺北：文史哲出版社，1982 年 10 月初版。

16. 張高評《左傳之文學價值》,臺北:文史哲出版社,1982 年 10 月初版。

17. 張高評《左傳文章義法撢微》,臺北:文史哲出版社,1982 年 10 月初版。

18. 洪順隆《左傳論評選析新編》,臺北:中國文化大學出版部,1982 年 10 月出版。

19. 高葆光《左傳文藝新論》,臺中(東海大學研究叢刊),1983 年 8 月四版。

20. 葉政欣《杜預及其春秋左氏學》,臺南:興業圖書公司,1984 年 2 月出版。

21. 張端穗《左傳思想探微》,臺北:學海出版社,1987 年 1 月初版。

22. 程發軔《春秋要領》,臺北:三民書局,1989 年 4 月初版。

23. 〔美〕王靖宇《左傳與傳統小說論集》,北京:北京大學出版社,1989 年 5 月一版。

24. 張以仁《春秋史論集》,臺北:聯經出版事業公司,1990 年 1 月初版。

25. 程發軔《春秋人譜》,臺北:臺灣商務印書館,1990 年 12 月初版。

26. 程元敏《春秋左氏經傳集解序疏證》,臺北:臺灣學生書局,1991 年 8 月初版。

27. 李新霖《從左傳論春秋時代之政治倫理》臺北:文津出版社,1991 年 8 月。

28. 楊伯峻《春秋左傳注》,高雄:復文圖書出版社,1991 年 9 月二版。

29. 孫綠怡《左傳與中國古典小說》,北京:北京大學出版社,1992 年 4 月第 1 版。

30. 沈玉成、劉寧《春秋左傳學史稿》,江蘇古籍出版社,1992 年 6 月一版。

31. 〔日〕竹添光鴻《左傳會箋》,臺北:天工書局,1993 年 5 月出版。

32. 張高評《左傳之武略》,高雄:麗文文化公司,1994 年 10 月初版。

33. 張高評《左傳之文韜》,高雄:麗文文化公司,1994 年 10 月初版。

34. 管燮初《左傳句法研究》,合肥:安徽教育出版社,1994 年 12 月第 1 版。

35. 吳闓生《左傳微》,安徽:黃山書社,1995 年 12 月一版。

36. 劉正浩《左海鉤沈》,臺北:東大圖書公司,1997 年 11 月初版。

37. 王叔岷《左傳考校》,臺北:中央研究院中國文哲研究所,1998 年 4 月初版。

38. 張素卿《敘事與解釋——《左傳》經解研究》,臺北:書林出版公司,1998 年 4 月一版。

39. 張文國《左傳名詞研究》,北京:中國社會科學出版社,1998 年 12 月第 1 版。

40. 裴默農《春秋戰國外交群星》,四川:重慶出版社,1998 年 12 月第一版第二刷。

41. 夏先培《左傳交際稱謂研究》，長沙：湖南師範大學出版社，1999 年 3 月第 1 版。

42. 簡宗梧《鎔裁文史的經典——左傳》，臺北：黎明文化，1999 年 4 月初版。

43. 毛遠明《左傳詞彙研究》，重慶：西南師範大學出版社，1999 年 12 月第 1 版。

44. 劉麗文《春秋的回聲——左傳的文化研究》，北京燕山出版社，2000 年 1 月第 1 版。

45. 趙生群《春秋經傳研究》，上海：上海古籍出版社，2000 年 5 月第 1 版。

46. 陽平南《左傳敘戰的資鑑精神》，臺北：文津出版社，2001 年 10 月。

47. 張高評《春秋書法與左傳學史》，臺北：五南圖書公司，2002 年 1 月初版。

48. 方朝暉《春秋左傳人物譜》（上、下），濟南：齊魯書社，2002 年 8 月第 1 版。

49. 姚曼波《春秋考論》，南京：江蘇古籍出版社，2002 年 12 月第 1 版。

50. 張猛《左傳謂語動詞研究》，北京：語文出版社，2003 年 2 月第 1 版。

51. 蔡妙真《追尋與傳釋——左繡對左傳的接受》，臺北：萬卷樓，2003 年 8 月初版。

52. 趙伯雄《春秋學史》，濟南：山東教育出版社，2004 年 4 月第 1 版。

53. 戴維《春秋學史》，長沙：湖南教育出版社，2004 年 5 月第 1 版。

54. 潘萬木《左傳敘述模式論》，武漢：華中師範大學出版社，2004 年 9 月第 1 版。

55. 何新文《左傳人物論稿》，北京：中國社會科學出版社，2004 年 10 月第 1 版。

56. 吳靜安撰《春秋左氏傳舊注疏證續》（1～4），長春：東北師範大學出版社，2005 年 5 月第 1 版。

二、敘事相關研究

1. 高辛勇《形名學與敘事理論：結構主義的小說分析法》，臺北：聯經出版公司，1987 年十一月。

2. 施洛米絲・雷蒙——凱南著、賴干堅譯《敘事虛構作品：當代詩學》，廈門：廈門大學出版社，1991 年 8 月第 1 版。

3. 徐岱《小說敘事學》，北京：中國社會科學出版社，1992 年 9 月第 1 版。

4. 羅鋼《敘事學導論》，昆明：雲南人民出版社，1994 年 5 月第 1 版。

5. 〔美〕蒲安迪《中國敘事學》，北京：北京大學出版社，1996 年 3 月第一版。

6. 董小英《敘事藝術邏輯引論》，社會科學文獻出版社，1997 年 5 月第一版。

7. STEVEN COHAN & LINDA M.SHIRES 著、張方譯《講故事——對敘事虛構作品的理論分析》，臺北：駱駝出版社，1997 年 9 月一版。

8. 王彬《紅樓夢敘事》，北京：中國工人出版社，1998 年 5 月第 1 版。

9. 楊義《中國敘事學》，嘉義：南華管理學院（南華大學），1998 年 6 月出版。

10. 趙毅衡《當說者被說的時候——比較敘述學導論》，北京：人民大學出版社，1998 年 10 月第 1 版。

11. 張世君《紅樓夢的空間敘事》，北京：中國社會科學出版社，1999 年 11 月第 1 版。

12. 傅修延《先秦敘事研究：關於中國敘事傳統的形成》，北京：東方出版社，1999 年 12

13. 月第 1 版。

14. 董小英《敘述學》，北京：社會科學文獻出版社，2001 年 6 月第 1 版。

15. 王平《中國古代小說敘事研究》，石家莊：河北人民出版社，2001 年 12 月第 1 版。

16. 〔美〕詹姆斯・費倫著、陳永國譯《作為修辭的敘事：技巧、讀者、倫理、意識形態》，北京：北京大學出版社，2002 年 5 月第 1 版。

17. 譚君強《敘事理論與審美文化》，北京：中國社會科學出版社，2002 年 9 月第 1 版。

18. 格非《小說敘事研究》，北京：清華大學出版社，2002 年 9 月第 1 版

19. 周慶華《故事學》，臺北：五南圖書公司，2002 年 9 月初版。

20. 王昕《話本小說的歷史與敘事》，北京：中華書局，2002 年 12 月第 1 版。

21. 〔美〕王靖宇《中國早期敘事文研究》，上海：上海古籍出版社，2003 年 3 月第 1 版。

22. 〔荷〕米克・巴爾著、譚君強譯《敘述學：敘事理論導論》（第二版），2003 年 4 月。

23. 陳平原《中國小說敘事模式的轉變》，北京：北京大學出版社，2003 年 7 月第 1 版。

24. 申丹《敘述學與小說文體學研究》，北京：北京大學出版社，2004 年 5 月第三版。

25. 王建科《元明家庭家族敘事文學研究》，北京：中國社會科學出版社，2004 年 11 月第 1 版。

26. 胡亞敏《敘事學》，武漢：華中師範大學出版社，2004 年 12 月第 1 版。

27. 傅修延《文本學——文本主義文論系統研究》，北京：北京大學出版社，2004 年 12 月第 1 版。

28. 〔美〕華萊士・馬丁著、伍曉明譯《當代敘事學》，北京大學出版社，2005年3月第2版。

29. 〔美〕丁乃通著、陳建憲、黃永林、李揚、余惠先譯《中西敘事文學比較研究》，武漢：華中師範大學出版社，2005年7月第2版。

30. 高小康《中國古代敘事觀念與意識形態》，北京：北京大學出版社，2005年9月第1版。

三、經　學

1. 嚴正《五經哲學及其文化學的闡釋》，濟南：齊魯書社出版社，2001年8月第1版。

2. 姜廣輝主編《中國經學思想史》（第一卷、第二卷），北京：中國社會科學出版社，2003年9月第1版。

3. 于雪棠《周易與中國上古文學》，北京：北京師範大學出版社，2005年8月第1版。

四、史　學

1. 《國語》上海師範大學古籍整理組，臺北：里仁書局，1981年12月初版。

2. 〔漢〕司馬遷《史記》（百納本二十四史・宋慶元黃善夫刊本），臺北：臺灣商務印書館，1988臺六版。

3. 〔唐〕劉知幾撰、〔清〕浦起龍釋《史通通釋》，臺北：里仁書局，1993年六月。

4. Edward H. Carr 著、王任光譯《歷史論集》，臺北：幼獅文化事業公司，1968年12月初版，2003年1月二十二刷。

5. R.G.Collingwood、黃宣範譯《歷史的理念》，臺北：聯經出版事業公司，1981年3月。

6. 屈萬里《先秦文史資料考辨》，臺北：聯經出版事業公司，1983年2月初版。

7. 柳詒徵《國史要義》，臺北：臺灣中華書局，1984年10月八版。

8. 杜維運《中西古代史學比較》，臺北：東大圖書公司，1988年8月初版。

9. 楊家駱主編《竹書紀年八種》，臺北：世界書局，1989年4月四版。

10. 簡後聰、林君成《歷史編纂法》，臺北：五南圖書出版公司，1993年1月初版。

11. 陳桐生《中國史官文化與史記》，廣東：汕頭大學出版社，1993年9月第1版。

12. 杜維運《與西方史家論中國史學》，臺北：東大圖書公司，1993年10月三版。

13. 彭雅玲《史通的歷史敘述理論》，臺北：文史哲出版社，1993 年 6 月初版。

14. 王錦貴《中國紀傳體文獻研究》，北京：北京大學出版社，1996 年 8 月第一版。

15. 汪榮祖《史傳通說》，臺北：聯經出版事業公司，1997 年 9 月第二版。

16. 徐中舒《徐中舒歷史論文選輯》（上、下），北京：中華書局，1998 年 9 月第 1 版。

17. 何兆武《歷史理論與史學理論——近現代西方史學著作選》，北京：商務印書館，1999 年 1 月第 1 版。

18. 陳蘭村《中國傳紀文學發展史》，北京：語文出版社，1999 年 1 月第 1 版。

19. 陳其泰《史學與與中國文化傳統》，北京：學苑出版社，1999 年 8 月第 1 版。

20. 陳其泰《史學與民族精神》，北京：學苑出版社，1999 年 8 月第 1 版。

21. 金毓黻《中國史學史》，北京：商務印書館，1999 年 12 月第 1 版。

22. 〔法〕Marc Bloch 著、周婉窈譯《史家的技藝》，臺北：遠流出版事業公司，2000 年 3 月一版四刷。

23. 〔英〕沃爾什著、何兆武、張文杰譯《歷史哲學——導論》，桂林：廣西師範大學出版社，2001 年 3 月第 1 版。

24. 李紀祥《時間・歷史・敘事——史學傳統與歷史理論再思》，臺北：麥田出版社，2001 年 9 月初版一刷。

25. 嚴建強、王淵明《西方歷史哲學》，臺北：慧明文化公司，2001 年 11 月第 1 版。

26. 張文杰編《歷史的話語——現代西方歷史哲學譯文集》，桂林：廣西師範大學出版社，2002 年 3 月第 1 版。

27. 韓震、孟鳴歧《歷史哲學——關於歷史性概念的哲學闡釋》，昆明：雲南人民出版社，2002 年 6 月第 1 版。

28. 陳桐生《儒家經傳文化與史記》，臺北：洪葉文化公司，2002 年 9 月初版一刷。

29. 汪榮祖《史學九章》，臺北：麥田出版社，2002 年 12 月初版一刷。

30. 杜維運《史學方法論——增訂新版》，臺北：三民書局，2003 年 2 月十五版。

31. 鄧鴻光、李曉明主編《史學理論與史學史》（第一輯），武漢：崇文書局，2003 年 5 月第 1 版。

32. 〔美〕海登懷特著、陳永國、張萬娟譯《後現代歷史敘事學》，北京：中國社會科學出版社，2003 年 6 月第 1 版。

33. 陳啓能、倪爲國主編《書寫歷史》，上海：上海三聯書店，2003 年 7 月第

1 版。

34. 錢存訓《書於竹帛——中國古代的文字記錄》，上海：上海書店出版社，
2004 年 1 月。

35. 許凌雲《儒家倫理與中國史學》，濟南：齊魯書社出版社，2004 年 3 月第
1 版。

36. 張岩《從部落文明到禮樂制度》，上海：上海三聯書店。2004 年 5 月第 1
版。

37. 錢茂偉、王東著《民族精神的華章：史學與傳統文化》，北京：北京圖書
館出版社，2004 年 11 月第 1 版。

38. 黃開國、唐赤蓉《諸子百家興起的前奏——春秋時期的思想文化》，成都：
巴蜀書社，2004 年 11 月第 1 版。

39. 瞿林東《中國史學的理論遺產》，北京：北京師範大學出版社，2005 年 1
月第 1 版。

40. 劉家和《史學、經學與思想》，北京：北京師範大學出版社，2005 年 1 月
第 1 版。

41. 〔英〕帕特里克‧加登納著、江怡譯《歷史解釋的性質》，北京：北京出
版社，2005 年 1 月第 1 版。

42. 〔美〕海登懷特著、董立河譯《形式的內容：敘事話語與歷史再現》，北
京：北京出版社，2005 年 5 月第 1 版。

43. 方詩銘、王修齡《古本竹書紀年輯證》，上海：上海古籍出版社，2005 年
10 月。

44. 饒尚寬《春秋戰國秦漢朔閏表》，北京：商務印書館，2006 年 3 月第 1 版。

45. 許冠三選譯《歷史解釋》，香港：震旦圖書公司，出版年月不詳。

五、子部、思想

1. 〔漢〕劉向集錄《戰國策》，臺北：里仁書局，1990 年 9 月。

2. 〔明〕胡應麟《少室山房筆叢》，上海：上海書店出版社，2001 年 8 月第
1 版。

3. 〔清〕顧炎武《原抄本日知錄》，臺北：明倫出版社，1970 年三版。

4. 〔清〕章學誠著、葉瑛校注《文史通義校注》，臺北：里仁書局，1984 年
9 月。

5. 徐復觀《中國人性論史‧先秦篇》，臺北：臺灣商務印書館，1969 年 1 月
初版。

6. 徐復觀《兩漢思想史‧卷三》，臺北：臺灣學生書局，1979 年 9 月初版，
1993 年 9 月初版四刷。

7. 唐君毅《中國人文精神之發展》，臺北：學生書局，1988 年初版。

8. 錢鍾書《管錐編》，臺北：書林出版公司，1990 年 8 月出版。

9. 〔日〕中村元著、徐復觀譯《中國人之思維方法》，臺北：臺灣學生書局，1991 年 4 月修訂版。

10. 成復旺《中國古代的人學與美學》，北京：中國人民大學出版社，1992 年 8 月第 1 版。

11. 劉翔《中國傳統價值觀念詮釋學》，臺北：桂冠圖書公司，1993 年 4 月初版。

12. 彭亞非《先秦審美觀念研究》，北京：語文出版社，1996 年 6 月第 1 版。

13. 李零《中國方術續考》，北京：東方出版社，2001 年 8 月第 2 版。

14. 蒲慕州《追尋一己之福——中國古代的信仰世界》，臺北：麥田出版社，2004 年 10 月初版一刷。

15. 趙林《協調與超越——中國思維方式探討》，武昌：武漢大學出版社，2005 年 5 月。

16. 熊道麟《先秦夢文化探微》，臺北：學海出版社，2004 年 3 月 1 版。

17. 黃展岳《古代人牲人殉通論》，北京：文物出版社，2004 年 12 月第一版。

18. 陳來《古代思想文化的世界——春秋時期的宗教、倫理與社會思想》，臺北：允晨文化，2006 年 1 月初版。

19. 徐漢昌《先秦學術問學集》，高雄：復文圖書出版社，2006 年 4 月初版。

六、文學與修辭

1. 〔梁〕劉勰撰、周振甫注《文心雕龍注釋》，臺北：里仁書局，1994 年 7 月再版。

2. 〔清〕劉熙載《藝概》，臺北：華正書局，1988 年 9 月版。

3. 范文芳《司馬遷的創作意識與寫作技巧》，臺北：文史哲出版社，1987 年 5 月初版。

4. W.C.布斯著、華明、胡蘇曉、周憲譯《小說修辭學》，北京：北京大學出版社，1987 年 10 月第一版。

5. 金健人《小說結構美學》，臺北：木鐸出版社，1988 年 9 月初版。

6. 吳應天《文章結構學》，北京：中國人民大學出版社，1989 年 1 月第 1 版。

7. 譚學純、唐躍、朱玲著《接受修辭學》，上海教育出版社，1992 年 12 月第 1 版。

8. 劉上生《中國古代小說藝術史》，長沙：湖南師範大學出版社，1993 年 6 月第 1 版。

9. 亞里斯多德著、姚一葦譯註《詩學箋註》，臺北：臺灣中華書局，1993 年

8 月十版。

10. 鄭頤壽主編《文藝修辭學》，福州：福建教育出版社，1993 年 8 月第一版。

11. 譚家健《先秦散文藝術新探》，北京：首都師範大學出版社，1995 年 10 月第 1 版。

12. 童慶炳等著《文學藝術與社會心理》，北京：高等教育出版社，1997 年 7 月第 1 版。

13. 金開誠《文藝心理學概論》，北京：北京大學出版社，1999 年 1 月第二版。

14. 凌煥新《微型小說藝術探微》，南京：南京師範大學出版社，2000 年 4 月第 1 版。

15. 朱棟霖、陳信元主編《中國文學新思維》，嘉義：南華大學，2000 年 7 月。

16. 張新科《唐前史傳文學研究》，西安：西北大學出版社，2000 年 9 月第 1 版。

17. 可永雪《史記文學成就論說》，呼和浩特：內蒙古教育出版社，2001 年 5 月第 1 版。

18. 俞樟華《史記藝術論》，北京：華文出版社，2002 年 1 月第 1 版。

19. 〔英〕福斯特著、朱乃長譯《小說面面觀》（英漢對照），北京：中國對外翻譯出版公司，2002 年 1 月第 1 版。

20. 汪正龍《文學意義研究》，南京：南京大學出版社，2002 年 6 月第 1 版。

21. 錢谷融、魯樞元《文學心理學》，上海：華東師範大學出版社，2003 年 8 月第 1 版。

22. 楊樹增《史記藝術研究》，北京：學苑出版社，2004 年 12 月第 1 版。

23. 胡家祥《文藝的心理闡釋》，武昌：武漢大學出版社，2005 年 4 月第 1 版

24. 周振甫《周振甫講古代文論》，南京：江蘇教育出版社，2005 年 11 月第 1 版。

25. 周振甫《周振甫講修辭》，南京：江蘇教育出版社，2005 年 11 月第 1 版。

26. 吳禮權《古典小說篇章結構修辭史》，臺北：商務印書館，2005 年 12 月初版一刷。

七、思維、閱讀、接受、詮釋

1. 〔日〕中村元著、徐復觀譯《中國人之思維方法》，臺北：臺灣學生書局，1991 年 4 月修訂版。

2. 劉宏彬《紅樓夢接受美學論》，鄭州：河南人民出版社，1992 年 10 月第 1 版。

3. 丁禎彥、吾敬東《春秋戰國時期觀念與思維方式變革》，長沙：湖南出版社，1993 年 1 月第 1 版。

4. 徐興海《司馬遷的創造思維》,西安:陝西人民出版社,1995 年 7 月第 1 版。

5. 楊儒賓、黃俊傑編《中國古代思維方式探索》,臺北:正中書局,1996 年 11 月。

6. 曹明海《文學解讀學導論》,北京:人民文學出版社,1997 年 7 月第 1 版。

7. 金元浦《文學解釋學》,長春:東北師範大學出版社,1998 年 5 月第 1 版。

8. 楊文虎《藝術思維和創作的發生》,上海:學林出版社,1998 年 9 月第 1 版。

9. 蔣成瑀《讀解學引論》,上海:上海文藝出版社,1998 年 11 月第 1 版。

10. 曾祥芹《閱讀學新論》,北京:語文出版社,1999 年 8 月第 1 版。

11. 王作新《漢字結構系統與傳統思維方式》,武漢:武漢出版社,2000 年 10 月第 1 版。

12. 邵志方《思維心理學》,上海:華東師範大學出版社,2001 年 2 月第 1 版。

13. 朱智賢、林崇德《思維發展心理學》,北京師範大學出版社,2002 年 2 月第 2 版。

14. 陳新漢《審美認識機制論》,上海:華東師範大學出版社,2002 年 3 月第 1 版。

15. 李建盛《理解事件與文本意義——文學詮釋學》,上海:上海譯文出版社,2002 年 3 月第 1 版。

16. 韓震、孟鳴歧《歷史、理解、意義——歷史詮釋學》,上海:上海譯文出版社,2002 年 3 月第 1 版。

17. 劉耘華《詮釋學與先秦儒家之意義生成——《論語》、《孟子》、《荀子》對古代傳統的解釋》,上海:上海譯文出版社,2002 年 3 月第 1 版。

18. 周光慶《中國古典解釋學導論》,北京:中華書局,2002 年 9 月第 1 版。

19. 周裕楷《中國古代闡釋學研究》,上海:上海人民出版社,2003 年 11 月第 1 版。

20. 李咏吟《解釋與真理》,上海:上海譯文出版社,2004 年 8 月第 1 版。

21. 朱立元《接受美學導論》,合肥:安徽教育出版社,2004 年 11 月第 1 版。

22. 洪漢鼎主編《中國詮釋學》(第一輯、第二輯),濟南:山東人民出版社,2004 年 12 月第 1 版。

23. 周冠生《審美心理學》,上海:上海文藝出版社,2005 年 1 月第 1 版。

八、語言學、符號學

1. 申小龍《中國句型文化》,吉林:東北師範大學出版社,1988 年 11 月第 1 版。

2. 〔日〕西槇光正編《語境研究論文集》，北京：北京語言學院出版社，1992年11月。

3. 中國社會科學院語言研究所「漢語運用的語用原則」課題組編著《語用研究論集》，北京：語言學院出版社，1994年7月第1版。

4. 程祥徽主編《語言與傳意》，香港：海峰出版社，1996年6月一版。

5. 寸鎮東《語境與修辭》，貴州人民出版社，1996年6月第1版。

6. 李幼蒸《結構與意義》，北京：中國社會科學出版社，1996年9月第1版。

7. 陳宗明《中國語用學思想》，杭州：浙江教育出版社，1997年12月第1版。

8. 李幼蒸《理論符號學導論》，北京：社會科學文獻出版社，1999年6月第1版。

9. 何樂士《古代漢語語法研究論文集》，北京：商務印書館，2000年5月第1版。

10. 吳啓主《漢語構件語法語篇學》，長沙：岳麓書社出版社，2000年6月第1版。

11. 龔鵬程《文化符號學》，臺北：學生書局，2001年2月再版。

12. 楊伯峻、何樂士著《古代漢語語法及其發展修訂本》，北京：語文出版社，2001年8月第2版。

13. 魯川《漢語語法的意合網絡》，北京：商務印書館，2001年10月第1版。

14. 錢敏汝《篇章語用學概論》，北京：外語教學與研究出版社，2001年12月第1版。

15. 王汶成《文學語言中介論》，濟南：山東大學出版社，2002年2月第1版。

16. 何樂士《史記語法特點研究》北京：商務印書館，2005年3月第1版。

17. 沈立岩《先秦語言活動之形態觀念及其文學意義》，北京：人民出版社，2005年10月。

九、單篇論文

1. 李紀祥〈中國史學中的兩種實錄傳統——鑒式實錄與興式實錄之理念及其歷史世界〉：《漢學研究》第21卷第2期，2003年12月，頁367至390。

2. 張高評〈經學與文學的會通〉，收錄於《中國文學新境界反思與觀照》，臺北：立緒文化，2005年3月，頁207至246。

3. 張高評〈《管錐編》論《左傳》之敘事與記言——錢鍾書之左傳學〉，《國學研究》第十五卷，（北京大學中國傳統文化研究中心），2005年6月，頁351至384。

4. 張高評〈《史記》敘事藝術與詩歌語言〉，《第五屆漢代文學與思想學術研

討會論文集》（國立政治大學主編），臺北：新文豐，2005 年 11 月，頁 181 至 216。

5. 劉正浩〈屬辭比事與《春秋》始隱考〉，收錄於《經學論叢》，臺北：洪葉文化公司，2006 年 3 月，頁 1 至 41。

6. 童慶炳〈左傳敘事藝術三題〉，收錄於《經學論叢》，臺北：洪葉文化公司，2006 年 3 月，頁 279 至 290。

十、博士、碩士論文

1. 王聰明《左傳之人文思想研究》，臺北：國立臺灣師範大學：國文研究所碩士論文，中華民國七十五年六月。（本文收錄於《國立臺灣師範大學國文研究所集刊》第三十二號，民國七十七年六月）

2. 林秀富《論春秋的屬辭比事》，臺北：輔仁大學：中文研究所：碩士論文，中華民國八十二年六月。

附錄：晉國諸氏興廢始末略述

　　以下略述《左傳》所載晉國諸氏興衰始末，以爲討論之共同語境。晉諸氏興廢始末大體如下：

　　西元前 661 年（閔公元年）冬季，晉獻公爲滅耿、霍、魏而重新擴編軍隊爲二軍，親自領上軍，太子申生將下軍，並拔擢趙夙御戎，畢萬爲車右。順利滅耿、霍、魏後進一步提升趙夙與畢萬爲大夫，[註1] 此爲趙、魏二氏之始興。西元前 666 年（莊公二十八年）晉獻公伐驪戎得驪姬，生子奚齊。西元前 656 年（僖公四年）冬季，驪姬亂晉太子申生縊於新城，公子重耳與夷吾出奔。追隨重耳出奔者有狐偃、趙衰、顚頡、魏犨（魏武子）、胥臣（臼季）、先軫、賈佗等。西元前 636 年（僖公二十四年）公子重耳在秦穆公幫助下返晉爲文公，同年冬季周王室發生王子帶之亂，周襄王出居鄭，遣使向秦、晉兩國求援，隔年晉文公辭秦師而勤王，逐漸成就其霸業。

　　西元前 632 年（僖公二十八年），晉、楚城濮之戰勝後，晉文公成爲霸主。當初追隨晉文公出奔的諸大夫除顚頡、魏犨因侵燒曹國僖負羈一事獲罪見殺外，其餘諸氏在晉國政治上都取得相當地位，其情況大致如下：西元前 633 年（僖公二十七年）冬，晉文公擴編二軍爲三軍，並有意逐漸將軍政合一，中軍帥也逐漸負責國家政策。[註2] 此次改編，郤縠因趙衰「說禮樂而敦詩書」

〔註1〕　《左傳・閔公元年》：「賜趙夙耿，賜畢萬魏，以爲大夫。」其後又載卜偃言畢萬之後必大之言論，及畢萬筮仕於晉之事。此部分與本文主題關係較遠暫略不論，詳請參見《左傳》閔公元年載記。

〔註2〕　以下列出晉國爲政卿興替情況，由其興替亦可略見諸氏之興衰狀況：僖公二十八年先軫爲政，文公六年趙盾爲政，宣公八年郤缺爲政，宣公十二年荀林父爲政，宣公十六年士會爲政，宣公十七年郤克爲政，成公四年欒書爲政，

之舉薦成爲晉中軍帥，惜未戰而先卒（後改以先軫爲中軍帥）。令狐毛爲上軍將，狐偃爲上軍佐；欒枝爲下軍將，先軫爲下軍佐。荀林父御戎，魏犫爲車右。後先軫改將中軍，其下軍佐則由胥臣接任。以上諸氏於城濮戰後逐漸成爲晉國政治上重要的卿大夫氏族。又城濮戰後同年冬季，晉文公爲抵禦戎人的侵擾，於傳統車乘兵力外，重新擴編徒兵由二行增爲三行，即所謂「作三行」。之後起用荀林父將中行，荀林父之後荀庚一系爲中行氏，荀首（荀林父之子）一系之後爲知氏，此則荀氏、知氏漸興之始。西元前 629 年（僖公三十一年），晉文公蒐於清原，改作五軍，令趙衰將新上軍，胥嬰將新下軍。

　　郤氏本爲晉國公族，郤缺之父郤芮於晉文公返國時畏偪欲焚宮以弒君，後因秦穆公助重耳而失敗。〔註3〕《左傳・僖公三十三年》載當初胥臣過冀時，見郤缺與其妻相敬如賓，於是推薦給晉文公，文公使郤缺爲下軍大夫。〔註4〕西元前 627 年（僖公三十三年）秋季，晉襄公以先軫之子先且居將中軍，以先茅之縣賞胥臣，命郤缺爲卿，此則郤氏再興之始也。

　　西元前 622 年（文公五年）冬，趙衰、欒枝、先且居、胥臣等人皆卒，晉國進行新的權力重整。隔年春季，晉蒐於夷，進行軍政的重整，廢除新上軍與新下軍，主要的政權核心以狐偃之子狐射姑將中軍，趙衰之子趙盾佐中軍。後因陽處父之故而改蒐於董，使趙盾爲中軍將，狐射姑爲中軍佐。《左傳》載曰：「宣子於是乎始爲國政」，此爲趙氏之興也。又狐射姑由中軍將改降爲中軍佐一事，日後成爲狐氏殺陽處父，奔狄而衰的主因。同年（文公六年）八月，晉襄公卒，晉國內部出現繼承問題，趙盾欲立公子雍，以其好善而長，且近於秦；狐射姑欲立公子樂。後趙盾遣先蔑、士會至秦國迎回公子雍，而狐射姑則於此年九月令其弟殺害陽處父，十一月趙盾殺續簡伯，狐射姑出奔狄，至此狐氏衰亡。

　　西元前 620 年（文公七年）夏季，公子雍將返晉時，因穆嬴之故，趙盾被迫立原太子爲君即爲晉靈公，當時秦康公已派軍隊護送公子雍返晉，於是

　　　　成公十八年韓厥爲政，襄公七年知罃爲政，襄公十三年荀偃將中軍，襄公十
　　　　九年士匄爲政，襄公二十五年趙武爲政，昭公元年韓起爲政，昭公二十八年
　　　　魏舒爲政，定公元年范鞅爲政，定公十三年趙鞅爲政，哀公二十年知瑤爲政。
〔註3〕　此事見《左傳・僖公二十四年》。郤氏爲晉公族，驪亂之前與狐氏、荀氏、樂
　　　　氏（靖侯之後）、祁氏（獻侯之後）等在晉國政治上有影響力。
〔註4〕　此事反映晉國卿、大夫之思維及所重視之德行，並寓有作者史觀，其意義之
　　　　論述請見正文。

秦晉交戰於令狐，晉敗秦師。此事後，「先蔑奔秦，士會從之」，先氏至此而漸衰。士會（范氏）則於文公十三年返晉，此後范氏漸興。附帶說明一點，由士會從奔的表現，可見其德禮修養，且《左傳》載其從先蔑奔秦，「三年不見士伯」，直至其返晉終未與先蔑會見，而范氏日後之漸興正在其得人。〔註5〕

西元前 619 年（文公八年）秋冬至隔年春季，晉國箕鄭父、先都、梁益耳、蒯得等大夫，因不滿夷之蒐而為亂。西元年 618 年二月，「晉人殺其大夫先都」，三月，「晉人殺其大夫士縠及箕鄭父」。先都為先蔑之父，先蔑奔秦，其父見殺，而先氏至此亡矣。士縠為士會之父，如前所述，士會從先蔑奔秦，後返晉，范氏自此後漸興，士會之後於宣公十六年（西元前 593 年）時掌握晉國國政。〔註6〕

西元前 602 年（宣公二年）九月，晉靈公被趙穿所弒。事件之後，「宣子使趙穿逆公子黑臀于周而立之」，是為晉成公。成公即位後感於晉無公族，〔註7〕於是開始恢復公族，《左傳》載：「乃宦卿之適而為之田，以為公族；又宦其餘子，亦為餘子；其庶子為公行。晉於是有公族、餘子、公行。」此是對晉國政治發展有相當的意義。同時趙盾亦於此時請以趙括為公族，自己則退居餘子（旄車之族），《左傳》特書此事以顯趙宣子之德。

西元前 601 年（宣公八年），趙盾之後由郤缺為政，此年郤缺以胥克有蠱疾，於秋季廢胥克，〔註8〕改由趙盾之子趙朔佐下軍。西元前 596 年（宣公十三年）

〔註5〕 整體觀察士會在《左傳》中所塑造之形象，是德禮忠信之士。如此次因迎立公子之事，後隨先蔑奔秦，日後為政後，在考量郤氏或將為亂下，讓政於郤克，種種作為都顯示其德禮修養。關於士會《列子·說符》中載其為政後群盜奔秦。其載如下：晉國苦盜，有郤雍者，能視盜之貌，察其眉睫之間而得其情。晉侯使視盜，千百無遺一焉。晉侯大喜，告趙文子曰：「吾得一人，而一國盜為盡矣，奚用多為？」文子曰：「吾君恃伺察而得盜，盜不盡矣。且郤雍必不得其死焉。」俄而群盜謀曰：「吾所窮者，郤雍也。」遂共盜而殘之。晉侯聞而大駭，立召文子而告之曰：「果如子言，郤雍死矣。然取盜何方？」文子曰：「周諺有言：『察見淵魚者不祥，智料隱匿者有殃。』且君欲無盜，莫若舉賢而任之，使教明於上，化行於下，民有恥心，則何盜之為？」於是用隨會知政，而群盜奔秦焉。由上《列子》所載可見先秦時人多以士會為賢。

〔註6〕 左傳敘寫諸氏興亡，比事以見義者正如此也。狐氏之衰則隨趙氏之盛；先氏之亡則伴范氏之興。此或所謂屬辭比事之教也。

〔註7〕 驪姬之亂後，晉國不置公族大夫。見《左傳·宣公二年》：「初，麗姬之亂，詛無畜群公子，自是晉無公族。」

〔註8〕 胥克為胥臣之孫，其父胥甲父於宣公元年（西元前 608 年）時，因文公十二年河曲之役不聽命之故而遭放逐於衛，改以胥克繼承。郤缺之返晉，實則胥

秋，赤狄伐晉，郤缺以此爲先縠之罪，殺之並盡滅其族，先氏至此盡滅。〔註9〕
西元前 592 年（宣公十七年）春季，郤克出使齊國，齊頃公與其母蕭同叔子帷
觀無禮於郤克。郤克返國後二次請伐齊國，晉景公皆不許，同年秋八月，范武
子（士會）請老，讓郤克爲政。士會提早退位的主因，《左傳》借由其與其子士
燮的對話來說明，其云：「君子之喜怒，以已亂也。弗已者，必益之。郤子其或
者欲已亂於齊乎。不然，余懼其益之也。余將老，使郤子逞其志，庶有豸乎。」
說明是士會擔心郤克請伐齊不許恐爲亂，所以讓郤克爲政。

　　郤克爲政後積極準備伐齊，齊、晉兩國於西元前 589 年（成公二年）戰
於鞍，齊軍敗績。隔年，西元前 588 年（成公三年），冬十二月，爲獎賞鞍之
戰的勝利，晉國重新整編軍隊，擴建爲六軍，韓厥、趙括、鞏朔、韓穿、荀
騅、趙旃六人皆提升爲卿，至此郤氏興於晉國。

　　西元前 587 年（成公四年），趙氏之難發生。此年冬季，趙衰之幼子趙嬰
齊與趙盾之子趙朔的妻子趙莊姬私通。隔年春，趙同、趙括將趙嬰齊放逐到
齊國。西元前 583 年（成公八年），趙莊姬譖於晉成公，指控趙同與趙括將爲
亂，加上欒氏與郤氏作證，此年六月，晉成公討滅趙氏，只趙莊姬之子趙武
存留。趙武後因韓厥之請而復立。

　　西元前 574 年（成公十七年），晉厲公「欲盡去群大夫，而立其左右」。胥
童、夷羊五、長魚矯等人此時有寵於晉厲公，此三人皆有怨於郤氏。欒書亦對
郤至於前一年鄢陵之戰時，郤至不採納其意見而使晉軍戰敗一事多所怨恨，而
有廢郤氏的想法。在以上諸多怨恨下，郤至、郤犨、郤錡見殺，皆尸諸朝。胥
童本欲再殺欒書與中行偃，後因晉厲公云「一朝而尸三卿，余不忍益之也」而歸
之。此事件後，晉侯使胥童爲卿，後被欒氏等所殺，胥氏至此而亡。

　　隔年（成公十八年）春正月，欒書與荀偃弒晉厲公，迎立周子是爲晉悼
公。悼公即位後對晉國軍政等制度重新整頓，使魏相、士魴、魏頡、趙武爲
卿，荀家、荀會、欒黶、韓無忌爲公族大夫。整體而言，晉悼公所拔舉之人

　　　　臣之薦也。郤缺爲政後反廢胥臣之後，《左傳》雖未特標兩者因果，然郤氏之
　　　　亡，正由此始也，此或所謂預敘之法。觀郤氏之族，除先祖郤縠外，餘則多
　　　　暴而貪虐，如郤犨之奪婦、郤至之爭田、郤錡之不敬及三郤譖殺伯宗等事。
　　　　無怪孟獻子言郤氏忘禮敬，惰君命將亡。（見《左傳・成公十五年》）。而胥克
　　　　之子胥童以三郤族大多怨必先滅之。（見《左傳・成公十七年》）。
〔註9〕此事《左傳・宣公十三年》載曰：「冬，晉人討邲之敗與清之師，歸罪於先縠
　　　　而殺之，盡滅其族。」所載雖未明言郤缺所爲，然此時郤缺爲政，故當以其
　　　　爲首。

才，多是德禮之人，因此晉國國力頗有復霸之勢。〔註10〕此外，由此次人事任命可見，郤氏滅後，荀氏（中行氏）、欒氏、魏氏、趙氏、韓氏、范氏等成爲晉國重要的氏族。同年冬十一月，韓厥（韓獻子）接替欒書成爲晉國中軍將，執掌政權，韓氏漸興。

西元前 566 年（襄公七年）冬季，韓厥告老，荀罃接替（知氏）爲政。西元前 552 年（襄公二十一年）夏季，欒黶卒，其妻欒祁與家老州賓私通。其子欒盈患之，欲討。欒祁愬於范宣子（士匄），因欒、范二家之前有所仇怨，〔註11〕范宣子想藉此機會滅欒氏，於是令欒盈往著築城，而後放逐之。同年秋季，欒盈奔楚，後至齊國。而晉國國內士匄則大舉滅殺、囚禁欒氏之黨。

西元前 550 年（襄公二十三年）春季，欒盈在齊國幫助下返回曲沃。四月，欒盈率領曲沃兵力在魏絳幫助下攻入晉國首都絳，由於未獲其他氏族的支持，〔註12〕此次行動失敗，欒盈敗奔曲沃。同年冬季，晉軍攻克曲沃，「盡殺欒氏之族黨」，欒氏至此滅亡。

西元前 548 年（襄公二十五年），趙武（趙文子）接替士匄（范宣子）爲政，趙氏勢力自此逐漸興起。〔註13〕此外，晉國的政權亦漸漸由卿大夫所掌

〔註10〕 關於晉悼公即位後所舉用之人材及其職位，《左傳·成公十八年》載之如下：二月乙酉朔，晉悼公即位于朝。始命百官，施舍、已責，逮鰥寡，振廢滯，匡乏困，救災患，禁淫慝，薄賦斂，宥罪戾，節器用，時用民，欲無犯時。使魏相、士魴、魏頡、趙武爲卿；荀家、荀會、欒黶、韓無忌爲公族大夫，使訓卿之子弟共儉孝弟。使士渥濁爲大傅，使修范武子之法；右行辛爲司空，使修士蒍之法。弁糾御戎，校正屬焉，使訓諸御知義。荀賓爲右，司士屬焉，使訓勇力之士時使。卿無共御，立軍尉以攝之。祁奚爲中軍尉，羊舌職佐之；魏絳爲司馬，張老爲候奄。鐸遏寇爲上軍尉，籍偃爲之司馬，使訓卒乘，親以聽命。程鄭爲乘馬御，六騶屬焉，使訓群騶知禮。凡六官之長，皆民譽也。舉不失職，官不易方，爵不踰德，師不陵正，旅不偪師，民無謗言，所以復霸也。由上末幾句所載，可知晉悼公之用人標準確以德禮爲尚。附帶說明，羊舌氏於此時漸興於晉，羊舌職正是羊舌肸（叔向）之父。叔向日後於晉國政治與外交上有相當影響力，並成爲《左傳》作者藉言敘事的重要人物，而其人物類型則屬於總結評論型。

〔註11〕 士匄之子士鞅於襄公十四年（西元前559年）時被欒黶所迫而出奔秦國。

〔註12〕 《左傳》載記，趙氏、中行氏與欒氏有宿怨，而范氏因繼承者年幼，故聽命於中行氏。欒盈此次行動僅得魏氏之助及其本身家族大夫。

〔註13〕 總觀趙氏一族，除趙嬰之外，多爲有德知禮者。自趙衰所謂「狐、趙之勳」始，其後趙盾、趙朔、趙武，後之趙鞅等多能守禮盡職。《左傳》載曰：「趙文子爲政，令薄諸侯幣，而重其禮。」這樣的政策，遠較之前士匄重幣政策更能得諸國之向心。

握，國君之勢漸弱。西元前 541 年（昭公元年）趙武卒，政權由韓宣子（韓起）接任。《左傳・襄公三十一年》對此有一記載，就討論晉國政治而言相當重要，其載曰：「及趙文子卒，晉公室卑，政在侈家。」〔註14〕韓宣子繼韓獻子之後又掌晉國政權，韓氏本爲晉公族，〔註15〕宣子爲政後韓氏已成爲晉國政治上重要且具影響力的氏族。〔註16〕

西元前 514 年（昭公二十八年）春季，《左傳》載：「晉祁勝與鄔臧通室」。祁盈的家臣祁勝與鄔臧兩家通室，祁盈執收二子。祁勝賂於知躒，荀躒言於晉頃公，晉侯於是執收祁盈。同年夏六月，晉殺祁盈及其黨楊食我。祁氏爲晉獻侯之後，是晉國公族。其實此次事件並沒有嚴重要到滅族的程度，正如祁盈自己所言這是「祁氏私有討，國何有焉？」家臣通室之淫，祁盈出面處置是應該的，何以最後竟至祁氏見滅並累及羊舌氏。〔註17〕其實這與當時晉國諸卿氏族間的爭鬥有密切關係，也與晉頃公本身對於公族的態度有關。〔註18〕此事件後，祁氏與羊舌氏遂滅。

同年秋季，韓宣子卒，政權由魏氏接替，魏絳之子魏舒（獻子）爲政。魏舒爲政後，將祁氏與羊舌氏之田各分爲七縣與三縣，然後選派適當的大夫統治。《左傳》特別記載：「仲尼聞魏子之舉也，以爲義。」〔註19〕魏獻子爲政後，魏氏成爲晉國重要的大族。發展至此，晉國氏族以趙氏、韓氏、魏氏、中行氏、范氏、知氏六家爲主要。

西元前 497 年（定公十三年）秋季，晉趙氏發生內部糾紛，趙鞅執殺趙午。趙午之子趙稷以邯鄲叛，欲討趙鞅，而范氏與中行氏因與趙午關係密切，於是出兵助之。七月，趙鞅奔晉陽。此時，范氏與中行氏內部亦出現糾紛，加上韓氏與中行氏交惡，魏氏與范氏交惡，此年冬十一月，荀躒、韓不信、

〔註14〕《十三經注疏・左傳》，臺北：藝文印書館，民國82年9月，頁685。
〔註15〕韓氏先祖韓萬，爲桓叔成師之子，爲曲沃莊伯之弟。
〔註16〕總觀韓氏一族，與趙氏同，亦多知禮有德者。韓獻子及其子韓宣子在左傳中的形象，都是知禮守分有德有節之人，無論在內政（或內亂）、外交或軍事場合中，都表現出德禮君子之言行，無怪韓氏一族終爲大族。
〔註17〕關於羊舌氏之亡，《左傳》特別敍寫叔向娶妻時與其母之對話，及叔向之子出生時，其母親聞其聲而預言羊舌氏之將亡事，此記載或爲歷史想像。
〔註18〕如前所論，趙文子卒後，晉公室漸卑，政權旁落於卿家氏族。故晉頃公及之後定公即位後，似有意剷滅氏族大家，如祁氏、羊舌氏、范氏、中行氏等皆因事而遭滅。
〔註19〕見《左傳・昭公二十八年》（《十三經注疏・左傳》，臺北：藝文印書館，民國82年9月），頁914。